Benno Tschischwitz

Shakespeare´s Hamlet, Prince of Denmark

Salzwasser

Benno Tschischwitz

Shakespeare´s Hamlet, Prince of Denmark

1. Auflage | ISBN: 978-3-84605-502-1

Erscheinungsort: Frankfurt, Deutschland

Erscheinungsjahr: 2020

Salzwasser Verlag GmbH

Reprint of the original, first published in 1869.

Shakſpere's

Hamlet, Prince of Denmark.

Englischer Text,

berichtigt und erklärt

von

Dr. Benno Tschischwitz.

Nebst einer historisch - kritischen Einleitung.

Halle,

Verlag von G. Emil Barthel.

1869.

Herrn

DR. RICHARD GOSCHE,

ordentl. Professor an der Universität Halle,

hochachtungsvoll gewidmet.

Vorwort.

Das Unternehmen einer neuen kritischen und exegetischen Ausgabe der Werke Shakſpere's neben der Delius'schen würde sich schon durch den Umstand rechtfertigen, dass bei aller Anerkennung ihrer grossen Verdienste um das Verständniss des Dichters die letztere nicht überall die Erwartungen derjenigen Leser zu berücksichtigen scheint, die mit dem Studium Shakſpere's zugleich ein tieferes Sprachstudium zu verknüpfen wünschen. In diesem Sinne hat es sich der Herausgeber angelegen sein lassen, die Etymologie und historische Grammatik, so weit sie durch die neuesten wissenschaftlichen Forschungen festgestellt ist, in erweitertem Masse zur Interpretation zu Hilfe zu nehmen. Wenn also eine zahlreiche Menge von Anmerkungen nicht immer direct das Verständniss des Textes erzielt, sondern etwa nur auf den Ursprung eines einzelnen Ausdrucks hinweist, so möge man den Grund dieses Verfahrens in dem Bestreben suchen, solchen Lesern, die sich der Aufgabe weiterer Forschungen widmen wollen, mit dem nöthigen Material entgegen zu kommen und ihnen die ersten Schritte zu erleichtern. Aber auch nach der Seite der Textkritik hin glaubt der Herausgeber neben der Delius'schen Arbeit sein Unternehmen rechtfertigen zu können, da die ängstliche Rücksicht der conservirenden Methode, wie Delius sie vertritt, nicht überall dem Verständniss des Dichters zur Förderung gereichen konnte, im Gegentheil oft genug zu Auslegungen zwang, die dem Genius Shakſpere's widerstrebten. Ob die Textänderungen, wie sie hier eingeführt sind, die Billigung Urtheilsfähiger finden werden, muss der Herausgeber natürlich abwarten.

Die zahlreichen Citate aus Koch's und Mätzner's historisch - grammatischen Werken werden vielleicht auch

Nicht-Philologen, die sich ernster mit Shakſpere beschäftigen, willkommen sein. Der Kürze wegen ist der letztgenannte Grammatiker nur mit M. eingeführt worden, und wird diese Bezeichnung durch alle Stücke beibehalten werden.

Schliesslich noch die Bemerkung, dass der Herausgeber nach mehrfachen Berathungen mit sachverständigen und theilnehmenden Freunden sich entschlossen hat, in seiner Ausgabe das Princip der Verszählung anzunehmen, wie es in der „Globe-Edition"* vertreten ist. Die sehr wichtigen Gründe, warum grade diese den Vorzug verdient, sind neuerdings in dem verdienstlichen Artikel der Augsburger Allgemeinen Zeitung vom 14. Juli 1868 (No. 196.) „Eine Shakſpere-Frage" von Dr. R. Gericke in Heidelberg** aufs eingehendste erörtert worden; es könnte sich hier nur wiederholen lassen, was dort bereits ausführlich gesagt ist, und mag nur erwähnt werden, dass Al. Schmidt in Königsberg in dem von ihm demnächst zu erwartenden Wörterbuche zu Shakſpere's Werken, sowie Nicolaus Delius in den künftigen Auflagen seines Shakſpere sich derselben Zählungsmethode anschliessen zu wollen dem Herausgeber schriftlich resp. mündlich versichert haben. Der erstgenannte Gelehrte hat bereits in der neuen Ausgabe der Schlegel-Tieck'schen Uebersetzung nach der Globe-Edition citirt.

Diesem ersten Theile soll in kürzester Zeit folgen: King Richard II., King Henry IV. Part I & II. und King Henry V., die soeben für den Druck vorbereitet werden.

---

*) The Globe-Edition. The Works of William Shakespeare edited by William George Clark and William Aldis Wright. London and Cambrigde: Macmillan and Co. 1867 und öfter.

**) Auch apart gedruckt: Augsburg, 1868. Buchdruckerei der I. G. Cotta'schen Buchhandlung.

Halle an der Saale, im December 1868.

Benno Tschischwitz.

Einleitung

zu „Hamlet, Prince of Denmark.“

Als **ursprüngliche Quelle** der Hamlet-Sage ist die Historia Danica des Saxo Grammaticus zu betrachten, welcher im dritten Buche die Lebensgeschichte eines jütischen Edlings Namens Amleth erzählt, die von Uhland in seinem „Mythus von Thôr“ auf eine uralte Göttersage der Skandinaven zurückgeführt wird. Der überlieferte Stoff schien dem Franzosen Belle-Forest anziehend genug, um ihn im 5. Theile seiner Novellen (1564) dem Zeitgeschmack entsprechend zu bearbeiten, und zwar unter dem Titel „Avec quelle ruse Amleth, qui depuis fut roi de Dannemarck, vengea la mort de son père Horvendille, occis par Fengon son frère,“ und sehr wahrscheinlich ist es diese Novelle, nicht die englische Uebersetzung („Historie of Hamblet“) derselben, welche Shakſpere bei der Bearbeitung seines Dramas benutzt hat. Dieser Punct ist ausführlich von Karl Elze in der Einleitung zu seiner Hamlet-Ausgabe XV f. behandelt worden, woselbst aus Abweichungen und Zusätzen der englischen Ausgabe,* die mit Stellen des Shakſpere'schen Stückes übereinstimmen, aber im französischen Original fehlen, gegen Collier und Gervinus ausgeführt wird, dass Shakſpere möglicherweise nur den französischen Novellisten benutzt habe. Da sich indessen bis jetzt nicht feststellen liess, ob eine englische Uebersetzung der französischen Novelle vor der Bearbeitung des Shakſpere'schen Dramas existirt habe oder nicht (das vorhandene Exemplar der Historie of Hamblet datirt erst aus dem Jahre 1608 und der von Farmer in: Essay on the Learning of Sh. Cambridge 1767 p. 29 erwähnte Black-Letter-Druck beweist nichts), so macht Freiherr v. Friesen in seinen „Briefen über Shakſpere's Hamlet“ mit Recht darauf aufmerksam, dass bei der Unwesentlichkeit der Abweichungen die aufgeworfene Frage in Rücksicht auf das Drama selbst müssig sei. In der That wird sie durch die zweite noch wichtigere Frage in den Hintergrund gedrängt: In welchem Verhältniss steht das Drama Shakſpere's zu einem älteren schon

---

*) Der Ruf des Prinzen, „a rat, a rat!“ III. 4. 23. findet sich nur in der englischen Ausgabe, die auch den Polonius sich hinter einem Vorhange, nicht unter dem Fussteppich verbergen lässt, wie die franz. Ausgabe.

1587 bekannten Drama, das denselben Stoff behandelt und mit
ziemlicher Sicherheit dem dramatischen Dichter Thomas Kyd
zugeschrieben werden darf, von dem wenigstens überliefert
wird, dass er ein Drama unter diesem Titel geschrieben.
Wenn, wie Elze will, jenes 1587 in einer einleitenden Epistel
des Thomas Nash zum Menaphon des Robert Green erwähnte
Drama Hamlet eine Jugendarbeit Shakſpere's gewesen wäre, so
müssten, da nach der von Charles Knight aus Lowndes's „Bib-
liographical Manual" gemachten Mittheilung an der Existenz
eines gleichnamigen Stückes von Kyd wohl kaum zu zweifeln ist,*
zu ein und derselben Zeit also 1587 zwei Tragödien „Hamlet,"
die eine von Kyd, die andere von dem jungen Shakſpere existirt
haben. Da dies weniger wahrscheinlich ist, darf man annehmen,
dass Shakſpere in späteren Jahren die Arbeit seines Vorgängers
(† 1595) und zwar bald nach dem Ableben desselben für seine
berühmte Tragödie benutzt habe, vielleicht mit Beibehaltung der
wesentlichsten Momente der Fabel und der auftretenden Personen.
Wenn nämlich in der 1596 erschienenen Flugschrift des Thomas
Lodge: „Wit's Miserie and the World's Madnesse" eine Tragödie Hamlet erwähnt wird, in welcher ein Geist aufgetreten sein
muss, der wiederhölt gerufen hat: Hamlet revenge! (der Ruf
wird mit dem eines Austernweibes verglichen) so kann Shakſpere's
Hamlet damit nicht gemeint sein, da ein solcher Ruf dort überall nicht vorkommt. Wird diese Arbeit Kyd's als die dem Shakſpere'schen Drama zu Grunde liegende betrachtet, so verliert die
Frage nach der Benutzung des französischen oder englischen
Novellentextes noch mehr an Gewicht, da sich der Dichter
ebenso gut auf den ihm durch das ältere Drama überlieferten
Stoff beschränkt haben könnte. In sofern der Ausgang der mit
epischer Breite ·angelegten durch moralische Sentenzen vielfach
erweiterten Novelle durchaus kein tragischer, vielmehr für Amleth
ein glücklicher ist, so muss der Gedanke, die Fabel im Drama
tragisch zu gestalten durchaus dem Vorgänger Shakſpere's
vindicirt werden.

Zeit der Abfassung. Wenn wir oben schon die Ueber-
arbeitung der Tragödie durch Shakſpere nicht lange nach dem
Tode Kyd's († 1595) annahmen, so dürfen wir sie doch nicht
später als in das Jahr 1597 setzen, weil bereits 1598 die Tragödie Hamlet in Verbindung mit dem Namen Shakſpere
erscheint. Gabriel Harvey, der Freund Shakſpere's und Sidney's
sagt nämlich von Sh. bereits in diesem Jahre: „The younger
sort take much delight in Shakſpere's Venus and Adonis; but

---

*) S. Elze's Hamlet p. XVII.

his Lucrece, and his tragedy of Hamlet, Prince of Denmarke,
have it in them to please the wiser sort." S. The Plays of William
Shakſpeare, accurately printed from the text of Mr. Steevens'
last edition etc. London: Printed for Billy Jones. 1826 p. 141.
Dass jedoch das Drama in diesem Jahre noch ziemlich neu
gewesen sein muss, beweist der Umstand, dass Francis Meres
in der in demselben Jahre erschienenen Palladis Tamia die
Tragödie Hamlet unerwähnt lässt, während er als die besten
Werke Shakſpere's zwölf andere (Gentlemen of Verona, Errors,
Love's Labour 's lost, Love's Labour 's wonne, Midsummer Night's
Dream, Merchant of Venice, Richard II, Richard III, Henry IV,
King John, Titus Andronicus, Romeo and Juliet) erwähnt. Die
Auslassung kann eine Zufälligkeit sein, aber sie beweist doch,
dass für Meres der Hamlet noch nicht die hervorragende alles
Andere in den Hintergrund drängende Bedeutung hatte, wie für
Harvey. Dürfen wir somit als die späteste Zeit der Abfassung das
Jahr 1597 bezeichnen, so würde sie demnach vor das vollendete
33. Lebensjahr des Dichters fallen.

Drucke. Die ersten Drucke gewähren über die Zeit der
Abfassung keinen Aufschluss. Als frühstes Druck - Exemplar
kannte man bis zum Jahre 1825 nur die Quart - Ausgabe von
1604. Um das genannte Jahr wurde ein älterer Quart - Druck
(v. 1603) in einem durch Payne & Foss verkauften Sammelbande
von zwölf alten Ausgaben Shakſpere'scher Stücke aufgefunden,
der wiewohl nicht ganz vollständig erhalten (das letzte Blatt
fehlte) durch Vermittlung seines derzeitigen Besitzers, des Herzogs
v. Devonshire, mit sehr grosser Sorgfalt in England durch Neudruck
vervielfältigt und auch in Deutschland (Leipzig) wieder abgedruckt worden ist. Ein des Titelblatts entbehrendes, doch ganz
vollständiges Exemplar ist 1856 aufgefunden worden und aus
Halliwell's Besitz in das British Museum gekommen. (S. Elze's
Hamlet p. 267.) Ueber das Verhältniss dieser sehr verstümmelten
Redaction der Hamlet-Tragödie zu den vollständigen Ausgaben
von 1604 u. ff. s. meine „Shakſpere - Forschungen" (3 Theile.
Halle, Barthel. 1868) I. p. 6. ff. Das Wichtigste an diesem
vielfach besprochenen Drucke ist der Titel: „The Tragicall
Historie of Hamlet, Prince of Denmarke. By William Shakespeare. As it hath beene diuerse times acted by his Highnesse
seruants in the Cittie of London: as also in the two Vniuersities
of Cambridge and Oxford and else-where;"* wir ersehen
nämlich aus demselben, dass das Stück in England weithin

----

*) 1866 von Neuem unter dem Titel „Hamlet, facsimiled from the
edition printed at London in the year 1603, by A. W. Ashbee. 4ᵗᵒ."

bekannt war, und als handschriftliche Copie in den Händen von Wandergesellschaften gewesen sein muss. Offenbar ist von den Buchhändlern, N. L. (Nicolas Lingg) und John Trundell, dies sehr schlechte Bühnenmanuscript angekauft worden, weil das Interesse für das Stück im Steigen war, doch mochte Shakſpere und seine Gesellschaft einsehen, dass ihr eigener Ruf durch die Verbreitung einer so entstellten Ausgabe nur leiden könne, weshalb sie sich entschlossen zu haben scheint, schon im folgenden Jahre (1604) die wirkliche Original-Arbeit des Dichters durch den Druck zu veröffentlichen. Dass dem so ist, beweist der Titel, welcher deutlich auf die Ausgabe des vorhergehenden Jahres anspielt: „The Tragicall Historie of Hamlet, Prince of Denmarke. By William Shakespeare. Newly imprinted and enlarged to almost as much againe as it was, according to the true and perfect Coppie. At London, Printed by J. R. for N. L. and are to be sold at his shop vnder Saint Dunston's Church in Fleetstreet 1604."* Es ist von Tycho Mommsen zwar unwiderleglich bewiesen worden, dass uns in dieser Ausgabe die ursprüngliche Arbeit des Dichters vorliege, s. Jahn's Jahrbücher für Philologie und Pädogogik Bd. 71—72. Heft 2. S. 57—75; Heft 3. S. 107—127; Heft 4. S. 159—177; gleichwohl scheint doch das Manuscript zur Ausgabe von 1603 aus einer von Shakſpere selbst redigirten, und, wie die übliche Spieldauer von nur 2 Stunden es verlangte, bedeutend verkürzten Bühnenbearbeitung hervorgegangen zu sein. Für die Existenz einer solchen habe ich in meinen „Shakſpere-Forschungen" I. p. 16. ff. den Beweis zu führen gesucht, der sich wesentlich auf den Umstand stützt, dass das im Original-Text aus 81 Versen bestehende kleine Schauspiel im Druck von 1603 auf nur 39 reducirt ist, während die Verse selbst zum allergrössten Theile untadlich und des Dichters durchaus würdig sind, in der Fassung jedoch von denen der andern Ausgabe abweichen.

Quelle. Aus der Erzählung des Saxo (Lib. III) giengen folgende Züge in die Novelle des Belle-Forest und dann in die Bearbeitung Shakſpere's über.

1) Der Holmgang Horwendill's (der alte Hamlet bei Sh.) mit Coller, dem König von Norwegen (old Norway.)

Invitabat duces jocunda littorum species: hortabatur exterior locorum amoenitas, interiora nemorum verna perspicere, lustratisque saltibus sylvarum indaginem pererrare, ubi forte Collerum Horvendillumque invicem sine arbitris obvios incessus reddidit. Tunc Horvendillus prior regem percontari nisus, quo pugnae genere decernere libeat, praestantissi-

---

*) 1867 von Neuem unter dem Titel: Hamlet, facsimiled from the edition printed at London in the year 1604, by E. W. Ashbee. 4to.

mum affirmans quod paucissimorum viribus ederetur. Duellum siquidem ad capessendam fortitudinis palmam omni certaminis genere efficacius fore, quod propria virtute subnixum, alienae manus opem excluderet. Tum fortem juvenis sententiam admirans Collerus, cum mihi, inquit pugnae delectum permiseris, maxime utendum iudico, quae tumultuationis expers duorum operam capit. Sane et audacior, et victoriae promptior aestimatur. In hoc communis nobis sententia est, hoc ultro judicio convenimus. —

Hierauf folgen längere Unterhandlungen über die Bestattung des Unterliegenden und die Verpflichtung des Ueberlebenden sie in ehrenvoller Weise auszuführen:

Gloriosum victori erit, si victi funus magnifice duxerit. Nam qui defuncto hosti justa persolverit, superstitis sibi favorem asciscit, vivumque beneficio vincit, quisquis extincto studium humanitatis impenderit.

Sodann wird ein Abkommen über das Wehrgeld getroffen, welches im Fall einer Verwundung dem Verwundeten noch zu zahlen ist:

Conveniat igitur alterius ab altero laesionem denis auri talentis sarciri.

Belle-F. (Nach der alten englischen Uebersetzung von 1608 in Collier's Shakſpere's Library I p. 132:)

This valiant and hardy king (Coller) having challenged Horvendile to fight with him body to body the combate was by him accepted, with conditions, that hee which should be vanquished should loose all the riches he had in his ship, and the vanquisher should cause the body of the vanquished (that should be slaine in the combate) to be honourably buried, death being the prise and reward of him that should loose the battaile.

Shakſpere: a) I. 1. 60. Such was the very armour he had on, when he the ambitious Norway combated. (Der Ausdruck ambitious erklärt sich aus Saxo's Bericht: At Horvendillus triennio tyrannide gesta, per summam rerum gloriam piraticae incubuerat, cum rex Norwagiae Collerus operum ejus ac famae magnitudinem aemulatus, decorum sibi fore existimavit, si tam late patentem piratae fulgorem superior armis obscurare quivisset).

b) I. 1. 80.　　　　　　　　　　　　　　our last king
Was, as you know, by Fortinbras of Norway,
Thereto prick'd on by a most emulate pride
Dar'd to the combat; in which our valiant Hamlet
Did slay this Fortinbras; who by a seal'd compact,
Well ratified by law and heraldry,
Did forfeit with his life all those his lands,
Which he stood seiz'd of, to the conqueror:
Against the which, a moiety competent
Was gaged by our king; which had return'd
To the inheritance of Fortinbras,
Had he been vanquisher; as, by the same cov'nant,
And carriage of the article design'd
His fell to Hamlet.

Könnte man annehmen, dass Sh. neben der modernen Novelle auch den Saxo nachgelesen habe, so wäre ein Zusammenhang der Worte: „So frown'd he once, when in an angry parle He smote the sledded Polack on the ice", mit dem von Saxo

kurz vorher erzählten Bericht der Zweikämpfe zwischen dem
Tribut verweigernden Slaven und den Dänen, die schliesslich
durch Ubbo beendet werden, nicht unwahrscheinlich. Die Erzählung wird dort folgendermassen eingeleitet:

Igitur Curetes ac Sueones, perinde ac Hotheri morte tributariae sortis
onere liberati, Daniam quam annuis vectigalium obsequiis amplecti sole-
bant, armis aggredi animum induxerunt. Ea res Sclavis quoque defectionis
audaciam ministravit, aliosque complures, ex obsequentibus hostes effecit.
Cujus injuriae propulsandae gratia Roricus contractam in arma patriam,
recensitis majorum operibus, ad capessendam virtutem impenso hortationis
genere concitabat. At barbari ne bellum absque duce committerent, capite
opus esse cernentes, creato sibi rege, caeteris militiae viribus ostensis
obscuriore loco, binos armatorum manipulos condunt. — — — Erat autem
inter eos vir corporis habitu insignis, officio magus, qui prospectis Dano-
rum turmis, ut paucorum impendio, inquit, complurium pericula rediman-
tur, publicam stragem privato discrimine praecurrere liceat. Ego vero in
hanc confligendi legem non deero, si cui vestrum mutuus decernendi mecum
ausus incesserit. etc.

Es geschieht in der Novelle des Belle - Forest dieser Zweikämpfe keine Erwähnung, weil Horwendill (der alte Hamlet) an
ihnen nicht Theil nimmt; es wäre aber möglich, dass der
Black - letter - Druck, der nach dem Zeugniss Farmer's (s. oben
p. IX) von dieser Novelle existirt hat, und den Shakſpere
benutzt haben könnte, mit dem Bericht dieser Vorgänge ange-
hoben hätte.

2) Saxo: Cujus familiaritate fultus, filiae ejus (regis Rorici) Geruthae
connubium impetravit (Horwendillus) ex qua filium Amlethum sustulit.
Tantae felicitatis invidia accensus Fengo (Claudius ap. Sh.) fratrem insidiis
circumvenire constituit. Adeo ne a necessariis quidem secura est virtus.
At ubi datus parricidio locus, cruenta manu funestam mentis libidinem
satiavit. Trucidati quoque fratris uxore potitus, incestum parricidio adjecit.

Belle - Forest. p. 133. The king, (Rodericke, Roricus des Saxo) allured by those presents, and esteeming him ´selfe happy to have so valiant
a subject, sought by a great favour and courtesie to make him become
bounden unto him perpetually, giving him Geruth his daughter to his
wife, of whom he knew Horvendile to bee already much inamored. And
the more to honor him, determined himself in person to conduct her into
Jutie, where the marriage was celebrated according to the ancient manner:
and to be briefe, of this marriage proceeded Hamblet, of whom I intend
to speake, and for his cause have chosen to renew this present hystorie.

Fengon, brother to this prince Horvendile, who [not] onely fretting
and despighting in his heart at the great honor and reputation wonne by
his brother in warlike affaires, but solicited and provoked by a foolish
jealousie to bee deposed from his part of the government, or rather desiring to be onely governor, thereby to obscure the memorie of the victories
and conquests of his brother Horvendile, determined (whatsoever happened)
to kill him; which he effected in such sort, that no man once so much as
suspected him, every man esteeming that from such and so firme a knot
of alliance and consanguinitie there could proceed no other issue then the
full effects of virtue and courtesie etc. — — — But Fengon, having
secretly assembled certain men, and perceiving himself strong enough to

execute his enterprise, Horvendile his brother being at a banquet with his friends, sodainely set upon him, where he slew him as traiterously, as cunningly he purged himselfe of so detestable a murther to his subjects; for that before he had any violent or bloody handes, or once committed parricide upon his brother, he had incestuously abused his wife etc.

Shakſpere:
Ghost.   'Tis given out, that sleeping in mine orchard,
        A serpent stung me; so the whole ear of Denmark
        Is by a forged process of my death
        Rankey abused; but know, thou noble youth,
        The serpent that did sting thy father's life
        Now wears his crown.

Haml.   O, my prophetic soul!
        Mine uncle!

Ghost.   Ay that incestuous, that adulterate beast,
        With witchcraft of his wit, with traiterous gifts,
        (O wicked wit, and gifts, that have the power
        So to seduce!) won to his shameful lust
        The will of my most seeming — virtuous queen.

3) Zur Charakteristik des Claudius ist wichtig, was Saxo von Fengon berichtet und was sich bei Belle-Forest erweitert findet.

Quisquis enim uni se flagitio dederit, in aliud mox proclivior ruit: ita alterum alterius incitamentum est. Idem atrocitatem facti tanta calliditatis audacia texit, ut sceleris excusationem benevolentiae simulatione componeret, parricidiumque pietatis nomine coloraret. Gerutham siquidem quamquam tantae mansuetudinis esset, ut neminem vel tenui laesione commoverit, incitatissimum tamen mariti odium expertam, salvandaeque ejus gratia fratrem a se interfectum dicebat, quod mitissimam et sine felle foeminam gravissimum viri supercilium perpeti indignum videretur. — — — Nec dubitavit Fengo, parricidales manus flagitiosis inferre complexibus, geminae impietatis novam pari scelere prosequutus.

Belle-Forest. p. 134: For that Geruth, being as courteous a princesse as any then living in the north parts, and one that had never once so much as offended any of his subjects, either commons or courtyers, this adulterer and Infamous murtherer slaundered his dead brother, that hee would have slaine his wife, and that hee by chance finding him upon the point ready to do it, in defence of the lady had slaine him, bearing off the blows, which as then he strooke at the innocent princesse, without any other cause of malice whatsoever.

Von dieser Darstellung weicht Shakſpere ab, indem er den Claudius des heroischen Zuges, der in einem offenen Kampf mit dem Bruder liegt, entblösst, und dem Verlauf der ganzen Angelegenheit den Charakter des tiefsten Geheimnisses verleiht (Tis given out a serpent stung me).

Shakſp. I. 5. 59.   Sleeping within mine orchard,
        My custom always in the afternoon
        Upon my secure hour thy uncle stole
        With juice of cursed heben in a phial,
        And in the porches of mine ears did pour
        The leperous distilment; etc.

Ueber das Verhältniss der Königin zu ihrem verstorbenen Gatten berichtet nur Prinz Hamlet: I. 2. 139.

> So excellent a king; that was, to this,
> Hyperion to a satyr: so loving to my mother,
> That he might not beteem the winds of heaven
> Visit her face too roughly.

4) Ueber die Gründe des verstellten Wahnsinns bei Amleth sagt Saxo kurz:

> Quod videns Amlethus, ne prudentius agendo patruo suspectus redderetur, stoliditatis simulationem amplexus, extremum mentis vitium finxit, eoque calliditatis genere non solum ingenium texit, verumetiam salutem defendit.

> Belle-Forest. p. 136: Geruth having (as I sayed before) so much forgotten herself, the prince Hamblet perceiving himself to bee in danger of his life, as being abandoned of his owne mother, and forsaken of all men, and assuring himselfe that Fengon would not detract the time to send him the same way his father Horvendile was gone, to beguile the tyrant in his subtilties (that esteemed him to bee of such a minde that if he once attained to mans estate he wold not long delay the time to revenge the death of his father) counterfitting the mad man with such craft and subtill practises, that hee made showe as if hee had utterly lost his wittes: and under that vayle hee covered his pretence, and defended his life from the treasons and practises of the uncle.

Da bei Shakspere das Verbrechen von niemand geahnt wird, fällt in Bezug auf Hamlet die Gefahr für seine Person von Seiten des Königs fürs erste fort. Der Dichter ist daher gezwungen, sich immer weiter von seiner Quelle zu entfernen. Prinz Hamlet sagt nur I. 5. 17.

> Here, as before, never, so help you mercy!
> How strange or odd soe'er I bear myself
> As I, perchance, hereafter shall think meet
> To put an antic disposition on, — —
> — — — — — — — — — — — — — —
> That you — — — — — — — — — — —
> — — — — — — — — — — — — — — —
> — — — — — — — denote
> That you know aught of me.

Das einzige Motiv zu der Verstellung ist für den Prinzen Hamlet bei Shakspere, wie sich aus dem Verlauf des Stückes ergibt, nunmehr die Pietät gegen die verirrte Mutter, da er gezwungen ist, das Rachewerk am Oheim so auszuführen, dass die Fehltritte derselben unentdeckt bleiben. (S. I. 2. 159. But break, my heart, for I must hold my tongue.) — Erst später, nach der Tödtung des Polonius tritt die persönliche Gefahr hinzu.

5) In der Darstellung des simulirten Wahnsinns geht der Dichter zum Theil seinen eigenen Weg. Er hält sich jedoch an Saxo resp. Belle-Forest, wo es sich um die äussere Erscheinung des Prinzen, an letzteren namentlich, wo es sich um sein Verhalten zu den Hofleuten handelt.

Saxo. Quotidie maternum larem pleno sordium torpore complexus, abjectum humi corpus obscoeni squaloris illuvie respergebat. Turpatus oris color, illitaque tabo facies ridiculae stoliditatis dementiam figurabant. Quicquid voce edebat, deliramentis consentaneum erat. Quicquid opere exhibuit, profundam redolebat inertiam etc.

Belle-Forest. p. 137. For every day bceing in the queenes palace, hee rent and tore his clothes, wallowing and lying in the dirt and mire, his face all filthy and blacke, running through the streets like a man distraught, not speaking one worde, but such as seemed to proceede of madnesse and meere frenzie; all his actions and jestures beeing no other than the right countenances of a man wholly deprived of all reason and understanding, in such sort, that as then hee seemed fitte for nothing but to make sport to the pages and ruffling courtiers that attended in the court of his uncle and father-in-law. But the young prince noticed them well enough, minding one day to be rcvenged in such manner that the memorie thereof should remaine perpetually to the world.

Shakſp. II. 1. 77.

> *Oph.* My lord, as I was sewing in my closet,
> Lord Hamlet, — with his doublet all unbrac'd;
> No hat upon his head; his stockings foul'd,
> Ungarterd and down-gyved to his ancle;
> — — — — — — — he comes before me.

Seine tollen Gespräche mit Horatio, Polonius, Guildenstern u. Rosencrantz, Ophelia, Osrick, s. I. 5. 117 ff. II. 2. 171 ff. III. 1. 91 ff. III. 2. 118 ff. III. 2. 310 ff. u. 390 ff. V. 1. 277 ff. V. 2. 82.

6) Bei Saxo ist die Rede von ciner Verlockung Amleth's zu fleischlichen Genüssen durch einige Freunde, die die Verstellung des Prinzen vermuthen, und von ihm erwarten, er werde sich bei dieser Gelegenheit verrathen. Unter diesen ist einer, der dem Prinzen treu geblieben ist, und ihm beisteht.

Inter quos forte quidam Amlethi collacteus aderat, a cuius animo nondum sociae educationis respectus exciderat. Hic praeteriti convictus memoriam praesonti imperio anteponens, Amlethum inter deputatos comites, instruendi potius quam insidiandi studio prosequebatur, quod eum ultima passurum non dubitaret, si vel modicum sensati animi indicium praebuisset, maxime vero si Veneris palam rebus úteretur.

Belle-Forest. p. 139. And surely the poor prince at this assault had him in great danger, if a gentleman (that in Horvendiles time had been nourished with him) had not showne himselfe more affectioned to the bringing up he had received with Hamblet, then desirous to please the tirant, who by all meanes sought to intangle the sonne in the same nets wherein the father had ended his dayes.

Die Verlockung zu Zerstreuung und Vergnügen, um den Prinzen zu erforschen, kommt auch bei Shakſpere vor:

II. 2. 10.

> *King.* (zu Rosencrantz u. Guildenstern) I entreat you both,
> That being of so young days brought up with him,
> And since so neighbour'd to his youth and humour
> That you vouchsafe your rest here in our court
> Some little time; so by your companies
> To draw him on to pleasures, and to gather,

> So much as from occasion you may glean,
> Whether aught, to us unknown, afflicts him thus,
> That, open'd, lies within our remedy.

Der treue warnende Freund ist in Horatio, welcher dem Prinzen zuerst die Nachricht der Erscheinung des Geistes bringt, unschwer wieder zu erkennen.

7) Von der Jungfrau, die Amleth zugeführt, für ihn gewonnen und zum Stillschweigen beredet wird, berichtet Saxo:

> Maximam enim Amletho puellae familiaritatem vetus educationis societas conciliabat, quod uterque eosdem infantiae procuratores habuerit.

Belle-Forest. p. 140. Which much abashed the prince, as then wholy beeing in affection to the lady, but by her he was likewise informed of the treason, as being one that from her infancy loved and favoured him, and would have been exceeding sorrowfull for his misfortune, and much more to leave his companie without enjoying the pleasure of his body, whome she loved more than herselfe.

Shakſp. II. 2. 162.
Polon. At such a time I 'll loose my daughter to him:
Be you and I behind the arras then. etc.

8) Eine dritte List um den Prinzen zu ergründen, ist die Belauschung seines Gesprächs im Zimmer der Mutter.

Saxo. Delectatus sententia Fengo, facta longinquae profectionis simulatione, discedit. Is vero qui consilium dederat, conclave, quo cum matre Amlethus recludebatur tacite petivit, submissusque stramento* delituit. Nec insidiarum Amletho remedium defuit. Veritur enim ne clandestinis cujuspiam auribus exciperetur, primum ad ineptae consuetudinis ritum decurrens, obstrepentis galli more occentum edidit, brachiisque pro alarum plausu concussis, conscenso stramento corpus crebris saltibus librare coepit, si quid illic clausum delitesceret experturus. At ubi subjectam pedibus molem persensit, ferro locum rimatus suppositum confodit, egestumque latebra trucidavit.

Belle-Forest. p. 142. Meane time the counsellor entred secretly into the queenes chamber, and there hid himselfe behind the arras, not long before the queene and Hamblet came thither who being craftie and pollitique, as soone as he was within the chamber, doubting some treason, and fearing if he should speak severely and wisely to his mother touching his secret practises he should be understood, and by that meanes intercepted, used his ordinary manner of dissimulation, and began to come like a cocke beating with his armes upon the hangings (in dem französischen Text: sauta sur ce lodier. S. Elze's Hamlet XVI.) of the chamber: whereby, feeling something stirring under them he cried, A rat, a rat! (Diese Worte fehlen dem französ. Text) and presently drawing his sworde, thrust it into the hangings, which done pulled the councellor out by the heeles, made an end of killing him etc.

Shakſp. III. 4. 21.
Queen. What wilt thou do? thou wilt not murder me?
Pol. (Behind) What, ho! help!

---

*) Binsen, rushes, mit denen in alten Zeiten die Wohnungen vornehmer Personen bestreut wurden. Sie werden auch bei Shakſpere noch vielfach erwähnt.

Haml. How now! a rat? (Draws) Dead, for a ducat, dead!
            (Hamlet makes a pass through the arras)
    Pol. (Behind) O! I am slain.   (Falls and dies).

Der Umstand, dass die englische Redaction der Historie of Hamblet an diesem Puncte mit Shakſpere's Stück übereinstimmt, während dies die französische nicht thut, hat, wie oben erwähnt wurde, zu der Annahme geführt, dass der Dichter möglicher Weise nur einem englischen, vielleicht schon in den achtziger Jahren des saec. 16. zum ersten Male veröffentlichten und 1608 nur neu aufgelegten Drucke gefolgt sei. Dies wäre möglich, doch ist die Vermuthung nicht auf das Vorhandensein jenes von Farmer erwähnten Black-Letter-Druckes zu stützen, da nach Athenaeum N. 1544 p. 679. derartige Drucke bis tief ins 17. Jahrhundert, ja sogar bis ans Ende desselben (Chaucer 1687) reichen. S. Elze's Hamlet p. 268. Elze hebt hervor, der Ruf „a rat, a rat“ sei einer von jenen originellen Zügen, die sich dem Dichter nicht nehmen liessen, und ist der Meinung dass die englische Ausgabe v. 1608 an der erwähnten Stelle erst nach dem Shakſpereschen Stück geändert sei. Diese Ansicht hat sehr viel Wahrscheinliches wenn man bedenkt, dass sich die Novelle im Uebrigen fast sclavisch an das französische Original anschliesst.

9) Die Worte, die Amlethus nach Saxo seiner Mutter sagt, stehen an Bitterkeit denen bei Shakſpere nicht nach.

Cumque mater magno ejulatu questa praesentis filii socordiam deflere coepisset, quid, inquit, mulierum turpissima gravissimi criminis dissimulationem falso lamenti genere expetis, quae scorti more lasciviens, nefariam ac detestabilem tori conditionem secuta, viri tui interfectorem pleno incesti sinu amplecteris, et ei qui prolis tuae parentem extinxerat, obscoenissimis blandimentorum illecebris adularis? Ita nempe equae conjugum suorum victoribus maritantur: brutorum natura haec est, ut in diversa passim conjugia rapiantur: hoc tibi exemplo prioris mariti memoriam exolevisse constat. Ego vero non ab re stolidi speciem gero, cum haud dubitem, quia is qui fratrem oppresserit, in affines quoque pari crudelitate debacchaturus sit: unde stoliditatis quam industriae habitum amplecti praestat, et incolumitatis praesidium ab extrema deliramentorum specie mutuari. In animo tamen paternae ultionis studium perseverat, sed rerum occasiones aucupor, temporum opportunitates operior. Non idem omnibus locus competit. Contra obscurum immitemque animum, altioribus ingenii modis uti convenit. Tibi vero supervacuum sit meam amentari desipientiam, quae tuam justius ignominiam deplorare debueras. Itaque non alienae, sed propriae mentis vitium defleas necesse est. Caetera silere memineris.

Belle-Forest. p. 143. What treason is this, O most infamous woman! of all that ever prostrated themselves to the will of an abominable whoremonger, who, under the vail of a dissembling creature, covereth the most wicked and detestable crime that man could ever imagine, or was committed. Now may I be assured to trust you, that like a vile wanton adultresse, altogether impudent and given over to her pleasure, runnes spreading forth her armes joyfully to imbrace the trayterous villanous tyrant that murdered my father, and most incestuously receivest the villain into the lawful bed of your loyale spouse, imprudently entertaining him in

steede of the deare father of your miserable and discomforted soone, if the
gods grant him not the grace speedilie to escape from a captivitie so un-
worthie the degree he holdeth, and the race and noble familie of his ancestors. Is this the part of a queene and daughter to a king? to live like
a brute beast (and like a mare that yieldeth her body to the horse that
hath beaten her companion awaye) to followe the pleasure of an abominable
king that hath murdered a farre more honester and better man than
himself in massacring Horvendile, the honor and glory of the Danes, who
are now esteemed of no force nor valour at all, since the shining
splendure of knighthood was brought to an end by the most wicke-
dest and cruellest villaine living upon earth. I, for my part,
will never account him for my kinsman, nor once knowe him for mine
uncle, nor you my deere mother, for not having respect to the blud that
ought to have united us so straightly together, and who neither with
your honour nor without suspicion of consent to the death of your husband could ever have agreed to have married with his cruell enemie. O,
queene Geruthe, it is the part of a bitch to couple with many, and desire
acquaintance of divers mastiffes: it is licentiousness only that hath
made you deface out of your minde the memory of the valor
and vertues of the good king your husband and my father:
it was an unbrideled desire that guided the daughter of Roderick
to imbrace the tyrant Fengon, and not to remember Horvendile (unworthy
of so strange an entertainment) neither that he killed his brother traiterously, and that shee being his father's wife, betrayed him, although
he so well favoured and loved her, that for her sake he utterly
bereaved Norway of her riches and valiant souldiers to augment the trea-
sures of Roderick, and máke Geruthe wife to the hardyest prince in
Europe: it is not the parte of a woman much lesse of a princesse, in
whome all modesty, curtesse, compassion, and love ought to abound,
thus to leave her deare child to fortune in the bloody and murderous
hands of a villain and traytor. Bruite beasts do not so, for lyons,
tygers, ounces and leopards fight for the safety and defence of their whel-
pes; and birds that have beakes, claws, and wings, resist such as would
ravish them of their young ones; but you to the contrary, expose and
deliver mee to death, whereas ye should defend me. Is not this as much
as if you should betray me, when you knowing the perveseness of the
tyrant and his intents, ful of deadly counsell as touching the race and
image of his brother, have not once sought, nor desired to finde the
meanes to save your child (and only son) by sending him to Swethland,
Norway or England, rather than to leave him as a pray to youre infamous
adulterer? bee not offended, I praye you, Madame, if trans-
ported with dolour and griefe, I speake so boldly unto
you, and that I respect you lesse then duetie requireth;
for you, having forgotten mee, and wholy rejected the memorye of the
deceased king, my father, must not be abashed if I also surpasse the
bounds and limits of due consideration. Beholde into what distresse I am
now fallen, and to what mischiefe my fortune, and your over great light-
nesse, and want of wisdome have induced mee, that I am constrained to
playe the madde man to safe my life, insteed of using and practising
armes, following adventures, and seeking all meanes to make my selfe
knowne to bee the true and undoubted heire of the valiant and vertuous
king Horvendile. It was not without cause and just occasion, that my
gestures, countenances, and words, seeme all to proceed from a madman,
and that I desire to have all men esteeme mee wholly deprived of sence
and reasonable understanding, bycause I am well assured, that he that

hath made no conscience to kill his owne brother, (accustomed to murthers, and allured with desire of government without controll in
his treasons), will not spare to save him selfe with the like crueltie, in
the blood and flesh of the loyns of his brother by him massacred: and,
therefore it is better for me to fayne madnesse, then to use my right
sences as nature hath bestowed them upon me; the bright shining clearnes therof I am forced to hide under this shadow of dissimulation, as the
sun doth hir beams under some great cloud, when the wether in summer time
overcasteth. The face of a mad man serveth to cover my gallant countenance, and the gestures of a fool are fit for me, to the end, that guiding myself wisely therein, I may preserve my life for the Danes and the
memory of my late deceased father; for the desire of revenging his death
is so engraven in my heart, that if I dye not shortly, I hope to take
such and so great vengeance, that these countries shall for ever speake
thereof. Neverthelesse I must stay the time, meanes and occasion, lest
by making over great hast, I be now the cause of mine own
sodaine ruine and overthrow, and by that meanes end before I beginne to
effect my hearts desire. Hee that hath to do with a wicked, disloyall, cruell, and discourteous man must use craft and
politike inventions, such as a fine witte can best imagine,
not to discover his enterprise; for seeing that by force I cannot
effect my desire, reason alloweth me by dissimulation, subtiltie, and secret
practises to proceed therein. To conclude, weepe not, madame, to see
my folly, but rather sigh and lament your owne offence, tormenting your conscience in regard of the infamie that hath so defiled the ancient renowne and glorie that (in times past) honoured queene Geruth; for
we are not to grieve and sorrow at other men's vices, but for our owne
misdeedes, and great follyes. Desiring you, for the surplus of my proceedings, above all things (as you love your owne life and welfare) that
neither the king nor any other may by any meanes know mine intent;
and let me alone with the rest, for I hope in the ende to bring my purpose to effect.

Bei Shakſpere modificirt sich die Rede Hamlets durch den
Umstand, dass Gertrud nicht die Mitschuldige des Mordes ist;
denn wenn ihr auch Hamlet nach der Ermordung des Polonius
bei den Worten: „O, what a rash and bloody deed is this“
(III. 4. 28) entgegenruft: „A bloody deed; almost as bad, good
mother, As kill a king, and marry with his brother“, so kann
in diesen Worten nur der Sinn liegen, dass Gertrud am Tode
ihres ersten Gemahls durch ihr Verhältniss mit dessen Bruder
indirect Schuld habe. So rechtfertigt sich auch die verwunderte
Rückfrage der Königin: „As kill a king“! Es handelt sich bei
Shakſpere also nur um die grosse That der Pietät, die Rettung
der verlorenen und verirrten Mutter.

Peace! sit you down,

And let me wring your heart: for so I shall,
If it be made of penetrable stuff;
If damned custom have not braz'd it so,
That it be proof and bulwark against sense.
Queen.   What have I done, that thou dar'st wag thy tongue
In noise so rude against me?

H.   Such an act,
That blurs the grace and blush of modesty;
Calls virtue, hypocrite; takes off the rose
From the fair forehead of an innocent love,
And sets a blister there; makes marriage vows
As false as dicers oaths; O! such a deed,
As from the body of contractation plucks
The very soul; and sweet religion makes
A rhapsody of words. Heaven's face doth glow,
Yea, this solidity and compound mass
                                       (auf den Mond deutend)
With tristful visage as against the doom
Is thought sick at the act.
Queen.   Ah me! what act,
That roars so lond, and thunders, is the index?
    H. Look here upon this picture and on this; etc.

Der nun folgende Vergleich der beiden Bildnisse ist des
Dichters eigene Erfindung, so wie die Unterbrechung des Gesprächs
durch die Erscheinung des Geistes. Im Folgenden, wo Hamlet
weniger leidenschaftlich spricht, nähert sich die Rede mehr der
von Saxo überlieferten, was den tiefen sittlichen Ernst und die
Betonung des Incests betrifft. III. 4. 140. Von einer ihm selbst
drohenden Gefahr spricht der Prinz hier nicht, weil er zu edel
ist und nur die Hauptsache, die Rettung der Mutter im Auge
behält, aber er legt ihr, wie bei Belle-Forest und Saxo (caetera
silere memineris) Stillschweigen auf, welches die Mutter ihm auch
treulich zusagt. Einzelne Züge der Rede im Belle-Forest, namentlich die zögernde Haltung Hamlets, sind vom Dichter auf dessen
Charakter übertragen; jene Rede bietet sogar zum Theil den
Schlüssel zu diesem vielfach besprochenen und von den Inter-
preten verschiedentlich ausgelegten Verbalten Hamlets, da sie
sich deutlich über die Motive auslässt: „lest by making over great
hast I be now the cause of mine own sodaine ruin" etc. Bei
Shakſpere tritt allerdings die pietätvolle Rücksicht auf den Ruf
der Mutter in den Vordergrund, und bestimmt Hamlet zu dem
vorsichtigen und zögernden Fortschreiten im Handeln.

10) Nach Saxo gelingt es Amleth die Verirrte zurückzugewinnen.

Tali convicio laceratam matrem ad excolendum virtutis habitum revocavit, praeteritosque ignes praesentibus illecebris praeferre docuit.

Ethische Verhaltungsmassregeln gibt Hamlet bei Belle-Forest,
wie es scheint aus einer Art höflicher Rücksicht, seiner Mutter
nicht, wohl aber finden sich dieselben auffallender Weise sehr
ausführlich bei Shakſpere.

Queen. O, Hamlet, thou hast cleft my heart in twain.
Haml. O throw away the worser part of it,
         And live the purer with the other half.
         Good night! but go not to mine uncle's bed;

Assume a virtue if you have it not.
That monster, custom, who all sense doth eat
Of habits evil,* is angel yet in this,
That to the use of actions fair and good
He likewise gives a frock, or livery,
That aptly is put on. Refrain to - night;
And that shall lend a kind of easiness
To the next abstinence: the next more easy;
For use almost can change the stamp of nature,
And overcome ** the devil, or throw him out
With wondrous potency etc.

11) Die Sendung Hamlets nach England berichtet schon Saxo.

Cumque Fengo privignum indubitatae fraudis suspectum tollere vellet, sed id tum ob avi ejus Rorici tum ob conjugis offensam exequi non auderet, Brittaniae regis officio necandum duxit, innocentiae simulationem alieno ministerio quaesiturus. Ita dum occultare saevitiam cupit, amicum inquinare, quam sibi infamiam consciscere maluit.

Belle - Forest. p. 151. And in that conceit, seeking to bee rid of him, determined to finde the meanes to doe it by the ayde of a stranger, making the king of England minister of his massacring resolution etc.

Bei Shakſpere weiss Hamlet schon in der Unterredung mit seiner Mutter um des Königs Vorhaben ihn nach England in den Tod zu schicken:

   H. I must to England, do you know that?
   Queen.   Alack!
    I had forgot: 't is so concluded on.

12) Auch von den beiden Begleitern (bei Sh. Rosencrantz und Guildenstern) berichtet bereits Saxo:

Proficiscuntur cum eo bini Fengonis satellites, literas ligno insculptas *** (nam id celebre quondam genus chartarum erat) secum gestantes, quibus Britannorum regi transmissi sibi juvenis occisio mandabatur.

Belle - Forest. p. 152. Now, to beare him company were assigned two of Fengon's faithfull ministers, bearing letters ingraved in wood, that contained Hamlet's death, in such sort as he had advertised the king of England.

Shakſp. III. 4. 202.
   H. There's letters seal'd and my two school - fellows,
    Whom I will trust, as I will adders fang'd, —
    They bear the mandate; they must sweep my way
    And marshal me to knavery etc.

13) Die Art wie Hamlet den seinen Begleitern mitgegebenen Brief fälscht, erzählt schon Saxo ähnlich:

Quorum Amlethus quietem capientium loculos perscrutatus, literas deprehendit, quarum perlectis mandatis, quicquid chartis illitum erat, curavit abradi, novisque figurarum apicibus substitutis, damnationem suam in comites suos, mutato mandati tenore convertit.

---

   *) Die Q. v. 1604 u. mit ihr Delius, Dyce, Globe - Ed. lesen: habits devil s. III. 4. 162.
   **) S. III. 4. 169.
   ***) In ein Täfelchen geschnitzte Runen.

Belle-Forest. p. 152. But the subtile Danish prince (beeing at sea) whilst his companions slept, having read the letters, and known his uncles great treason, with the wicked and villanous mindes of the two courtyers that led him to the slaughter, raced out the letters that concerned his death, and in stead thereof graved others, with commission to the king of England to hang his companions.

Shakſp. V. 2. 12.

> Up from my cabin,
> My sea-gown scarf'd about me, in the dark
> Grop'd I to find out them; had my desire;
> Finger'd their packet; and, in fine, withdrew
> To mine own room again: making so bold
> My fears forgetting manners, to unseal
> Their grand commission; where I found, Horatio,
> A royal knavery! an exact command, —
> — — — — — — — — — — — — — —
> My head should be struck off.
> — — — — — — — — — — — — — —
> I sat me down,
> Devis'd a new commission; wrote it fair.
> — — — — — — — — — — — — — —
> An earnest conjuration from the king, —
> As England was his faithful tributary,
> As love between theem like the palm might flourish etc.
> — — — — — — — — — — — — — —
> He should the bearers put to sudden death,
> Not shriving-time allow'd.

14) An dieser Stelle muss Shakſpere seine Quelle verlassen, die den Ausgang der Erzählung einen für den Prinzen günstigen sein lässt, während bei ihm sich das Schicksal desselben tragisch gestaltet. Einzelne Züge zur Charakterisirung Hamlets verdankt der Dichter trotzdem noch seiner Quelle; denn wenn Saxo berichtet:

Qui cum illo prudenti responso usum astrueret, ipse quoque se de industria locutum asseverabat, ne aliqua ex parte mendacio indulgere videretur. Falsitatis enim alienus haberi cupiens, ita astutiam veriloquio permiscebat, ut nec dictis veracitas deesset, nec acuminis modus verorum judicio proderetur.

So finden wir dass der Dichter diesen Zug, den auffallender Weise Belle-Forest nur obenhin berührt, indem er sagt: „The prince that never used lying, and who in all the answers that ever he made never strayed from the truth“, mit meisterhafter Geschicklichkeit in den anscheinend tollen Reden des Prinzen durchführt. Die Antworten die Amleth bei Saxo giebt, haben daher in ihrer Form viel Aehnliches mit denen bei Shakſpere.

Idem littus praeteriens, cum comites invento periclitatae navis gubernaculo, cultrum a se eximiae granditatis repertum dixissent, eo, inquit, praegrandem pernam secari convenit, profecto mare significans, cujus immensitati gubernaculi granditudo congrueret. Harenarum quoque praeteritis clivis, sabulum perinde ac farra aspicere jussus, eadem albicantibus maris procellis permolita esse respondit.

15) Auffallender Weise stimmt in einem wichtigen Puncte die Quarto von 1603 mit dem Bericht des Belle-Forest überein, während die Quarto von 1604 sich an Saxo hält. Das Verhalten der Königin nach dem Gespräch mit Hamlet gegen ihren zweiten Ehemann weicht nämlich dort wie hier wesentlich ab. Belle-Forest erzählt, p. 147 dass die Königin nach ihrem Gespräch mit dem Sohne entschieden auf des letztern Seite getreten sei und gegen ihren zweiten Ehemann mit ihm conspirirt habe:

For seeing that thy sences are whole and sound, I am in hope to see an easie meanes invented for the revenging of thy fathers death. Neverthelesse, mine own sweet soone, if thou hast pittie of thy selfe, or care of the memorie of thy father, I pray thee carry thine affayres wisely: bee not hastie, nor over furious in thy interprises, neither yet advance thy selfe more then reason shall moove thee to effect thy purpose etc.

In der Q. v. 1603 sagt Hamlet am Ende der Unterredung:

And mother, but assist mee in revenge, And in his death your infamie shall die.

Worauf die Königin antwortet:

Hamlet, I vow by that maiesty, that knowes our thoughts, and lookes into our hearts, I will conceal, consent, and doe my best, what stratagem soe're thou shalt devise.

Durch diesen Zug sinkt der treulose Charakter der Königin noch um ein bedeutendes mehr herab, da er eine schwere Verletzung ihres zweiten Ehegelöbnisses einschliesst, sie also doppelten Treubruchs schuldig zeigt. Da die Stelle nicht einmal richtige Verse enthält, darf man annehmen, dass sie von fremder Hand hinzugefügt ist; die Quarto von 1604 hält sich durchaus an die Darstellung bei Saxo, nach welcher Hamlets Vorwürfe die Mutter nur auf den Pfad der Tugend zurück führen (Tali convicio laceratam matrem ad excolendum virtutis habitum revocavit), so dass auch bei ihm von dem Augenblicke der Läuterung an, der Charakter der Königin eher gehoben als verschlechtert erscheint.

16) Wenn Hamlet in der Beschwörungsscene des ersten Actes Vertrautheit mit der Necromantie zeigt, so ist dieser Zug auf eine Andeutung bei Belle-Forest p. 153 f. zurückzuführen:

Hamblet said trueth, as hereafter you shall heare, for that in those dayes, the north parts of the worlde, living as then under Satans lawes, were full of inchanters, so that there was not any yong gentleman whatsoever that knew not something therein sufficient to serve his turne, if need required: as yet in those dayes in Gothland and Biarmy, there are many that knew not what the Christian religion permitteth, as by reading the histories of Norway and Gothland, you maie easilie percieve: and so Hamlet, while his father lived, had been instructed in that devilish art, whereby the wicked spirite abuseth mankind, and advertiseth him (as he can) of things past.

Man sieht leicht, dass es Shakſpere's ureigene Erfindung ist, wenn er, abgestossen von dieser ziemlich rohen Anschauung den Prinzen als einen auf der berühmten Hochschule Wittenberg

gebildeten, namentlich aber in die Philosophie eingeweihten
Mann erscheinen lässt, wie wohl nicht zu leugnen ist, dass Belle-
Forest ihn auf diesen Gedanken geführt haben kann, wenn wir
den Passus p. 154 vergleichen:

It toucheth not the matter herein to discover the parts of devination
in man, and whether this prince, by reason of his over great melancholy,
had received those impressions, devining that, which never any but himselfe had before declared, like the philosophers, who discoursing of divers
deep points of philosophie, attribute the force of those divinations to such
as are saturnists by complexion, who oftentimes speak of things which,
their fury ceasing, they then alreadye can hardly understand who are the
pronouncers, etc.

Shakſpere's Anlehnung an die Philosophie. Indem Shakſpere den Charakter des Prinzen mit deutlicher Absichtlichkeit
der Sphäre des derben nordischen Heroenthums entrückt, sucht
er ihn in Ton und Haltung jenem Kreise der feingebildeten
Aristokratie nahe zu bringen, wie sie etwa durch Philip Sidney,
Lord Buckhurst u. a. vertreten war, wodurch Hamlet mit seinem
Freunde Horatio in einen glänzenden Gegensatz zu seiner Umgebung, namentlich zu der Gedankenlosigkeit und Oberflächlichkeit
des sittenlosen Hofes tritt. Jede Aeusserung Hamlets zeigt von
der Ueberlegenheit, die ihm eine humanistische Bildung, namentlich das Studium der Philosophie verlieh, und hier ist der Punct,
an dem zu untersuchen ist, ob Shakſpere bei den Aeusserungen
und Sentenzen, die er dem Prinzen in den Mund legt, rein aus
sich selbst schöpft, oder ob er sich an eine bestimmte Zeiter-
scheinung im Gebiete der Philosophie anlehnt. Als der Hamlet
geschrieben wurde, wurde Bacon als philosophischer Schriftsteller
in England eben erst bekannt. * Ein lebhaftes Interesse für
naturphilosophische Betrachtungen war aber in gewissen vornehmen
und geistig hochstehenden Kreisen durch den zweijährigen Aufenthalt des Nolaners Giordano Bruno in London geweckt worden,

---

*) Wenn in einer umfangreichen von Herr Professor von Reichlin-
Meldegg verfassten Kritik meines Buches „Shakſpere's Hamlet, vorzugsweise nach historischen Gesichtspunkten erläutert" die in den Heidelberger
Jahrbüchern 1868 N. 18. u. 19. veröffentlicht ist, und deren wohlgemeinte
Haltung mich im Uebrigen zum wärmsten Danke verflichtet, p. 288 behauptet wird: „Die Zeit der Elisabeth und Jacob I. habe als Hauptrepräsen-
tanten der vaterländischen Philosophie Franz Baco v. Verulam gehabt" so
ist in Beziehung auf Shakſpere doch im Auge zu behalten, dass Bacon's
1597 erschienene moralische Essays, die zudem nicht einmal der Kern
seiner Philosophie sind, mit den in der Tragödie Hamlet ausgesprochenen
naturphilosophischen Gedanken in gar keinem Zusammenhange stehen.
Da seine übrigen Werke lange nach dem Tode der Elisabeth von 1612 —
1623 (in welche Periode Shakſpere's Tod 1616) fällt, veröffentlicht wurden, so kann man offenbar nicht Bacon's Naturphilosophie als die Zeit-
philosophie der Elisabeth-Periode bezeichnen, und kann ihr wenigstens
keinen bedeutenden Einfluss auf Shakſpere zusprechen.

der eine ganze Reihe populärer Schriften in italienischer Sprache
daselbst veröffentlichte. Fühlte also Shakſpere den Drang nach
Belehrung nach dieser Seite hin in sich, so ist nichts natürlicher,
als dass er sich nach bereits bekannten und berühmten Werken
umsah, die, ohne sich an den strengen und selbst für ihn vielleicht unverständlichen Schulausdruck zu halten, in fasslicher
Weise die Hauptfrage einer neuen, auf das kopernikanische
Weltensystem gegründeten Philosophie vortrugen. Dies thun
Bruno's italienische Dialoge in vollem Masse, indem sie fast
alles Metaphysische ausschliessen, und einen mit Händen zu
greifenden Realismus anstreben. Der neueste Biograph des
Nolaners, Domenico Berti (Vita di Giordano Bruno da Nola
1868. Torino.) berichtet von dessen persönlichem Umgange in
London: „A Bruno non furono ignoti Spencer, Guglielmo Temple,
che tradusse la dialettica di Ramo, Harvey, Dier e gli altri
cultori delle lettere e delle scienze, amici di Sidney." Bei seiner
Freundschaft mit Spencer war es nur natürlich, dass Shakſpere,
der erst nach dem Weggange Bruno's nach London kam, auf
die Schriften des Italieners aufmerksam wurde. Da von dem
Herausgeber in seinem Buche: „Shakſpere's Hamlet, vorzugsweise
nach historischen Gesichtspuncten erläutert," (Shakſpere-Forschungen I.) über diesen Gegenstand ausführlich gehandelt ist, so dürfen
wir uns darauf beschränken, die übereinstimmenden Puncte einfach aufzuzählen.

1) Polonius entspricht in seiner Haltung und Ausdrucksweise
durchaus der typischen Figur des Pedanten in den Dialogen
Bruno's, die dort unter den Namen: Manfurio, Poliinnio, (Polonius?) Coribante (Corambis?) u. s. w. eingeführt ist.

2) Die Reihenfolge nach welcher ein Ding den Platz eines
anderen in der Natur einnimmt, die Auflösung der Erscheinungs-
formen, die Transmutation der Atome, bildet bei Hamlet im
dritten und fünften Acte vielfach das Object seiner Betrachtungen
und Aeusserungen; wir begegnen ganz ähnlichen Betrachtungen
bei Bruno in der Cena de le Ceneri und in der Schrift: Della
Causa, Principio et Uno.

3) Der Dialog „Sein oder Nichtsein" ist im wesentlichen
auf die Lehren dieser atomistischen Philosophie zurückzuführen
und bildet in seinem Schluss sogar eine Widerlegung derselben
auf Grund christlicher Lehre.

4) Eine Menge von Einzelheiten im Hamlet finden sich in
auffallender Uebereinstimmung mit Aeusserungen Bruno's.

Dass der Dichter überhaupt auf dieses eigenthümliche Gebiet
geführt wurde, erklärt sich wiederum aus seiner Quelle. Schon

Saxo erzählt von Amleth's Aufenthalt in England und dem ihm
zu Ehren veranstalteten Gastmahl:

> Tunc Amlethus omnem regiarum dapum apparatum, perinde ac vulgare edulium aspernatus, summam epularum abundantiam miro abstinentiae genere aversatus est, nec minus potioni quam dapibus pepercit. Admirationi omnibus erat, quod alienigenae gentis juvenis, accuratissimas regiae mensae delicias, et instructissimas luxu epulas, tanquam agreste aliquod obsonium fastidiret. Soluto convivio, rex quum amicos ad quietem demitteret, per quendam cubiculo immissum, nocturna hospitum colloquia clandestino explorationis genere cognoscenda curavit. Interrogatus igitur a sociis Amlethus, quid igitur in hesternis epulis, perinde ac venenis abstinuisset? panem cruoris contagio respersum, potioni ferri saporem inesse, carneas dapes humana cadaveris oliditate perfusas, ac veluti quadam funebris nidoris affinitate corruptas dicebat.

> Quibus rex ex satellite cognitis, talium autorem supra mortalem habitum, aut sapere aut desipere testatus est, tam paucis verbis perfectissimam industriae altitudinem complectando. Accersitum deinde villicum, unde panem asciverat percontatur. Qui cum eum domestici pistoris opera confectum assereret, sciscitatur item, ubi materiae ejus seges crevisset, et an ullum illic humanae stragis indicium extaret. Qui respondit, haud procul abesse campum, vetustis interfectorum ossibus obsitum, et adhuc manifesta antiquae stragis vestigia prae se ferentem, quem a se perinde ac caeteris feraciorem opimae ubertatis spe, verna fruge consertum dicebat. Itaque se nescire, an panis hoc tabo vitiosi quicquam saporis contraxerit. Quo audito, rex, Amlethum vera dixisse conjectans, unde lardum quoque allatum fuisset, cognoscere curae habuit. Ille sues suos per incuriam custodia elapsos, putri latronis cadavere pastos asseverabat, ideoque forte eorum carnibus corruptioni affinem incessisse saporem. Quum rex in hoc quoque veracem Amlethi sententiam comperisset, quonam liquore potionem miscuisset inquirit. Ut farre et aqua temperatam cognovit, demonstratum sibi scaturiginis locum in altum fodere aggressus, complures gladios rubigine adesos reperit, ex quorum odore lymphas vitium traxisse existimatum est. Alii ideo potionem notatam referunt, quod in ejus haustu opes abdomine mortui alitas deprehenderit, vitiumque referri gustu, quod olim favis inditum extitisset.

Die Geschichte wird ebenso von Belle - Forest berichtet,
p. 152 ff.

Man hat einzuwenden versucht, dass der Dichter des
Italienischen nicht hinreichend mächtig gewesen sei, um Bruno's
Dialoge lesen zu können; allein es häufen sich die Beweise
dafür, dass er trefflich Italienisch verstand, und vor allem ist
der überzeugendste der, welchen noch kürzlich J. L. Klein im
fünften Bande seiner „Geschichte des Drama's“ (Leipzig,
T. O. Weigel 1867. 2. Band des ital. Drama's) geliefert hat:
indem er auf das evidenteste nachweist, dass Shakſpere nach
einzelnen Scenen in Romeo and Juliet zu schliessen, die
Hadriana des Italieners Groto gelesen haben müsse.*

---

*) „Wenn gründliche Quellenstudien den Gelehrten,“ fährt der
genannte Literarhistoriker fort, „wenn zweckmässige, dem zu ermittelnden
Ergebnisse entsprechende Benutzung solcher Quellen den Fachgelehrten
kennzeichnet, so muss Shakſpere als umfassendster und tiefbelesenster For-

Da wir das Verhältniss der Shakſpere'schen Tragödie zu der bisher nicht aufgefundenen, vielleicht auch niemals gedruckten Arbeit Kyd's nicht kennen, müssen wir annehmen, dass bis auf die Einführung des Geistes, der, wie oben angedeutet wurde, auch dort aufgetreten zu sein scheint, alles Uebrige freie Erfindung des Dichter ist, wenn nicht etwa die dem Polonius I. 3. 58 f. in den Mund gelegten Sentenzen, einem jener zahlreichen Bücher entlehnt sind, die nach Art des *Βασιλικὸν Δῶρον* Anstands- und Verhaltungsregeln für die jeunesse dorée der Elisabeth-Epoche enthielten.

Text. Jeder Herausgeber und Kritiker hat offenbar die Aufgabe, den Dichter vor den Unbilden der Zeit und der Zufälligkeiten zu schützen, die etwa seine Texte betroffen haben können, er ist so der natürliche Anwalt des Abwesenden. Es ist daher ohne Frage als ein grosses Verdienst der Delius'schen Ausgabe hervorzuheben, dass in ihr verkehrte Emendationsversuche der Vorgänger so vielfach zurückgewiesen, der Text auf Grundlage der primären Drucke in vielen Fällen durch eine besonnene Antikritik wieder hergestellt ist. Indessen ist schon von Elze (Einleitung XXVIII.) auf das allzugrosse Vertrauen aufmerksam gemacht worden, welches Delius in den Werth und die Authenticität der F. v. 1623 setzte, der er namentlich in Beziehung auf Hamlet zum Nachtheil des Dichters vor der Q. v. 1604 den Vorzug gibt. Den Nachtheilen dieser ungerechtfertigten Vorliebe begegnen wir dort nicht eben selten. Allerdings ist anzunehmen, dass der Dichter keinen einzigen bei seinen Lebzeiten erschienenen Druck seiner Dramen persönlich geleitet oder revidirt hat; dass also die von seinen Freunden und ehemaligen Fachgenossen Heminge und Condell besorgte Gesammtausgabe darum einen um so höheren Anspruch auf Authenticität hat, als die beiden Herausgeber die einzelnen Stücke wenigstens aus einer jahrelangen Praxis kannten, und im Stande waren, bei der Zusammenstellung der Gesammtwerke die besten Drucke auszuwählen, und theilweise auch wohl Manuscripte des Dichters bei Herstellung des Textes zu Grunde zu legen. Aber schon die Hamlet-Tragödie beweist, dass die genannten Editoren es mit ihrem Versprechen, die Dramen in ihrer ursprünglichen Form „cur'd and perfect of their limbs“

---

scher aller ihm zu Gebote stehenden, in sein Kunstfach einschlagenden Quellen, und als derjenige, der sich des gesammten einem Zwecke dienenden Studienmaterials und Erkenntnissstoffes bemächtigte — muss Shakſpere als einer der grössten Fachgelehrten seiner Zeit gepriesen, und wie er der grösste Bühnendichter aller Zeiten war, auch als der gelehrteste aller dramatischen Dichter anerkannt werden.“

dem Publikum zu überliefern, nicht sehr genau nehmen, dass
sie also einen Text veröffentlichen, der eine grosse Anzahl von
Versen weniger aufweist, als die 1604 veröffentlichte und, wie
auf dem Titel ausdrücklich angeführt wird, nach einer echten
und vollständigen Abschrift veranstaltete Quartausgabe —
die in der Vulgata schliesslich doch die F. v. 1623 completiren
musste. Man fragt: „wer autorisirte die beiden Herausgeber
zu den Kürzungen grade bei diesem Stück?" Gesetzt aber
auch, dass Delius, wie sehr wahrscheinlich ist, Recht behält,
wenn er vermuthet, es habe den beiden Herausgebern eine
Sammlung von Bühnenmanuscripten zu Gebote gestanden, so
dass ihre Folio uns die meisten Dramen in der Form bietet, in
welcher sie über die Londoner Bühnen gegangen seien, wer
steht uns dafür, dass der Dichter die Bearbeitung seiner Stücke
für die Bühne — oder vielmehr das Zusammenstreichen —
überall persönlich übernommen habe? Und, wenn dies wirklich
der Fall war, wer steht uns ferner dafür, dass nicht Heminge
und Condell dennoch gerade diese kürzeren Manuscripte, wenn
sie deren besassen, nach Willkür aus den früher veröffentlichten
Quartdrucken oder vollständigeren Manuscripten ergänzten?
Grade die Hamlet-Tragödie liesse auf dies letztere Verfahren
an sehr vielen Stellen schliessen; ja es taucht hier sogar mehr
als in jedem andern Stücke der sehr begründete Verdacht auf,
dass an einzelnen Stellen, die sich durch eine dem Dichter
durchaus nicht eigenthümliche Breite (wie II. 2. 354—379),
oder eine höchst unklare Stilistik (wie I. 4. 17—38) von Allem,
was Shakſpere schreibt, unterscheiden, irgend eine unberufene
Hand sich Einschiebungen erlaubt habe, wie ja der aus dem
2ten Acte angeführte Passus in der Q. v. 1604 auch wirklich
fehlt, während der zweite dagegen sich grade hier findet und
in der Fol. v. 1623 ausgelassen ist. Die verstümmelte Q. v. 1603,
die in der Personenbezeichnung, Scenenfolge und selbst im
Wortlaut umfangreicher Textesstellen von den andern Ausgaben
wesentlich abweicht, macht die Vermuthung sehr wahrscheinlich,
dass das Zusammenstreichen zum „zweistündigen" Bühnenmanuscript nicht die Arbeit des Dichters selbst gewesen sein mag.
(S. meine „Shakſpere-Forschungen" I. p. 8 f.). Es bleibt
demnach die Quarto von 1604, die wir in den Noten als Q. 2
(zum Unterschiede von der weniger in Betracht kommenden
Quarto von 1603, die wir als Q. 1. bezeichnen) eingeführt
haben, die wichtigste Grundlage für den Hamlet-Text, zumal
sie dem Drucke der folgenden Quartos 1605 = Q. 3. 1607
(?) = Q. 4. 1611 = Q. 5. zu Grunde gelegen, die in Folge
dessen auch nur unerheblich abweichen. Da die folgenden

Folio - Ausgaben zu der von 1623 in ähnlichem Verhältniss stehen, so haben wir in den Noten nicht überall Q. 2. f. und F. 1. f. angeführt, sondern lediglich Q. 2. und F. 1., weil sich die Uebereinstimmung von selbst verstand.

Trotzdem, dass durch den Vergleich dieser beiden Haupt-redactionen der Kritik eine sehr bedeutende Erleichterung geboten ist, so leiden die überlieferten Texte dennoch an häufigen Ver-stümmelungen, Druckfehlern, Verstellungen von Worten und Abschnitten, ja an Auslassungen ganzer Verse. Wir können es daher eben nicht als ein Verdienst der conservirenden Kritik betrachten, wenn sie mit schweisstriefender Anstrengung bemüht ist, offenbaren Corruptelen einen Sinn unterzulegen, und müssen insofern den Dichter mit aller Entschiedenheit in Schutz nehmen, wenn die Unverständlichkeit irgend einer Textstelle schliesslich gar einem Mangel an Sprachgewandtheit auf seiner Seite zur Last gelegt wird. Rühmen doch grade seine Freunde und Zeitgenossen, rühmen doch Heminge und Condell an ihm als charakteristisch die Klarheit und Leichtigkeit, mit der er das, was er dachte, auch auszudrücken verstand, so dass sie selbst gestehen, in seinen Schriften kaum eine Correctur gefunden zu haben. Das Verfahren der principiell conservirenden Kritik ist demnach kaum etwas Anderes als das offene Geständ-niss, dass den Setzern und Correctoren einer im Druck noch wenig geübten Zeit mehr Vertrauen zu schenken sei, als dem grossen Dichter selbst. Nun wird man sich aus folgendem Commentar überzeugen können, dass eine Menge von Stellen schon bei der Besorgung der ersten Drucke von Unberufenen geflissentlich geändert wurden, weil ihnen der nur dem Gebil-deteren sofort verständliche Sinn im Augenblick unklar war, und in den meisten Fällen ist mit solchen Aenderungen erst die Verwirrung eingetreten. Man vergleiche beispielsweise I. 2. 110, wo offenbar das weniger gebräuchliche Adverb *wis* vom Corrector oder Setzer in *with* verwandelt wurde. I. 2. 200, wo die Herausgeber der F. 1. *armed at all points* für den technischen Ausdruck: *armed at point* setzen. I. 3. 47, wo für *pastor* aus mangelndem Verständniss des *do not do,* — *pastors* gedruckt wurde, weil man folgendes *himself* unbeachtet liess. II. 1. 19, wo das ganz sinnlose *which being kept close might move more grief to hide* für *more grief to him* gesetzt wurde, während man in derselben Stelle folgendes *hate to us their love* (oder *her love*) in *hate to utter love* ändern zu müssen glaubte. II. 2. 296, wo der Corrector oder Setzer *what* „by“ *more dear* nicht verstand, sondern der Meinung war, durch die Umstellung „*by what*“ eine Verbesserung wagen zu dürfen. II. 2. 356, wo man „*that cry*

on the top out of question" änderte in *that cry out on the top of.*
II. 2. 420, wo der Setzer entweder *rhythm* nicht verstand, oder
das von Shakſpere nach dem Vorgange des Italienischen (*ritmo*)
vielleicht *ritm* geschriebene Wort für einen Schreibfehler hielt
und jenes *writ* setzte, was nachträglich der Kritik so viel Kopf-
zerbrechen kostete. III. 2. 287, wo für *provisional* missverständ-
lich *provincial* gedruckt wurde, wodurch jene Rosen von Provins zum
Vorschein kamen, die auch in deutschen Ausgaben weiter blühn.
IV. 4. 70, wo man *begun* für *be gun* setzte, weil man des Verbs
to gin nicht eingedenk war. II. 2. 181, wo *being a good* für *a
good being* und IV. 7. 21, wo für *gibes* das sinnlose *gyves*
beliebt wurde.

Weniger störend als diese offenbar willkürlichen Aenderungen sind die aus Versehen enstandenen Druckfehler, da sie viel
leichter als solche zu erkennen sind; sie fangen erst dann in
höherem Grade an das Verständniss zu benachtheiligen, wenn
sie als Auslassungen ganzer Wörter und Sätze auftreten. Solche
Auslassungen finden sich als wirkliche Textverstümmelungen
I. 3. 74, wo der Anfang des folgenden Verses: *In that*, dessen
Fortsetzung offenbar ausgefallen ist, an das Ende seines Vorgängers gerückt wurde, und dort stehen blieb zur grossen Verwunderung aller nachfolgenden Kritik. Da sämmtliche erste
Ausgaben in der Lesung *chiefe* resp. *cheff* und in der Anfügung
jenes den Vers zerstörenden „*in that*" übereinstimmen, so lässt
sich mit einiger Wahrscheinlichkeit vermuthen, dass die Ursache
des Irrthums bereits im Manuscripte gelegen, in welchem vielleicht die auf *in that* folgenden Worte gestrichen und aus Versehen nicht suppunctirt wurden, um sie von Neuem gelten zu
machen. Der ganz entgegengesetzte Fall tritt ein III. 2 nach
v. 176. Hier musste bisher ein ganzer Vers ausgelassen werden,
weil der auf denselben reimende weggefallen war. Die beiden
Anfangsworte dieses letzteren erscheinen glücklicher Weise in
Q. 2, am Anfange von v. 178, wohin sie durch ein deutliches
Versehen des Setzers gerückt sein müssen, so dass sich unschwer
noch das ganze Reimpaar retten liess. Eine bedenklichere
Auslassung trat IV. 1. 40 ein, wo nur der Zusammenhang
das Fehlende errathen lässt, und das auf das Relativ *whose*
bezogene Substantiv nebst einer den Vers zugleich ergänzenden
adverbialen Bestimmung von den Editoren ersetzt werden musste.

Dieser Art Auslassungen kommt die Verstellung ganzer Vers-
reihen gleich, wie sich uns eine solche I. 1. nach v. 116 bietet,
wo volle 4 Verse um 5 andere zu früh eingefügt waren, so
dass die dadurch scheinbar entstandene Lücke der Interpretation bisher sehr bedeutende Schwierigkeiten machte. Leider

benutzte die Kritik auch hier die Gelegenheit, ihrer Rathlosigkeit mit der übereilten Voraussetzung einer Flüchtigkeit von Seiten des Dichters zu entgehen, den diesmal zugleich der Vorwurf der Ignoranz treffen musste, weil der von ihm gebrauchte Ausdruck „*omen*" erst durch die Zeilenverstellung einen total falschen Sinn erhalten hatte. Uebrigens leistet die deutsche Interpretationskunst hier das Menschenmögliche, um zu beweisen, wie für Shakſpere ein Begriff zugleich sein Gegentheil sein könne. Aehnlich verhält es sich mit einer Reihe von vier Versen, die I. 3 nach der zweiten Hebung von v. 10 eingefügt waren, und deren Ungehörigkeit an jener Stelle bisher übersehen wurde. Der Zusammenhang zeigt deutlich, dass sie erst auf v. 32 zu folgen haben. Vielleicht hatte der Dichter in den beiden letzterwähnten Fällen die fraglichen je vier Verse als nachträgliche Ergänzungen an den Rand seines Manuscripts geschrieben, und dazu einen Platz gewählt, der ihm bei grösserer Breite den nöthigen Raum liess, ohne zugleich im Text die beiden Verse ganz genau zu bezeichnen, zwischen denen sie einzuschieben waren.

Da uns nähere Umstände bei der Entstehung des Manuscripts unbekannt sind, so sind manche andere Erscheinungen, die uns im Texte begegnen, sehr schwer erklärlich. Es ist gar keine Frage, dass ein leicht dahin fliessender in angenehmem Rhythmus sich bewegender Vers, glänzende, bei aller Tiefe des Gedankens rasch verständliche Bilder, eine durchweg klare und präcise Diction die eigentlichen Vorzüge Shakſpere's sind, wenn wir von seiner poetischen Gestaltungskraft absehn. Dennoch aber begegnen wir grade im Hamlet grösseren Text-Partien, die auffallend mit jener vollendeten Stilistik contrastiren, die wir so eben an unserem Dichter rühmen mussten. Derartige Stellen werden von namhaften Kritikern als echt angezweifelt, und in der That sind sie verdächtig genug. Die Kritik ist in den genannten Fällen jedoch in nicht geringer Verlegenheit. Denn nehmen wir an, dass der Dichter sein Manuscript bereitwillig für den Druck der Q. von 1604 (Q. 2) hergegeben, so ist zu erwarten, dass das wenigstens, was dort gedruckt wurde, auch von seiner Hand geschrieben war. Eine solche Stelle ist die bereits oben bezeichnete: I. 4. 17—38. In seinen sämmtlichen Dramen gibt es kaum einen Passus, der dem Dichter unähnlicher wäre, als der eben angeführte: die Breite, die verworrene Stilistik desselben ist von jedem Kritiker bisher gerügt worden, ja das Gefühl, die Stelle sei des Dichters kaum würdig, veranlasst Friesen sogar zu der Andeutung, der ganze Passus könne unbeschadet des Ganzen aus dem Texte wohl weggelassen werden.

(Briefe über Shakſpere's Hamlet von H. Freiherr von Friesen. Leipzig, Teubner. 1864. p. 216). Mit dieser Stelle correspondirt genau eine ganz ähnlich stilisirte V. 2. 6 f., und man kann behaupten, der erste Theil der zweiten Scene im 5ten Act weiche überhaupt im Puncte der Diction wesentlich von der sonst in der Tragödie üblichen Sprache ab. Allerdings lag es nahe, derartige Erscheinungen aus mehrmals wiederholten Redactionen des Stückes zu erklären, und Karl Elze geht sogar so weit, dasselbe für des Dichters dramatisches Erstlingsproduct zu halten, dem erst mehrfache Umarbeitungen die Gestalt verliehen, in welcher es uns jetzt vorliegt. Die Gründe, die den Herausgeber gegen diese Ansicht einnehmen, sind in seinen Shakſpere-Forschungen I. p. 2 f. auseinandergesetzt. Weit eher scheint es, dass jene Stellen vom Dichter selbst einem älteren Drama entlehnt wurden, und dass er sich durch ihre mangelhafte Stilistik — die in I. 4 indessen die der Situation angemessene Zerstreutheit des Prinzen glücklich charakterisirt — nicht hat abhalten lassen, sie seinen Versen einzuverleiben, oder dass sie von einem Unberufenen aus jenem Drama eingeschoben sind. Da der ganze Passus in der F. v. 1623, so wie in der Q. v. 1603 fehlt, so ist anzunehmen, dass die eigentliche Bühnenbearbeitung sie überhaupt nicht enthalten habe. Jene andere Vermuthung, dass die ganze zweite Scene des 5ten Acts bis zum Auftreten Osricks ursprünglich ebenfalls einer fremden Arbeit angehöre, dass der Dichter sie also ziemlich unverändert aufgenommen habe, wird unterstützt durch die veränderte, auffallend kühle Sprache, in welcher sich Hamlet hier mit Horatio unterhält; es zeigt sich in dieser Unterredung keine Spur von jener Cordialität, mit welcher der Prinz in den ersten Acten dem Universitätsfreunde begegnet. Eine anderweitige Unterstützung erhält unsere Hypothese durch den Umstand, dass Hamlet bereits in der ersten Scene des 5ten Acts Gelegenheit gehabt hätte, dem Freunde seine Erlebnisse auf dem Schiffe mitzutheilen, oder dass er dies während ihrer ganzen Herreise bequem hätte thun können. Seinen Bericht gibt aber Hamlet in einer ziemlich fremd klingenden Form, als beide bereits wieder im Schlosse von Helsingoer sind, so dass wir in Anbetracht dieser Stelle Rümelin zustimmen müssen, wenn er behauptet, einzelne Scenen im Hamlet seien zu unvermittelt in den Zusammenhang eingefügt. Ein anderer nicht zu übersehender Punct ist der, dass Shakſpere den König Claudius eine zwiefache Todesart, durch Erstechen und Gifttrinken, sterben lässt. Offenbar ist eine einzige für den Zweck vollkommen ausreichend, und zwar scheint es, dass im älteren

Stück der König von Hamlet nur gezwungen wurde den Gift-
becher zu leeren; das von Shakſpere eingeführte Wettgefecht
und die Erfindung mit dem nicht gestumpften Rapier führte
daneben die zweite Todesart ein, ohne dass man viel Bedacht
darauf nahm, die erstere als pleonastisch zu beseitigen. Der-
gleichen braucht, wenn man die Verhältnisse im richtigen Lichte
sieht, nicht einmal gross aufzufallen. Denn bedenkt man, dass
die Bühnenwirkung für den Dichter bei der Composition seiner
Dramen die Hauptsache war, dass er vielleicht gar nicht einmal
an den Effect dachte, den seine Schauspiele bei der Lectüre
hervorbringen könnten, dass ihm also der schriftstellerische Ruhm
neben dem des Darstellers und Erfinders völlig gleichgiltig war,
so lässt sich auch leicht erklären, wie er dazu kommen konnte
in einzelnen Theilen die Arbeit eines Andern zu benutzen,
zumal da bei der Darstellung der Unterschied der Diction so
leicht nicht auffallen konnte.

Dass die eben geschilderte Beschaffenheit des Hamlet-
Textes der Kritik viel Mühe verursachte und fast auf jeder
Seite zu Verbesserungsvorschlägen aufforderte, ist nur selbstverständlich. Indessen sind die Warnungen ernster und be-
sonnener Kritiker (D. M. Ingleby: The still Lion; an essay
towards the restauration of Shakſpere's text, Jahrb. d. d. Shak-
ſpere-Gesellschaft II. p. 196 ff.) vor übereilten Aenderungen
ebenso zu beherzigen, wie auf der anderen Seite die Beibehaltung offenbar verstümmelter Textstellen ein Vergehen am Dichter
ist. Es will daher dem Herausgeber als Hauptaufgabe der
heutigen Kritik erscheinen, vornehmlich darauf zu dringen, dass:

1) Die Interpretation der schwierigen Textstellen — z. B.
   scheinbar ungewöhnlicher Constructionsweisen — ausschliesslich auf Grund der historischen Grammatik geübt werde;
   dass also die gegenwärtige Organisation des englischen
   Sprachbestandes nicht als Massstab für die Beurtheilung
   Shakſpere'scher Werke betrachtet werden dürfe.

2) Dass überall, wo der Text der ersten Drucke mit den
   grammatischen Gesetzen des saec. 16 in Uebereinstimmung war, von Späteren aber nach den Principien einer
   späteren Grammatik geändert wurde, die Lesung der
   älteren Drucke rücksichtslos wieder hergestellt werde.

3) Dass wirkliche in Sache und Wort begründete Dunkel-
   heiten, deren Aufklärung sich von späteren Forschungen
   noch erwarten lässt, nicht ohne Weiteres im Texte durch
   andere ähnliche Ausdrücke ersetzt werden, die schliesslich doch nur einen matten Sinn zurücklassen.

4) Dass nur wirkliche, den Dichter offenbar beschämende
Textstellen, also Corruptelen, die sich als sogenannter
Unsinn dem gewöhnlichen Verstande sofort kennzeichnen,
- einer Emendation zu unterwerfen sind.

In Rücksicht auf den zweiten Punct hat daher der Herausgeber an verschiedenen Stellen die in vielen Editionen
ausgeschiedene Form *or* für *ere* oder die Gemination *or ere*
wieder aufgenommen; an anderen hat er dem Conjunctiv der
3ten p. s., *der fälschlich für den Plural gehalten oder in den
Indicativ (mit *s*) verwandelt war, zu seinem Rechte verholfen,
so wie auch das alterthümliche *s* des Pluralis (ð, þ, *eth*) wo es
nothwendig war, wieder hergestellt. Was jedoch den dritten
Punct betrifft, so hat der Herausgeber in der zweiten Scene des
dritten Actes Z. 147 den Ausdruck *Mallico*, wie ihn Q. 1 und
Q. 2 gibt, beibehalten, ohne selbst eine Aenderung des dunklen
Worts zu wagen oder die Aenderungen Anderer aufzunehmen.
Das Wort, welches in den ersten Qs. mit grossem Anfangsbuchstaben erscheint, documentirt sich durch Form und Endung als
ein rein italienisches; es wird erst zum spanischen, wenn man
in *malhecho* ändert. Die Uebereinstimmung der beiden s o n s t
s o v e r s c h i e d e n e n Qs. ist jedoch zu auffallend, und darum
die Möglichkeit, dass hier auf einen italienischen Eigennamen
angespielt werde, nicht ohne Weiteres von der Hand zu weisen,
namentlich wenn man den Eigennamen M a l e c c h e in Giraldi
Cintio's Trauerspiel Orbecche damit vergleicht. Sollte dieser
Name noch glücklich in einer italienischen Novelle oder einem
Drama aufgefunden werden, so wird sich dann erst herausstellen,
ob nicht die Lesung *munching* (*vorax*), wie sie die Q. 2 aufweist,
dem *miching* der Fs. vorzuziehen ist. Der sehr verdächtige
Name Baptista III. 2. 249. ist ebenfalls unverändert gelassen,
obwohl der Herausgeber überzeugt ist, dass dort ebensogut Bap-
tistina nach der Analogie von Ernesto, Ernestina, Guglielmo,
Guglielmina, Carlo, Carlina etc. gestanden haben könnte. Der
in der Schröderschen Bearbeitung des Hamlet vorkommende
Frauenname Badista (S. Elze's Hamlet p. 269.) scheint erst
Neubildung resp. Erfindung zu sein. Dagegen hat der Herausgeber geglaubt V. 1. 299 die Lesung *Esule* (*Euphorbia Esula*),
wofür Q. 1. *vessels*, Q. 2 f. *Esill*, F. 1 f. *Esile*, Globe-Ed. *eisel*,
Elze *Nilus*, Hanmer *Nile*, schreiben, herstellen zu müssen, weil
die abweichende Form der Qs. u. Fs. lediglich auf Willkürlich-
keit der Orthographie oder Eigenthümlichkeit der Aussprache zu
beruhen scheint. Dass der Name dieser Giftpflanze (Wolfsmilch)
in den Sinn passt, habe ich in meinen Shakspere-Forschungen
I. p. 204 bewiesen; auch lehrt Paracelsus von der Wirkung der

Wolfsmilch im ersten Buche seiner Schrift: De Tumoribus, Pustulis et Ulceribus Morbi Gallici cap. VIII: Ea vis Euforbii ac Scammoneae ut sensim in corporis intima penetrantes, facultates vitales dissolvant, ac successive imminutis viribus tandem mors consequatur.

Was den ad 4 erwähnten Punct betrifft, so werden berufene Fachgenossen zu entscheiden haben, ob ich dem Dichter durch meine Aenderungen gerecht geworden bin, und ihm wirkliche Dienste geleistet habe, oder nicht.

Der Umstand, dass ältere und neuere Kritiker an eine ihrem Umfange nach ansehnliche theoretische Bildung, namentlich aber an eine ganz immense Belesenheit Skakſpere’s nicht glauben wollen, hat begreiflicherweise eine grosse Anzahl von Irrthümern in die Interpretation eingeführt. Die ältern englischen Commentare wimmeln von Absurditäten in dieser Beziehung, und darum ist auch des Verwunderns kein Ende, wenn der Dichter mit beispielloser Souverainetät über alle Wissens- und Berufsgebiete zu herrschen scheint, wenn er den Ton aller Sphären der Gesellschaft mit vollkommenster Sicherheit trifft. Der Grundirrthum liegt offenbar in der höchst gewagten Voraussetzung einer mangelhaften Schulbildung bei dem Dichter, namentlich in der nie bewiesenen Behauptung, er habe nur eine unzureichende Kenntniss des Lateinischen besessen. Es lässt sich grade an vielen Stellen im Hamlet nachweisen, dass der Dichter einzelne dem Latein angehörende und von der englischen Sprache der Elisabeth-Epoche adoptirte Ausdrücke im Sinne der besten lateinischen Schriftsteller auffast; dass er, um also nur ein Beispiel anzuführen, I. 1. 13 das Wort *rival* wie *rivalis* bei Gell. 14, 1, 4 im Sinne von *particeps* (eigentlich Theilhaber an einer Canalnutzung) anwendet: dass er II. 2. 461 das Wort *modesty* genau in derselben Bedeutung gebraucht, wie Cicero I. de off. XL. 142 das Wort *modestia* in Beziehung auf klare stilistische Anordnung des Stoffes; dass er I. 1. 83 das Adject. *emulate* genau wie das dem Deponens *aemulor* entspringende Particip *aemulatus* verwendet; dass er III. 4. 52 gar wohl die Bedeutung von lat. *index*, Ankläger, versteht, nur dass an jener Stelle die Herausgeber auf Grund der ältern Drucke „*in the index*“ für „*is the index*“ lesen, etc.

Es ist in Beziehung auf Shakſpere’s Verhältniss zur klassischen und gelehrten Bildung namentlich von seinen eigenen Landsleuten zu viel ihm Nachtheiliges gesagt worden, als dass es nicht an der Zeit wäre, aus seinen Werken den Umfang seiner Bildung nach dieser ·Richtung hin, wenn auch nur annähernd, nachzuweisen. Seine sämmtlichen Dramen liefern eingestandenermassen keinen Beweis eines falschen Gebrauchs lateinischer Formen und Ausdrucksweisen. Im Pericles II. ·2. kommen sogar eine ganze Reihe Devisen und Sentenzen vor, die sämmtlich richtig construirt und sinnvoll angewendet, also mit Verständniss und Sorgfalt gewählt, oder gar scharfsinnig erfunden worden· sind. Und wie sollte eine eminent begabte Individualität wie Shakſpere bei einem möglicherweise bis ins sechzehnte Lebensjahr fortgesetzten Schulunterricht,* der noch dazu der Sitte der Zeit gemäss dem klassischen Latein vorzugsweise zugewendet war, nicht sogar bis zu einem gewissen leichten Gebrauch dieser Sprache gelangt sein? Woher konnte der Jüngling seine klassischen Bilder und Tropen, seine kunstvollen Redefiguren in Venus und Adonis, woher überhaupt das Motto zu diesem reizenden Epos: „Vilia miretur· vulgus, mihi flavus Apollo Pocula Castalia plena ministrat aqua“ — nehmen, wenn sich nicht schon der Knabe mit der Sprache Ovid's und Virgil's vertraut gemacht hätte. Kann man wirklich behaupten, er sei im Stande gewesen, ein kunstmässiges Epos zu schreiben, ohne dass ihm Geschmack und Kunstregel durch mustergiltige Vorbilder vermittelt wären? Wenn dennoch·Shakſpere von manchem Kritiker in diesem Puncte immer noch als ewiger Unterquartaner angesehen wird, so schreibt sich diese lächerliche Auffassung allerdings von jener grenzenlosen Verehrung her, die zunächst der romantischen Literaturepoche in Deutschland entsprang, für die es bekanntlich keinen echten Dichter gab, der nicht zugleich ein Weltwunder an Originalität gewesen wäre. War nicht Shakſpere nach ihnen viel grösser, viel unbegreiflicher, wenn ihm, um von den Griechen zu schweigen, Ovid und Virgil, viel origineller, wenn ihm Plautus und Terenz, viel erhabener, wenn ihm sogar der Tragiker Seneca völlig unbekannt war? Wie gross müsste erst Shakſpere sein, wenn man ihm auch noch die Fähigkeit des Lesens und Schreibens absprechen könnte! Wenn er trotzdem gelegentlich, wie im Hamlet, von Plautus und Seneca spricht, so machte es sich die Kritik leicht genug, ihre vorgefasste Meinung aufrecht zu erhalten; man erklärte einfach mit dem Engländer Warton: „die häufigen Aufführungen klassischer Stücke in öffentlichen Schulen gaben Shakſpere die Namen Seneca und Plautus als

---

*) Ich weiche hier von der Ansicht Ulrici's ab, die er in „Shakſpere's dramatischer Kunst“ I. 3te Aufl. p. 232 ausspricht: „Bald nachdem er das zwölfte Jahr überschritten hatte, hörte wahrscheinlich alle weitere Ausbildung seines Geistes durch Lehre und Unterricht auf;“ schliesse mich jedoch der geistvollen Apologie, die derselbe Gelehrte in Betreff der allgemeinen Bildung Shakſpere's p. 288 gibt, mit Ueberzeugung in allen Puncten an.

dramatische Dichter an die Hand." (!) Und konnte doch
selbst Delius noch eine Anmerkung schreiben, wie folgende: „Sh.
kannte Wittenberg als Universität wahrscheinlich aus der durch
Volksbücher und Dramen in England sehr verbreiteten Sage von
Dr. Faustus, welche grösstentheils dorts pielte". Somit hätte Shakfpere seine ganz immensen Kenntnisse in allen Gebieten menschlichen Wissens nur etwa bei gewissen Gelegenheiten, wie man
zu sagen pflegt, aufgeschnappt, fürwahr eine höchst zeitraubende
Art des Studiums, die dem rastlosen Dichter am allerwenigsten
ähnlich sieht. Die Wahrheit ist, dass Shakfpere auf dem
wunderlichen Trödelmarkt damaliger Gelehrsamkeit nicht als
Verkäufer sondern als vornehmer und reicher Einkäufer figurirt
und gar wohl verstanden hat zu beurtheilen, was des Aufwandes
an Zeit und der Mühe des Mitnehmens werth ist, ein Beweis
von Geschmack, in welchem ihm der zehnte Gelehrte nicht
gleich kommt. So aber nur lässt es sich erklären, wie Shakfpere dem akademisch-geschulten, d. h. mit einer wuchtigen
Gelehrsamkeit ausgerüsteten Ben Jonson gegenüber durch Vermittlung seines feinen Witzes und der seinem Wesen von Natur
innewohnenden Grazie und Eleganz stets überlegen bleiben, und
bei den gelegentlichen literarischen Disputationen in der Mer-
maid selbst in solchen Fragen als Sieger hervorzugehen ver-
mochte, die sich streng innerhalb der Grenzen einer klassischen
Gelehrsamkeit hielten. Man lese nur die soeben citirte Stelle
aus Ulrici's Werke nach, und man wird sich überzeugen, dass
man Shakfpere gut und gern das abstreiten kann, was wir
klassische Gelehrsamkeit nennen, aber man hat kein Recht zu
behaupten, dass er ohne klassische Bildung gewesen sei.
Ein Mensch wie er las den Ovid allerdings ohne jede Rücksicht
auf die Penthemimeres und Hephthemimeres, und jedenfalls
auch ohne grosses Interesse für die Ablativi absoluti und diverse
andere Constructionen; aber die reizenden Bilder dieses echten
Dichters prägten sich mit ihren zauberhaften Farben und Wirkungen seiner lebhaften jugendlichen Seele unauslöschlich ein,
und nur unter dieser Voraussetzung ist es denkbar, dass er,
wie einige annehmen, das Gedicht Venus und Adonis bereits in
Stratford vollendet haben könne.* Jedenfalls ist der junge
Dichter auch durch seine praktischen Beschäftigungen in Stratford nie gezwungen gewesen, sich ganz von der Lectüre der

---

*) Cf. C. C. Hense: Poetische Personification in griechischen Dich-
tungen mit Berücksichtigung lateinischer Dichter und Shakfpere's. I. (Halle,
Buchh. d. Waisenhauses. 1868.) wo fast jede Seite auf überraschende
Uebereinstimmungen mit lateinischen Mustern führt.

lateinischen Classiker zu trennen, doch geben wir gern zu, dass
der Mangel an systematischer Anleitung ihn schliesslich mag
gewöhnt haben, den Sinn schwieriger Stellen mehr divinatorisch
zu erfassen, und sich bei der absoluten Unmöglichkeit. eines
Verständnisses derselben schneller zu beruhigen, als dies Andere,
die ganz durch die Schule gegangen sind, zu thun pflegen.

Ausgaben. In keiner Tragödie des grossen Dichters tritt
der Umfang seines Wissens und die Tiefe seiner Bildung so deutlich hervor, wie grade im Hamlet. Wie schnell sich der Leser-
kreis dieses Drama's, nachdem es einmal im Druck erschienen war,
vergrösserte, beweist der Umstand, dass schon im Jahre 1605
eine neue Auflage desselben nöthig wurde. Collier berichtet von
derselben „The title-page of the ed. of 1605 does not differ in
the most minute particular from that of 1604;" beide Ausgaben
gleichen sich überhaupt bis auf die Datirung vollständig. Hier-
auf folgte eine Edition in Quarto von 51 Blättern ohne Angabe
der Jahreszahl, aber am 19. Nov. 1607 in die Stationer's Register
eingetragen; es ist aber trotzdem zweifelhaft, ob nicht die Ausgabe etwa dreissig Jahre später gedruckt ist, wie Heber und
Th. Rodd annehmen. Titel: The Tragedy of Hamlet Prince of Denmarke. ·Newly Imprinted and inlarged, according to the true
and perfect Copy lastly Printed. By William Shakeſpeare. London, Printed by W. S. for John Smethwicke, and are to be
sold at his Shop in Saint Dunstans Churchyard in Fleetstreet:
Vnder the Diall. S. Halliwell, Shakſperiana p. 18. T. Mommsen
in Jahn's Jahrb. f. Ph. Bd. 71—72. Hft. 3, p. 107.

Nach Halliwell folgt für denselben Verleger eine Quarto
1609 (die jedoch bis jetzt nicht nachgewiesen ist) und eine andere
1611 unter dem bekannten Titel der Q. v. 1604 auf 51 Blättern:
The Tragedy of Hamlet Prince of Denmarke. By William
Shakeſpeare. Newly imprinted and enlarged to almost as much
againe as it was, according to the true and perfect Coppy. At
London, Printed for John Smethwicke and are to be sold at his
shoppe in Saint Dunstans Church yeard in Fleetstreet. Vnder
the Diall. 1611.

Diese Ausgabe wurde mit Vergleichung der Q. v. 1605
und der folgenden 1637 in London von Smethwicke herausge-
gebenen von G. Stevens in seinen Twenty of the Plays of Shakeſpeare 1768 von Neuem abgedruckt. S. Elze's H. LVIII.

Später erschienene Quart-Ausgaben in London: 1676 (by
A. Clark); 1683 (wie die vorhergehende as acted at the Duke
of York's Theatre); 1695 (Printed for Bentley) 1703, 1710
1720 und nach Friesen (Briefe über H. p. 333) 1734.

1750 (nach Friesen ibid.) Hamlet, Prince of Denmark. Collated with the best editions. Dublin 12 ᵐᵒ.

1754. London, as it is now acted by His Majesty's servants. 12⁰. (nach Lowndes).

1759. London, 12⁰.

1773. London. The Tragedie of H. etc. Collated with the Old and Modern Editions by Charles Jennens.

1789. London: Taken from the Manager's Book at Drury Lane. (wohl nach Garrick's Redaction). Solche Bearbeitungen von Kemble u. A. erschienen London 1796, 1804, 1808, 1814, 1818, 1823, 1827, 1839 u. ö.

1806. London: Printed complete from the Text of Johnson and Steevens. 12⁰.

1818 u. 1823. Hamlet etc. with prefatory remarks and directions by W. Oxberry. S. Friesen. p. 334.

1819. Hamlet and As You Like it: a Specimen of an Edition of Shakeſpeare. By T. Caldecott. London. S. Elze p. LIX.

1822. Hamlet, Prince etc. a Tragedy in 5 Acts, with Remarks by Mrs. Inchbald. Paris.

1827. Zweite (vielleicht dritte) Auflage der Vorigen.

1859: with notes, glossarial, grammatical and explanatory. London, Routledge 12⁰.

1865. Hamlet: with Notes, Extracts from the Old Historie of Hamblet, select Criticisms etc. By J. Hunter. London. 12 ᵐᵒ. S. Jahrb. d. D. Shakſp. Ges. I.

Aeltere Gesammt-Ausgaben in Folio, als kritisch wichtig:

1) 1623. Mr. William Shakſpeare's Comedies, Histories and Tragedies Published according to the true originall Copies. Printed at the Charges of W. Jaggard, Ed. Blount, I. Smithweeke, and W. Aspley. Editoren: John Heminge u. Henrie Condell. Mit der Q. v. 1604 verglichen erscheint hier der Text des Hamlet um ein sehr Bedeutendes verkürzt, namentlich gegen das Ende hin.

Dasselbe: The first Folio of 1623 reproduced, under the immediate supervision of Howard Staunton, from the Originals in the Library of Bridgewater-House and the British Museum by Photo-lithography. In 16 parts. fol. London. Day & Son. 1864—1866.

2) 1632. Ein Abdruck der vorigen by Thomas Cotes for Robert Allot. Nicht ohne zahlreiche Druckfehler.

3) 1664. For P. C. Eine seltene Ausgabe, da die Auflage und viele einzelne Exemplare durch die Feuersbrunst in London 1666 vernichtet wurden; wichtig durch Hinzufügung von sieben, Sh. gelegentlich beigelegten Stücken, welche in den wenigen von 1663 datirten Exemplaren dieser Ausgabe fehlen.

4) 1685. For H. Herringman, E. Brewster, R. Chiswell and R. Bentley. Wie die vorhergehende reich an Irrthümern.

Weitere Bibliographische Notizen. Grösse und Tiefsinn des Dramas riefen selbst in England, wo die Unmittelbarkeit des sprachlichen Verständnisses dem Leser und Hörer entgegen kam, eine bedeutende Reihe von Erläuterungsschriften hervor.[*])

Some Remarks on the Tragedy of Hamlet, Prince of Denmark, written by W. Shakefpeare. London 1736. (S. Elze LIX). — Miscellaneous Observations on the Tragedy of Hamlet, Prince of Denmark, with a Preface, containing some General Remarks on the Writings of Shakefpeare. London 1752. (S. Elze ibid.). — A Philosophical Analysis and Illustration of Some of Shakefpeare's Remarkable Characters. By Wm. Richardson. Esq. 2d. Ed. London and Edinburgh. 1775. (On the Character of Hamlet p. 82—139). — W. Richardson, Essays on Shakefpeare's Dramatic Characters of Richard III, King Lear, and Timon of Athens; with an Essay on the Faults of Shakfpeare and Additional Observations on the Character of Hamlet. London 1784. — Th. Davies, Dramatic Miscellanies, consisting of critical observations on the plays of Shakefpeare etc. Hamlet, Vol. III. London 1784. — Th. Robertson, Essay on the Character of Hamlet. London 1788, 4⁰. — J. Plumtre, Observations on Hamlet and the Motives which induced Shakefpeare to fix on the Story of Amleth. Cambridge 1796. — J. Plumtre, An Appendix to Observations on Hamlet; being an Attempt to prove that Shakefpeare designed that Tragedy as an indirect Censure on Mary Queen of Scots. London 1797. — Arth. Murphy, The life of D. Garrick II. Vols. gr. 8. London 1801. (Ueber die Aufführung der Hamlet-Tragödie nebst dem Urtheil von Lord Shaftesbury über das Stück. Vol I. p. 43). — Remarks on Mr. Kemble's Performance of Hamlet and Richard III. London. 1802. — An Essay on the Character of Hamlet, as performed by Mr. Henderson, at the Haymarket. (S. Freih. v. Friesen. Briefe über Hamlet. p. 337). — H. M. Graves, Essay on the genius of Shakefpeare with critical remarks on the characters of Romeo, Hamlet, Juliet and Ophelia. London. 1826. — Hartley Coleridge, On the Character of Hamlet. (S. Elze LX). — John Quincy Adams, Essays on the Characters of Shakefpeare: Griswold, The Prose-Writers of America. (S. Elze ibid.) — Mrs. Jameson, Shakefpeare's

---

*) Die Shakfpere-Literatur vollständig und mit aller bibliographischen Genauigkeit zu verzeichnen, muss besonderer Darstellung überlassen bleiben, welche jetzt durch Sillig, Thimm und vorzugsweise durch die Bohn'sche Ausgabe von Lowndes' „Manual" sehr erleichtert ist. Die Angabe des Octavformats ist oben weggelassen.

female characters, an appendix to Shakefpeare's dramatic works. London. 2 Aufl. 1833. — Th. Wade, What does Hamlet mean? a lecture at the Jersey-Mechanic-Institute. — Jones Very, Essay on Hamlet. In: Essays and Poems; Boston 1839. (Griswold, Poets and Poetry of America 1856. p. 457. Duyckinck, Cyclopaedia of American Literature. New-York 1855. II. 523. S. Elze ibid.). — Rich. Grant White, Shakefpeare's scholar, being historical and critical studies of his text, characters etc. New-York 1854. — J. R. Smith, An attempt to ascertain whether the Queen was an accessory, before the fact, in the murder of her husband. London. 1856. — Dr. J. C. Bucknill, The psychology of Sh. London. 1859. — Shakfpere's Test of Insanity. An Essay by 'Sir Henry Halford. (Cf. The Quarterly Review Vol. XLIX. p. 181. Knight, Studies of Shakfpere. p. 327. S. Elze ibid.). — W. J. Davis, Philosophical explanation of Sh's Hamlet, with some observations on F. V. Hugo's French translation, first delivered at the University of Kiew in 1864. Transl. by Fred. John Millard. 8vo. Amsterdam, Brouwer. 1867. p. 16. — A O. Kellog, Shakefpeare's Delineations of Insanity, Imbecillity, and Suicide. New-York, Hurd & Houghton. 1866. — Die Urtheile der älteren Editoren s. in den Gesammtausgaben von Malone, Steevens, Johnson u. in der Editio variorum. London. 1793.

Seit Lessing in Deutschland das allgemeine Interesse auf Shakfpere und die englische Dichtung gelenkt, steigt auch das Ansehn der Hamlet-Tragödie auf dem Continent, und hat namentlich in den letzten Jahrzehnten eine lange Reihe von Schriftwerken hervorgerufen. Zunächst verschiedene Einzelausgaben.

Hamlet, Prince of Denmark. A Tragedy by William Shakefpeare. With Explanatory Notes. Göttingen, Victorinus Bossiegel. 1784. — Hamlet, Prince etc. A Tragedy in 5 Acts by Wm. Shakefpeare, Esq. With Explanatory Notes. Vienna, Printed for R. Sammer. 1800. — Shakefpeare's Hamlet, Nürnberg and New-York. Campe's Edition. — Hamlet, Prince etc. Grammatisch und sachlich zum Schul- und Privatgebrauch erläutert v. J. Hoffa. Braunschweig, Westermann. 1845. — Hamlet, Prince etc. Mit Anmerkungen v. C. W. Franke. Leipzig. Engelmann 1849. — Hamlet, Prince etc. Edited by Sievers. Leipzig. 1851. — Hamlet, Prince of Denmark by Wm. Shakefpeare. (Mit deutscher Uebersetzung.) Leipzig, Ph. Reclam jun. 1856. (Herausgegeben durch Dr. Friedrich Köhler). — Shakefpeare's Hamlet. Herausgegeben von Karl Elze. Leipzig, Gustav Mayer. 1857. — Shakefpeare's Hamlet. Erklärt von Dr. Jacob Heussi. Parchim. 1868. —

Die mit unserer deutschen Nationallitteratur ausgebildete Uebersetzungskunst hat sich, auch neben den Gesammt-Uebersetzungen Shakfpere's grade diesem Drama mit Vorliebe zugewendet.

Hamlet etc. Zum Behuf des Hamburger Theaters übersetzt v. F. L. Schröder, Hamb. 1778. 1804. u. in Schröder's Dramat. Werken. Herausg. v. E. v. Bülow. (Berlin 1831). — Shakefpeare's Hamlet. Nebst Brockmann's Bildniss als Hamlet und der zu dem Ballet verfertigten Musik. 2. Aufl. Berlin, Voss. 1795. — Shakfpeare's Hamlet. Uebers. v. A. W. Schlegel. Berlin, Reimer. 1800, 1844, 1850. — Shakfpeare's Hamlet. Ein Trauerspiel in 5 Acten. Zürich, 1805. — Sh's H. übers. v. J. H. Voss. — H. Ein Trauerspiel in sechs Aufzügen. Nach Goethe's

Andeutungen in Wilhelm Meister und A. W. Schlegels Uebersetzung für
die Bühne bearbeitet von A. Klingemann. Leipzig. 1815, 8⁰. —
Shakſpeare's Hamlet. Uebersetzt v. H. Döring. Gotha 1829 — Sh's H.
Eine Tragödie in 5 Acten, übers. v. J. B. Mannhart. Sulzbach. 1830. —
Sh's H. In deutscher Uebertragung. London und Hamburg, Perthes u.
Besser. 1834. — Hamlet. Uebers. v. C. Simrock. 12. Leipzig. 1836. —
Uebers. v. R. J. L. Samson v. Himmelstiern. Leipzig, Brockhaus
1837. — Die erste Ausg. der Tragödie Hamlet. London, gedr. bei N.
L. u. J. Trundell. 1603. Uebers. v. A. Ruhe. Inowraclaw (Berlin,
Mittler). 1844. — Hamlet, Prinz v. Dänemark, Drama in 5 Aufzügen,
übersetzt v. v. Hagen. (Both's Bühnenrepertoir. Bd. 15.) Berlin.
1848. — Hamlet etc. Uebersetzt v. Dr. A. Jencke. Mainz. 1853. 12⁰ —
Hamlet, Prinz v. Dänemark. Deutsch durch Fr. Köhler. (Mit engl. Text.)
Leipzig. 1856. (S. deutsche Einzelausgaben). — Hamlet etc. Deutsch
v. Edm. Lobedanz. Leipzig. 1857. 16. — Shakeſpeare's Hamlet; etc.
Deutsch v. Hermann v. Plehwe. Hamburg. 1862. — Hamlet. Deutsch
v. Ludwig Seeger. Hildburghausen 1865.

In der philologischen und noch mehr in der philosophischen
Auslegung der Tragödie hat diesen Aneignungsversuchen
entsprechend Deutschland sich dauernd und mit einem Erfolge
betheiligt, der auch auf das Ausland gewirkt hat.

Wieland, Der Geist Shakeſpeare's. Mit Auszügen aus dem Hamlet.
Im Teutschen Merkur, 1773. Bd. 3. S. 183 — 195. — J. F. Schink,
Ueber Brockmann's Hamlet. Berlin. Sander. 1778. — Garve,
Ueber die Rollen der Wahnsinnigen in Sh's Schauspielen und über
den Character Hamlet's insbesondere. In: Versuche über verschie-
dene Gegenstände der Moral und Litteratur. 1796. Th. II. p. 480. —
Herder in seiner Adrastea, Bd. II. Stück 4. (1801). — Fr. W. Ziegler,
Hamlet's Charakter nach psychologischen und physiologischen Grundsätzen
durch alle Gefühle und Leidenschaften zergliedert. Wien 1803. — Goethe
in Wilh. Meister's Lehrjahren. 4. u. 5. Buch. — Fr. L. Schmidt, Samm-
lung der besten Urtheile über Hamlet's Charakter v. Goethe, Herder
Richardson u. Lichtenberg. Leipzig. 1807. — H. W. v. Gerstenberg,
Etwas über Shakeſpeare. S. verm. Schriften. (Altona 1815 — 17.) 3 Bd. —
A. Clodius, Ueber Shakeſpeare's Philosophie, besonders im Hamlet; in
der Urania für 1820. — J. Fr. Pries, Ueber Shakeſpeare's Hamlet.
Rostock. 1825. — L. Tieck, Bemerkungen über einige Charactere im
Hamlet. (Dram. Blätter. 16. Breslau. 1826. II. 58 u. Krit. Schriften
III. 243. — Ueber H's Monolog. Ein Nachtrag zum Nachtrag. (Dram.
Blätter II. 127. Krit. Schr. III. 293). — John Kemble als Ham-
let. (Dram. Blätter II. 160. Krit. Schr. IV. 335). Kean als Hamlet
(Krit. Shriften IV. 349). — A. Beyfuss, Tieck u. Hamlet. S. Sibyllinische
Blätter aus der neuesten Zeit. 1. Heft. Berlin. 1826. — Ludw. Börne,
Gesammelte Schriften. (Hamb. 1828 — 40.) 2. Bd. — Thrandorff, Ueber
Hamlet. Programm des Friedrich Wilhelm Gymnasiums. Berlin. 1833.
4⁰. — Marquardt, Ueber den Begriff des Hamlet von Shakeſpeare. Ein
Versuch. Berlin, Enslin. 1839. — Ludwig Eckardt, Dramaturgische
Studien. Bd. I. Studien über Shakeſpeare's Hamlet. Aarau, Sauerländer.
1853. — Dr. Louis Noiré, Hamlet. Zwei Vorträge, gehalten im Verein
für Kunst u. Literatur zu Mainz. Mainz. 1856. — Karl Elze, Einlei-
tung zu seiner Hamlet-Ausgabe. Leipzig. 1857. — Psychologische
Aufschlüsse über Sh's Hamlet v. D. B. Storffrich (Barnstorff). Bremen. 1859.
— Shakeſpeare's Hamlet, Kritische Gänge von Fr. Theod. Vischer. Neue

Folge. 1861. p. 63—156. — Der Hamlet v. Shakſpeare. Acht Vorsungen von A. Gerth. Leipzig. 1861. — L. Schipper, Sh's H. Aesthetische Erläuterung und Widerlegung der Goetheschen u. Gervinusschen Ansicht. Münster. 1862. — Briefe über Sh's H. v. Herm. Freiherr v. Friesen. Leipzig. 1864. — Briefe über Sh's H. v. Alois Flir. Innsbruck. 1865. — Sh's Hamlet v. A. Döring. Hamm. 1865. — C. Rohrbach, Hamlet erläutert. Berlin. 1859. — Klix, Andeutungen zum Verständniss von Shakeſpeare's Hamlet. K. Evangel. Gymnasium zu Gross-Glogau. Gr.-Glogau. 1865. — Schindhelm, Ueber Hamlet v. Shakeſpeare. Coburg. 1866. 4º. — Benno Tschischwitz, Shakſpere-Forschungen. 3 Theile. 1868. 1. Theil. Sh's Hamlet, vorzugsweise nach historischen Gesichtspuncten erläutert. Halle, G. Emil Barthel.

Es versteht sich von selbst, dass in den anerkannten Gesammtdarstellungen des Dichters von Ulrici, Gervinus, Kryssig, Flathe u. A. grade die Hamletfrage zu den am eingehendsten und beinahe heftigst discutirten gehört.

Frankreich unterscheidet sich auch in dieser Richtung geistiger Arbeit so charakteristisch von Deutschland, dass das Interesse an Shakſpere und seinem Hamlet als culturgeschichtliches Symptom angesehen werden kann; es kennzeichnet sich daran die Umbildung ästhetischer und ethischer Anschauungen von Voltaire bis Victor Hugo. S. die Abhandl. v. Karl Elze: Hamlet in Frankreich, im Jahrbuch der deutschen Shaklpere-Gesellschaft. Bd. 1. p. 86.

Oeuvres Complètes de Voltaire. (Gotha 1784—1790) III. 344. ff. XLVII. 274 ff. 290 ff. XLIX, 193 ff. 320 ff. — Duval, Shakeſpeare et Addison mis en comparaison, ou imitation en vers des monologues de Hamlet et de Caton. 1786. — John Russell, Essai sur les moeurs et la littérature des Anglais et des Français. Paris. 1822. Aus dem Englischen übersetzt. Anknüpfend an einen Vergleich zwischen Hamlet u. Voltaire's Mahomed. — Mad. de Staël-Holstein, De la littérature considérée dans ses rapports avec les instituts sociales. Chap. VIII. Des tragédies de Shakeſpeare. Oeuv. compl. Paris 1820. T. IV. — Barante, Mélanges Historiques et Littéraires. Paris. 1824. III. 217—234. — Duport, Essais littéraires sur Shakeſpeare. Paris. 1828. 2 Tomes. — George Sand, Étude sur Hamlet. 183 4º. — Mezières, Shakeſpeare, Ses Oeuvres et ses Critiques. Paris. 1860. P. 316—332. — Victor Hugo, Shakeſpeare. Paris. 1864. Deutsch von A. Diezmann. Leipzig. 1864. — William John Davis, Explication philosophique sur la tragédie d'Hamlet de Shakeſpeare, avec des Observations sur la traduction française de F. V. Hugo, données à l'Université de Kiew au mois de mars l'année 1864. Nice. 1866. — Alex. Dumas, Étude sur Hamlet et sur W. Shakſpeare. Paris. 1867. 4º. —

Obgleich die französische Uebersetzungskunst auf diesem Gebiete nur geringes Geleistet hat, so hat sie merkwürdiger Weise doch hier grade mit Hamlet begonnen.

Hamlet traduit par de la Place im Théatre anglais. Paris. 1745—1748. — Shakeſpeare (avec notes des éditeurs anglais: Warburton, Steevens, Johnson, Mrs. Griffith, etc. et des remarques tirées de la traduction allemande de Sh. par Mr. Eschenburg.) Traduit de l'anglais par Le Tourneur (le Comte Catuélan et Fontaine-Malherbe.) Dédié au Roi. 20 vols. Paris. 1776—1783. (Hamlet t. V.) Neue Auflage 1821 v. Guizot

u. Pichot. S. Elze's Abhandlung im Jahrbuch der deutschen Shakſpeare-
Gesellschaft I. p. 99 f. — D. O'Sullivan, Chefs d'Oeuvre de Shakeſpeare.
1837. Prosa mit gegenüberstehendem englischen Text, die Uebersetzung
des Hamlet darin von Ernst Fouinet. —. Davèsiès de Pons, 1839. —
Benjamin Laroche, Prosaübersetzung der Werke Shakſpeare's. 1842. —
Francisque Michel, ebenfalls Prosaübersetzung. 1842. -- François Victor
Hugo (der Sohn des Dichters), Hamlet in Prosa übersetzt, nebst einer Ueber-
tragung der Ausg. v. 1603. — Chevalier de Chatelain, Uebersetzung in Versen
nach der auf dem Londoner Princessin Theater üblichen Bühnenbearbeitung.
— Oeuvres complètes, traduites par François Victor Hugo. Tom. XVIII.
Paris, Pagnerre. 1866 — 67. — Oeuvres complètes, traduction de
M. Guizot. 5me édition. Tom. 8. Paris, Didier. 1865. — Oeuvres
complètes, illustrées, traduction entièrement nouvelle par Emile Monté-
gut. Paris, Hachette. 1866 — 68. (Soll in 200 Lieff. complet sein). —

Eine eigentliche Uebersetzung oder auch nur eine treuere
Bearbeitung wird indess der französische Geist schwer ertragen.
Im Wesentlichen wird nur der bereits von Ducis eingeschlagene
Weg der romanischen Umdichtung beliebt werden.

H. Tragédie, imitée de l'Anglais en vers français par M. Ducis.
Paris. 1769. — H. tragédie en cinq actes, conforme aux représentations
données à Paris. 1827. 18°. — Hamlet en anglais et en français avec la
description du costume, entrées et sorties, des positions relatives, des
acteurs et toute la mise en scène. Paris. 1833. 18°. — Hamlet, prince
de Danemark, étude en cinq actes, en vers, sur le drame de Shakeſpeare,
par Alex. Dumas et Paul Meurice Paris. (Publication du Journal „Le
Siècle.") 1867. 4°; wahrscheinlich identisch mit: Hamlet, prince de
Danemark, drame en vers, en cinq actes et huit parties, par M. M.
Alex. Dumas et Paul Meurice 4to. Paris. 1867. (Théatre contemporain
illustré). 4°.

Noch weniger als Frankreich sind die übrigen romanischen
Länder von Shakſpere berührt worden und für die Hamlet-
Litteratur kaum erwähnenswerth.

Italienisch. H. Tragedia. Zuerst nach Ducis tradotta in verso sciolto.
Venezia. 1774. — Hamlet. Tragedia, Firenze. 1814. — Hamlet. Tragedia. Verona. 1821. — Amleto, Principe di Danimarca, tragedia voltata in
prosa italiana da Carlo Rusconi. 7a ediz. col testo inglese di riscontro.
Firenze. 1867. — Spanisch. Hamlet. Tragedia, traducida e illustrada
con la vita del autor y notas criticas por Inarco Celenio (Don Fernandez
Moratin.) Madrid. 1795. 2. Aufl. 1798. 4°. — Hamlet, Principe de
Danimarca. Tragedia en cinco actos escrita en inglés por W. Shakespeare, vertida al español por Moratin (D. Leandro). Madrid. 1866.
gr. 4°.

Die germanischen Völker im weiteren Sinne haben ausser
Deutschland nur verhältnissmässig wenig für Shakſpere und sei-
nen Hamlet geleistet. Holland war trotz Vondels grosser
Weise vielleicht zu nüchtern für das Verständniss des Briten.

Hamlet, holländisch. Amsterdam. 1778. — Meesterstukk en.
Uit het Engelsch vertaald. 3 deelen. 1867. Darin: Hamlet, Prins
van Denemarken door A. S. Kok. — Hamlet, prince of Denmark. Uitge-
geven en verklaard door A. D. Loffelt. Utrecht. 1867. 12°.

Aus Scandinavien findet sich nichts anzumerken; dass Oehlenschläger auf den ursprünglichen Stoff, von Shakſpere nur im Allgemeinen angeregt, zurückging, ist bekannt. Einen natürlichen Boden fand die Gestalt Hamlets in der vom Weltschmerz berührten polnischen und russischen Poesie und Kunstbetrachtung, was ich jedoch hier nicht weiter zu verfolgen vermag.

Trotz des tiefsinnigen Ernstes, der im Hamlet liegt, ist er doch nicht der Erniedrigung travestirender oder parodierender Umarbeitung entgangen. Zuerst hat er dies Schicksal in Deutschland durch die Opposition gegen die Shakſpere-Begeisterung der Sturm und Drangperiode erfahren; dann folgte England selbst.

Der neue H., worin Piramus und Thisbe als Zwischenspiel gespielt wird. Von J. v. Mauvillon, in dessen Gesellschaftstheater Bd. 2. (Leipzig. 1790). — H., Prinz von Dänemark. Marionettenspiel von J. F. Schink, in Momus und sein Guckkasten. Berlin. 1799. — H., Prinz von Dänemark. Karrikatur in drei Akten. Wien. 1807. — H., Travestie with burlesque annotations by John Poole. London. 1811. 12⁰. — H., a new burlesque. London. 1838. 12⁰. —

Diese Skizze der Versuche, das Verständniss des Hamlet forschend oder künstlerisch, sympathisch oder antipathisch zu ermöglichen, würde erst einigermassen vollständig sein, wenn, abgesehen von einer eingehenderen Zusammenstellung der Bibliographie, das Interesse der Künste überhaupt an Shakſpere und seinem Hamlet dargelegt werden könnte. Es würde zunächst von der nächst verwandten Kunst, der Schauspielkunst zu reden sein, wie sie etwa von Burbadge bis auf die beiden Kemble's, von Brockmann bis auf Bogumil Dawison das Charakterbild des Helden zu verwirklichen versucht hat; dann wäre zu untersuchen, in wie weit die Musik sich der Gefühls- und Leidenschaftsoscillation, welche die Atmosphäre dieser Tragödie bildet, als einer ihren besonderen Darstellungsmitteln vorzugsweise angemessenen Aufgabe bemächtigt habe; endlich die Theilnahme der zeichnenden und bildenden Künste am Hamlet zu verfolgen.

Hier kämen in Betracht die Darstellungen der Sh.-Gallery, Pallmall. — Ueber eine Reihe von bildlichen Darstellungen von H. Singleton zu Sh. überhaupt vergl. den Analytical Catalogue ... with a memoir and introduction by J. O'Leary. London. 1843, 8⁰. — Besonders verbreitet ist: M. Retzsch, Gallerie zu Shakeſpeare's Dramatischen Werken. In Umrissen erfunden und gestochen. Leipzig. Fleischer. 1828. Quer-Fol. 1 Lief. Hamlet. 15 Blätter und 1 Frontispice. Französische Ausgabe: Hamlet. 17 Dessins d'après Retzsch. 1 vol. 16. Paris. Andot. — Anderes ist von Kaulbach, C. und F. Piloty zu erwarten.

Aber so interessant eine solche Darstellung auch in culturgeschichtlicher Beziehung wäre: sie würde nicht allein das Mass meiner Kraft, sondern auch die Gränzen der hier gestellten

Aufgabe, welche eine wesentlich philologische sein will, über-
schreiten. Es bleibt mir, indem ich zugleich das aphoristische
dieser Darstellung zu entschuldigen bitte, nur übrig, im Interesse der tieferen sprachlichen Erkenntniss unsers Dichters zu
verweisen auf:

Nares Glossary. London. 1822. 4⁰. nachgedruckt Stral-
sund 1825 und in sehr vermehrter Ausgabe von Halliwell und
Wright. London. 1859. 2. Bde; Halliwell's Dictionary zur
Gesammtausgabe; Al. Dyce, Glossary zu dessen Gesammtaus-
gabe; Fr. Koch, Historische Grammatik der Englischen Sprache.
I. Band. Weimar. 1863. II. Band. Kassel & Göttingen.
1865. III. Band. 1 Th. 1868; und Ed. Maetzner, Englische
Grammatik I—III. Berlin. 1860—1865.

HAMLET,

PRINCE OF DENMARK.

DRAMATIS PERSONÆ.

CLAUDIUS, King of Denmark.
HAMLET, Son to the former, and
  Nephew to the present King.
HORATIO, Friend to Hamlet.
POLONIUS, Lord Chamberlain.
LAERTES, his son.
VOLTIMAND,
CORNELIUS,
ROSENCRANTZ,
GUILDENSTERN, } Courtiers.
OSRICK,
A Gentleman.
A Priest.

MARCELLUS, Liegeman to the King
  and officer.
BERNARDO, an Officer.
FRANCISCO, a Soldier.
REYNALDO, Servant to Polonius.
A Captain.
Ambassadors.
FORTINBRAS, Prince of Norway.
Two Clowns, Grave-diggers.
Ghost of Hamlet's Father.
GERTRUDE, Queen of Denmark,
  and Mother to Hamlet.
OPHELIA, Daughter to Polonius.

Lords, Ladies, Officers, Soldiers, Players, Sailors, Messengers,
and Attendants.

SCENE, Elsinore. *)

*) Das Personenverzeichniss fehlt in den alten Ausgaben und wurde
zuerst von Rowe 1709 beigefügt. Del. — Der Herausgeber hat dasselbe in
sofern geändert, als er Osrick, den Rowe speciell als „*a Courtier*“ bezeichnet, in die Rubrik Courtiers innerhalb der Klammer aufgenommen, und für
Another Courtier, nach Dyce's Vorgange, die Bezeichnung *A Gentleman*
gesetzt hat, wie sie sich auch im Stücke findet. Marcellus characterisirt sich
selbst als *Liegeman to the Dane* und ist daher als *Liegeman to the King and
officer* im Verzeichniss eingeführt, und nicht schlechthin als „*Officer*“ wie bei
Rowe und den folgenden Herausgebern, die ihn mit Bernardo unter der
gemeinschaftlichen Bezeichnung „*Officers*“ in gleiche Kategorie stellen.
Englische Ausleger machen die Bemerkung, wie es auffallend sei, dass
der Dichter neben Personennamen mit lateinischer Form auch solche mit
italienischer (von der germanischen abgesehen) eingeführt habe. Mir scheint
diese Eigenthümlichkeit aus dem Umstande leicht erklärbar, dass der
Dichter sein Werk unter dem directen Einflusse seiner italienischen Studien, namentlich der italienischen Dialoge Giordano Bruno's geschrieben
hat. In den letztgenannten Schriften erscheinen die Eigennamen, je nachdem lateinisch oder italienisch gesprochen wird, durchweg in beiden Formen.

ACT I.

SCENE I.

Elsinore. A Platform before the Castle.

Francisco on his Post. Enter to him Bernardo. a)

Ber.   Who 's there? [1]
Fran.   Nay, answer me: stand, and unfold yourself.
Ber.   Long live the king!
Fran.   Bernardo?
Ber.   -   He.   5
Fran.   You come most carefully upon your hour.
Ber.   'T is now b) struck twelve: [2] get thee to bed, Francisco.
Fran.   For this relief much thanks. c)   'T is bitter cold,
And I am sick at heart. [3]
Ber.   Have you had quiet guard?   10

---

a) Q. 1 *Enter two Centinels.* Q. 2 f. F. 1. *Enter Bernardo and Francisco, two Centinels.*   b) *new-struck.* Steevens. M. C. Elze.   c) F. 1. *thanks:*

1) Man beachte das psychologische Motiv, nach welchem der Dichter den auftretenden Bernardo allen militärischen Brauch vergessen und den auf Posten stehenden Francisco zuerst anrufen lässt. Offenbar wandelt Bernardo die Furcht an, dem Geiste allein zu begegnen; es ist ihm unheimlich zu Muthe, deshalb giebt er dem abziehenden Francisco den Auftrag, wenn er auf Horatio und Marcellus stosse, sie zur Eile anzutreiben. — Francisco und Bernardo, die in Q. 1 als „*two Centinels*" aufgeführt werden, gehören offenbar der Schweizergarde an und zwar der Erstere, der als „*honest soldier*" bezeichnet wird, als Gemeiner, der Letztere, welcher den Edelleuten Marcellus und Horatio näher steht, als Officier. Marcellus scheint ebenfalls einen Posten in der Garde zu bekleiden; bei Eröffnung der Scene vielleicht als „*Officier du jour*", denn er erzählt vom Geiste: „so schritt er zweimal an unserer Wacht vorbei," und antwortet auf Hamlets Frage in der zweiten Scene: „*Hold you the watch to-night?*" mit Bernardo und Horatio zusammen: „*We do, my honour'd Lord.*" Bernardo, der schon drei Nächte gewacht hat, erscheint in der vierten Nacht (Sc. 4) nicht wieder auf der Platform, wohl aber Marcellus, der offenbar absichtlich jeden Zeugen untergeordneten Rangs von der Platform fern gehalten hat, um mit dem Prinzen und Horatio allein die Vorgänge daselbst zu prüfen. Horatio hat keine militärische Stellung und ist nur als Freund und Gelehrter ins Vertrauen gezogen worden, da er als Studierter nach dem Volksglauben mit Geistern zu verkehren weiss. Sein Entschluss zur Theilnahme ist freiwillig: *This to me In dreadful secrecy impart they did, And I with them the third night kept the watch.*
2) *'T is now struck twelve*, es ist jetzt zwölf vorbei, wie später I. 4 *it is struck.*   3) Mir ist flau zu Muth.

1*

Fran.   Not a mouse stirring.
Ber.   Well, good night.
If you do meet Horatio and Marcellus,
The rivals a) of my watch,[1] bid them make haste.

Enter Horatio and Marcellus.

Fran. I think I hear them. — Stand! Ho! Who is there? b)
15 *Hor.*   Friends to this ground.
Mar.   And liegemen to the Dane.
Fran.   Give [2] you good night.
Mar.   O! farewell, honest soldier: c)
Who hath reliev'd you?
Fran.   Bernardo has my place.
Give you good night.   [Exit Francisco.
Mar.   Holla! Bernardo!
Ber.   Say!
What! is Horatio there?
Hor.   A piece of him. [3]
20 *Ber.*   Welcome, Horatio: welcome, good Marcellus.
Hor. d) What, has this thing [4] appear'd again to-night?
Ber.   I have seen nothing.
Mar.   Horatio says, 't is but our fantasy,
And will not let belief take hold of him,
25 Touching this dreaded sight twice seen of us.
Therefore, I have entreated him along [5]
With us to watch the minutes of this night,
That, if again this apparition come,
He may approve [6] our eyes, and speak to it.
30 *Hor.* Tush, tush! 't will not appear.
Ber.   . .   Sit down awhile,
And let us once again assail your ears,

a) Q. 1. *partners.* b) F. 1. *Stand! Who's there?* c) Q. 2. f. *soldiers.* d) Q. 1.
F. 1. *Mar.*

1) Beim Gebrauch des Wortes *rival* geht hier der Dichter auf den Sinn des
Wortes im Lat. zurück, wo *rivalis* den Mitberechtigten an einer Canalnutzung,
allgemein also den Theilhaber an einer Sache bezeichnet.   2) *Give you =*
God give. v. 19. *what,* wohlan! S. Koch, Hist. Gramm. d. Engl. Spr. II. p. 251.
3) *A piece of him!* Der philosophische Horatio fasst die Persönlichkeit eines
Menschen in seiner blos physischen Erscheinung nur als einen Theil desselben auf.   4) Die Worte „*this thing*" legen Q. 1. u. F. 1. mit Unrecht
dem Marcellus in den Mund. Da dieser fest an die Erscheinung glaubt,
in dem Ausdrucke aber eben so viel Geringschätzung als Zweifel liegt,
kann nur der bis dahin sceptische Horatio die Worte sprechen, wie
Q. 2. überliefert.   5) Verstärkt wird „*with*" durch *together* und *along,*
wobei man vom räumlichen Verhältniss absieht. *With him along is come*
the mother queen King John II. 1. v. 62.   6) *approve* entspricht hier ganz
ital. *approvare,* Beifall oder Recht geben, billigen.

(That [1] are so fortified against our story,)[a])
What we two nights have seen.
    Hor.   Well, sit we down,
And let us hear Bernardo speak of this.
    Ber. Last night of all,   35
When yond [2] same star, that 's westward from the pole,
Had made his course t' illume [3] that part of heaven
Where now it burns, Marcellus, and myself
The bell then beating [b]) one, —
    Mar. Peace! break thee [4] off: look, where [5] it comes again! 40

Enter Ghost.

    Ber. In the same figure, like the king that 's dead!
    Mar. Thou art a scholar;[6] speak to it, Horatio.
    Ber. Looks it not like the king? mark it, Horatio.
    Hor. Most like: — it harrows [c])[1] me with fear and wonder.
    Ber. It would be spoke [8] to.   45
    Mar.   Question it,[d]) Horatio.

---

a) Q. 1. f. F. 1. f. Ed. ohne Parenthese.   b) Q. 1. *towling* für *tolling.*   c) Q. 1. *horrors.*   d) Q. 2. f. *speak to it, Horatio.*

1) Die Zeile: *That are so fortified against our story,* wird in Parenthese gedacht, so dass der Sinn ist: Lasst euch noch einmal eindringlichst erzählen, was wir u. s. w.   2) *yond,* angs. *geond,* ist ursprünglich nur Adv., wird nach Koch II. 248 im Nags. pronominal und kommt bei Sh. schon in den 3 Formen: *yon, yond* u. *yonder* vor.   3) *illume* so wie *relume* sind verkürzte Formen für *illumine* und *relumine.* Der Vorgang ist dadurch erklärlich, dass man die Endung *ine* in derselben Weise wie die Infinitiv-endungen des Altenglischen auf *en* (*playen, finden* u. s. w.) abfallen liess, weil man sich der Etymologie nicht mehr bewusst blieb. Fr. Koch macht mich auf den ähnlichen Verlauf des german. Verbs *openian, open, to ope* aufmerksam.   4) *break thee off.* Einige transitive und intransitive Verba nehmen ursprünglich einen reflexiven Dativ zu sich, der dem Verbo eine leichte mediale Färbung giebt. Selten erscheint das Fürwort hier in der mit *self* verstärkten Form, und gilt dieser Gebrauch der modernen Grammatik als Pleonasmus. S. Maetzner, Engl. Gramm. II. 65. Koch II. p. 14. (§. 16.)   5) *look where.* — Die relative Verbindung lässt sich französischem *voilà qui* vergleichen. Sie wiederholt sich im Stücke noch mehrfach. Uebersetze: „Sieh, wie's da wieder herkommt." Dass der Geist in seiner Siegerrüstung auftritt, ist ein der alten Sage abgelauschter Zug. S. meine Shakspere-Forschungen I, p. 90.   6) Das dem gelehrten Treiben fern stehende Volk glaubte, Studierte müssten Geister beschwören und den Teufel bannen können, weil sie Latein verstünden. Vor dem blossen Bekreuzen bebte nämlich der Bösenicht zurück, sondern er rief dem sich Bekreuzenden den lateinischen Hexameter zu: *Signa te signa, temere me tangis et angis,* ein Vers, dessen diabolischer Ursprung sich dadurch kennzeichnen soll, dass er rückwärts gelesen, dieselben Worte wieder-giebt.   7) *harrows* vom angs. *hearvjan, refrigerare;* das Wort hat in diesem Sinne mit *harrow,* ahd. *harka, occa,* angs. *hereve,* nichts gemein. 8) *spoke,* part. apoc. dichterisch. Schon neben angs. *sprëcan, sprëocan* läuft *spëcan* her. S. M. I. p. 355. Koch I. p. 268—272.

Hor. What[1] art thou, that usurp'st this time of night,
Together with that fair and warlike form,
In which the majesty of buried Denmark[2]
Did sometimes[3] march? by heaven, I charge thee, speak!
50   *Mar.* It is offended.
      Ber.   See! it stalks[4] away.
      Hor. Stay! speak: speak, I charge thee, speak!
                                        [Exit Ghost.

      Mar. 'T is gone, and will not answer.
      Ber. How now, Horatio? you tremble, and look pale.
Is not this something more than fantasy?
55 What think[5] you on 't? a)
      Hor. Before my God, I might not this believe,
Without the sensible and true avouch
Of mine own eyes.
      Mar.   Is it not like the king?
      Hor. As thou art to thyself.
60 Such was the very armour he had on,
When he the ambitious Norway combated.
So frown'd he once, when, in an angry parle,
·He smote the sledded Polack b)[6] on the ice.
'T is strange.

a) Steev. *of it.* b) Q. 1. f. F. 1 f. *pollax.* Pope, Theob. Warb. Elze *Polack.* Collier.
Del. Dyce *Polacks.*

1) *What art.* Das sächliche Fragewort ist zu beachten: Was für ein
Wesen bist du? Schon *Orm* wiederholt das Personalpronomen nach *thatt* nicht:
I, thatt amm his mann. Koch II, 261.   2) *buried Denmark,* d. i. König Hamlet;
eine bei Shakfp. u. seinen Zeitgenossen häufige Metonymie wie v. 61 *Norway.*
3) *Sometimes.* Der Unterschied zwischen *sometimes* und *sometime* hat sich erst
später befestigt. cf. Rich. II. V. 1. *Good sometime queen.*   4) *stalk,* angs.
stealcan, pedetentim ire.   5) *on't.* Der Gebrauch von *on, upon,* bei den
Verben des Denkens ist uralt. Halbs. *Þe aerchebiscop feol to pes kinges fot
and baed hine biðenche uppen godd.* M. II. p. 365.   6) *Polack.* — Der
Umstand, dass die ältesten Ausgaben *pollax* schreiben, macht die Stelle
verdächtig; es scheint nach dieser Form, dass der Dichter von der Streit-
axt, (*pole,* altn. *pâll,* Hacke, *pâlstafr,* ein mit einem Eisen bewaffneter
Stock), die der König geschleudert, habe sprechen wollen, wie *Chauc.*
C. T. 2546: *No man therfore, up peine of losse of lif, No maner shot,
ne pollax, ne short knif Into the listes send.* In diesem Falle macht
jedoch das Epitheton *sledded* (Q. 1. *sleaded*) unüberwindliche Schwierigkeiten. Und selbst angenommen, dass *sledged pollax,* das mit einem
Streithammer (altn. *sleggja*) versehene Beil gemeint wäre, so fragt man,
warum steht dann nicht *to the ground,* sondern *on the ice?* Der letztere
Ausdruck deutet nicht so sehr auf den bei den Scandinaven so beliebten
Eislauf hin, als auf die Eigenthümlichkeit, Unterhandlungen und Verträge
auf neutralem Gebiet, mitten auf dem Wasser, einer Insel, einem
Boot u. s. w. abzuschliessen. Daher jenes *angry parle.* Es lässt sich nun
nicht annehmen, dass *Horatio* es für eine sehr majestätische Handlung
habe ansehen können, wenn der König, zornigen Blicks, in einem erhitzten
Gespräch seine Axt auf das Eis geschleudert, sondern das Erhabene

Mar. Thus, twice [1] before, and jump a) at this dead hour,   65
With martial stalk hath he gone by our watch.
    Hor. In what particular [2] thought to work, I know not;
But in the gross and scope of mine opinion,
This bodes some strange eruption to our state.
    Mar. Good [3] now, sit down, and tell me, he that knows,   70
Why this same strict and most observant watch
So nightly toils [4] the subject of the land?
And why such daily cast b) of brazen [5] cannon,
And foreign mart [6] for implements of war?
Why such imprest c) [7] of shipwrights, whose sore [8] task   75

a) F. 1. f. Del. *just.*   b) Q. 1. 2. f. *cost.*   c) Sämmtl. Edit. *impress.*

der Handlung muss darin gelegen haben, dass mit der That auch einige
Gefahr ~~verbunden~~ unden war, so dass der König durch Muth und Entschlossen-
heit sich die Bewunderung der Umstehenden erwarb. Daher ist *sledded
Polack* (die poln. Form ist *Polak pl. Polaci*) eine den andern weit vorzu-
ziehende Lesart; denn *Polacks* würde die polnische Armee bedeuten, die
doch unmöglich zu Schlitten nach Dänemark gekommen sein kann; auch
würde der Ausdruck *smite* nicht stimmen, das doch nur heisst: Jemandem
einen Streich versetzen. *Polack* ist also der mit dem alten Hamlet auf
dem Eise verhandelnde Polenkönig, der sich des für die glatte Fläche
einzig geeigneten Fahrzeugs, des Schlittens, bedient hat, um an den Ort
der Unterhandlung zu gelangen. Freilich schreibt auch Dyce *Polacks*,
doch versucht er nicht das Epitheton *sledded* mit dem Plur. in verständlichen Zusammenhang zu bringen. Das kühle Verhältniss Dänemarks zu
Polen zeigt sich auch im Folgenden, wo dem jungen Fortinbras, auf
seinem Zuge gegen jenes Land gestattet wird, seinen Weg durch Dänemark zu nehmen. Der Faustschlag gegen einen ebenbürtigen Monarchen
kommt uns heut allerdings unfürstlich vor, man erinnere sich jedoch,
dass Casimir II. von Polen von einem seiner Edelleute über dem Hazard-
spiele eine derbe Ohrfeige erhielt.   1) Die Zahladverbien *once, twice,
thrice* beruhen auf der Genitivform der Cardinalia. Koch II. 308. Ags. *ânes,*
alte. *anes* u. *ones;* — ags. *twigges*, alte. *twyes, twies.* — *thrice* ist den vorigen
später nachgebildet. M. I. 390. *jump = just* s. Act. V. 2. v. 386. *So jump upon
this bloody question.*   2) *particular.* An welch besonderes Ereigniss dabei
gedacht werden könne, weiss ich nicht, aber nach meiner ganz allgemeinen
Vermuthung etc.   3) *Good now;* in diesem Sinne erscheint *good* auch Act IV. 3.
v. 48. *For England? King. Ay, Hamlet. Ham. Good!* u. Act. V. 1. Z. 16. *Here
lies the water; good: here stands the man; good.*   4) *toils,* ags. *teoljan til-
jan, studere, niti;* später in transitivem Sinne gebraucht. cf. Koch II. p. 6. 5.
5) *brazen* (ags. *bräs, aes, bräsen, aereus*) *cannon.* Gattungsnamen, welche
eine bestimmte Quantität, ein Maass, Gewicht, einen Zeitraum bezeichnen,
wurden auch in der gebildeten Sprache in der Singularform gebraucht,
wenn sie mit Zahlbestimmungen verbunden waren. Ihnen schliessen sich
an: *shilling, piece, head, sail, cannon, shot.* S. Wagner, Gramm. d. Engl.
Spr. bearb. von Herrig, p. 108. Maetzner I. p. 232 ff. Koch I. p. 426.
6) *mart, market,* v. lat. *mercatus.* S. Ed. Mueller II. 67.   7) *imprest.*
Bei diesem Worte ist an nichts weniger als eine Zwangsaushebung zu denken.
Solche Ungerechtigkeit ist erst modernen Ursprungs, und muss offenbar bis-
heriges *impress* in *imprest,* ital. *impresto,* verwandelt werden, was so viel wie
Handgeld, Vorschuss und in sofern gesetzliches Anwerben überhaupt bedeutet.
Das Wort war im Engl. ganz gebräuchlich. S. Sam. Johns. Engl. Dict.   8) *sore*

Does not divide the Sunday from the week?
What might be toward,[1] that this sweaty haste
Doth make the night joint-labourer with the day?
Who is 't, that can inform me?
    Hor.   That can I;
80 At least, the whisper goes so. Our last king,
Whose image even but now appear'd to us,
Was, as you know, by Fortinbras of Norway,
Thereto prick'd on by a most emulate a)[2] pride
Dar'd[3] to the combat; in which our valiant Hamlet
85 (For so this side of our known world esteem'd him)[4]
Did slay this Fortinbras; who, by a seal'd compact,
Well ratified by law and heraldry,
Did forfeit with his life all those[5] his lands,
Which he stood seiz'd of,[6] to the conqueror:
90 Against the[7] which, a moiety[8] competent[9]

a) Q. 1. *emulous cause.*

task — ags. *sâr, gravis, molestus*, hier in der alten Bedeutung.   1) *toward*,
angs. *tôveard, imminens, futurus*. cf. *He ys pe äfter me tôveard ys*
(Joh. I. 27) *what might be* — indirecte Frage, noch von *tell me* abhängig; der
Conjunctiv, hier wegen der logischen Möglichkeit, die auszudrücken war.
S. Koch II. p. 25.   2) Bei *emulate, aemulatus*, activisch, ist die Nach-
wirkung des ursprüngl. Deponens *aemulor* nicht zu übersehen.   3) *dar'd*,
schwaches Verb, und später erst dem angs. *praeterito-praesens dearr,
praesumo, audeo* entsprungen. Man übersehe also nicht: *I durst, ausus
sum*, und *I dared, provocavi*. S. M. I. 370.   4) *So esteemed him, talem
aestimavit.* Der Gebrauch des pronominalen *so* in unmittelbarer Beziehung
auf Adjectiv. u. Substant. zieht sich bis ins Angs. hinauf. S. M. III. p. 117.
Koch II. p. 315. 14.   5) *those his.* Das zueignende Fürwort duldet
determinative Bestimmungen wie *this, these, that, those*, bisweilen *which*,
häufig *both, all, half, double* vor sich. So schon im Angs. *Aelc pâra pe
pâs mîne vord gehŷrŏ, Quisque eorum, qui illa mea verba audiunt.* S. M.
III. 224. ζ. Die ganze Erzählung erinnert an den Holmgang der alten
Scandinaven, worüber Grimm. R. A. p. 927 ff. zu vergleichen ist. Die
erwähnten Verträge so wie die Herausforderung an sich sind ganz im
Geiste des german. Alterthums, wie auch der Kampf bei dem die Länder
der Streitenden zu Pfande stehn. S. m. Shakfpere-Forschungen I. p. 90.
Vgl. die Herausforderung Günthers durch Siegfried im Nibelungenliede;
die Schilderung zwischen *Horvendill* und *Coller* bei *Saxo Gram.* und die
Erzählung aus *Belleforest*, die Elze, p. 111 mittheilt.   6) *to seize* als
gerichtlicher Ausdruck ist auch transitiv und heisst: *reddere aliquem
possessorem.* Hier also: *cujus possessor erat.* S. Sam. Johns. Engl. Dict.
Ueber den Gebrauch von *stand* berichtet M. II. 33. Es vertritt wie sitzen,
liegen, oft das Verbum sein.   7) *the which*, häufige Verstärkung des
Relat. bei Shakfp. durch das ursprünglich ebenfalls relative *pë*.   8) *moiety*,
moitié, hier nicht *dimidium*, sondern *pars*, wie es Shakfp. auch I. Henry IV.
III. 1. v. 96. gebraucht: *Methinks, my moiety, north from Burton here, In
quantity equals not one of yours.*   9) *competent*, ganz dem lat. *competens* im
Sinne von *congruus* entsprechend, wie in dem Satze: *Sententia verecundiae
maternae congrua bonique viri arbitrio competens.*

Was gaged [1] by our king; which had return'd [2]
To the inheritance of Fortinbras,
Had he been vanquisher; as, by the same cov'nant, a) [3]
And carriage [4] of the article design'd, b)
His fell to Hamlet. Now, Sir, young Fortinbras,　　　　95
Of unimproved c) mettle [5] hot and full,
Hath in the skirts [6] of Norway, here and there,
Shark'd up a list of landless d) [7] resolutes,
For food and diet, to some enterprise
That hath a stomach [8] in 't: which is no other　　　　100
(As it doth well appear unto our state)
But to recover of us, by strong hand
And terms compulsative, e) those 'foresaid lands
So by his father lost. And this, I take it,
Is the main [9] motive of our preparations,　　　　105
The source of this our watch, and the chief head
Of this post-haste and romage f) [10] in the land.
　　Ber. I g) think, it be no other, but e'en so: [11]
Well may it sort, [12] that this portentous figure
Comes armed through our watch, so like the king　　　110
That was, and is, the question of these wars.

a) Q.2. f. co-mart. b) So F.2. — Q.2. f. designe. F.1. deseigne. c) Q.1. inapproved. d) So F.1. Q.1. — Q.2. f. lawless. e) Q.2. f. compulsatory. f) Q.2. f. romeage. g) I think — countrymen fehlt in F.1. u. Q.1.

1) *gaged*, it. *gaggio*, von mlt. *vadium*, *wadium*, goth. *vadi*, Pfand, nhd. Wette, fr. *gage*. 2) *return*, Rechtsausdruck für anheimfallen. 3) *cov'nant* od. *co-mart?* Es ist nicht anzunehmen, trotzdem dass die Qs. diese Lesart aufweisen, dass der Dichter, dem der erste Ausdruck auch sonst geläufig ist, ein Compositum wie das zweite ohne Noth gebildet haben sollte. 4) *carriage*, gemäss der Ausübung des festgesetzten Artikels. 5) *unimproved mettle*, unbändiges Feuer. — Das Subst. leitet Maetzner vom lat. *metallum* ab. I. p.206. Koch theilt mir mit, dass Levins Rhyming. Dict.1570. nur die Form „*metall*" aufweist. 6) *skirts*, altn. *sker*, Klippe. 7) *landless* ist gewiss die richtigere Lesart, da für *lawless* die üblichere Form *outlaw* gestanden haben würde. Mit *outlaws*, Rechtlosen, konnte ein edler Kriegsheld, wie der junge Fortinbras, nicht gemeinschaftliche Sache machen, wohl aber mit Landlosen, wie er selbst ja einer war. S. Grimm R. A. p. 728. 8) *stomach;* wie schon der Lateiner den Ausdruck *stomachus* für Reizbarkeit, Zorn, gebraucht, so entwickelt sich die Bedeutung weiter bis zum Begriffe der That- oder Kampflust. Daher *high-stomached*, hochgemuth in Rich. II. I. 1. S. ausserdem die Bedeutungen des Worts in der von Elze aus *Ralph Roister Doister* IV. 7. angeführten Stelle p. 112. 9) Es lassen sich vier Ableitungen von *main* nachweisen: 1) ags. *mägen*, vis, robur. 2) mlat. *medianus* z. B. in *mainmast*. 3) lat. *magnus* u. 4) lat. *manus* 10) *romage*, fr. *ramage*, andere Form *rummage* — eigentl. das Umstauen einer Schiffsladung, s. Ed. Mueller II. 279. 11) *e'en so*, Pronominal für *illud*, *tale*, wie oben v. 85. *so = talem*. M. III. 117. Koch II. 413. Die Form *be* in derselben Zeile (neben *beest* 2 p.) für alle andern Personen des Präs. Sing. ist vielen englischen Dialecten eigen S. M. I. p. 367. Koch I. 347. 12) *sort* v. lat. *sors*, *sortis*, evenire.

> *Hor.* A mote [1] it is to trouble the mind's eye.
> In the most high and palmy [2] state of Rome,
> A little ere [3] the mightiest Julius fell,
> The graves stood tenantless, and the sheeted dead
> Did squeak and gibber [4] in the Roman streets: a)
> 121 And even the like precurse of fierce events —
> As harbingers [5] preceding still the fates,
> And prologue to the omen [6] coming on —
> Have heaven and earth together demonstrated
> 125 Unto our climatures and countrymen:
> 117 As stars with trains of fire and dews of blood
> 118 Disasters in the sun; and the moist star,
> 119 Upon whose influence Neptune's empire stands,
> 120 Was sick [7] almost to dooms- day with eclipse.

a) Q. 2. f. liest nach *streets: As stars with — doomsday with eclipse*, und fährt dann fort: *And even the like* etc. Ebenso sämmtliche Edit.

1) *A mote.* Man hat erklärt: „ein Stäubchen“, Andere haben corrigirt: *a moth*, eine Motte. Der Ausdruck ist offenbar in demselben Sinne zu fassen wie im Pericles IV. 4. v. 21: *Like motes and shadows see them move awhile*, also Spuk, Begegnung von Geistern von *to meet. Mote*, Begegnung, wie in *folcmote, burghmote*, wurde später missverstanden und in *motion* geändert, wie ebenfalls im Pericles V, 1. v. 54. *But are you flesh and blood? Have you a working pulse? and are no fairy? no motion?* Dyce übergeht *mote* im Glossar.   2) *palmy*, das vorangehende *most high* scheint kaum einen Zweifel über die Bedeutung des Wortes zu lassen, besonders wenn man die von Nares citirte Stelle vergleicht: *These days shall be 'bove others far esteem'd, And like Augustus palmy reign be deem'd.* Es ist offenbar „glorreich“.   3) *a little ere* entstand aus instrument. *littlum âer*, um Weniges eher. Koch II, 192. Siehe über die Entstehung des *sq* aus einfachem *q* der andern german. Sprachen (hier *quêken, quieken*) im Neuenglischen M. I. 134. Vorgeschobenes *s* auch bei andern Wörtern Koch. I. 111. 4) *gibber*, unverständlich reden, andere Form *jabber* v. angs. *gabbere, incantator;* cf. altn. *geipa*, plaudern.   5) Koch beweist mir aus der Geschichte des Worts: Lag. *herberge* u. *herberwe;* Orm. *herrberghe*, davon bei Levins *harbager*, Ch. 5417. *herbergeoure*, Wycl. *herborgere*, dass das *n* erst zu Sh.'s Zeit eingedrungen ist.   6) *omen* konnte bisher nur falsch ausgelegt werden. Da man nicht wusste, worauf das Wort zu beziehen war, traf den Dichter unverdient der Vorwurf einer falschen Anwendung desselben. Es ist deutlich, dass *omen coming on* auf den von den Redenden erwarteten Geist sich bezieht, zu dessen Erscheinung die Himmelszeichen nur den Prolog bilden, während er selbst in derselben Weise auf die noch bevorstehenden *fierce events* hindeutet, wie einst die „*sheeted dead*“ auf die Ermordung Cäsars. Durch die Umstellung der vier Verse wird die Stelle erst verständlich.   7) *was sick almost.* Die Zeichen am Himmel, welche der Ermordung des Königs vorangegangen waren, werden fast mit denselben Worten im dritten Acte vom Prinzen noch einmal erwähnt: *Heaven's face doth glow, Yea this solidity and compound mass,* (der Mond) *with tristful visage as against the doom, Is thought sick at the act.* In Kant's physischer Geographie I. p. 139 wird Cartesius als der Erste bezeichnet, der die Abhängigkeit von Ebbe und Fluth vom Monde behauptet,

Re - enter Ghost.

But, soft! behold! lo,[1] where it comes again!
I 'll cross it, though it blast[2] me. — Stay, illusion!

[it spreads his arms. a)]

If thou hast any sound, or use of voice,
Speak to me:
If there be any good thing to be done,   130
That may to thee do ease, and grace to me,[3]
Speak to me:
If thou art privy to thy country's fate,
Which happily[4] foreknowing may avoid,
O, speak!   135
Or, if thou hast uphoarded[5] in thy life
Extorted treasure in the womb of earth,
For which, they say, you spirits oft walk in death,

[Cock[6] crows. b)]

Speak of it: — stay,[7] and speak! — Stop it, Marcellus.
   Mar. Shall I strike c) it[8] with my partisan?   140

---

a) So: Q. 2. u. Elze. — In F. I. bei and. Edit. Del. u. Dyce fehlt die Bühnenweisung.   b) F. 1 u. 2. fehlt die Bühnenweisung. v. 151.   Q. 2. f. *your spirits.*
c) F. 1. *at it.*

doch findet sich in Gehler's physicalischem Wörterbuche (1798) I. 649 die
Notiz: Plutarch erzählt, dass Pythias von Massilien die Ebbe und Fluth vom
Monde herleite.   Aristoteles erwähnt diese Erscheinungen nur selten,
erklärt aber (*de mundo cap. 4 sub fine*) die Erhebungen richteten sich nach
dem Monde.   Kepler leitet Ebbe und Flut zuerst aus der Attraction des
Mondes her, allerdings auch nur als Hypothese.   1) *lo*, angs. *lâ*, Interj.
ecce! wie oben *look where.* Das Verb *to look*, angs. *lôcjan*, hat mit *lo*
nichts gemein.   Das formelhaft gewordene *where* nach *lo, look, see*, will
namentlich auf den Ort des Erscheinens einer Person aufmerksam machen.
S. zahlreiche Beispiele bei M. III. p. 425.   2) *blast*, v. angs. *blaest, adustio.*
Ueber dieses *though* belehrt M. III. 474. Koch II. 429. Die Einräumung hat
den Character einer zugegebenen Bedingung, deren muthmassliche Folge
jedoch durch den Hauptsatz aufgehoben wird.   3) Simrock, Mythol.
2te Ausg. p. 488. berichtet: „Oft kann ein solcher spukender Geist noch
erlöst werden, gewöhnlich indem ein Anderer für ihn thut und aus-
richtet, was er selber bei Lebzeiten hätte thun sollen.   4) *haply* von
hap und *happily* von *happy;* es heisst hier „noch glücklich" nicht „vielleicht."   5) *Uphoarded.* Erlösung suchende Geister berühren sich mit
den Schlüsseljungfrauen (Simr. §. 116), die um alte Burgen schweben und
einen Schatz in der Tiefe der Burg bewachen, der unrechtmässig
erworben ist; daher hier: *extorted treasure.* Ebenso kennen verzauberte
Könige und Kaiser die zukünftigen Schicksale ihres Volks; namentlich
wissen sie, wenn Krieg ausbrechen soll.   „Ehe ein Krieg ausbricht,
thut sich der Odenberg bei Gudensberg auf, Kaiser Karl kommt hervor,
stösst in sein Horn und zieht mit seinem ganzen Heere aus." S. Simrock, Mythol. p. 213 ff. Kuhn, W. S. I. 253. Bechstein, Sagenbuch, 319.
6) *Cock crows*, s. p. 12. Anm. 1.   7) *stay and speak.* Elze bemerkt: Die
Wiederholung dieser Worte ausserhalb des Versmasses ist wie die ganze Anrede von eindrucksvollster Schönheit.   8) *strike it*, od. *strike at it?* — Mar-

  Hor. Do, if it will not stand.
  Ber.   'T is here!
  Hor.   'T is here!
  Mar.   'T is gone.
                [Exit Ghost.

We do it wrong, being so majestical,
To offer it the show of violence;
145 For it is, as the air, invulnerable,
And our vain blows malicious mockery.
  Ber. It was about to speak, when the cock[1] crew.
  Hor. And then it started, like a guilty thing
Upon a fearful summons.[2] I have heard,
150 The cock, that is the trumpet to the morn, a)
Doth with his lofty and shrill-sounding throat
Awake the god of day; and, at his warning,
Whether in sea or fire, in earth or air,
The extravagant and erring[3] spirit hies
155 To his confine; and of the truth herein
This present object made probation.
  Mar. It faded[4] on the crowing of the cock.
Some say, that ever 'gainst[5] that season comes
Wherein our Saviour's birth is celebrated,
160 This b) bird of dawning[6] singeth all night long:

  a) Q. 1. *morning.* F. 1. *day.* b) Q. 1. F. 1. Del. *the bird.*

cellus fragt offenbar nicht, „soll ich darnach schlagen?" sondern: „soll
ich es niederschlagen?" *partisan*, it. *partigiana*, v. poln. *bardysz,
bardyzana.* 1) Die Macht der Geister hört nach der germ. Sage bei Hahn-
krat auf. S. Simrock. Myth. p. 45 u. 47. u. meine Nachklänge germ. Mythe
in den Werken Shakſpere's. p. 74. 2) *summons.* Man hüte sich, das
„*s*" am Ende für das Pluralzeichen zu halten. Das Wort entstand aus franz.
semonse, semonce, „*submoneas*" Anfang der Vorladung. 3) *erring spirit.*
In den Elementen walteten dem Germanen ursprünglich göttliche Wesen,
die den späteren erst zu der Bedeutung von Elementargeistern herabsanken.
S. Simrock p. 507 ff. Grimm. M. I. 612. *extravagant* erklärt sich durch *to
his confine,* und ist wörtlich *qui extra fines vagatur* zu verstehen, wie ja
der eben gesehene Geist auch *seinen* Bezirk, das Grab verlassen hatte.
S. das von Elze citirte lat. Kirchenlied p. 116. 4) *It faded* (fr. *fade*,
lat. *fatuus*) *on the crowing.* Unmittelbare Berührung wird auf die unmittelbare Folge in der Zeit angewendet, und dies führt schliesslich zur
Bezeichnung der Causalität durch *on* od. *upon.* S. Koch II. 350. M. II.
372. b. 5) *ever against.* Als eine Bestimmung der Zeit in con-
junctionalem Sinne kann das bisweilen vorkommende *against* im Nebensatze angesehen werden. cf. *They made ready the present against
Joseph came at noon.* (Gen. 43, 25.) *Thou shalt stand by the river's
brink against he come.* (Exod. 7, 15.) Der räumliche Begriff entgegen
wird hier auf eine in der Zeit zu erwartende Handlung bezogen, wie im
Griech. Ἡτοίμασαν δὲ τὰ δῶρα ἕως τοῦ ἐλϑεῖν τὸν Ἰωσήφ. (Gen. 43, 25.)
M. III. 439. Bei Koch II. p. 445. s. *Ongean* (bis zur Zeit dass). 6) *dawn*

And then, they say, no spirit dares stir a)[1] abroad;
The nights are wholesome;[2] then no planets[3] strike,
No fairy takes,b) nor witch hath power to charm,
So hallow'd and so gracious is the time.
    Hor. So have I heard, and do in part believe it.   165
But, look, the morn, in russet[4] mantle clad,
Walks o'er the dew of yon high eastward c)[5] hill.
Break we our watch up; and, by[6] my advice,
Let us impart what we have seen to - night
Unto young Hamlet; for, upon[7] my life,   170
This spirit,[8] dumb to us, will speak to him.
Do you consent[9] we shall acquaint him with it,
As needful[10] in our loves, fitting our duty?

    a) Q.1. *dare walke.* F. & Del. *can walk.* Q.2. f. & Elze. *dares stir.* Dyce: *dare stir.* b) F.1. *talkes.*   c) F.1. *eastern.* Q.1. *yon hie mountaine top.*

vom angs. *dagan*, tagen, mit Uebergang des *g* in *w*. Für *dayes*, Tage, schreibt Chaucer *dawes* in C. T. 11492. *This Breton clerk him axed of felawes, The which he had yknowen in olde dawes.* Der Artikel, der ursprünglich aus dem Demonstrativ *se, seó, pät* entstand, bewahrt in *the bird* seine demonstrative Kraft, wie auch v. 164 in dem Ausdruck: *is the time.*   1) *dares stir* ist offenbar poetischer als das *can walk* der Fs., und wurde von Elze mit Recht in den Text aufgenommen. *Abroad;* in Verbindung mit Dimensionen bezeichnet *a* die Richtung.   2) In *wholesome* ist *w* unorganisch angefügt. cf. angs. *hâl, salvus, sanus.* M. I. 173.   3) *no planets.* S. m. Nachklänge german. Mythe, p. 12 f.   4) *russet,* ital. *rossetto,* ins Röthliche fallend. Die Feiertagskleider des Landvolks waren in dieser Farbe, wie Warner's Albion's England IV. 20. p. 95. beweist: *He borrow'd on the working daies his holy russets oft.*   5) *eastern* od. *eastward?* Dem ursprünglichen Gebrauch nach herrscht zwischen beiden Adjectiven der Unterschied, dass *eastern* dem Osten angehörig, *eastward* nach Osten gelegen heisst, daher *eastward* als ursprüngliche Lesart von Q.2 vorzuziehn ist. Ueber *clad* belehrt M. I. 330. Koch I. p. 320 (§. 50.) Ueber *to-night* u. ähnl. Adv. M. II. 284. Koch II. 295. Ueber *unto* s. M. II. 306. 307.   6) *By my advice; by* wie griech. $\varkappa\alpha\tau\alpha'$, lat. secundum. Koch II. 327. M. I. 439.   7) *upon my life* M. II. 374. b. Bei Betheuerungen wird der angerufene Gegenstand mit *on, upon* eingeführt, ursprünglich mit Bezug auf die Nähe eines etwa berührten Gegenstandes, wie z. B. ein Schwert. Diese Vorstellung tritt aber zurück und weicht der eines verbürgenden Gegenstandes auf Grund dessen man redet. *impart* v. 169, lat. *impartior, impertio.*   8) *The spirit dumb to us.* Einfluss auf Erlösung suchende Geister haben nur solche Menschen, die selbst keine Schuld trifft, d. h. Geistliche und solche, die sich diesem Stande widmen, junge Gelehrte, fahrende Schüler u. s. w. S. Simrock p. 488. Bei Hamlet setzt also Horatio diese nothwendige Eigenschaft voraus.   9) Ueber die Auslassung von *that* sagt M. III. 404. 4.: „*that* fällt vielfach da hinweg, wo es sonst für sich das Band zwischen dem Haupt- und Nebensatze ausmacht. Beispiele dieser Auswerfung von *that*, welche somit das Ansehn von Hauptsätzen gewinnen, durchziehen die dichterischen und prosaischen Erzeugnisse der Literatur, wie die Sprache des Verkehrs.   10) *as needful* — über diese Verwendung von *as* im Sinne des französ. *comme,* deutsch

Mar. Let 's do 't, I pray; and I this morning know⁻
175 Where we shall find him most convenient. a) [1]　　　[Exeunt.

SCENE II.

The Same. A Room of State.

Enter the King, Queen, Hamlet, Polonius, Laertes, Voltimand,
Cornelius, Lords and Attendants.

King. Though yet [2] of Hamlet our dear brother's death
The memory be green, and that it us befitted
To bear b) our hearts in grief, and our [3] whole kingdom
To be contracted in one brow of woe;
5 Yet so far hath discretion [4] fought with nature,
That we with [5] wisest sorrow think [6] on him,
Together with remembrance of ourselves.
Therefore, our sometime c) sister, [7] now our queen,
The [8] imperial jointress to d) this warlike state,
10 Have we, [9] as 't were, with a defeated joy, —

a) Q. 2. f. Edit. Dyce: *convenient.* Del. *conveniently* mit Q. 1. & F. 1.　b) Elze
nach M. C. *bathe.*　c) F. 1. f. *sometimes.*　d) F. 1. f. Ed. Del. Elze, Dyce *of.*

als s. M. III. 503 u. 498. γγ.　　1) Es ist kein Grund *conveniently* für
convenient zu setzen, da die letztere Form an sich adverbial ist, wie
monstrous, distinct, sure u. viele andere. S. M. I. 383. f. Koch II. p. 298;
auch ist der Sinn von '*most convenient:* (nach Lat. *conveniens*) für die
Mittheilung r e c h t g e e i g n e t,　also ganz ungestört,　g e l e g e n.
2) *Though yet.* Ueber die Conjunction ist Sc. 1. v. 127, Anm. 2. gesprochen. Die Aufnahme des zweiten Satzes mit *that* ist daraus zu erklären, dass man für einfaches *though* (*thow*), auch *though that* (ebenso
if that) sagte; wie z. B. *Thow that Mary Magdalyn in Cryst dede sone
beleve etc.*; es wird also fortgefahren, als ob mit *though that* angefangen
wäre, wie man im Französ. nach *quoique* u. and. Conjunct. in den folgenden Sätzen nur mit *que* fortfährt. M. III. 399 u. 402. cf. *Before we met
or that a stroke was given.* — *Befitted;* über das untrennbare praefix *be*
s. M. I. 485.　　3) *our whole kingdom* von *that it befitted* abhängig und
dem *us* entgegengestellt. (*woe*, angs. vâ, vâva; *brow*, angs. breáv, brêg.)
4) *discretion, facultas discernendi;* aus Ueberlegung, Klugheit, wie ital.
discrezione u. *discrizione.*　　5) *wisest sorrow*, Auslassung des Artikels beim
Sup. Þaer ic häfde maestne hiht. (Ps. 76, 3.) S. M. III. 196 ð.　6) Ueber
think on ist Sc. 1, v. 55. Anm. 5. gesprochen.　7) *sister = sister in law.*　8) *The
imperial jointress to.* — Mit *jointure* bezeichnete man die Güter, die einer
Frau bei Lebzeiten des Mannes ausgesetzt wurden und in deren rechtlichen
Besitz sie nach dem Tode desselben trat; *jointress* demnach *Erbin.* Die
Präpos. *to* ist offenbar dem *of* weit vorzuziehn, zumal wenn man vergleicht: *the thousand natural shocks that flesh is heir t o.*　9) *as 't were.*
dient (Koch II. 319) zur Milderung einer g e w a g t e n B e h a u p t u n g und
kommt (o h n e *if*) schon im Alte. vor: *Norþwind out of the erþe ofte
comeþ, of holes as yt were.*

With an [1] auspicious, and a dropping eye,[a])
With mirth in funeral, and with dirge [2] in marriage,
In equal scale weighing delight and dole, [3] —
Taken to wife: [4] nor [5] have we herein barr'd
Your better [6] wisdoms, which have freely gone   15
With this affair along: [7] for all, [8] our thanks.
Now follows, [9] — that you know,[b]) — young Fortinbras,
Holding a weak supposal of our worth,
Or thinking, by our late dear brother's death
Our state [10] to be disjoint and out of frame,   20
Coleagued[c]) [11] with the dream of his advantage,
He hath [12] not fail'd to pester [13] us with message,
Importing the surrender [14] of those lands
Lost by his father with [15] all bonds[d] of law,

---

a) Fol. *one auspicious and one.*   b) Edit. *Now follows, that you know.*   c) Edit. *colleagued.*   d) Q. 2. f. *bands.*

1) *with an auspicious.* Es ist kein Grund hier das Zahlwort zu setzen; denn in der ältern und neuern Sprache wird der Art. sehr oft dem Zahlworte gleichgestellt. *With a charme or twayne.* (Skelton 1, 57.) S. M. I. p. 308. — Die Gegensätze *auspicious — dropping* sind: hoffnungsvoll — gesenkt, nicht thränenreich. S. jedoch die Anm. bei Elze p. 118. 2) *dirge,* soll vom lat. *dirige,* dem Anfange eines Kirchenliedes herkommen, sollte es nicht eher mit angs. *dýrsjan, honorare,* zusammenhängen? 3) *dole,* ein eigenthümliches Zusammentreffen mit der mittelhochd. Form *dole,* Leiden, angs. *poljan;* Chauc. Rom. R. 2959 sagt: *So full of complaint and of dole.* 4) *to wife,* alte. Formel. cf. *He maked heo to quene.* S. M. II, 204. 5) *nor.* Ein verneinender Satz kann einem bejahenden in zweierlei Weise angereiht werden: a) durch *and* mit der Negation, oder b) durch das Bindewort *nor,* (*neither,*) welches die negative Natur des Satzes sofort hervorkehrt. S. M. III. 349. k.   6) *wisdoms,* Plur., weil auf mehrere Personen bezogen.   7) *to go along with.* S. die Anm. zu I. 1. v. 26. 8) *for all.* *All* steht auch für sich mit Rückbeziehung auf ein oder mehrere vorangehende Substantive resp. Thätigkeiten. S. M. III. 276. β. 9) *Now follows.* Dies steht mit dem Vorangehenden nicht in causaler oder logischer Verbindung, sondern ist rhetorisch zu nehmen und giebt nur den Fortschritt in der Rede des Königs an, der die Angelegenheiten Punct für Punct bespricht. Da das Unternehmen des jungen Fortinbras den anwesenden Lords doch gewiss ebenso bekannt ist, wie dem Horatio, der schon in der ersten Scene davon spricht, ist „*that you know*" offenbar in Parenthese zu lesen, so dass der Ausdruck zu nehmen ist wie die parenthetische Formel *that I know.* M. III. 414.   10) *Thinking our state to be.* Ueber den Accus. c. Inf. bei den Verben des Vorstellens und Denkens cf. M. III. 26. ff.   11) Die Edit. lesen *colleagued,* doch ist wohl *co-leagued,* verbunden, vereint mit, zu lesen, also: vereint mit dem Wahne, er sei jetzt im Vortheil.   12) *he hath,* Verdoppelung des Subjects durch nachfolgendes pron. pers. ist im Engl. nicht selten. S. M. II. 18. b.   13) *pester* bewahrt wie *flatter, surrender,* die französ. Infinitiv-Endung.   14) *the surrender* für *surrendry* ist der unveränderte Infinitiv als Verbalsubstantiv.   15) *with all bonds,* über die Fälle, wo *with* sich mit *by* berührt s. M. II. 402. u. 418. b. α.

25 To our most valiant brother. — So much for him.[1]
Now for ourself, and for this time of meeting:
Thus much the business[2] is. We have here writ[3]
To Norway, uncle[4] of young Fortinbras, —
Who, impotent[5] and bed-rid,[6] scarcely[7] hears
30 Of this his nephew's[8] purpose, — to suppress[9]
His further gait[10] herein, in that[11] the levies,
The lists, and full proportions,[12] are all made
Out of his subject: and we here despatch[13]
You, good Cornelius, and you, Voltimand,
35 For bearers[a]) of this greeting to[14] old Norway;
Giving to you no further personal power

    a) F. 1. *for bearing.*

1) Die Ellipse *so much for him* erklärt sich aus der Weglassung
eines Verbalbegriffs, wobei es gleich ist, ob man sich denselben activisch
oder passivisch ausgedrückt denkt. *for* im Sinne von *quod attinet*, fr. *pour.*
M. II. 446. b., ähnlich auch im Folgenden: *Now for ourself.*]·ж 2) *Thus
much the business.* Der Gebrauch von *much* erklärt sich aus der alten
Bedeutung von *much*, angs. *micel, mycel, mucel*, gr. μέγαλος, *magnus*,
und bewahrt noch lange im Englischen seine ursprüngliche Bedeutung:
g r o s s, w i c h t i g. *Thus much* erklärt Webster durch *this much*, was auch
Wagner, 5te Aufl. (1840), p. 364 in Stellen von Byron als richtig nachweist, wie *This much, however, I may add, her years were ripe.* M. III.
p. 115.   3) Die Form *writ*, als Part., ist noch jetzt bei Dichtern
(Byron) gebräuchlich, das Präteritum *writ* wird dagegen seltner. M. I. 359.
4) *uncle.* In der A p p o s i t i o n steht das Hauptwort nicht selten ohne
Artikel, theils wenn es den Gattungsbegriff enthält, theils wenn die Apposition nicht blos den a l l g e m e i n e n Character des Subj. od. Obj. ausdrückt.
Daher später: *This is one Lucianus, nephew to the king.* M. III. 209. Koch
II, 133.   5) *who, impotent.* Das Adjectiv erscheint als Apposition, wo es
durch die Abtrennung vom Substantivbegriff den Character einer prädicativen Ergänzung durchscheinen lässt. Es steht theils m i t, theils o h n e
Artikel. M. III. 331.   6) *bed rid.* Compos. von *ride*, dessen altes Part.
rid neben *rode* und *ridden* gebräuchlich blieb. M. I. 359.   7) *scarcely* =
hardly, cf. ital. *scarso*, knapp.   8) *this his nephew's — illud nepotis sui
propositum.* Dass Possessivpronomina die Vorsetzung von *this*, *that* u. ähnl.
Wörtern vertragen, wurde schon zu Sc. 1. v. 88 bemerkt.   9) *to suppress*,
von *we have writ* abhängig, wie französ. *nous lui avons écrit de suppri-
mer.* Der präpositionale Infin. steht bei den Verben, die eine Aeusserung
des W i l l e n s und D e n k e n s bezeichnen; also auch bei sagen und schreiben im Sinne von bitten, befehlen u. s. w. S. M. III. 33.   10) *further
gait*, als ein Begriff zu fassen: *progressus.* S. Del. Anm.   11) *In that.*
Im Causalsatze wird *in that* für w e i l häufig verwendet. cf. *Some things they
do in that they are men; some things in that they are men misled and blinded
with error.* (R. Hooker.) S. M. III. 456. Koch II, 444.   12) *full proportions*,
Completirung der Regimenter. S. Elze's Haml. p. 119. *subject* v. 33. Der Sing.
für den Plur. als nur die Gattung, nicht die Menge der Individuen bezeichnend.   13) *we despatch you for bearers*, wie griech. ώς. s. M. II. 434. 2.
Bei den Verb. des Erwählens u. Ernennens steht selbst im Neuengl. statt
des doppelten Accus. d. Präp. *for.* M. II. p. 203.   14) Von der Bestimmung des mit einem Attribut versehenen Personennamens durch den Artikel

To business [1] with the king [a]) more than the scope
Of these dilated articles allow. [2]
Farewell; and let your haste commend your duty.
    Cor., Vol. In that [b]) and all things, will we show our duty. 40
    King. We doubt it nothing: [3] heartily farewell. [4]
                            [Exeunt Voltimand and Cornelius.
And now, Laertes, what 's the news [5] with you?
You told us of some suit; what is 't, Laertes?
You cannot speak of reason to the Dane,
And lose your voice: what wouldst thou beg, [6] Laertes, 45
That shall not be my offer, not thy asking? —
The head is not more native [7] to the heart,
The hand more instrumental to the mouth,
Than is the throne of Denmark to thy father.
What wouldst thou have, Laertes? 50
    Laer.   Dread [8] my lord, [c])
Your leave and favour to return to France;
From whence [9] though willingly I came to Denmark,

a) Edit. setzen Komma nach *king.* b) Del. setzt Komma nach *that.* c) Q. 2. f. *my dread lord.*

wird abgesehen, im gewöhnlichen Leben besonders bei *old, little, young, poor* u. ähnl. in der edleren Rede ohne Beschränkung. S. M. 156. α. α). Koch II. p. 136. 1) *to business with the king more than* =. *to more business with the king than* —; *business with the king* wird als ein Begriff gefasst und *more* dann nachgestellt, wie M. III. 568 angiebt. 2) Das Verbum *allow* steht hier, wie Elze richtig vermuthet, im Conjunctiv, da hier ein durch *than* eingeführter Comparativsatz vorliegt, wie er schon im Alte. u. Angs. häufig den Conjunctiv annahm. Cf. *Ne see ʒe, pat her hors bep suyftore pan ʒoure be.* Rob. of Gloust. II. 397. *Ic eom on stence strengre ponne rêcels ôððe rôse sʒ.* (Cod. Exon. 423, 18.) M. II. 131. — 3) *we doubt it nothing.* Romanische Verba, welche im Franz. *de* oder *à* erfordern, nehmen mehrfach einen einfachen Accus. zu sich. cf. weiter unten *I doubt some foul play.* M. II. 180. ββ. *Nothing* als verstärkte Negation nach Koch II. 289 schon bei Orm. und wie *something* in ähnlichen Fällen dem griech. μηδὲν analog, adverbialiter gebraucht: μηδὲν θανάτου μοῖραν ἐπεύχου, Aesch. Ag. 1462. μηδὲν ἄρα θαυμάζωμεν, wir wollen uns also gar nicht wundern. Plat. rep. 10. p. 597. 4) *heartily farewell,* elliptisch: von Herzen Lebewohl etc. 5) *news,* zum Sing. gewordener Plural. Koch II, 151. S. M. I. 231. *with* drückt nicht immer gemeinsame Bethätigung aus, sondern das, was mit einer Person oder einem Gegenstande statt hat; die Bethätigung liegt dann innerhalb des mit *with* verbundenen Substantivbegriffs. *Or is it thus with all men? — Thus with all.* (Young, N. Th. 5, 220. M. II. 413. 2. a.) 6) *what wouldst thou beg.* Um was würdest du bitten, das nicht schon ein Anerbieten auf meiner und nicht ein blosser Wunsch auf deiner Seite sein sollte. 7) *native,* durch Geburt verwandt. 8) *dread my lord,* die Voranstellung des Adj. erklärt sich aus dem Franz. *monsieur, monseigneur, madame,* oder ist Nachklang der freieren Wortstellung im Ags. wie Koch vermuthet II, 229. *good my liege!* K. John I, 1. v. 114. *Dear my liege.* Rich. II. 1.1. v. 184. M. III. 567. 9) *from whence,* dieser Pleonasmus ist nur im Neuenglischen häufiger.

To show my duty in your coronation,
Yet now, I must confess, that duty done,[1]
55 My thoughts and wishes bend[2] again toward France,
And bow them to your gracious leave and pardon.
    King. Have you your father's leave? What says Polonius?
    Pol. He hath, my lord, wrung[a]) from me my slow leave,
By laboursome petition; and, at last,
60 Upon his will I seal'd[3] my hard consent:
I do[4] beseech you, give him leave to go.
    King. Take thy fair[5] hour, Laertes; time be thine,[b])
And thy best graces spend it[6] at thy will. —
But now, my cousin Hamlet, and my son, —
65   *Ham.* A little more than kin, and less than kind.[7]   [Aside.
    King. How is it that the clouds still hang on y o u?[8]
    Ham. Not so, my lord; I am too much i' the sun.[9]
    Queen. Good Hamlet, cast thy nightly[c]) colour off,
69 And let thine[10] eye look like a friend on Denmark.[11]

a) *wrung — consent* fehlt in F. 1.   b) *Take thy fair hour: Laertes; time be thine;* Q. 2. f. F. 1. Del.   c) Dyce nach Q. 2- f. *nighted.*

1) *that duty done.* Der absolute Dativ des Ags. wird mit schwindender Flexion absoluter Objectscasus, der später in den Nom. abs. übergeht. Koch II. §. 158 f. cf. *Six frozen winters spent, Return with welcome home from banishment.* Rich. II. 1. 3.   2) *bend.* Zur ursprüngl. Bedeutung angelsächs. Transitiva tritt im spätern Englisch oft eine erweiterte; hier eine reflexive od. passive. cf. *The boughs bend with fruit.* Koch II. p. 9.   3) *I seal'd.* Das Bild scheint Sh. zu lieben. Später sagt er: *her election hath seal'd thee for herself*, und *How in my words soever she be shent, to give them seals never my soul consent!*   4) *I do beseech you g i v e.* Häufig wird ein Verb durch *do* auch in affirmativen Sätzen verstärkt. Koch II. 22. M. II. 59. III. 10.   5) *fair hour.* Der Ausdruck *fair* ist von dem seemännischen *fair wind* auf *hour* übertragen   6) *thy best graces spend it* scil. *time.* Man sagte *good graces* für *virtues; best graces* sind also höchste Tugenden, und hier Subject; *spend* imperativisch, *id adhibeant.*   7) *kin* und *kind.* Die Allitteration deutet auf jene Formeln, die Grimm R. A. p. 7 anführt (*kind* und *kegel*), doch ist das Wort nicht adjectivisch, sondern als Substantiv, aber nicht im Sinne von *genus* zu fassen, sondern als *progenies*, wie man altn. *Svêa kind, Suecorum progenies* sagte. So sagte man auch *to kindle* von gewissen Thieren für *procreare.* Vielleicht ist *kind* dialectisches Verbalsubst. von *cennan* für *kinth*, wofür mit Ausstossung des *n* gewöhnlich *kith* gesagt wurde, wie bei Pierce Ploughman. Das *kin* ist auf *cousin, kind* auf *son* in der Frage des Königs zu beziehen, und wahrscheinlich nicht *kind* sondern *kind* zu sprechen, wie *to kind* bei *Spenser = to beget.* 8) *How is it* etc. · In diesem Satze ist das letzte Wort *you* hochtonig, daher ist *clouds* mit dem bestimmenden Artikel versehen: Wie kömmt es, dass die Wolken noch immer über e u c h hängen, während sie doch uns und den übrigen Hof verlassen haben.   9) *i' the sun.* Das nasale *n* ist im Auslaute sehr zum Wegfall geneigt. cf. *o' monday = on monday.* M. I. p. 161. Koch I. 116 ff.   10) *thine eye.* Für *my* und *thy* erhielt sich in der Poesie vor vocalisch oder mit *h* anlautenden Wörtern bis in die neueste Zeit die vollere Form der Possessiv-Pronomina. M. I. 287. Delius, Shakfp.-Lex. p. XIX. Koch II, 231.   11) *on Denmark;* man beachte,

Do not, for ever, with thy vailed[1] lids   70
Seek for[2] thy noble father in the dust: -
Thou know'st, 't is common, all[3] that lives[a]) must die,
Passing through nature to eternity.
    Ham. Ay,[4] Madam, it is common.
    Queen.   If it be,
Why seems it so particular with[5] thee?   75
    Ham. Seems, Madam! nay, it is; I know not „seems".
'T is not alone[6] my inky cloak, good mother,
Nor customary[7] suits of solemn black,
Nor windy[8] suspiration of forc'd breath,
No, nor the fruitful[9] river in the eye,   80

a) Edit. Del. *lives,* Dyce. *live.*

dass hier der König selbst gemeint ist, wie Schiller den Herzog von Wallenstein Friedland nennt.   1) *vailed.* Dies Wort ist mit Vorsicht zu
behandeln, da es zwei verschiedenen Quellen entspringt. *to vail*, eigentlich
veil vom altf. *voile*, *veile*, lat. *velum*, heisst verschleiern; dagegen v.
altfr. *avaler*, *avaller* — *ad vallum* — heisst es senken, niederlassen. (vergl.
niederd. *dâl smîten*, niederwerfen.) Offenbar ist das Wort hier im letztern
Sinne zu fassen.   2) *seek for.* An den mit *for* eingeführten Gegenstand
reiht sich die Vorstellung des Zweckes oder Zieles, namentlich bei Verben
des Strebens, Verlangens, sich Umthun's, Ausschauens, nach. S. d. zahlreichen Beispiele bei M. II. 437. Koch II. 334. 11.   3) *All that lives.*
Der Gebrauch von *all* wie in II. Henry IV. III. 2. *Death is certain to all,*
all shall die. Delius vertheidigt die Lesart d. Qs. u. Fs. (*lives*) gegenüber
den Herausgebern, die *live* schreiben, mit Recht. *All that* ist wie in dem
angeführten Beispiele aus Henry IV. nicht Singular sondern Plural und
lives ebenfalls, das in der sprüchwörtlichen Redensart das alte
ð der angels. Verba noch als *s* aufweist. Dass *all* = *omnes homines* ist,
zeigen die Worte „*passing through nature to eternity*", die sonst eine Un-
gereimtheit wären. cf. M. I. p. 323. Koch II, 206 u. meine Shakſp.-Forsch.
I. p. 12. e.   4) *Ay* (spr. ĭ) ist nach M. aus ags. *â* = *ever* entstanden,
und verschmilzt mit der Negation zu ags. *nâ*, neuengl. *nay*, wie gleich
im Folg. S. Ettmüller, Lex. Anglos. p. 54.   5) *with thee.* To und
with berühren sich hier; letzteres drückt das zur Innerlichkeit des mit
with verbundenen Substantivbegriffs Gehörende aus. S. M. II. p. 284. 3.
und II. p. 414. cf. *Habit with him was all the test of truth.*
6) *not alone* für *not only.* Bei Gower *alonely.* Der Gebrauch ist nicht
auffallend, wenn man das Adverb *alone* mit andern vergleicht, die ohne die
Bildungssilbe *ly* erscheinen, wie *fast*, *just* etc. inky, ink, altf. *enque*, ndl.
inkt. nfr. *encre*, it. *inchiostro*, v. gr. ἔγχαυστον. S. Ed. Mueller. Etym. L.
7) *customary suits.* *custom* ist die äussere für andere sinnlich wahrnehm-
bare Erscheinung einer Sitte, wie sie sich etwa in der Tradition fort-
pflanzt, ohne grade dem Bewusstsein oder einer besondern Empfindung zu
entsprechen. Daher heisst es später: *That monster custom, who all sense doth*
eat of habits evil (für *evil habits*). Act. III. 4. v. 161. u. ferner IV. 5. v. 103.
As the world were now but to begin, Antiquity forgot, custom not known, The
ratifiers and props of every wont etc.   8) *windy suspiration*, hohl,
nichtssagend. Schlegel übersetzt: Stürmisches Geseufz beklemmten Odems,
doch ist der Sinn: luftverschwendendes Aechzen des erzwungenen Tief-
athmens.   9) *fruitful* ist nicht nur „fruchtbar," sondern „reichlich,

Nor the dejected haviour [1] of the visage,
Together with all forms, modes, shapes a) of grief, [2]
That can denote me truly: [3] these, indeed, seem;
For they are actions that a man might play;
85 But I have that within, which passeth show,
These [4] but the trappings [5] and the suits of woe.
    King. 'T is sweet and commendable [6] in your nature, Hamlet, [7]
To give these mourning duties to your father:
But, you must know, your father lost a father;
90 That father lost, lost his, b) and the survivor bound [8]
In filial obligation, for some term,
To do obsequious sorrow: but to persever [9]
In obstinate condolement is a course [10]
Of impious stubbornness; 't is unmanly grief:
95 It shows a will most incorrect to heaven; [11]
A heart unfortified, [12] a mind impatient,
An understanding simple and unschool'd:

    a) Fol. Elze, Del. *shows.* b) Ed. Del. *his: and the survivor bound* etc. Elze, *his;*
and the survivor bound.

ergiebig". Del.   1) *haviour* = *behaviour, Ne. behave.* Die den französ. Abstracten auf *eur*, lat. *or*, nachgebildeten Wörter auf *our* sind ursprünglich
von Verben (auch Adj. und Partic.) abgeleitet und drücken die Thätigkeit
derselben als Zuständlichkeit aus. M. I. 457.   2) *forms, modes, shapes*
— derselbe Begriff wird hier kunstgemäss durch 3 identische Ausdrücke
bezeichnet. Solche dreigliedrige Tautologieen liegen ganz im Wesen des
german. Sprachgeistes. cf. Grimm. R. A. 15. ff.   3) *truly*, der Wahrheit gemäss.   4) *These but.* Das Verb der Existenz kann nicht blos
im Präsens, sondern auch in andern Zeitformen fehlen, welche jedoch der
Zusammenhang ergeben muss. cf. *Why this so rare? Because forgot of
all The day of death.* (Young. N. Th. 6, 366.) Ueber das elliptische Prädicat M. II. p. 45.   5) *trappings*, fr. *drap*, Tuch, mlt. *drappus;* span. u.
port. *trapo.* S. Diez I. 159.   6) *cómmendable.* Die drei und mehr-
silbigen Wörter können den Accent um eine Stelle zurücktreten lassen.
So lat. *charácter*, eng. *cháracter*, *theátrum* (Spens. *theátre*), *théatre*, lat.
comméndo, cómmendable; denkt man sich dagegen das Wort viersilbig, so
ist es *comméndable.* cf. Koch I. 183.   7) *Hamlet.* Die Anrede wird bei Sh.
sehr oft nicht in den Vers mit eingerechnet.   8) *the survivor bound;*
ein Senar; construire: jener verstorbene Vater hat auch einmal seinen Vater
verlieren müssen, so wie er seinerseits bei seinem Tode dem überlebenden
Sohne die Verpflichtung auferlegte. — Es liegt hier Umstellung des Ob-
jectes vor, also = *bound the survivor.* cf. *Love so much could.* (Sp. F. Q. 6,
9. 37.) *Thou my being gav'st me.* (Milt. P. L. 2, 864.) *The birds their
notes renew* (ib. 2, 494) u. and. Beisp. bei M. III. 551. b.   9) *perséver;*
nach Del. kennt Sh. nur diese Betonung; offenbar macht sich hier lat.
oder ital. Einfluss geltend, *persévero*, während im späteren *to persevère*,
französischer Einfluss, (*persévérer*, Praes. *je persévère*,) zur Geltung kommt.
10) *course* im Sinne von *conduct.* (*stubbornness*, vielleicht aus *stub-brain*
entstanden?)   11) *incorrect to heaven*, unfügsam. Del.   12) *A heart unfortified.* Das einzelne Adjectiv oder Particip wird dem Substantiv häufig
nachgestellt, und zwar sind Participien in dieser Stellung sogar der Prosa

For what we know [1] must be,[a]) and is as common
As any [2] the most vulgar thing to sense,
Why should we, in our peevish [3] opposition, 100
Take it to heart? Fie! 't is a fault [4] to heaven,
A fault against the dead, a fault to nature,
To reason most absurd, whose [5] common theme
Is death of fathers, and who still hath cried,
From the first corse till he [6] that died to-day, 105
„This must be so." We pray you, throw to earth
This unprevailing [7] woe, and think of us
As of a father; for let the world take note,
You are the most immediate to our throne;
And, wis,[b]) [8] no less nobility of love 110

a) Ed. Del. Elze. *For what, we know, must be.*   b) Ed. Elze. Del. *And, with.*
Dyce ebenso.

geläufig. S. M. III. 568. Koch II. (§. 241) p. 174.   1) Bei *I know*
steht statt des Acc. c. Inf. auch die directe Redeweise wie im Deutschen:
Ich weiss, es muss sein, *I know, it must be.* Sh. wagt es hier, sich in
einer eigenthümlichen Verkürzung auszudrücken, indem er den Accus. des
Relat. sofort als Subject auf das folgende Verbum bezieht, ohne *it* vor
demselben zu suppliren; er ist insofern im Rechte, als die Auslassung
des *it* in unpersönlichen Nebensätzen gewöhnlich ist. Z. B. sagt er: *Such
news, my lord, as grieves me to report.* Rich. III. II. 4. S. M. II. 31.
Oder „*we know*" ist parenthetisch zu nehmen, wie Delius thut.
2) *Any the most.* Der Superlativ mit dem bestimmten Artikel gesellt
sich zu dem pronominalen *one* und zu dem vom Artikel *an, a* begleiteten
Subst. Sh. dehnt den Gebrauch auf *any* aus. cf. *Your lady is one the
fairest that I look'd upon.* Cymb. 2. 4. S. M. III. 286 f.   3) *peevish* bei
Sh. hartnäckig, eigensinnig, offenbar von der zänkischen und störrischen
Natur des Pfauhahns. angs. *pava,* später *pea.* (gen. *peaves?*)   4) *fault*
wie franz. *défaut,* vom moralischen Fehler, Vergehen. S. Diez I. 172
s. v. *faltare.*   5) *whose common,* der Genit. des Relat. *whose* wird auf
Personen und Sachen bezogen; aber auch als Nom. erscheint, wie gleich
darauf, *who,* wo von leblosen Dingen die Rede ist. *Usurping ivy, briar,
or idle moss Who, all for want of pruning, with Intrusion Infect thy sap.*
(Com. of Err. II, 2.) Cf. M. III. 522. Koch II. §. 306.   6) *till he,* dieser
Nom. ist vielleicht so zu erklären, dass „*he that*" als ein untrennbarer
Begriff erscheint, (wie oben *tell me he that knows*) auf den sich *till*
bezieht. Der Nom. für den Accus. ist auch sonst bei Pron. nicht selten;
so weiter unten: *saw who?* Koch (II. §. 338) bezeichnet zwar die Vertauschung des Nom. mit den obliquen Casus als nachlässig, und vielleicht mit Recht; doch ist er nicht blos Shakſpere eigen, namentlich ist er
weit verbreitet in den Dialecten. M. I. 285. Delius, Shakſp.-Lex. p. XIX.
Mommsen, Rom. & Jul. p. 25. f. wo angeführt wird: *I will withdraw,
and draw on any he, That in the world's wide round dare cope with me.*
(*How to Choose* u. s. w.) Sollte das R e l a t i v u m *that* einen rückwirken-
den Einfluss auf die vorangehende Bestimmung haben, wie dies ja auch
im Griech. vielfach der Fall ist? cf. ”Ελεγον ὅτι πάντων ὧν δέονται
πεπραγότες εἶεν. Ξεν.   7) *Unprevailing,* von *prevail,* hier im m e d i -
c i n i s c h e n Sinne genommen, wie lat. *praevalere,* z. B. *praevalet contra
serpentium ictus* bei Plinius, „es hilft."   8) Für „*wis*" hat in allen

Than that which dearest [1] father bears his son
Do I impart toward you. For [2] your intent
In [3] going back to school in Wittenberg, [4]
It is most retrograde [5] to our desire;
115 And, we beseech you, bend you to remain
Here, in the cheer and comfort of our eye,
Our chiefest [6] courtier, cousin, and our son.
　　　Queen. Let not thy mother lose her prayers, Hamlet:
I pray thee, stay with us; go not to Wittenberg.
120　　*Ham.* I shall in all my best [7] obey you, Madam.
　　　King. Why, 't is a loving and a fair reply:
Be as ourself in Denmark. — Madam, come;
This gentle and unforc'd accord of Hamlet
Sits [8] smiling to my heart; in grace whereof,
125 No jocund health that Denmark drinks to-day,
But the great cannon to the clouds shall tell,
And the king's rouse [9] the heavens shall bruit again,

bisherigen Ausgaben „*with*“ gestanden, was indessen keinen Sinn giebt. Die üblichere Form ist *Ywis*, angs. *zewis*, *profecto*, meist *J wis* geschrieben, wie in Merch. of V. II. 9. 69. *There be fools alive I wis Silver'd o'er, and so was this.* S. Nares s. v. Wis. Man hielt deshalb das Wort für ein Verb, das nur in der ersten Person vorkommt, weil man immer nur *I wis* (*Ywis*) fand. Chaucer gebraucht jedoch schon blosses *wis* C. T. 11780 *Nay, nay, quod she, God helpe me so as w i s, This is too much, and it were Goddes will.*　　1) *which dearest father.* Der Art. fehlt wegen des Superlat. *Nobility* steht wie ital. *nobilitá* für *generosity*, *liberality*. 2) S. I. 2. 25. u. M. II. 446.　　3) Die Verbalsubstantiva auf *ing* haben nach Koch zwei Ausgangspunkte: a) Ags. Subst. *ung*. Nags. *ung* u. *ing*. Ae. *ing*. b) Ags. Inf. *anne*, *enne*. Nags. *ende*, *inge*, Ae. *ing*, die im Ne. beide in *ing* zusammenfliessen. Dieser d o p p e l t e Ausgangspunkt zeigt sich in der zwiefachen Rection dieser Formen: Gen. u. Accus. Dass sich schon im Ags. der Inf. mit Präpos. verband, beweist aufs schlagendste Koch II. §. 86.　　4) *To school in Wittenberg.* Die Beziehungen Englands zur Universität Wittenberg, namentlich Shakſpere's zu Giordano Bruno habe ich in meinen Shakſpere-Forschungen I. besprochen.　　5) *retrograde to.* Der Sinn des Wortes wird aus der alten A s t r o l o g i e verständlich. Planeten in retrograder Bewegung, d. h. wenn sie sich aus der Erdennähe entfernten, waren gewissen Absichten der Menschen entgegen. So sagt Schiller's Wallenstein von der Venus: „Ja, sie ist jetzt in ihrer Erdennäh' Und wirkt herab mit allen ihren Stärken." Und: „Jetzt muss gehandelt werden, schleunig, eh' die Glücks-Gestalt mir wieder w e g f l i e h t überm Haupt, denn stets in Wandlung ist der Himmelsbogen.　　6) *chiefest.* Man beachte, dass *chief* Substant., Adject. und Adverb zugleich ist.　　7) *In all my best*, substantivirter Superlativ. S. Koch, §. 251.　　8) *sits smiling to.* Bei den Verben *stand* und *sit* ist die Vorstellung der Bewegung nicht erloschen, daher: *stand to me; I sat down as to a splendid banquet.* Schon bei Lagam. II. 540. *po alle weoren iseten to heore mete.* M. II. 283.　　9) *rouse*, altn. *rôs*, Becher, Rosenbecher. S. Shakſpere-Forschungen I. p. 87. Dyce, Gloss., bringt es mit *carouse* zusammen und erklärt: *In process of time both these words were used in a laxer sense.* S. Dietrich, altn. Leseb.

Re - speaking [1] earthly thunder. Come away.
   [Flourish. Exeunt King, Queen, Lords, etc., P o l o n i u s, and L a e r t e s.
   Ham. O! that this too too solid flesh would melt,
Thaw, and resolve [2] itself into a dew;   130
Or [3] that the Everlasting had not fix'd
His canon 'gainst self- slaughter. O God! O God!
How weary, stale, flat, and unprofitable
Seem to me all the uses of this world! [4]
Fie on 't! O fie! 't is an unweeded garden,   135
That grows to seed; things rank and gross [5] in nature,
Possess it merely. That it should [6] come to this!
But two months dead! — nay, not so [7] much, not two:
So excellent a king; that was, to this,
Hyperion [8] to a satyr: so loving to my mother,   140
That he might not beteem [9] the winds of heaven
Visit her face too roughly. Heaven and earth!
Must I remember? why, she would hang on him,
As if increase of appetite [10] had grown
By what it fed [11] on; and yet, within a month, —   145
Let me not think on 't. — Frailty, thy name [12] is woman! —
A little month; or ere [13] those shoes were old,

Glossar. s. v. rôs.   1) *respeaking, re* wird auch mit german. Stämmen
verbunden. S. M. I. 492.   2) *resolve* steht nicht für *dissolve*, sondern
ist nach dem Vorgange des ital. *risolvere:* auflösen. Auch Euph. 38 (Nares):
I could be content to resolve myself into teares.   3) *O that — or that:*
wäre doch das eine oder das andere der Fall. 4) *Uses*, Bräuche, Manieren,
ganz wie ital. *uso* gebraucht. *canon* v. 132 = $\varkappa\alpha\nu\acute\omega\nu$. 5) *things rank and gross*,
identische Ausdr. für *foecundus.* S. M. I. 190. *in nature* = der blinde Natur-
trieb beherrscht wuchernd die ganze Welt.   6) *That it should come* — eine
leicht zu erklärende Ellipse.   7) *nay not so much.* — Elliptische Sätze mit
so sind sehr oft schon im Alte. anzutreffen. Townl. Myst. p. 86. „*I go to
by shepe.*" — *Nay not so.* Bei A d j e c t i v e n und Adv. steht oft *so* ohne
angegebenen Maassstab; daher *so excellent a king!* nach *loving* ist der
Maassstab durch den mit *that* eingeleiteten Satz ausgedrückt. Ueber den
Gebrauch von *much* bei Pluralen s. Sc. 1. v. 8. u. Koch II. §. 291.   8) *Hypérion*
für *Hyperion*, ‛Y$\pi\varepsilon\varrho\acute\iota\omega\nu$, vielleicht nach französ. *Hypérion.* (Dict. de
l'Acad.) *To a satyr. To* als Vergleichspartikel erläutert M. II. 293. *To the
most of men this is a Caliban and they to him are angels.* Koch II. 357.
9) *beteem*, vom angs. *teme, decens, honestus*, hier *concedere. Loving* ist
übrigens hier nicht Particip sondern Adjectivum, daher *to my mother.*
S. M. II. 303. v. 143. *would hang.* Den Uebergang des Wollens in den des
Pflegens weisen nach M. II. 85. und Koch II. §. 23, der die Neigung dazu
schon im Angs. darthut.   10) *increase of appetite had grown*, eigenthümlicher Pleonasmus, der an das spätere: *the cease of majesty dies not
alone* erinnert   11) *fed on* weist auf das bekannte Sprüchwort der Franzosen: *L'appétit vient en mangeant.*   12) *Thy name*, d. i. dein wirklicher
oder eigentlicher Name.   13) *Or ere.* Man hüte sich, das erste Wort
für etwas anderes zu nehmen, als eine Verstärkung des zweiten; nach
Maetzner steht es für *ever ere*, nach Koch II, 437 ist es b l o s s e I t é -
r a t i o n (*or* = *ere*); cf. *'T will be Two long days' journey, lords, or ere*

148 With which she follow'd my poor father's body,
Like Niobe, all [1] tears; — why she, even she,
150 (O God! a beast, that wants discourse [2] of reason,
Would have mourn'd longer) — married with my uncle,
My father's brother, but no more like my father
Than I to Hercules: within a month;
Ere yet the salt of most unrighteous tears
155 Had left the flushing in her galled eyes,
She married. — O, most wicked [3] speed, to post
With such dexterity to incestuous sheets!
It is not, nor it cannot come to, good;
But break, [4] my heart, for I must hold my tongue!

　　　Enter Horatio, Bernardo, and Marcellus.

160　　*Hor.*　Hail to your lordship!
　　Ham.　　　　　　　　　I am glad to see you well: [5]
Horatio, — or I do forget myself.
　　Hor.　The same, my lord, and your poor servant ever.
　　Ham.　Sir, my good friend; [6] I 'll change that name with you.
And what make [7] you from Wittenberg, Horatio? —
165 Marcellus?
　　Mar.　My good lord, —
　　Ham.　I am very glad to see you; good even, [8] Sir. —
But what, in faith, make you from Wittenberg?

we meet. K. John. IV. 3. v. 19. (M. 459 α.)　　1) *all tears.* Entweder ist *all* =
totus, a, um, oder adverbial, *omnino*. Die adverbiale Bedeutung (*entirely*) tritt
in diesem Satze weniger hervor als in dem bei M. III. 276 angeführten:
The sound did all confound her sense. Auch der Niederdeutsche gebraucht
all als Adverb und zwar der Zeit: *Ik binn'r all*, ich bin schon hier.
Koch II. §. 286. ags. *Haefde eall gefylled*, omnino perpetravit.　　2) *discourse*, wie in den roman. Sprachen für *ratiocinium*, daher vom Dichter
vorsichtig „*of reason*“ hinzugefügt wird.　　3) *wicked speed;* es würde
ein unerträglicher Pleonasmus sein, wenn man *dexterity* auch für Behendig-
keit oder Schnelligkeit nähme; der Dichter hat offenbar an ital. *destrezza*,
die eine Täuschung beabsichtigende und darum moralisch verwerf-
liche Geschwindigkeit oder List gedacht. (*post* von *equus positus*, das
Relais-Pferd. Diez I. 329.)　　4) Man beachte wohl, dass Hamlet durch
die Pietät gezwungen ist, dieses Schweigen den Hofkreisen gegenüber
unter allen Umständen, also auch nach der Erscheinung des Geistes
zu beobachten. Erst als sein Herz wirklich bricht, bricht er auch das
Schweigen, und giebt Horatio Erlaubniss, das Geschehene zu veröffentlichen.　　5) *I am glad.* Der Gruss klingt etwas kühl, aber Hamlet
thut sich Gewalt an, die eben ausgesprochenen Gedanken zurückzudrängen,
seine Aufregung durch gleichgiltiges Wesen zu verdecken. v. 162. *ever*, angs.
aefre, semper, hier in der alten Bedeutung. S. Koch, p. 382. *I see, things
may serve long, but not serve ever.*　　6) *my good friend* als Parallele zu
vorigem *your poor servant.*　　7) *make you;* die verschiedenen Bedeutungen
von *make* giebt Nares an. Es entspricht hier noch dem „machen“ in
unserer Höflichkeitsfrage: was machen Sie? — So As you l. i. I, 1.
Now, Sir, what make you here?　　8) *good even* — „*This salutation was*

Hor.   A truant[1] disposition, good my lord.

Ham.   I would not hear[a]) your enemy say so;   170
Nor shall you do mine ear that violence,
To make it truster of your own report
Against yourself: I know, you are no truant.
But what is your affair[2] in Elsinore?
We'll teach you to drink deep,[b]) ere you depart.   175

Hor.   My lord, I came to see your father's funeral.

Ham.   I pray thee, do not mock me, fellow - student;
I think, it was to see[c]) my mother's wedding.

Hor.   Indeed, my lord, it follow'd hard[3] upon.

Ham.   Thrift, thrift, Horatio! the funeral bak'd meats[4]   180
Did coldly furnish forth the marriage tables.
'Would I had met my dearest[5] foe in heaven
Or ever I had seen[d])[6] that day, Horatio! —
My father, — methinks, I see my father.

Hor.   O! where, my lord?   185

Ham.   In my mind's eye, Horatio.

Hor.   I saw him once: he was a goodly king.

a) F. 1. *have.*   b) So Q. 1 u. F. 1. — Q. 2. *We'll teach you for to drink ere you depart.*   c) Q. 2. lässt *see* aus.   d) Q. 1. F. 1. Del. Elze: *Ere I had ever.*   Q. 2. *Or ever.*

used by our ancestors as soon as noon was past, after which time ,good morrow' or *,good day' was esteem'd improper.* Dyce, Gloss. s. v. *god-den.*   1) *truant*, altfr. *truhand*, fem. *truhande*, v. Bartsch, Chrestom. de l'ancien français (erste Ausgabe) 355, 6. abgeleitet von celt. *tru*, elend, später mlat. *trutannus.* Diez I. 429. *To play the truant is in schools to stay from schools without leave.* V. Sam. Johnson Engl. Dict. 2) *what is your affair?* ist nur die Umschreibung für obiges *what make you?*   3) *hard upon* — auch bei Chaucer ist *hard* Adverb. C. T. 9879. 13133; wir sagen ebenfalls von der Folge: hart hinterher.   4) *bak'd meats* ist ein Begriff und findet sich als solcher schon bei Chaucer. C. T. v. 344. *Withouten bake - mete never was his house;* daher ist es nicht nöthig *funeral* für *funebrial* als Adjectiv zu fassen, sondern *the funeral - bakemeats.* Die Verbindung des Erbmahls mit dem Brautmahl hat im germanischen Alterthum gar nichts Anstössiges. Am Ende des Cap. 14 der Friðpjof-Sage wird erzählt: *Síðan gerði Friðpiofr virðugliga veizlu, er menn hans kômu til, var pâ allt saman drukkit, erfi Hrîngs konungs, ok brullaup peirra Ingibiargar ok Friðpiofs.* (Darauf rüstete F. ein prächtiges Gastmahl, zu welchem seine Gefolgsmannen kamen; es ward da zugleich getrunken das Todtenmahl Hrîng des Königs, und das Hochzeitmahl Ingiborgs und Friðpiofs.) Das Anstössige für das germanische Gefühl liegt darin, dass die Wittwe so schnell wieder heirathet. *coldly*, v. 181, man hüte sich, das Wort für ein Adverb zu halten; *ly* ist hier Adjectivsuffix wie in folgendem *goodly* und in *greenly, loathly, sickly, grimly, deadly* u. s. w. und drückt Abschwächung des im Stamme liegenden Begriffs aus. M. I. 433.   5) *dear.* Die doppelte Bedeutung des Wortes schreibt sich vom angs. *deóre, diór, dýre, carus* her, und von dem Verb *derjan*, alte. *deren, nocere, hurt, derung, laesio.* S. M. I. 196.   6) *Or ever I*, nach obiger Anm. zu v. 147 liegt kein Grund vor, das *or* in das ganz gleichbedeutende *ere* zu ändern, wie das die Fs. thun. Man beachte, dass H. später den Oheim

    Ham. He was a man, take him for all in all,
I shall not look upon his like [1] again.
    Hor. My lord, I think I saw him yesternight.
190   *Ham.* Saw who? [2]
    Hor. My lord, the king your father.
    Ham.   The king my father!
    Hor. Season your admiration for a while
With an attent [3] ear, till I may deliver,
Upon [4] the witness of these gentlemen,
195 This marvel to you.
    Ham.   For God's love, let me hear.
    Hor. Two nights together [5] had these gentlemen,
Marcellus and Bernardo, on their watch,
In the dead waist a) and middle [6] of the night,
Been thus encounter'd: a figure like your father,
200 Armed [7] at point, b) exactly, cap-à-pé,
Appears before them, and with solemn march
Goes slow and stately [8] by them: thrice he walk'd,
By their oppress'd and fear-surprised eyes,
Within his truncheon's [9] length; whilst they, distill'd c) [10]

---

    a) Q. 1. Elze *vast.* Q. 2. f. F. 1. *wast.* Del. *waste.* Ed. *waist.*   b) Q. 2. *Armed at point.* F. 1. *Arm'd at all points.*   c) F. 1. *bechill'd.*

nicht tödtet, um ihn eben **nicht** in den Himmel zu senden.   1) *his like* substantivirtes Adjectiv.   2) *Saw who?* Wegen der Vertauschung des Nominat. für den Accusat. siehe oben v. 105. Anm. 6.   3) *attent* wie ital. *attento* der lat. Form näher für *attentive.*   4) *upon* = *secundum*, drückt Uebereinstimmung aus. Koch II. §. 423. 5.   5) *together* = *in continuity.* Sam. Johnson, Engl. Dict., wie weiter unten: *he walks four hours together.* — *Waist* od. *vast?* Qs. u. Fs. lesen *wast* d. i. *waist.* Elze, Dyce — *vast.* Ich vermag mich nur für *waist* zu entscheiden; das Mitteldeck eines Schiffes ist *her waist*, und in der 2ten Scene des 2ten Actes heisst es vom Glück: *You live about the waist or in the middle of her favour. Waist and middle* scheint mir ein Begriff zu sein, wenn ich vergleiche (Nares) *Off with her head, and then she hath a middle As her waste stands, just like the new-found fiddle.* Corbet. Iter Boreale, p. 20. ed. 1672. Wie könnten Qs. u. Fs. in einem Worte so auffallend übereinstimmen, wenn *vast* zu lesen wäre? Q. 1. entscheidet durchaus nicht. *dead* heisst natürlich hier „still".   7) Ich gebe dem *armed at point* der Qs. den Vorzug, weil der Ausdruck dem altfr. „à *point*, genau, sorgfältig" entspricht, und durch das folgende *exactly* erläutert wird. So sagt schon Ch. in den C. T. 3689: *Up rist this joly lover Absalon, And him arayeth gay at point devise.* S. 10874 u. R. R. 1215. *cap à pé* findet in v. 229 seine Erläuterung und würde nur eine müssige Wiederholung des *at all points* sein.   8) *slow and stately.* — *slow* adjectivisches Adverb. — *by*, an, vorüber. M. II. 394.   9) *truncheon,* fr. *tronçon,* aus *truncus, truncio,* gen. *truncionis.* Diez II, 416.   10) *distill'd,* vom **chemischen** Process gebraucht; Verwandlung eines festen Körpers in die Form des Flüssigen. Daher in Ben. Jon. Alchymist: *Yes, Sir, I study here the mathematics and destillation* (Nares). Den deutlichsten

Almost to jelly with the act of fear,[1]   205
Stand dumb, and speak not to him. This to me
In dreadful secrecy impart they did,
And I with them the third night kept the watch;
Where, as they had deliver'd, (both in time,[2]
Form of the thing, each word made true and good),[a])   210
The apparition comes. I knew your father;
These hands are not more like. — [b])
    Ham.   But where was this?
    Mar. My lord, upon the platform where we watch'd.
    Ham. Did you not speak to it?
    Hor.   My lord, I did,
But answer made it none; yet once, methought,   215
It lifted up its head, and did address
Itself to motion, like as it would speak.[3]
But, even then, the morning cock crew loud,
And at the sound it shrunk in haste away,
And vanish'd from our sight.   220
    Ham.   'T is very strange.
    Hor. As I do live,[4] my honour'd lord, 't is true;
And we did think it writ[5] down in our duty
To let you know of it.

a) Q. 2, f. F. 1. f. Ed. ohne Parenthese.   b) Edit. *like.*

Beweis, dass *distill'd* die allein richtige Lesart ist, führt Dyce aus Addison
an, wo lat. *liquefacere* mit *distill* übersetzt ist.   1) *with the act of fear.*
Act ist hier gebraucht wie im lat. *actus*, und ist wie dort passivisch,
nicht activisch; daher Warburton's Missverständniss der Stelle. cf.
fertur magno mons improbus actu. Vergil: mit gewaltigem Sturz; ebenso
ital. *atto* = Wirkung.   2) *Both in time* etc. Francke macht darauf
aufmerksam, dass nach *both* bisweilen das verknüpfende *and* fehlt. So
King Lear I. 1. v. 49. *Tell me my daughters. (Since now we will divest us, both
of rule, Interest of territory, cares of state) Which of you* etc. S. Elze
p. 127. Nehmen wir dasselbe Asyndeton in unserer Stelle an, so ist der
verkürzte Participialsatz zu verstehen: Nachdem sich im Puncte der Zeit,
der Gestalt des Dinges beiderseits jedes Wort als wahrheitsgemäss bewährt
hatte. Ich habe daher kein Bedenken getragen, des Verständnisses wegen
den Satz in Parenthese einzuschliessen. Uebrigens bleibt zu ermitteln,
ob der abweichenden Gebrauch eine Eigenthümlichkeit Sh.'s ist.   3) *like
as it would* für *as if* oder *as though.* Die Verstärkung des *as* durch
like ist hier ungewöhnlich, obgleich sie in anderer Verbindung häufig
vorkommt. Gewöhnlich hat *like as* das Correlat *so* nach sich, z. B. *Like
as a father pitieth his children, so the Lord pitieth them that fear him.*
Wir haben hier den Fall, dass eine Handlung hinsichtlich der Art ihrer
Vollziehung mit einer angenommenen verglichen wird, was bei Sh. häufig
auch durch blosse Anknüpfung mit *as* (für *as if, as though*) geschieht.
cf. *Undoing all, as all had never been.* S. M. III. 498. 504. II. 130. Koch
II, §. 497.   4) *As I do live* erklärt sich aus folgendem *'t is true,* wobei
nur das Correlat *so* ausgelassen ist. S. M. 496 b. u. 497 bb.   5) Ueber
writ belehrt M. I. 359. Koch I. p. 288. (5te Cl. d. abl. V.) Alle Versuche,

Ham. Indeed,^a) Sirs, but this troubles me.
225 Hold you the watch to-night?
All.   We do, my lord.
Ham. Arm'd, say you?
All.   Arm'd, my lord.
Ham.   From top to toe?
All. My lord, from head to foot.
Ham.   Then, saw you not his face?
230 *Hor.* O! yes, my lord; he wore his beaver [1] up.
Ham. What, look'd he frowningly? [2]
Hor. A countenance more in sorrow than in anger.
Ham. Pale, or red?
Hor. Nay, very pale.
Ham.   And fix'd his eyes upon you?
235 *Hor.* Most constantly.
Ham.   I would I had been there.
Hor. It would have much amaz'd you.
Ham. Very like.^b) Stay'd it long?
Hor. While one with moderate haste might tell a hundred.
Mar. Ber. Longer, longer.
240 *Hor.* Not when I saw it.
Ham.   His beard was grizzled? ^c) no?
Hor. It was, as I have seen it in his life,
A sable [3] silver'd.
Ham.   I will watch to-night:
Perchance, 't will walk again.
Hor.   I warrant ^d) it will.
Ham. If it [4] assume my noble father's person,
245 I 'll speak to it, though hell itself should gape,
And bid me hold my peace. I pray you all,
If you have hitherto conceal'd this sight,
Let it be tenable [5] in your silence still;

a) Q. 2. *Indeed, Sirs.*   b) *Very like, very like.* Q. 1. F. 1.   c) F. 1. *grisly.*
d) Q. 2. f. *I warn't* für *warrant.* F. 1. *I warrant you.*

den Dialog in die Form von Quinaren zu bringen, sind missglückt.
S. Del. Anm. 69.   1) *beaver.* Der Theil des Helmes, den der Träger
emporschlug, um Luft zu schöpfen, oder in der Rüstung zu essen, zu
trinken u. s. w., das Visir. Das Wort ist ital. *baviera*, span. *babera*,
fr. *bavière.* —   2) *frowningly*, fr. *refrogner*, altfr. *froncer*, engl. *frounce.*
S. Ed. Mueller p. 415. Diez I. 193.   3) *sable*, altfranzösische Form.
D. *Zobel*, ital. *Zibellino*, prov. *sebelin, sembelin*, span. u. port. *cebellina*,
zebellina, fr. *zibeline*, mlt. *sabellum, sabellinus*, russ. *sobol'*, pol. *sobol*, steht
im Allgemeinen für schwarze Farbe und wird hier der Heraldik entlehnt.
Die Nachstellung des Partic. kann nicht auffallen, wenn man vergleicht:
the ship destroyed, the pieces perform'd, the powers demanded u. s. w.
M. III. p. 568.   4) *If it.* Das neutrale *it* deutet immer noch einen
leisen Zweifel in den Gemüthern der Redenden an.   5) *tenable*, haltbar,

And whatsoever[1] else shall hap to-night,
Give it an understanding, but no tongue: 250
I will requite[2] your loves. So, fare you well.
Upon the platform, 'twixt eleven and twelve,
I 'll visit you.
    All.   Our duty to your honour.
    Ham. Your loves,[3] as mine to you. Farewell.
          [Exeunt Horatio, Marcellus, and Bernardo. a)
My father's spirit[4] in arms! all is not well;   255
I doubt[5] some foul play: 'would,[6] the night were come!
Till then sit still, my soul. Foul[7] deeds will rise,
Though all the earth o'erwhelm them, to men's eyes.   [Exit.

SCENE III.

A Room in Polonius' House.
Enter Laertes and Ophelia.

    Laer. My necessaries are embark'd; farewell:
And, sister, as[8] the winds give benefit,
And convoy is assistant, do not sleep,
But let me hear from you.
    Oph.   Do you doubt that?
    Laer. For Hamlet, and the trifling of his favour,   5
Hold it a fashion, and a toy in blood;
A violet in the youth of primy nature,
Forward, not permanent, sweet, not lasting,
The perfume and suppliance of a minute;
No more.   10

a) Q. 2. f. nur *exeunt.*

fest, französ. Form aus der Kriegskunst entlehnt, eigentlich gebraucht
von einem Punkte, der sich gegen den Feind hält.   1) *whatsoever else*
deutet auf das Ungeheuerliche der Ereignisse hin, die Hamlet bereits ahnt
und erhöht die Spannung des Zuschauers.   2) *requite.* Ueber *quite*
(*quietus, quietare*) s. M. 1. 139. 341. 384; eigentl. *amoris vestri postulationes
quietas* i. e. *contentas reddam.*   3) Sie hätten statt *our duty* setzen sollen
our loves, da er kein Recht hat, einen Dienst von ihnen zu beanspruchen,
sondern alles was sie für ihn thun, von ihrer freiwilligen Neigung abhängt.
4) *spirit in arms!* hier Leichnam, nicht Geist. S. m. Nachklänge germ.
Mythe p. 78.   5) *doubt* c. Acc., im Sinne von „befürchtender Ahnung."
c. Gen. zweifeln; Koch II, 74.   6) Ueber die Auslassung des Subjects,
namentlich der ersten Person, belehrt M. I. p. 28 (45), so wie über
den Conjunctiv bei Wunschsätzen mit und ohne *that.* II. 113. III. 404.
Koch II. p. 45.   7) *Foul deeds.* Constr. *Foul deeds will rise to men's
eyes, though all the earth o'erwhelm them.* Ueber den hier angewandten
Conjunctiv (beim Concessivsatze) s. M. II. p. 125. b. Koch II. p. 44. d.
8) *As the winds give benefit.* Uebertragung des modalen Nebensatzes auf
das temporale Gebiet durch *as* wie in II. Henry IV. III. 2. Z. 313. *As you
return visit my house.* M. III. p. 437. Koch weist die Verwendung in tem-
poraler Bedeutung schon am Ags. *swâ* nach.   *As = als = eal - swâ.*

Oph. No more but so?[1]

10,14.   *Laer.* Think it no more: a)[2] Perhaps, he loves you now;

15 And now no soil,[3] nor cautel, doth besmirch[4]

The virtue of his will: but you must fear,

His greatness weigh'd,[5] his will is not his own,

For he himself is subject to his birth: b)

He may not, as unvalued persons do,

20 Carve[6] for himself; for on his choice[7] depends

The safety c) and the health of this whole state;

a) Nach diesen Worten folgt überall: *For nature, crescent, does not grow alone In thews and bulk; but, as this temple waxes, The inward service of the mind and soul grows wide withal* — welche Worte offenbar nach *unmaster'd importunity* zu setzen sind.   b) Q. 2. f. fehlt dieser Vers.   c) F. 1. *The sanctity.*

1) *No more but so.* Zahlreich sind die Rückdeutungen auf Adjectiva, Participien und Substantiva, die durch *so* wieder aufgenommen werden. Cf. *He is decemvir, and we made him so.* (Sherid. Knowles, Virgin. 1, 1.) M. III. 116. f.   2) Der Zusammenhang zeigt deutlich, dass die in Anm. a) bezeichneten Verse nur durch ein Versehen dorthin gekommen sind. Sie scheinen ein Nachtrag von des Dichters Hand im Bühnenmanuscript zu sein.   3) *soil*, fr. *souiller*, vom lateinischen *suillus.* Diez II, 415. 4) *cautel*, die *reservatio mentalis* im Gemüth eines Liebenden ist gewissermassen ein sittlicher Schandfleck, daher *besmirch.*   5) *His greatness weight* — absoluter Participialsatz für: *if you weigh his greatness.* 6) *carve.* Die sorgfältige Beobachtung des Brauchs, nach welchem Leute von geringerem Rang Uebergeordneten, namentlich Jüngere den Aelteren, Söhne den Vätern, vorschneiden mussten, hebt Chaucer in der Einleitung zu den C. T. als einen liebenswürdigen Zug am Sohne des Ritters hervor: *Curteis he was, lowly, and servisable, And carf before his father at the table.* In Rich. II. sagt York v. Bolingbroke (II, 4): *Be his own carver, and cut out his way.*   7) *On his choice depends* etc. Aus diesen Worten scheint hervorzugehen, dass dem Prinzen durch seine Abkunft ein bedeutendes Vorrecht in Betreff der Thronfolge zustand. Ebenso wird an einer andern Stelle hervorgehoben, dass die Stimme des Königs für seine Ernennung von Wichtigkeit, gewissermassen entscheidend sei, so wie Hamlets Stimme am Schlusse des Stückes für Fortinbras schwer in die Waagschale fällt. Die Bestimmungen des Wahlreichs waren also, wenn nicht durch Rechte, so durch das Ansehn der königlichen Familie beschränkt. Dass sich Sh. nicht die Mühe genommen, ein besonderes Staatsgrundgesetz für sein fingirtes „Dänemark" auszuarbeiten, mag Rümelin (p. 86) gern zugegeben werden, so viel aber steht fest, dass der Dichter den Charakter des vom Volkswillen abhängigen Throns an keiner Stelle aus den Augen verliert, denn der König hebt mit deutlicher Genugthuung hervor, dass die Grossen des Reichs seiner Heirath, an die sich die Thronbesteigung knüpft, zugestimmt, und dankt ihnen sogar für ihre Gefälligkeit. Prinz Hamlet muss also, da er wahrscheinlich den Thron besteigen wird, auch bei der Wahl seiner Gemahlin Rücksicht auf die Volkswünsche nehmen. Die Königin denkt natürlich über diese Punkte freier und erklärt am Grabe der Ophelia, dass ihr eine Verbindung der Liebenden erwünscht gewesen wäre. — Aus diesem Grunde aber ergeben sich die Warnungen des Laertes und seines Vaters Ophelien gegenüber als durchaus unnöthig, wie ja auch ihre Befürchtungen in Betreff der Absichten des Prinzen völlig grundlos sind.

And therefore must his choice be circumscrib'd
Unto [1] the voice and yielding of that body,
Whereof [2] he is the head. Then, if he says he loves you,
It fits your wisdom so far to believe it,   25
As he in his particular act and place [a])
May give his saying deed; which is no further,
Than the main voice of Denmark goes withal.
Then weigh what loss your honour may sustain,
If with too credent ear you list his songs,   30
Or lose your heart, or your chaste treasure open
To his unmaster'd importunity.   32
For nature, crescent, does not grow alone   11
In thews and bulk; [3] but, as this temple waxes,   12
The inward service of the mind and soul   13
Grows wide withal. [4]   14
Fear it, Ophelia, fear it, my dear sister;   33
And keep you [b]) in the rear of your affection,
Out of the shot and danger of desire.   35
The chariest [5] maid is prodigal enough,

a) F. *peculiar sect and force.*   b) F. 1. *keep within.*

1) *Unto.* Die Präpos. ist zu beachten, die im Sinne von „gemäss"
„im Verhältniss zu" gebraucht ist. Cf. Tennys. p. 249. *As cowslip unto
oxlip is, So seems she to the boy.* S. M. II. p. 308, sie vertritt also einfaches *to* in dem Sinne, wie es Koch II. §. 425, 5. anführt und wie es
Vers 332 gebraucht wird.   2) *whereof, cujus,* eine dem Deutschen analoge Verbindung des dem interrogativen Pronominalstamm *hväs, hvät* ent-
sprungenen Ortsadverbs mit der Präpos. — Die Warnung des Bruders
vor einem Verhältniss mit dem „zu hoch stehenden" Prinzen kommt
Ophelien während ihres Wahnsinns wieder ins Gedächtniss, wo sie von
dem falschen Verwalter singt, der seines Herrn Tochter stahl."
3) *In thews and bulk.* — Das Wort *thews* entsprang angs. *þîhan*, contr.
þeón, proficere, pollere, crescere, goth. *þeihan,* ahd. *dîhan.* Das Substantiv
scheint im angs. nicht nachweisbar, doch ist es nicht zu verwechseln mit
jenem andern *thews, thewes,* das bei Chaucer vorkommt, und vom angs.
þeáv, mos, ritus, consuetudo herzuleiten ist. So in the Clerkes Tale 8285.
She was encresed in swiche excellence Of thewes good, yset in high bountee.
Und 9416 *With any wif, if so were that she had Mo goode thewes, than
her vices bad. In thews (and bulk)* der obigen Stelle ist das *s* vielleicht
nicht einmal Pluralzeichen, sondern Ableitungsconsonant, für *ð, th,* wie
in truth von *treóvðo (trŷvð, treóð),* so dass an ein Abstractum *þeóvðo,
þeôvð* mit der Bedeutung Wachsthum, neuengl. eigentlich *thewth,* zu
denken wäre.   4) *withal,* postpositives Adverb, wie vorher *goes withal,*
später erst mit präpositionaler Kraft aus angs. *mid ealle* entstanden.
Koch II. 370. u. M. II. p. 422. — Die Worte: *For nature — wide withal*
geben nicht die geringste Erklärung zu *Think it no more*: v. 10, wo
sie früher standen. Sie sind offenbar durch ein ähnliches Versehen wie
Sc. 1. v. 117—120 an der falschen Stelle eingeschoben und werden an ihrem
gehörigen Platze erst verständlich.   5) *chariest* v. ags. *cearig, cautus,
solicitus.* S. auch Del. Anm. 11.

If she unmask [1] her beauty to the moon.
Virtue [2] itself scapes not calumnious strokes:
The canker galls the infants of the spring,
40 Too oft before their buttons be disclos'd;
And in the morn and liquid dew of youth
Contagious blastments are most imminent.
Be wary then; best safety lies in fear:
Youth to itself rebels, though none else near.
45   *Oph.* I shall the effect of this good lesson keep,
As watchman [3] to my heart. But, good my brother, [4]
Do not as some ungracious [5] pastor do, [a])
Show me the steep and thorny way to heaven,
Whilst like a puff'd and reckless libertine,
50 Himself the primrose path of dalliance treads,
And recks [6] not his own read.
       Laer.   O! fear me not. [7]
I stay too long — but here my father comes.

a) Q. 2. F. 1. Edit. *Do not, as some ungracious pastors do.*

1) *unmask.* Nares berichtet: *Black masks were frequently worn
by ladies in the time of Sh. and perhaps universally at the theatres.*
Es ist übrigens ausgemacht, dass Damen auch Masken trugen, um ihre
Gesichtsfarbe zart zu erhalten, wofür man heut den Sonnenschirm
braucht. *But since she did neglect her looking-glass, And threw her sun-
expelling mask away, The air hath starved the roses in her cheeks, And
pinch'd the lilly-tincture of her face, And now she is become as black as I.*
Two Gent. Ver. IV. 4. v. 157.   2) *Virtue itself* — ein Gedanke, den Hamlet
später Ophelien ebenfalls zuruft: *Be thou as chaste as ice, as pure as snow,
thou shalt not escape calumny.*   3) *watchman.* Die Warnungen ihres
Bruders befolgt Ophelia mit auffallender Kritiklosigkeit; aber die Rücksicht auf die Familie drängt nur scheinbar in ihr die Pflicht gegen den
Geliebten zurück; später verräth sich des Mädchens Inneres in einem
höchst leidenschaftlichen Ausbruche, der die spätere Zerrüttung ihres
Geistes schon andeutet.   4) *good my brother* s. oben Anm. 8 zu v. 50.
5) *ungracious,* dem die Gnade des Herrn fehlt, verworfen, gottlos. So bei
Spencer. S. Sam. Johnson E. D. Die Construction ist hier zu beachten.
Ich habe kein Bedenken getragen, den Plural *pastors,* wie ihn die bisherigen Herausgeber (auch Dyce 1865) beibehalten, in den Sing. zu verwandeln, und construire: *do not do as some ungracious pastor, show me etc.,*
so dass also das erste *do* eben so gut Hilfsverb zu *do* wie zu *show* ist,
und folgendes *himself* etc. mit dem Vorhergehenden in grammat. Uebereinstimmung bleibt. Der Singular der Q. 1. (1603) *like to a cunning
sophister* rechtfertigt meine Aenderung, in welcher der Gebrauch von
some für den unbestimmten Artikel nicht auffallen kann, wenn man vergleicht: *Every day, some sailor's wife, The masters of some merchant Have
just our theme of woe.*   6) *Recks not* — achtet seines eignen Rathes
nicht. Temp. II. 1. M. III. p. 251.   7) *fear me not,* fürchte nicht für
mich. S. Elze. Das *me* ist Accus. wie in: *I promise you, I fear you;
his physicians fear him mightily. Fear not thy sons; much fear'd by his
physicians.* Dyce, Gl. s. v. *fear.*

Enter Polonius.

A double blessing is a double grace;
Occasion smiles upon a second leave.

   Pol. Yet here, Laertes? aboard, aboard, for shame!   55
The wind sits in the shoulder of your sail,
And you are stay'd for. There, — my blessing with you;
[Laying his hand on Laertes' head.
And these few precepts in thy memory
Look thou character.[1] Give thy thoughts no tongue,
Nor any unproportion'd thought his act.   60
Be thou familiar, but by no means vulgar:
The friends thou hast, and their adoption tried,[2]
Grapple them to thy soul with hoops of steel;[3]
But do not dull[4] thy palm with entertainment
Of each new-hatch'd, unfledg'd comrade.[a]) Beware   65
Of entrance to a quarrel; but, being in,
Bear 't, that the opposed may beware of thee.
Give every man thine ear, but few thy voice;
Take each man's censure, but reserve thy judgment.
Costly thy habit, as thy purse can, buy,[5]   70
But not express'd in fancy; rich, not gaudy.
For the apparel oft proclaims the man;
And they in France, of the best rank and station,
Are of a most[6] select and generous chief,[b])   74

    a) Q. 2. *courage.*   b) Q. 2. f. *cheefe.* FoL *oheff.* Ed. Del. Dyce: *Are most select
and generous, chief in that.* Q. 2. ff. F. *Are of a.*

    1) *Look thou charácter,* Accent noch wie im ital. Subst. *caráttere,*
das engl. Substant. zieht ihn auf die drittletzte Silbe zurück. Ueber den
Accentwechsel der Verba u. Subst. s. Koch I. p. 194.   2) *their adoption
tried* ist absoluter Participialsatz. cf. Young N. Th. 8, 700. *Conscience,
her first law broken, wounded lies* M. III. p. 86.   3) *hoops of steel,* eben
weil Reifen gewöhnlich nicht aus Stahl gemacht werden, ist *hoops of
steel* die richtige Lesart, nicht *hooks* wie Pope wollte, obwohl die Conjectur, wenn man *grapple* u. franz. *grappiner* vergleicht, keineswegs so
verwerflich ist; franz. *grappin* bezeichnet wenigstens eine Vorkehrung zum
Entern; und diese bestand aus mehreren starken Haken.   4) *do not dull*
— mache deine Hand nicht fühllos, so dass sie aufhört Unterschiede zu
machen.   5) *Costly,* constr. *Costly thy habit buy, as thy purse can.*
6) *Are of a most.* — Die ganz auffallende Uebereinstimmung sämmtlicher
alten Drucke im Anfange des Verses verbietet eine Emendation an dieser
Stelle, so sehr sich auch empfiehlt, was Elze, Delius, Dyce bieten: *Are
most select and generous, chief in that.* Mir scheint Collier mit Recht die
alte Lesart beizubehalten, die gar nicht gegen das Metrum ist, wenn man
sich den Vers hinter *generous chief* abgeschlossen denkt; das hinzugefügte
in that macht erst den Quinar zum Senar, und dieses Anhängsel ist
offenbar das allein Verdächtige am Verse, da man doch eher *therein*
erwarten müsste. Mir scheint daher *in that* der Anfang einer folgenden
Zeile zu sein, in der etwa gesagt war: „darin, dass sie sich einfach kleiden."

In that *their show denies extravagance.*[a]
75 Neither a borrower, nor a lender be;
For loan oft loses both itself and friend,
And borrowing dulls the edge of husbandry.
This above all, — to thine[1] own self be true;
And it must follow, as the night the day,
80 Thou canst not then be false to any man.
Farewell; my blessing season this in thee!
  Laer. Most humbly do I take my leave, my lord.
  Pol. The time invests[b][2] you: go, your servants tend.
  Laer. Farewell, Ophelia; and remember well
85 What I have said to you.
  Oph.   'T is in my memory lock'd,
And you yourself shall keep the key[3] of it.
  Laer. Farewell.   [Exit Laertes.
  Pol. What is 't, Ophelia, he hath said to you?
  Oph. So please you,[4] something touching the lord Hamlet.

a) Der Vers fehlt bei sämmtl. Ed. b) Q. 2. f. Elze *invests.* F. 1. Del. Dyce *invites.*

Das *chief* in Verbindung mit *of a* macht durchaus die Stelle nicht unverständlich, wie Delius behauptet, da es Subst., Adject., Adverb, ja sogar
Verbum zugleich ist. So Chaucer C. T. 16693. *I say, he toke out of his
owen sleve A teine of silver (yvel mote he cheve).* So auch bei Mariott.
Miracle Plays p. 122. *Go forth, ylle might thou chefe;* und bei Nares:
faire chieve you. Man hat bisher übersehen, dass das Wort als Substant.
im Altfr. nicht nur Anfang, sondern auch Ende, und im Engl. als
Gegensatz zu *mischief* so viel wie Erfolg oder Glück bedeutet. Daher:
a chief nicht = *au commencement,* sondern = *à la fin,* wie im Rom. de
Tristan. *Quant la royne ot une piece demoré en sa chambre, si com ge vos
di, ele retorne a chief de pièce ou prael,* kehrte sie zuletzt zur Wiese
zurück. S. Bartsch, Altf. Chrest. (1866.) p. 116. 19. So bedeutet auch *de
chief en chief,* von einem Ende zum andern, wie ebendort p. 326: *Je sais
le romans d'Elaine de chief en chief.* Vgl. Burguy 3, 71. Daraus hat sich
die Bedeutung von *achever,* engl. *achieve,* was mit dem obigen Verb *chieve,*
fr. *chevir,* zusammenfällt, entwickelt, und in diesem Sinne ist das Subst.
chief auch in unserer Stelle (cf. *chevisance*) zu nehmen, daher der Gegensatz *mischief,* übles Ende. S. M. I. 384. Die in Frankreich sind von besonderer und adelsmässiger Vollendung darin, dass etc. Das „Geschraubte"
des Ausdrucks kommt natürlich auf Rechnung des Euphuismus. S. meine
Shakfp.-Forschungen I. p. 40. Uebrigens sollen selbstverständlich meine
eingeschobenen Worte nur die metrische Lücke ausfüllen.   1) *thine
own self.* Das letzte Wort ist Subst.   2) Den Ausdruck *invests*
zieht auch Elze dem matteren *invites* vor, was Delius u. Dyce beibehalten.
Invest ist offenbar dem ital. *investire,* feindlich bedrängen, nachgebildet, es ist daher ganz unser deutsches: die Zeit drängt.   3) *the
key.* Ich will die mir gegebenen Lehren so lange im Gedächtniss bewah-
ren, bis es dir belieben wird, mich von der Verpflichtung zu entbinden,
ihnen zu gehorchen.   4) *So please you* — elliptisch für *so it.* Im Unterschiede von *if* erscheint *so* vorzugsweise, wo die Bedingung einschränken-
der Art ist, und einen Vorbehalt ausdrückt, so dass sie sich dem latein.
modo, dum, dummodo (obwohl nicht überall) vergleicht. M. III. 462.

Pol. Marry, well bethought: 　　　　　　　　90
'T is told me, he hath very oft of late
Given private time[1] to you; and you yourself
Have of[2] your audience been most free and bounteous.
If it be so, (as so 't is put on me,
And that in way of caution) I must tell you, 　　　95
You do not understand yourself so clearly,
As it behoves[3] my daughter, and your honour.
What is between you? give me up the truth.[4]
　　Oph. He hath, my lord, of late[5] made many tenders[6]
Of his affection to me. 　　　　　　　　100
　　Pol. Affection? pooh! you speak like a green girl,
Unsifted in such perilous circumstance.
Do you believe his tenders, as you 'call them?
　　Oph. I do not know, my lord, what I should think.
　　Pol. Marry, I 'll teach you: think yourself a baby; 　105
That you have ta'en these tenders for true pay,
Which are not sterling. Tender yourself more dearly;
Or, not to crack the wind of the poor phrase,
Wringing a)[7] it thus, you 'll tender me a fool.

a) Q. 2. *wrong.* F. 1. *roaming.* Collier Del. Dyce *running.* Elze *roaming.*

1) *private time*, vertraute Stunden. 　　2) *free and bounteous* bildet zusammen einen Begriff, daher *of* auf beide zu beziehen ist. S. Henry VIII. II. 1. 126. *Where you are liberal of your loves and counsels.* Mit dem Genitiv stehn ähnliche Verba schon im Nags. *he was geva custi*, an Gaben freigebig. Lag. 4075. S. Koch II. §. 254. M. II. 252. 　　3) *It behoves*, v. ags. *behôfjan (ôde, ôd) indigere. Behôfað etiam impersonaliter usurpatur cum genet. opus est, oportet, interest.* Ettm. Aber schon bei Caedmon bedeutet es *decere.* Bouterw. II. 211. *Þone alvaldan âra biddan þonne behôfað, tunc omnipotentem honorem rogare quem decet.* Ueber *it was put on me* s. M. II. 368. 　　4) *Give me up the truth.* Der präpositionale Gebrauch des Adverbs *up* beginnt schon im Nags. s. Koch II. 362. (§. 428.) 　　5) *Of late.* — Bei Zeitbestimmungen sollte *of* ursprünglich nur die Zeit von dem genannten Zeitpunkte an bezeichnen. Doch ist in der jüngern Sprache die Rücksicht auf den Ausgangspunkt verdunkelt, so dass in solchen Fällen eher auf die Frage „wann"? geantwortet wird. cf. *Various valuable collections of ancient ballad-poetry have appeared of late years.* (Scott. Minstr. 1. 83.) S. M. II. 222 u. Koch II. §. 419. S. I. 5. 61. 　　6) *tenders of his affection.* — Die verschiedene Etymologie giebt Veranlassung zum Wortspiel. 1) *tender*, Verb, v. lat. *tendere*, darreichen, im Sinne von *praebere*, daher bei Cic. *Praesidium clientibus, opem amicis porrigere et tendere.* Daher *to tender one's self, se praebere*; also: „*tender yourself more dearly*," mache dich rar; und „*you will tender me a fool*" — du wirst mich noch närrisch machen. 2) *tender*, Subst. a) von diesem Verb: *offer, proposal to acceptance*, und b) vom lat. *tener*, fr. *tendre*, *kind concern, regard.* Welcher Ableitung in *tenders of his affection* der Vorzug zu geben ist, wage ich nicht zu entscheiden, beide sind möglich. 　　7) Q. 2. hat *wrong*, was gegen Sinn und metrum ist; ich vermuthe, dass *wringing* stand.

110   *Oph.* My lord, he hath importun'd [1] me with love,
In honourable fashion.
    Pol. Ay, fashion you may call it; go to, go to.
    Oph. And hath given countenance [2] to his speech, my lord,
With almost all the holy vows of heaven. a)
115   *Pol.* Ay, springes to catch woodcocks. I do know,
When the blood burns, how prodigal the soul
Lends b) the tongue vows: these blazes, daughter,
Giving more light than heat, — extinct in both,
Even in their promise, as it is a making, [3] —
120 You must not take for fire. From c) this time,
Be somewhat scanter of your maiden presence:
Set your entreatments at a higher rate,
Than a command to parley. For lord Hamlet,
Believe so much in him, that he is young;
125 And with a larger tether may he walk,
Than may be given you. In few, Ophelia,
Do not believe his vows, for they are brokers [4]
Not of that die,d) which their investments show,
But mere implorators of unholy suits,
130 Breathing like sanctified and pious bonds, e) [5]
The better to beguile. This is for all, —
I would not, in plain terms, from this time forth,
Have you so slander any moment leisure, [6]

    a) F. 1. *with all the vows of heaven.*   b) Fol. 1. *gives.*   c) F. 1. *for.*   d) F. 1. *Not of the eye.*   e) Theobald zuerst *bawds;* nach ihm alle Ed. Q. 2 f. F. 1. *bonds.*

    1) *importune*, unter dem Einflusse des Ital., wo *importunare* „mit Ungestüm bitten" bedeutet, hat das Verb seine schlimmere Bedeutung „lästig fallen" zum Theil verloren.   2) *to give countenance*; Inhalt, Begriff (*continere*) ebenfalls dem Ital. *continenza* nachgeahmt.   3) *a making.* Sehr oft findet man das Wörtchen *a*, wo es offenbar nicht Artikel ist, sondern die Stelle einer Präpos. vertritt, die durch zu schnelle Aussprache zu *a* verderbt worden ist. Dies ist besonders der Fall bei *on, of, to, in* und *at*, z. B. *a coming, a going.* S. K. F. C. Wagner, Engl. Sprachl. §. 231, 4. Aufl.   4) *brokers.* Die unsittlichen Voraussetzungen des Polon. rächen sich später an ihm und seiner Familie. S. meine Shakſp.-Forsch. I. p. 86.   5) *bonds*, redend wie heilige und fromme Satzung. Die Adjectiva hätten auf das Verkehrte der Theobaldschen Conjectur aufmerksam machen sollen.   6) *any moment leisure.* Dieses Appositionsverhältniss (wie im Deutschen: eine Art Schilf, eine Stunde Zeit, ein Augenblick Musse) hat ursprünglich ein genitivisches verdrängt; so gut man Alte. *a peyre hose*, und Me. *What maner stone, a pound sterling* sagen konnte, ebenso lässt sich obige Fassung, die alle älteren Drucke aufweisen, rechtfertigen. Etwas Analoges könnte man im Gebrauch vom lateinischen *genus* finden, in Stellen wie: *aves omne genus, aliquid id genus scribere* u. s. w. —

As to give words,[1] or talk with the lord Hamlet.
Look to 't, I charge you; come your ways.[2]
   Oph. I shall obey, my lord.   [Exeunt.

SCENE IV.

The Platform.

Enter Hamlet, Horatio, and Marcellus.

Ham. The air bites shrewdly; it is very cold.[a])
Hor. It is a nipping and an eager air.
Ham. What hour now?[3]
Hor.   I think, it lacks of twelve.
Mar. No, it is struck.
Hor. Indeed? I heard it not: it then draws near the season,[4]   5
Wherein the spirit held his wont to walk. •
    [A flourish of trumpets, and ordnance shot off,[b]) within.
What does this mean, my lord?
   Ham. The king doth wake to-night, and takes his rouse,[5]
Keeps wassel,[6] and the swaggering up-spring reels;
And as he drains his draughts of Rhenish down,   10
The kettle-drum and trumpet thus bray out
The triumph of his pledge.[7]
   Hor.   Is it a custom?
   Ham. Ay, marry, is 't:
But[c]) to my mind, — though I am native here,

---

a) F. 1. *Is it very cold?*   b) So die Ed. — Q. 2. *a Flourish of trumpets and two pieces go off.*   c) F. 1. *And.*

1) *to give words* Bestellungen, Verabredungen treffen, eigentl. Nachricht geben.   2) *your ways.* Das Subst. ursprünglich im Genit., wie *come a little this ways.* S. Merry W. W. II. 2. 46. M. I. 380.   3) *what hour now?* Elliptisches Prädicat, worüber man vergleiche M. II. p. 44. *it is struck*, es ist vorbei, durch. Sc. 1. 7.   4) *season.* Man erinnere sich, dass *season* ursprünglich = καιρός ist. S. Diez II. 394. Ueber die Bühnenweisung berichtet Delius, dass die F. 1. f. gar keine, Q. 1. nur die Worte: *sound trumpets* aufweist. Aus den Worten der Qs. *Flourish of trumpets, and two pieces go off* hat man später die allgemein angenommene hergestellt.   5) *rouse*, altn. rôs, Becher s. Sc. 2. 127.   6) *wassel*, ags. vas-ealu, vôs-ealu, Bierschwelg. cf. Adj. ealovôsa, v. vasan pollere, cerevisia pollens, ebrius; Ettm. p. 9. *upspring*, cf. altfr. *espringuer*, tanzen. S. meine Shakſp.-Forschungen I. p. 87.   7) *pledge.* Altgermanische und mittelalterliche Trinkgelage hatten ihr ganz bestimmtes Ceremoniell, das sich noch als Comment auf Hochschulen erhalten hat. Das Vortrinken einer bestimmten Quantität, die ein Anderer nachzutrinken verpflichtet war, kam einer Wette gleich, die der Verlierer mit einer Strafe zu büssen hatte, während dem Gewinner (hier unter Pauken und Trompetenschall) zugejauchzt wurde. Auf das hohe Alterthum dieser Bräuche lässt sich aus der jüngern Edda schliessen, wo Utgardloki den Thor zum Wettspiel im Trinken veranlasst. (S. Simr. 3. Ausg. p. 312 ff. *Gylfaginning*

15 And to the manner born, — it is a custom
   More honour'd in the breach than the observance. [1]
   This heavy - headed revel, [a]) [2] east and west
   Makes us traduc'd and tax'd of [3] other nations:
   They clepe [4] us drunkards, and with swinish phrase [5]
20 Soil our addition; [6] and, indeed, it takes
   From our achievements, though perform'd at height,
   The pith and marrow of our attribute. [7]
   So, oft it chances in particular men,
   That for some vicious mole [8] of nature in them,
25 As in their birth, (wherein they are not guilty,
   Since nature [9] cannot choose his origin)
   By their o'ergrowth of some complexion, [10]
   Oft breaking down the pales and forts of reason;
   Or by some habit, [11] that too much o'er - leavens
30 The form of plausive manners; — that these men, —

a) F. 1. (u. Q. 1.) fehlt *This heavy - headed revel — his own scandal.*

46.) Gab es vielleicht ein ags. *plëgge* neben *plëga*, engl. *play.* (s. Ettm. 274.)
oder ist *pledge = pliht, periculum?*   1) Die Construction der folgenden
22 Zeilen ist anscheinend eine sehr nachlässige, doch nicht ohne ganz
eigenthümlich dramatische Wirkung, wenn man die Zerstreuung in An-
schlag bringt, in der Hamlet sich in dem Augenblicke befinden muss, in
welchem er den Geist seines Vaters erwartet.   2) Ist *heavy - headed
revel* Subj. zu *makes*, so sind die Worte *east* und *west* natürlich adverbial
zu fassen.   3) *tax'd of.* Der Urheber, d. h. die Person, von welcher
die Thätigkeit ausgeht, wird noch im Neuengl. häufig mit *of* an Passiva
angefügt, während im Allgemeinen in der neueren Sprache *by* diese Stelle
einnimmt. Cf. Sc. 1. 25. *This dreaded sight twice seen of us.* S. M. II.
p. 235 f.   4) Ueber *clepe* s. Chaucer C. T. 4611. *Paraventure in thilke
large book, Which that men clepe the heaven* etc.   5) *swinish phrase*, s. m.
Shakfp. - Forschungen I., p. 59.   6) *addition* ist eigentlich ein Rechtsausdruck für den ererbten Titel, den Jemand ausser seinem Tauf-
und Familiennamen trägt. Hier also bildlich, wie wenn man etwa ver-
gleichend von *archduke* sagen würde: *archdrunkard.* S. Sam. Johns. Engl.
Dict. s. v. addition 4.   7) *attribute*, für *honor, reputation*, vielleicht in
dem Sinn: *id quod alicui attribuendum est vel attribuitur.*   8) *mole* —
s. m. Nachklänge german. Mythe p. 16.   9) *nature — his origin. His*
war im Alte. das zueignende Fürwort, welches auf die dritte Person
männl. und sächl. Geschlechts bezogen wurde. Das auf das Neutrum
bezogene *its* (oft auch *it's* geschrieben), das Spenser noch nicht kennt,
bildet sich zu Sh's Zeit, bei dem es aber selten vorkömmt. M. I. 287.
10) *complexion* im Sinne des ital. *complessione*, also physiologisch zu fassen,
wie bei Sh. die Trunksucht von der Leber (die weisse Leber des Sir
John), Sanftmuth vom Mangel an Galle, geschlechtliche Neigung aus der
Blutmenge u. s. w. hergeleitet wird.   11) *habit — plausive manners.*
Den Gegensatz zwischen äusserlicher, bewusstloser Angewöhnung, und der
ins Bewusstsein aufgenommenen, dem Character eingefügten guten oder
schlechten Sitte, hebt Sh. auch später noch Act III. 4. hervor: *That
monster, custom, who all sense doth eat of habits evil.* So steht an anderer
Stelle *custom* dem *wont* entgegen. S. Sc. 2. 78. Die unproportionirte

Carrying, I say, the stamp of one defect,[a]
Being nature's livery, or fortune's star, —
(His [b])[1] virtues else, be they as pure as grace,
As infinite as man may undergo,)
Shall in the general censure take corruption   35
From that particular fault; the dram of evil[c]
Doth all the noble substance of a doubt[d])[2]
To his own scandal.

Enter Ghost.

Hor.   Look, my lord! it comes.
Ham.   Angels and ministers[3] of grace defend us!
Be thou a spirit of health, or goblin damn'd,   40
Bring with thee airs from heaven, or blasts from hell,
Be thy intents[e] wicked, or charitable,
Thou com'st in such a questionable[4] shape,
That I will speak to thee. I 'll call thee, Hamlet,
King, father, royal Dane: O! answer me: [f]   45
Let me not burst in ignorance; but tell,
Why thy canoniz'd bones, hearsed in death,
Have burst their cerements?[5] why the sepulchre,
Wherein we saw thee quietly interr'd,[g]
Hath op'd his ponderous and marble jaws,   50
To cast the up again? What may this mean,

a) Bei Del. u. Elze fehlt das Komma.   b) Sämmtl. Ed. ohne Parenth. u. nach
Theob. *their* für *his*. c) Q. 2. *eale* offenbar für *evil*. Elze *ill*, Del. *bale*. d) Elze im
Athenaeum *often daub*. Dyce *debase*. Del. *off and out*. Q. 2. *of a doubt*.   e) F. 1.
events.   f) F. 1. O, o, o, *ans*.   g) F. 1. u. Del. *inurn'd*.

oder defective Mischung der Complexionen konnte nach der mittelalterlichen
Medicin zweierlei Ursachen haben — sie konnte durch die Erzeugung von
der physischen Beschaffenheit des Elternpaares herrühren, dann war sie
nature's livery, oder der Einfluss der Gestirne hatte sie zu Wege gebracht,
dann war der Fehler *fortune's star*. S. darüber meine Shakſp.-Forschungen
I. p. 44. u. II. (Nachklänge german. Mythe) p. 12. ff.   1) *His virtues*.
Die Verbesserung in *their* scheint nach dem Vorhergehenden zwar
grammatisch richtig, indessen übersieht man, dass in der älteren
Sprache *his* steht, wo wir heut *one's* setzen, die Veränderung also, wie
sie Theobald gemacht hat und von den späteren Editoren gut geheissen
wurde, von der Grammatik nicht unbedingt verlangt war. Man vergleiche
Marc. 12, 33. *To love his neighbour as himself is more than all burnt
offerings*. Koch II. §. 318. So deutsch: Seinen Mitmenschen zu lieben
ist Pflicht. Das Folgende *to his own scandal* ist ebenso zu erklären.
2) *Doth* ist im Sinne von *makes* (Koch II. 21.) und *of a doubt* als
Genitiv der Eigenschaft zu fassen.   3) *Angels and ministers* etc. Die
Phrase entspricht unserer Beschwörungsformel: Alle guten Geister loben
Gott den Herrn.   4) *questionable*, fragenswürdig, verwendet der Dichter
hier freier, als der Gebrauch in den romanischen Sprachen es gestattet,
der dem Worte (*it. questionevole*) nur die Bedeutung „streitig" vindicirt.
5) *cerement = cerecloth* von *cera*, *clothes dipped in melted wax*, *with
which dead bodies were infolded*. Sam. Johns. E. D.

That thou, dead corse, again, in complete steel,
Revisit'st a) [1] thus the glimpses of the moon,
Making night hideous; and we fools of nature,
55 So horridly do [2] shake b) our disposition,
With thoughts beyond the reaches of our souls?
Say, why is this? wherefore? what should we do?

              [The Ghost beckons Hamlet.

    Hor. It beckons [3] you to go away with it,
As if it some impartment did desire
60 To you alone.
    Mar.   Look, with what courteous action
It waves c) you to a more removed ground:
But do not go with it.
    Hor.   No, by no means.
    Ham. It will not speak; then I will d) follow it.
    Hor. Do not, my lord.
    Ham.   Why, what should be the fear?
65 I do not set my life at a pin's fee; [4]
And, for my soul, what can it do to that,
Being a thing immortal as e) itself?
It waves me forth again: — I 'll follow it.
    Hor. What, if [5] it tempt you toward the flood, my lord,
70 Or to the dreadful summit f) of the cliff,
That beetles o'er his base into the sea,
And there assume some other horrible form
Which might deprive [6] your sovereignty of reason
And draw you into madness? think of it:

a) Qs. *revisites*, Fs. *revisits.*   b) Edit. *to shake.*   c) F. 1. *wafts.*   d) F. 1.
Q. 1. *will I.*   e) St. R. Ms. C. *like itself.*   f) Q. 2. *somnet* — verdruckt. F. 1. *sonnet.*

1) *revisit'st.* Ueber die Vernachlässigung des Schluss *t* der 2. p. *sing.*
die namentlich den nordengl. Dialecten eigen ist, s. M. I. p. 321. und
meine Shakfp.-Forschungen I. p. 13.   2) *do shake* — ich trage kein
Bedenken, das bisherige *to* in *do* zu verwandeln, obwohl ich gern zugebe,
dass sich der verkürzte Infinitivsatz mit *to* hier vertheidigen liesse. Indessen verlangt die Wiederaufnahme der Frage *What may this mean?* durch
die Worte: *Why is this?* und der Nominativ *we*, doch zu gebieterisch
einen festen grammatischen Zusammenhang des Vorhergehenden, als dass
die leichte Aenderung bedenklich scheinen könnte.   3) *beckons.* Die Formen
sind: *beck, becken* u. *beckon.* S. p. 5. Anm. 3.   4) *at a pin's fee.* Die Bemessung
des Preises oder Werthes, so wie überhaupt der Höhe eines Quantum,
wird bei Verben wie kaufen, verkaufen, schätzen u. dergl. durch *at* angedeutet. So in Rich. C. de L. 3,803. *Richard sette him and hys at so
lytyl prys.* Und in Townly Myst. p. 29. *Thi fellowship Set I not at a pyn.*
Weiteres s. bei M. II. p. 391.   5) *What, if* — ist hier nicht in dem
von M. III. 476 besprochenen Sinne gebraucht, sondern *what* erscheint als
elliptischer Fragesatz. M. II. 50.   6) *deprive* mit doppelter Constr.
d. a thing und *d. a person of a thing* findet sich vielfach wie ähnliche
Verben bei Sh. M. II. 224.

The very [a]) place puts toys of desperation, [1] 75
Without more motive, into every brain
That looks so many fathoms to the sea,
And hears it roar beneath.[2]
    Ham. It waves me still: — Go on, I 'll follow thee.
    Mar. You shall not go, my lord. 80
    Ham.   Hold off your hands.
    Hor. Be rul'd: you shall not go.
    Ham.   My fate [3] cries out,
And makes each petty artery in this body
As hardy as the Nemean [4] lion's nerve.   [Ghost beckons.
Still am I call'd. — Unhand me, gentlemen, —
                          [Breaking from them.
By heaven, I 'll make a ghost [5] of him that lets [6] me: — 85
I say, away! — Go on, I 'll follow thee.
                   [Exeunt Ghost and H a m l e t.
    Hor. He waxes desperate [7] with imagination.
    Mar. Let 's follow; 't is not fit thus to obey him.
    Hor. Have after. [8] — To what issue will this come?
    Mar. Something is rotten in the state of Denmark. 90
    Hor. Heaven will direct it. [9]
    Mar.   Nay, let 's follow him.
                         [Exeunt.

a) *The very — roar beneath* fehlt in F. 1. und in Q. 1. bis *hands.*

1) *toys of desperation* sind nach Del. Grillen, die wahnsinnig machen
können, oder dem Wahnsinn angehören; ähnlich oben *toys in blood,* Launen
die dem Blute eigen sind. S. auch die Beispiele bei Elze p. 137.
2) *The very place — beneath* fehlt in F. 1. u. Q. 1., ein Beweis mehr,
dass beiden Editionen eine gemeinsame Bearbeitung ursprünglich zu Grunde
lag.   3) Dies Bild ist von dem jeden Menschen begleitenden Genius
gebraucht, dessen Ruf der Sterbliche vor seinem Ende vernimmt. S. m.
Shakfp.-Forschungen II. Neue Nachträge p. 143.   4) In Betreff dieses
Wortes hält sich Sh. (Love's L. L. IV. 1.) an den griech. Accent in $N\acute{\varepsilon}\mu\varepsilon o\varsigma$
($\tau\grave{\alpha}$ $N\acute{\varepsilon}\mu\varepsilon\alpha$ scil. $\iota\varepsilon\varrho\acute{\alpha}$).   5) Ein Verstorbener wird schlechthin mit
„*ghost*“ bezeichnet. S. Shakfp.-Forsch. II. p. 75.   6) Vom ags. *letjan,
lettan,* hindern; während *to let* von *laetan* abzuleiten ist. S. Ettm. *Litan,
laetan,* p. 168.   7) *desperate,* wie im Ital. *un disperato,* ein R a s e n d e r,
Unbändiger.   8) *Have after.* Ueber Auslassung des Subj. s. M. II. 27.
cf. *Drink, gentlemen, make free!* (Sher. Knowles, Hunchback I. 1.)
9) *Heaven will direct it* deutet bereits auf den Ausgang, der obwohl tragisch
für das h e r r s c h e n d e Königsgeschlecht, doch durch die Fügung des
Himmels im Ganzen und Grossen für D ä n e m a r k ein günstiger ist, da
der bereits erwähnte ritterliche Fortinbras das sinkende Ruder des Staates
mit fester Hand ergreift.

SCENE V.

A Wilderness. a) 1

Enter Ghost and Hamlet.

Ham. Whither[b]) wilt thou lead me? speak, I 'll go no further.
Ghost. Mark me.
Ham. · I will.
Ghost. My hour is almost come,
When I to sulphurous and tormenting flames [2]
Must render up myself. ·
Ham. Alas, poor ghost!
5 *Ghost.* Pity me not; but lend thy serious hearing
To what I shall unfold.
Ham. Speak, I am bound [3] to hear.
Ghost. So art thou to revenge, when thou shalt hear.
Ham. What? [4]
Ghost. I am thy father's spirit;
10 Doom'd for a certain term to walk the night,
And for the day confined fast [5] in fires, c)
Till the foul crimes, done in my days of nature,

a) Sämmtl. Ed. *A more remote part of the Platform.* b) F. 1. *Where.* c) M.
C. *lasting*, Q. 1. *Confined in flaming*; Elze, Del. *confin'd to fast.*

1) Die Bühnenweisung *The same.' A more remote part of the platform,*
wie sie auch Dyce giebt, kann nicht richtig sein, da Hamlet schon sehr weit
gegangen sein muss, weil er sich weigert, weiter zu gehn. Auch zeigt
die Frage des Prinzen: *Whither wilt thou lead me?* dass ihm trotz seines
Muthes, zu grauen anfängt. Da der Geist am Ende der Scene unter
der Erde hervorspricht, so darf man schliessen, dass die Stelle gemeint
sei, wo sich der Ort seiner Qual befindet. Ich habe deshalb die übliche
Ortsbezeichnung unbedenklich geändert. S. Delius p. 41.   2) Die meisten
Ausleger, unter ihnen auch Dyce (VII. p. 219), übersehen, dass der fromme
und wackere König nach unserem Dafürhalten nicht zur Hölle ver-
dammt sein kann, sondern dass er nach der Lehre der alten Kirche nur
die Reinigung des Fegefeuers, der jede Seele unterworfen wird, durchzu-
machen hat. S. m. Shakſp.-Forsch. 1. p. 219.   3) *bound.* Das *d* ist, wie
nach *n* häufig, unorganisch: im ‚Cursus o werld‘ steht *bon*, bei Chaucer
boun C. T. 11,807. *As she was boun to go the way forthright;* Pierce
Ploughman: *And bade them all to be bowne,* d. i. *ready.* Der Ausdruck ist
anglodänisch, und entspricht genau altnordischem *búinn,* bereit, fertig.
Vom ags. *búan,* part. *gebún, paratus,* ist das Wort kaum direct herzuleiten. — Der Geist fasst es als part. praet. von *to bind* in dem Sinne
von verpflichtet auf.   4) *What,* elliptisches Prädicat. S. M. II. 44.
5) Da der König nur Qualen des Purgatoriums erduldet, sind 1) *lasting
fires* nicht am Orte; ebensowenig aber scheint *to fast in f.* richtig zu sein,
da der alte König doch. ausserhalb seines *prison-house* umherwandelt und
seinen Hunger stillen könnte. Offenbar hat als richtiger Gegensatz zu
walk gestanden: *confined fast in fires,* wie es auch in den Text aufgenommen wurde. Was Dyce anführt, passt alles nur zur Hölle.

Are burnt and purg'd away. But that[1] I am forbid
To tell the secrets of my prison-house,
I could a tale unfold, whose lightest word   15
Would harrow[2] up thy soul, freeze thy young blood,
Make thy two eyes, like stars, start from their spheres,
Thy knotted and combined locks to part,
And each particular hair to stand an-end,
Like quills upon the fearful[3] porpentine;[a])   20
But this eternal blazon[4] must not be
To ears of flesh and blood. — List, list,[b]) O list! —
If thou didst ever thy dear father love, —
    Ham. O God!
    Ghost. Revenge his foul and most unnatural murder.[5]   25
    Ham. Murder?
    Ghost. Yea, murder in the high'st degree[c])
As in the least 't is bad, but this most foul
Strange, and unnatural.
    Ham. Haste[6 d]) me to know 't, that I, with wings as swift
As meditation, or the thoughts of love,   30
May sweep to my revenge.
    Ghost.   I find thee apt;
And duller shouldst thou be than the fat weed[7]
That roots[e]) itself in ease on Lethe wharf,

a) So d. Qs. — F. 1. Q. 1. *fretful.* So Elze, Delius, Dyce, Edit. b) F. 1. *List,
Hamlet, list.*   c) Ed. *Murder most foul, as in the best it is, But this most foul strange
and unnatural.*   d) Fol. 1. *Haste, haste.*   e) F. 1. *rots,* so Del.

1) *But that == nisi quod*, s. M. III. 468.   2) *harrow up* wie oben:
it harrows me. Sc. 1. 44.   3) *porpentine*, andere Formen: *porkpen*, *porpin*,
porkpoint, sämmtlich aus *porcus spinosus* entstanden; s. Ed. Mueller II.
p. 197. *fearful* steht transitiv für *dreadful*. Man stellte sich vor, das
Thier schiesse auf seine Feinde die spitzen Stacheln ab.   4) *Blazon* ist
die heraldische Erklärung der Wappensymbole, also wie Schlegel will:
Offenbarung. S. Diez II. p. 71. s. v. *blasone*, u. Ed. Mueller I. p. 88.
5) *murder*. Die bisher überlieferte Lesart erweist sich als verderbt 1) durch
die Tautologie: *Murder most foul — but this most foul;* 2) durch die adverbiale Bestimmung *in the best*, die keinen Sinn giebt, und nicht einmal
englisch ist. Darum ist die in den Text aufgenommene Lesart der Q. 1.
ihrer Einfachheit und Deutlichkeit wegen allen andern vorzuziehen. Man
vergleiche damit Rich. III. V. 3. *Perjury, perjury, in the high'st degree;
Murder, stern murder in the dir'st degree, All several sins, all us'd in each
degree.*   6) *Haste me to know it that.* Nach altgermanischen Begriffen
duldet die Blutrache keinen Aufschub. S. m. Shakſp.-Forsch. I. p. 103.
7) Von einem Kraute, das an dem bei den Griechen seltener erwähnten,
von den römischen Dichtern weiter ausgeführten Fluss Lethe Wurzel
schlägt, erzählen die Alten Nichts, wenngleich die *stagna Lethaea*
der Römer die Vorstellung wuchernder Sumpfgewächse leicht erwecken.
Dachte der Dichter jedoch an eine wirkliche **Pflanze**, so konnte
es nur die Affodillwurz mit ihren zahlreichen Knollen sein, wie sie
wuchernd die Asphodelus-Wiese in der Unterwelt bedeckt. Lucian,

Wouldst thou not stir in this: now, Hamlet, hear.
35 'T is given out, that sleeping in mine orchard,[1]
A serpent stung me; so the whole ear of Denmark
Is by a forged process of my death
Rankly abus'd; but know, thou noble youth,
The serpent that did sting thy father's life
40 Now wears his crown.
  Ham. O, my prophetic soul!
Mine uncle!
  Ghost. Ay, that incestuous, that adulterate beast,
With witchcraft of his wit,[a]) with[b]) traitorous gifts,
45 (O wicked wit, and gifts, that have the power
So to seduce!) won to his shameful lust
The will of my most seeming-virtuous queen.
O, Hamlet, what a falling-off was there!
From me, whose love was of that dignity,
That it went hand in hand[2] even with the vow
50 I made to her in marriage; and to decline
Upon a wretch, whose natural gifts were poor
To those of mine!
But virtue, as it never will be mov'd,
Though lewdness court it in a shape of heaven,
55 So lust, though to a radiant angel link'd,
Will sort[c])[3] itself in a celestial bed,
And prey on garbage.

a) Q. 2. f. F. 1. f. *wits*, Del. *wit*. b) F. 1. verdruckt: *hath*. c) So Q. 2. f.
F. 1. *sate*.

περὶ πένϑους 5 bringt die Pflanze in folgender Weise mit dem Lethe-
trank in Verbindung: περαιωϑέντας δὲ τὴν λίμνην ἐς τὸ εἴσω, λειμὼν
ὑποδέχεται μέγας, τῷ ἀσφοδέλῳ κατάφυτος, καὶ ποτὸν μνήμης
πολέμιον. — Ueber den mangelnden Artikel bei Flussnamen berichten
M. III, 161 u. Koch II. §. 169. In Betreff der Genitiv-Form ohne *s* ist
zu beachten, dass sich die engl. Sprache lange gegen die Annahme des *s*
bei Femininis sträubte. Cf. Rob. of Gl. I. p. 26. *The quene fader.* ib. 47.
Þe entrede in at Temse mouth. p. 85. *Þi kynde lond* etc. S. M. I. 236.
Der Hinzufügung der Genitiv *s*, namentlich an Flussnamen, hat sich die
Kritik entschieden zu enthalten. 1) *orchard* (*ortzerd*) entstand aus ags.
vyrtgeard. 2) *went hand in hand*, sein Leben wich in keinem Punkte von
dem bei der Trauung geleisteten Gelübde ab. 3) *sate* oder *sort?* Offenbar giebt die Lesart der Q. 2. f. (*sort*) einen guten Sinn, auch ohne dass
für „*in*“ „*from*“ gelesen wird. Selbst in einem himmlischen Bett wird
Wollust sich absondern u. s. w. Dass auf „Absondern“ der Nachdruck
liegt, zeigt ausser *link'd* auch folgendes *prey*. Wenn deutsche Erklärer
jenem *sate* für *sort* den Vorzug geben, so ist dies weniger zu verwundern;
aber die Engländer, denen die enorme Breite ihrer fast quadratischen
Betten an der Stelle vorschweben musste, hätten sich bei dem „Absondern
im Bett“ die richtige Vorstellung machen sollen. *Sate itself* lässt sich
mit *prey on garbage* auch physiologisch gar nicht rechtfertigen.

But, soft! methinks, I scent the morning air:
Brief let me be. — Sleeping within mine orchard,
My custom always of [a]) the afternoon [1]　　　　　　　60
Upon my secure hour thy uncle stole, [2]
With juice [3] of cursed heben [b]) in a phial,
And in the porches of mine ears did pour
The leperous [4] distilment; whose effect
Holds such an enmity with blood of man, [5]　　　　　65
That, swift as quicksilver, it courses through
The natural gates and alleys of the body;
And with a sudden vigour it doth posset, [c]) [6]
And curd, [7] like eager [d]) droppings into milk,
The thin and wholesome blood: so did it mine;　　　70
And a most instant tetter [8] bark'd [e]) about,
Most lazar-like, with vile and loathsome crust
All my smooth body.

a) Q. 1. F. 1. Elze, Del., Dyce. Edit. *in the a.*　　b) F. 1. Edit. *hebenon.*　　c) Q. 2. f.
possess.　　d) F. 1. *Ayyre.*　　e) F. 1. *bak'd.*

1) *of the afternoon* der Qs. ist durchaus keiner Verbesserung bedürftig,
denn „*of*" bei Zeitbestimmungen antwortet häufig auf die Frage „wann?"
cf. *Even my uncle reads Gwillym sometimes of a winter night.* R. Roy. 10.
M. II. 223.　　2) *stole upon.* Sehr häufig wird *on*, *upon*, auf die Vorstellung einer Bewegung bezogen, welche auf einen Gegenstand gerichtet
ist oder ihn erreicht. So schon in der Sachsen-Chronik: *Uppon pone eorl
to Norð-hymbran fôr* (1095) *com hungur on Bryttas* (Bed. 1. 14.) Koch II.
§. 422. M. II. p. 364.　　3) Nicht der Saft des Eibenholzes, sondern
das aus den Blättern und Beeren der taxus baccata L. bereitete Decoct
wirkt giftig auf Menschen und Vieh. Q. 1. liest *hebona* und mit ihr die
anderen Qs., was nur eine irrthümliche Umstellung des span. ital. *ebano*
(*hebano*), fr. *ébène*, lat. *ebenus* und *hebenus*, sein kann. Im Griechischen
findet sich das Wort in zwei Formen: ἔβενος und ἐβένη. Theophr. h. pl.
4, 4, 6 u. 5, 3, 2. In den germanisch. Mundarten ist es *ív*, ne. *yew*, an. *ÿ*,
ahd. *iba* (?), fris. *íf*. — Die vom Dichter geschilderte Wirkung des Eiben-
saftes stimmt wohl nicht mit der Erfahrung überein. Die Herausgeber
liessen unbeachtet, dass die in der F. 1. überlieferte, auch von Dyce aufgenommene Lesart *hebenon* (woraus man wieder *henbane*, *Hyosciamus niger*
machte, s. Schlegel's Uebers.) metrisch eine Silbe zu viel giebt. Wahrscheinlich ist die Endung *on* durch folgendes *in* veranlasst worden, so
dass zu vermuthen ist, an der Stelle habe *heben*, die etymologisch einzig
richtige Form des Wortes, gestanden, für die man wohl auch fälschlich
hebon schrieb. S. Elze p. 140. M. I. p. 173.　　4) *leperous.* Das Suffix
ous, *ose*, altfr. *os*, *ous*. lat. *osus*, das Behaftung oder Erfülltsein· mit dem,
was der Stamm bezeichnet, ausdrückt, tritt namentlich in Neubildungen
sehr oft an die Stelle anderer Suffixe, wobei das Charakteristische seiner
ursprünglichen Bedeutung oft ganz verloren geht. In unserem Falle wirkt
die Umwandlung auf das alte Adject. *leprosus* zurück, da es hier auf die
den Aussatz als *vis efficiens* enthaltende Flüssigkeit bezogen wird.
5) *blood of man*, allgemein: Blut des Menschen, daher ohne Artikel.
6) *posset*, vom lat. *posca*, it. *posca*, sp. *poso*, fr. *posset*.　　7) *curd*, ags.
cyrin, *cyren*, *cêren*, dickgekochter Most.　　8) *tetter*, v. ags. *tëter*, *impetigo.*

Thus was I, sleeping, by a brother's [1] hand,
75 Of life, of crown, of queen a) at once dispatch'd: [2]
Cut off even in the blossoms of my sin,
Unhousel'd, [3] disappointed, [4] unanel'd; [5]
No reckoning made, but sent to my account
With all my imperfections on my head:
80 O, horrible! O, horrible! most horrible!
If thou hast nature in thee, bear it not;
Let not the royal bed of Denmark be
A couch for luxury [6] and damned incest.
But, howsoever thou pursuest this act,
85 Taint not thy mind, [7] nor let thy soul contrive
Against thy mother aught: leave her to heaven,
And to those thorns that in her bosom lodge,
To prick and sting her. Fare thee well at once.
The glow-worm shows the matin to be near,
90 And gins [8] to pale [9] his uneffectual fire:
Adieu, adieu, adieu, b) remember me.   [Exit.

a) So Q. 2. f. ebenso Elze u. Dyce\F. 1. Del. *and queen.* b) F. 1. *Adieu, adieu! Hamlet.*

1) Die brüderlichen Blutsbande waren der heidnisch-germanischen Tugend das Heiligste der Menschheit, der selbst die Liebe zum Gatten, ja zum Kinde geopfert wird. Simr. p. 147. Das Grauenvolle, Unnatürliche des berichteten Mordes geht daher über Hamlets Fassungsvermögen; er muss bei ruhiger Ueberlegung, wie bereit er auch anfangs zur Rache ist, sich Bürgschaften für die Wahrheit des Berichts verschaffen. Neben Meuchelmord war Ehebruch unter den Germanen als schwerstes Verbrechen angesehen. Simr. p. 148.   2) *dispatch* wird hier im Sinne des ital. *dispacciare*, losmachen, gebraucht, drückt also hier „trennen, berauben" aus. S. Diez I. 300. s. v. *pacciare.*   3) *unhousel'd*, v. lat. *hostiola*, ags. *hûsljan*, *eucharistiam celebrare.* Ettm. p. 469.   4) Ital. *appuntato*, völlig abgeschlossen von einer kaufmännischen Rechnung; hier also *disappointed* das Gegentheil davon.   5) *aneled* für *anointed* (*unctus*) kommt auch bei andern Schriftstellern vor. Mort d'Arthur III. c. 175 heisst es: *So when he was houseled and aneled and had all that Christian man ought to have.* Nares s. v. *aneled* und *unaneled.*   6) *luxury*, ganz im Sinne des ital. *lussuria*, Geilheit, Unzucht.   7) Hamlets Rachegelübde beginnt mit den Worten: *Yea from the table* und endigt mit: *yes, by heaven.* Am Schlusse seiner Rede zeigt er mit den Worten: „*I have sworn it*" deutlich, dass er sein Gelübde im altgermanischen Sinne auffasst, doch ist nicht zu übersehen, dass die Forderung des Geistes selbst: *But howsoever thou pursuest this act, Taint not thy mind, nor let thy soul contrive Against thy mother aught* Hamlet's Thätigkeit vom nächsten Ziele ab in die Sphäre der Reflexion lenkt.   8) *gins* von *gin*, ags. *ginnan*, erscheint später auch als partic. praet. *gun; my joys will ne'er be gun.* IV. 3. 70.   9) *pale*, hier transitiv. Aehnlich werden intransitive Verben im Fr. bisweilen transitiv, wie z. B. *sortir*, herausgehen und herausführen, *descendre*, herabsteigen und aussetzen, Engl. *to sit a horse, walk the waters, swim the sea, fight the powers* u. s. w. Koch II. §. 9. M. I. p. 312.

Ham. O, all you host of heaven! O earth! What else?
And [1] shall I couple hell? O fie! — Hold, hold, my heart;
And you, my sinews, grow not instant [2] old,
But bear me stiffly up! [a]) — Remember thee?   95
Ay, thou poor ghost, while memory holds a seat
In this distracted globe. Remember thee?
Yea, from the table of my memory
I 'll wipe away all trivial fond records,
All saws [3] of books, all forms, all pressures past,   100
That youth and observation copied there,
And thy commandment all alone shall live
Within the book and volume of my brain, [4]
Unmix'd with baser matter: yes, [b]) by heaven.
O, most pernicious woman!   105
O villain, villain, smiling, damned villain!
My tables, [c]) [5] — meet it is, I set it down,
That one may smile, and smile, and be a villain;
At least, I am sure, it may be so in Denmark: [Writing.
So, uncle, there you are. Now to my word; [6]   110
It is, „Adieu, adieu! remember me."
I have sworn 't.
    Hor. [*Within.*] My lord! my lord!
    Mar. [*Within.*]   Lord Hamlet!
    Hor. [*Within.*]   Heaven secure him!
    Ham. [d]) So be it! [7]

    a) Q. 2. *swiftly.*   b) F. 1. *yes, yes, by h.*   c) F. 1. *My tables, my tables!*
d) Q. 2. f. *Haml. So* etc. F. 1. **Marc.**

    1) *And shall I — and* dient häufig zur Verbindung von Gegensätzen
God made the country and man made the town. Cowp. p. 182. S. M. III. 343.
2) *instant*, eigentl. Adj., hier adverbial. Im Altfr. wurden neutrale Adjectiva
ähnlich gebraucht. So: *monstrous, round, plain, false (faux* noch heut
z. B. *chanter faux*). S. M. I. p. 384.   3) *saw's of books*, in Liedern
der Zeit Eduards I. *saw*, nachher bei Chaucer *sawe*, so viel wie *a proverb
or wise saying.* C. T. v. 1528. *Ful litel wote Arcite of his felaw, That was
so neigh to herken of his saw.* 16159. *he gan so nigh him drawe To his
yeman, to herken all his sawe.* 6242. *I sette not an hawe Of his proverbes,
ne of his olde sawe.* Sh. gebraucht das Wort noch **vielfach.** S. Dyce,
Gloss.   4) *book and volume of my brain*, wie er oben sagt: *from the table
of my memory.* Das Bild ist antik. Schon Aeschylus braucht es im Pro-
metheus v. 789 u. darnach wohl Sophokles u. Euripides.   5) *My tables!*
Mein Notizbuch! es passt zu seinem vorwiegend geistigen Wesen, dass er
den Einfall: Einer könne immerfort lächeln und doch ein Schurke sein,
notiren will.   6) *to my word = order*, s. Del. Anm. 33.   7) *So be it.*
Diese Worte legen die Qs. dem Prinzen in den Mund, und wohl mit Recht,
wenn man bedenkt, dass Hamlet, nachdem er obige Notiz in sein Schiefer-
buch geschrieben, meditirend dagestanden hat. Ein Beschluss ist bereits
von ihm gefasst: er will des Vaters **gedenken**, auf Rache **sinnen**;
diesmal hat er geschworen; er überlegt also noch weiter und fasst einen

Hor.[a]) [*Within.*] Illo, ho, ho, my lord!
Ham. Hillo, ho, ho, boy! come, bird, come.

Enter Horatio and Marcellus.

115 *Mar.* How is 't, my noble lord?
Hor. What news, my lord?
Ham. O, wonderful!
Hor. Good my lord, tell it.
Ham. No; you 'll reveal it.
120 • *Hor.* Not I, my lord, by heaven.
Mar. Nor I, my lord.
Ham. How say you, then; would heart of man once think it? —
But you 'll be secret.? [1]
Hor., Mar.   Ay, by heaven, my lord.
Ham.   There is ne'er a villain dwelling in all Denmark,
But he 's an arrant knave.
125 · *Hor.* There needs no ghost, my lord, come from the grave,
To tell us this.
Ham.   Why, right; you are i' the right;
And so, without more circumstance [2] at all,
I hold it fit that we shake hands, and part:
You, as your business and desire shall point you,
130 For every man hath business and desire,
Such as it is; and, for mine own poor part,
[b]) I 'll go pray.
Hor. These are but wild and whirling[c]) words,[3] my lord.
Ham. I am sorry they offend [4] you, heartily; yes,
135 Faith, heartily.

a) Q. 2. f. *Marc.*   b) F. 1. *Look you, I 'll* etc. Del. Dyce.   c) F. 1. *hurling.*

zweiten Entschluss, wobei er durch die Worte: *so. be it* zu verstehen giebt,
dass er über einen Punkt, den wir noch nicht kennen, mit sich ins Reine
gekommen ist. Am Ende der Scene merken wir, dass er beschlossen haben
müsse, sich wunderlich zu stellen, womit er gleich beim Auftreten
Horatio's und seines Begleiters den Anfang macht, denen er mit den Jagd-
rufen des Falkoniers antwortet, um ihrer Neugier auszuweichen.   1) *secret*
als Adj. für verschwiegen, wie im Ital. *segretessa* u. *segretezza*, Ver-
schwiegenheit.   2) *circumstance*, Umständlichkeit, ital. *circonstanziare*,
umständlich erzählen, beschreiben u. s. w.   3) *whirling words.* Das Verb
ist vielleicht unter scand. Einfluss entstanden zu denken. Altn. *hvirfill,*
hvirfla; schw. *hvirfvel, hvirfla;* dän. *hvirvel, hvirvle;* ndl. *wervel, werwelen;*
ahd. *hwerbil, hwirfil, hwarbalôn;* nhd. *wirbel, wirbeln,* ags. *hverfeljan,*
aberrare v. *hveorfan,* goth. *hvairban.* — *Look you.* S. Anm b). Die Verbindung des Imperat. mit der zweiten Person des persönl. Fürw. reicht
aus dem Ags. herab. *Ne sleá pu; ne stala pu. Nellon ge vesan svylce ledse*
licceteras. Matth. 6. 16. M. II. 28. S. Sc. 2. 5.   4) *offénd. 1) to cause anger.*
2) to commit transgression. So auch *offence. 1) displeasure conceived;*
2) transgression. Sam. Johns. E. D. Auf den beiden Bedeutungen beruht
das Wortspiel, welches sich Act III. 2. 243. in ähnl. Weise wiederholt.

Hor.　　　There 's no offence, my lord.
Ham.　Yes, by Saint Patrick, [1] but there is, Horatio,
And much offence too.　Touching [2] this vision here,
It is an honest ghost, that let me tell you;
For your desire to know what is between us,
O'ermaster 't as you may.　And now, good friends,　　　　140
As you are friends, scholars, and soldiers, [3]
Give [4] me one poor request.
　　Hor.　What is 't, my lord? we will.
　　Ham.　Never make known what you have seen to-night.
　　Hor., Mar.　My lord, we will not.　　　　　　　145
　　Ham.　　　　　　　　　　　Nay, but swear 't.
　　Hor.　In faith, my lord, not I.
　　Mar.　　　　　　　　　Nor I, my lord, in faith.
　　Ham.　Upon [5] my sword.
　　Mar.　　　　　　　　We have sworn, my lord, already.
　　Ham.　Indeed, upon my sword, indeed.
　　Ghost. [*Beneath.*] [a]) Swear.

a) Q. 2. f. F. 1. *Cries under the stage.*

　　1) *by Saint Patrick.* Wenn Sh. sich an das Historische hätte halten
wollen, müsste er den Dänen eher beim heil. Ansgarius schwören lassen.
Es lag für den Dichter nahe, da es sich um ein ungesühntes Verbrechen handelt, an St. Patrick zu denken, der sogar ein eigenes Purga-
torium besass. cf. *Honest Whore.* Part. 2. in *Faith, that's soon answered;
For St. Patrick, you know, keeps his purgatory.* S. m. Shakſp.-Forsch.
I. p. 220.　　2) *Touching.* Participien, welche wie *touching, concerning,
respecting, considering, regarding* u. s. w. auch ohne Congruenz mit einem
Subjecte eingeführt, und mit einem Objectscasus construirt sind, drücken
das Betroffen- oder in Betrachtgezogensein des Objects aus. In diesem
Sinne kommt *touchinge* schon bei Chaucer. vor: C. T. 7570. *And bere this
word away now by my faith, Touching swiche thing, lo, what the wise
saith;* M. II. 484. Gleich darauf wird in demselben Sinne *for* gebraucht.
3) *soldiers* kann hier offenbar nichts anderes bedeuten, als das mlat. *miles
regius*, Ritter. 4) *give me = grant me.*　5) Ueber *upon* bei Betheuerungen
s. Koch II. §. 423. M. II. p. 374. Das Schwören auf das Schwert ist eine
uralte heidnische Sitte. *Eductisque mucronibus quos pro numinibus
colunt (Quadi) juravere, se permansuros in fide.* Amm. lib. 17. p. 107. Ueber
die Bedeutung des Schwertes namentlich beim Schwur, wobei auf die Kreuz-
form des Schwertgriffs ursprünglich nichts ankommt, s. Grimm R. A.
165. ff. Lehmann, Holst. Landr. p. 48. zeigt, dass der uralte Gebrauch
in Holstein sich bis in die neueste Zeit erhalten hat: *ik frage nach ordel
und recht, wer idt gu heten schall, da sede finger up dat schwerd
leggen? de ordelfinder: dat schall dejenige doen, de enen eed stavet. dann
gesegt: tretet herbi gi kerls, und holdet de finger up dat schwerd und holdet
se nich darnedden af, ehe idt gu geheten werd.* Die zweimalige Wiederholung des Schwurs, das Wechseln der Stelle, die lateinische Frage: *hic
et ubique?* ist wohl dem Ceremoniell gewöhnlicher Geisterbeschwörer
entnommen.

150   *Ham.* Ha, ha, boy! say'st thou so? art thou there, true-penny? [1]
Come on, — you hear this fellow in the cellarage, —
Consent to swear.
        Hor.   Propose the oath, my lord.
        Ham. Never to speak of this that you have seen,
Swear by my sword.
155   *Ghost.* [*Beneath.*] Swear.
        Ham. *Hic et ubique?* [2] then, we 'll shift our ground. —
Come hither, gentlemen,
And lay your hands again upon my sword:
Never to speak of this that you have heard, [a])
160 Swear by my sword.
        Ghost. [*Beneath.*] Swear.
        Ham. Well said, old mole! canst work i' the earth [b]) so fast?
A worthy pioner! [3] — Once more remove, good friends.
        Hor. O day and night, but this is wondrous strange!
165   *Ham.* And therefore as a stranger give it welcome.
There are more things in heaven and earth, Horatio,
Than are dreamt of in our [c]) [4] philosophy.
But come; —
Here, as before, never, so help [5] you mercy,
170 How strange or odd soe'er I bear myself, —

a) Q. 2. *Swear by my sword Never to* etc.   b) F. 1. *ground.*   c) F. 1. *your.*

1) *true-penny.* Forby, Vocab. of East Anglia: *Its present meaning is, hearty old fellow; staunch and trusty; true to his purpose and pledge.* (*It is a mining term, and signifies a particular indication in the soil of the direction in which ore is to be found.* Collier.) Dyce, Gloss.   2) *Hic et ubique.* Bei der Wiederholung des Schwures darf nicht übersehen werden, dass Hamlet die Freunde schwören lässt: a) Nie von dem zu sprechen, was sie gesehen, b) das zu verschweigen, was sie gehört haben und c) sich über sein wunderliches Wesen später nicht auszulassen.   3) *a pioner* ist eigentlich kein Schanzgräber, sondern ein Soldat, der im Gegensatz zum berittnen Edling zu Fuss dient, vom ital. *pedone* (gleichsam *pedo, onis* v. *pes.*), altfr. *peon,* nfr. *pion* (Bauer im Schachspiel). Zu dieser Truppe gehörten natürlich auch die Schanzgräber und Minirer, fr. *pionniers.* Ein veraltetes Verb *to pion,* von dem Delius wissen will, ist mir nicht gelungen im Englischen aufzufinden, daher seine Form *pioner* mit ihrer Ableitung sehr fraglich. (Ich finde nur das Hauptwort *pioning* bei Spenser, was allerdings wie ein Verbalsubstantiv aussieht.)   4) *your philosophy* für *our philos.* zu lesen, empfiehlt sich nicht, weil Hamlet selbst an einer andern Stelle (II. 2. 385.) auf seine eigenen Kenntnisse in dieser Wissenschaft anspielt; gesetzt aber auch, dass *your* zu lesen wäre, dann ist es in dem Sinne zu fassen, wie wir etwa sagen würden: wenn's e u c h die Philosophie nur herausbrächte, also ähnlich dem ethischen Dativ der Alten. cf. A. V. 1. 196. *his hide is so tanned with his trade, that he will keep out water a great while; and y o u r water is a sore decayer of y o u r whoreson dead body*: Das Wasser ist euch ein u. s. w.   5) *so help you mercy,* wie oben I. 3. 88. *so please you.*

As I, perchance, hereafter shall think meet
To put an antic [1] disposition on, —
That you, at such times [a]) seeing me, never shall,
With arms encumber'd thus, or this head-shake,
Or by pronouncing of some doubtful phrase,   175
As, „Well, well, we know;" — or, „We could, an if [2] we would;" —
Or, „If we list to speak;" — or, „There be, an if they [b]) might;" —
Or such ambiguous giving out, denote [c]) [3]
That you know aught of me: — this not to do,
So grace and mercy at your most need help you,   180
Swear. [d])
    Ghost. [*Beneath.*] Swear.
    Ham. Rest, rest, perturbed spirit! — So, gentlemen,
With all my love I do commend me to you:
And what so poor a man as Hamlet is
May do, to express his love and friending [4] to you,   185
God willing, shall not lack. Let us go in together;
And still your fingers on your lips, I pray.
The time is out of joint; — O cursed spite!
That ever I was born to set it right.
Nay, come; let 's go together.   [Exeunt. 190

    a) F. 1. *time.* b) F. 1. *there.* c) Q. 1. F. 1. f. Del. Dyce *to note.* d) So Q. 1.
u. Fol. Q. 2. f. fehlt *swear.*

    1) *antic*, ich bezweifele, dass das Wort direct dem lat. *antiquus* ent-
lehnt ist; man vergl. ahd. *antisc*, *andisk*, *entisk*, *entisch* bei Schade.
Altd. Wörterb. und das noch heut in Schlesien übliche „*entrisch.*" Grimm,
Mythol. 491, führt den Ausdruck auf ags. *ent*, pl. *entas*, *gigas* zurück;
schon im Beówulf kommt der Ausdruck „*entisc helm*" (von Riesen her-
rührend. v. 2980. ed. Mor. Heyne 1863) vor. Es ist wahrscheinlich später
dem *antique* von *antiquus* erst angeglichen.   2) *an if* irrthüml. für *and if*
gehalten. Der Bedingungssatz kann durch blosses *an* eingeleitet werden.
An 't please the gods, I 'll hide my master from the flies. Cymb. IV. 2.
Ah, no more of that, Hal, an thou lov'st me. I. Henry IV. II. 4. 312. In unserer Stelle steht es also verstärkend oder pleonastisch und wurde im saec.
16 u. 17 in der Verbindung mit *if* häufig gebraucht. *And if thou wilt
strike me and breake thy promise, doo.* (Jáck Jugler p. 25.) M. III. p. 461. —
Koch II. 410. führt überzeugend *and* auf ags. *ono*, goth. *an* zurück.
3) *to note* ist mit obigem *never shall* grammatisch nicht vereinbar, weshalb
Elze sehr scharfsinnig *denote* vorschlägt.   4) *friending*, Verbalsubstantiv.
S. Koch II. p. 67.

ACT II.

SCENE I.

A Room in Polonius's[1] House.

Enter Polonius and Reynaldo. [a]

Pol. Give him this money, and these notes, Reynaldo.
Rey. I will, my lord,
Pol. You shall do marvellous[2] wisely, good Reynaldo,
5 Before you visit him, to[b] make inquiry
Of his behaviour.
Rey.   My lord, I did intend it.
Pol. Marry, well said: very well said. Look you, Sir,
Inquire me[3] first what Danskers[4] are in Paris;
And how, and who, what means, and where they keep,
10 What company, at what expense; and finding,
By this encompassment and drift of question,
That they do know my son, come you more nearer[5]
Than your particular demands will touch it.
Take[6] you, as 't were,[7] some distant knowledge of him;
15 As[c] thus, — „I know his father, and his friends,
And, in part, him;" — do you mark this, Reynaldo?

a) Q. 1. *Enter Corambis and Montano.* Fol. *Reynoldo.* Q. 2. f. *Enter old Polonius
with his man or two.*   b) F. 1. *you.*   c) F. 1. *And.*

1) Der Name Corambis in Q. 1. (1603), der nach Alb. Cohn, Shakefpeare in Germany p. 237 in einem von englischen Schauspielern ums Jahr
1603 in Deutschland aufgeführten Stücke: *Tragedy of Fratricide punished,
or Prince Hamlet of Denmark,* an Stelle unseres Polonius als Corambus
aufgeführt wird, erinnert an den Schulpedanten Coribante (Corybas, $Ko\varrho\acute{v}$-
$\beta\alpha\varsigma$) bei Giordano Bruno, so wie Polonius an Poliinnio anklingt, mit
denen der Character in einzelnen Zügen sehr bedeutende Aehnlichkeiten
aufweist. S. m. Shakfp.-Forsch. I. p. 53. Da die Fol. beide Namen wie
Q. 2. überliefert, so ist vielleicht doch anzunehmen, dass Corambis (Corambus) und Montano nur in den Bühnen-Manuscripten fremder Schauspielertruppen gestanden haben. S. m. Shakfpere-Forschungen I. p. 7.
2) *marvellous,* adjectivisches Adverb nach dem Vorgange des Altfr. M. I. 383.
3) *me* — Dat. eth.   4) *Danskers* ist zunächst der dänische Plural von
Dansk (Danus), Dansker (Dani) und hier zum Ueberfluss noch mit dem
englischen Pluralzeichen versehen. Dänemark heisst auf dänisch durchaus nicht *Dansk* oder *Danske,* sondern *Danmark.*   5) *more nearer.* Der
verdoppelte Comparativ passt recht wohl in den Mund des geschwätzigen
Polonius. S. M. I. p. 272 ff. Koch I. p. 453. Neuere Grammatiker verwerfen diese Freiheit zwar, doch ist sie der Sprache seit alten Zeiten
eigen. Schon Maundeville p. 29 sagt: *That lond is meche more hottere than
it is here.*   6) *take you.* S. oben I. 3. 59. Koch I. p. 337.   7) *as it
were.* S. I. 2. v. 10.

Rey. Ay, very well, my lord.

Pol. „And, in part, him; but,“ you may say, „not well:
But if 't be he I mean, he 's very wild,
Addicted[1] so and so;“ — and there put on him
What forgeries[2] you please; marry,[3] none so rank   20
As[4] may dishonour him: take heed of that;
But, Sir, such wanton, wild, and usual slips,
As are companions noted and most known
To youth and liberty.

Rey.   As gaming, my lord.

Pol. Ay, or drinking, fencing, swearing, quarrelling, drabbing:[5] 25
You may go so far.

Rey. My lord, that would dishonour him.

Pol. 'Faith, no; as you may season it in the charge.
You must not put another[a]) scandal on him,
That he is open to incontinency: 30
That 's not my meaning; but breathe his faults so quaintly,
That they may seem the taints of liberty;
The flash and out-break of a fiery mind;
A savageness in unreclaimed blood
Of general assault.   35

Rey.   But, my good lord, —

Pol. Wherefore should you do this?

Rey.   Ay, my lord,
I would know that.

Pol.   Marry, Sir, here 's my drift;
And, I believe, it is a fetch[6] of wit.[b])
You laying these slight sullies on my son,
As 't were a thing a little soil'd[7] i' the[c]) working,   40
Mark you,
Your party in converse, him[8] you would sound,

---

a) Elze *An utter.*   b) Fol. 1. *Warrant.*   c) Q. 2. f. *with.*

1) *addicted* Sam. Johnson E. D. führt an: *He addicted himself to vice;*
das Part. ist also in adjectivischem Sinne zu nehmen, wie wir etwa sagen:
so und so inclinirt.   2) *forgery,* Falschmünzerei, v. fr. *forger,* dann
Verbrechen im Allgemeinen. Lat. *fabricare, fab = fav, fau, fo.*   3) *marry,*
Interj. v. Mary, Maria.   4) *As may.* Die Auslassung des Subj. im Nebensatze ist nach *as* sehr häufig; man denke sich als Subject das im vorangehenden Hauptsatze durch *so* bestimmte Wort also: *forgeries;* in andern
Sprachen werden in demselben Falle Relativa verwendet.   5) *drab*, ags.
drabbe, Hefe. Ettm. 571. ndl. *drabbe limus, lutum.* s. Ed. Mueller I. p. 311.
6) *a fetch of warrant,* wie die Fol liest, ist nach Del. ein bewährter,
zuverlässiger Kniff.   7) *soil, sully,* v. *suilis, sus,* s. Diez s. v. *souiller.*
8) *him you would sound.* Die Verwendung des obliquen Casus für den
Nominativ ist der französ. Weise *moi, toi, lui,* als Nominative zu ver-
wenden, analog, und ist noch jetzt der Vulgärsprache eigen. Der Gebrauch

Having ever seen in the prenominate [1] crimes
The youth you breathe [2] of guilty, be assur'd,
45 He closes with you in this consequence: [3]
„Good Sir," or so; or „friend," or „gentleman," —
According to the phrase, or[a]) the addition, [4]
Of man, and country.
    Rey.   Very good, my lord.
    Pol. And then, Sir, does he this, — he does —
50 What was I about to say? — By [5] the mass,[b]) I was
About to say something: — where did I leave
    Rey. At „closes in the consequence," [6] [c])
    Pol. At, closes in the consequence, — ay, marry:
55 He closes[d]) thus: — „I know the gentleman;
I saw him yesterday, or t' other [7] day,
Or then, or then: with such, or such; and, as you say,
There was he gaming; there o'ertook in 's rouse;
There falling out at tennis: [8] or, perchance,
60 I saw him enter such a house of sale, [e])

      a) Fol. *and.*   b) F. 1. fehlt *by the mass.*   c) F. 1. fügt hinzu *At „friend or so"*
and „gentleman."   d) F. 1. *with you.*   e) Q. 2. f. *Such and such* oder *such or such.*

ist alt. Piers Ploughm. p. 181. *Lord, y-worshiped be the* (für *thou*).
Marl. I. p. 20. *Nor thee nor them, thrice noble Tamburlaine, Shall want my
heart to be with gladness fill'd.* Siehe Mommsen, Rom. & Jul. p. 25. *Her
I love now = She whom.* S. M. II. p. 285.   1) *prenominate*, dem ital.
prenominato, obbenannt, angeglichen.   2) *breathe*, euphuistisch für sprechen:
So III. 4. v. 197 *if words be made of breath, And breath of life, I have
no life to breathe What thou hast said to me.*   3) *consequence*, entsprechend
ital. *conseguenza*, Folgerung.   4) *addition*, s. oben I. 4. v. 20. *soil our
addition. And* ist gewiss dem *or* vorzuziehen, da der Sinn ist: wie man
nun dort zu Lande die Leute anredet und betitelt.   5) *By the mass* stand
nicht im Bühnenmanuscript, gemäss der zu Jacob I. Zeit geübten Censur,
die alle profanen Schwüre vom Theater verbannte. Im *Βασιλικὸν Δῶρον*
belehrt der König seinen Sohn über das Schwören folgendermassen: *Nec
minus cavendum tibi erit, ne mentiendi et jurandi consuetudine conscientiam
laedas, id licet per jocum fiat: usus enim jurare docuit, in quo nec utilitas
nec oblectatio inest: quo majorem reprehensionem mereri debet.*   6) Nach
consequence haben die Fs. die auch von Delius, Collier und Dyce in den
Text aufgenommenen Worte: *At „friend or so," and „gentleman."* Ich
stimme Elze (p. 148) durchaus bei, der die Worte für ein den Zusammenhang störendes Einschiebsel erklärt, da Polonius die ganze Zeile überhört
und die Rede genau so aufnimmt, wie sie sich in den Qs. findet. Ebenso
wenig ist das in der F. 1. eingeschobene „*with you*" gerechtfertigt, das
ausserdem noch den Vers zerstört.   7) *t'other.* Durch die Verbindung
von *other* mit „*the*" oder dem aus „*that*" hervorgegangenen „*t*" mit Zeit-
begriffen, wie *day, evening, night*, wird eine unlängst vergangene Zeit
bezeichnet. *I saw t'other day the gala for count Altheim.* (Montague Lett.)
Der Ausdruck ist romanischen Ursprungs u. stimmt zum neufranz. *l'autre
jour.* S. M. III. p. 170 δ.   8) *tennis*, alles Spiel ist ursprünglich ein
Wetten, Streitigmachen, daher das Wort wohl vom altfr. *tence, tençon*
it. *tenza*, Streit, herzuleiten.

Videlicet, a brothel,"[1] or so forth. —
See you now;
Your bait of falsehood takes this carp[a]) of truth:
And thus do we of[2] wisdom and of reach,
With windlaces, and with assays of bias,   65
By indirections find directions out:
So, by my former lecture and advice,
Shall you my son. You have me,[3] have you not?
   Rey. My lord, I have.
   Pol.   God be wi' you;[b])
   Rey. Fare you well, good my lord![4]   70
   Pol. Observe his inclination[5] in yourself.[c])
   Rey. I shall, my lord.
   Pol. And let him ply his music.
   Rey.   Well, my lord.   [Exit.
             Enter Ophelia.

   Pol. Farewell! — How now, Ophelia? what.'s the matter?
   Oph. O my lord, my lord, I have been so[6] affrighted!   75
   Pol. With what, in the name of 'God?[d])

a) F. 1. *cape.*   b) Q. 2. F. 1. f. Edit. *Pol. God be wi' you; fare you well.*
Rey. Good mylord.   c) Q. 2. F. 1. Edit. *in yourself.* Hanmer u. Warburten „e'en."
d) F. 1. *heaven.*

   1) *brothel*, it. *bordello*, altfr. *borde, bordete*, Häuschen. S. Diez I. p. 25.
2) *we of wisdom.* Der Gebrauch von *of* für qualitative Bestimmung reicht
bis ins Halbs. *Deofell iss off grimme and rupfull herrte.* Orm. 671. Das
Altags. verwendet hier wie das Lat. den Genitiv. *ôð pät he X. vintra
sîe.* (Legg. Loth. & Eadv. 6.) M. II. 259.   3) *you have me*, bildlich und
doch der Grundbedeutung des Wortes (lat. *capio*) angemessen. Du „begreifst"
mich.   4) *Good, my lord* giebt einen höchst lächerlichen Sinn, wenn Polonius zu Reynaldo eben gesagt hat „*fare you well*," u. gar keinen, wenn
blos *Good mylord!* gelesen wird. Dass Polon. einen doppelten Abschiedsgruss
anbringt, wäre seiner Geschwätzigkeit ganz angemessen, doch ist man
berechtigt, von dem scheidenden Diener eine Erwiederung zu erwarten.
Deshalb habe ich die Worte „*God be wi' you*," die durch die Apocope
in *with* eine gewisse Herablassung ausdrücken, dem Polonius, *fare you
well* aber dem Reynaldo zugetheilt.   5) *in yourself;* — ich kann mich
nur schwer entschliessen, das „*in*" hier für etwas anderes als einen blossen
Druckfehler zu halten, der aus der Schlusssilbe des vorangehenden Wortes
entstanden ist. Die Uebereinstimmung sämmtlicher Drucke verbietet indessen
eine Aenderung, die mit „*then*" für „*in*" leicht zu machen wäre. Unter
den meist sehr lahmen Interpretationen scheint mir die von Johnson
den Vorzug zu verdienen: *perhaps in yourself means, in your own person, not by spies*, obgleich ich gestehe, dass ohne „*in*" derselbe Gedanke
noch besser ausgedrückt wäre, und dass nach dem Vorhergehenden immer
noch ein *too* oder *also* vermisst wird. Das Undeutliche in der Redensart
mag übrigens auf Rechnung des Euphuismus und der geschwätzigen
Umständlichkeit des Rathsherrn gesetzt werden.   6) *so affrighted.*
Auch hier steht *so* ohne angegebenen Massstab, wie I. 2. v. 139; der
Gebrauch reicht bis ins Angels. *Ne gemêtte ic svâ mycelne geleáfan on
Israhel.* Matth. 8, 10. S. M. III. 119.

Oph. My lord, as I was sewing in my closet, [a])
Lord Hamlet, [1] — with his doublet all unbrac'd;
No hat upon his head; his stockings foul'd,
80 Ungarter'd, and down-gyved [2] to his ancle;
Pale as his shirt; his knees knocking each other;
And with a look so piteous in purport,
As if he had been loosed out of hell,
To speak of horrors; — he comes before me.
85 *Pol.* Mad for thy love?
Oph.   My lord, I do not know;
But, truly, I do fear it.
Pol.   What said he?
Oph. He took me by the wrist, and held me hard;
Then goes [3] he to the length [4] of all his arm,
And, with his other hand thus o'er his brow,
90 He falls to such perusal of my face,
As he would draw it. Long stay'd he so:
At last, — a little shaking [5] of mine arm,
And thrice his head thus waving up and down, —
He rais'd a sigh so piteous and profound,
95 As [b] it did [6] seem to shatter all his bulk,

a) F. 1. *chamber.*   b) F. 1. *That.*

1) Die auffallende Erscheinung Hamlets findet sich bereits in der dem
Stücke zu Grunde liegenden Novelle des Belleforest beschrieben, der sich
in dieser Beziehung an die Ueberlieferung des Saxo Grammaticus hält.
Der Letztere hat offenbar den eigenthümlichen Charakterzug im germanischen
Wesen, nach welchem der zur Rache Verpflichtete vom Augenblick des
Gelübdes bis zur Ausführung der That keine Säuberung an seinem Leibe
vornehmen durfte, missverstanden. S. m. Shakſp.-Forsch. p. 103. Simrock,
Mythologie, 2. Aufl. p. 85. Die Schilderung, welche Ophelia von dem
Prinzen macht, giebt uns keinen Grund zu der Annahme, dass hier ein
erhöhter Grad verstellten Wahnsinns vorliege, da der von den Vorgängen
auf der Terrasse tief erschütterte, von der Geliebten darauf kurz und ohne
Erklärung abgewiesene Prinz Grund genug hat bleich zu sein wie sein
Hemd, und einen Blick voll Jammer gewiss nicht erst zu affectiren braucht.
2) „*Down-gyved*" erklärt Steevens „*means hanging down like the loose
cincture which confines the fetters round the ancles.*"   3) *Then goes he.*
Adverbiale Partikeln oder präpositionale Bestimmungen, die, an die Spitze
des Satzes treten, bewirken öfters Inversion. Solche Wörter sind: *Here,
there, henceforward, therefore, then, yet, soon, now, seldom, scarce, thus,
so, off, on, forward, away, long* etc. cf. das folgende: *long stay'd he so.*
S. M. III. p. 542 u. 543.   4) *to the length* — er tritt zurück bis zur
ganzen Länge seines Arms. Die Präpos. *to* wird verwendet zur Bezeichnung der Ausdehnung nach Zahl, Umfang, Grad, Wirkung bei Verben u.
Adjectiven. cf. *His Majesty's tongue had swelled to the size of a neat's
tongue.* Macaul. H. of E. II. 15. M. II. 279. γ.   5) *a little shaking* ist
Verbalsubstantiv, der Satz elliptisch (ergänze: *is made*); dagegen ist
waving wirkliches part. praes. Koch II. §. 88. u. 96.   6) *as id did.* Ich
habe die Lesart der Q. 2. wieder aufgenommen. Im Consecutivsatze finden
wir früher häufig nach den Correlaten *so* und *such* die Partikel „*that*" mit

And end his being.　That done, he lets me go,
And, with his head [1] over his shoulder turn'd,
He seem'd to find his way without his eyes;
For out o' doors he went without their help, a)
And to the last bended their light on me.　　　　　100
　　　Pol.　Come, b) go with me: I will go [2] seek the king.
This is the very ecstasy [3] of love,
Whose violent property fordoes itself,
And leads the will to desperate undertakings,
As oft as any passion under heaven,　　　　　105
That does afflict our natures.　I am sorry, —
What! have you given him any hard words of late?
　　　Oph.　No, my good lord; but, as you did command,
I did repel his letters, and denied　　　　　110
His access to me.
　　　Pol.　　　　　That hath made him mad.
I am sorry that with better heed c) and judgment
I had not quoted d) him: [4] I fear'd he did but trifle,
And meant to wrack thee; but, beshrew [5] my jealousy!
By heaven, e) it is as proper to our age　　　　　115
To cast beyond ourselves in our opinions,
As it is common for the younger sort
To lack discretion.　Come, go we to the king;　[Ophelia exit. f)
This must be known, which, being kept close, might move
More grief to him, than hate to us their love. g) [6]　　　　[Exit.

a) Q. 2. f. *helps.*　　b) *come* fehlt F. 1.　　c) F. 1. *speed.*　　d) Q. 2. f. *coted* nach
anderer Orthogr.　e) Q. 2. f. *By heaven.*　f) fehlt in sämmtl. Edit.　g) Q. 2. f.
F. 1. f. *More grief to hide, than hate to utter love.* Ebenso Delius, Elze, Dyce und
sämmtl. Editoren.　Q. 1. *Lets to the king, this madnesse may proove, Though wilde a
while, yet more true to thy love.*

„*as*" vertauscht, so dass der Modalsatz die Handlung enthält, welche als
Wirkung oder Folge anzusehen ist. cf. Marlowe, Jew of M. I. 2. *Be
thou so precise As they may think it done of holiness.* S. M. III. p. 484.
1) *with his head* etc. Das Particip mit der Präposition vertritt sehr häufig
ein abstractes Substantiv desselben Stammes, wobei das Object im Genitiv
zu denken wäre: „*with the turning of.* cf. I. Henry VI. III. 3. v. 72. *They
set him free without his ransom paid.*　　2) *I go seek*, ich gehe suchen.
cf. Niederd. *gâ sitten*, setze dich. Bei intransitiven Verben der Bewegung
war in älterer Zeit der reine Infinitiv geläufig; gegenwärtig trifft man ihn
noch bei *go*, früher auch bei *come*. Marl. Dr. F. V. 4. *Let us go visit
Faustus.* Der Gebrauch zieht sich hinauf bis ins Ags., wo bei *gangan,
gevîtan, cuman, faran, fĕran* häufig der reine Infinitiv angetroffen wird.
M. III. 16.　　3) *ecstasy*, genau im Sinne von ἔχστασις zu nehmen.
4) *quoted* im Sinne des italien. *quotare*, eine Sache richtig rubriciren, ab-
schätzen;　　5) *beshrew*, verwünscht oder behext sei etc. S. m. Nachkl.
german. Mythe p. 28. und für das Folgende Shakſp.-Forsch. I. p. 25.
6) Die Aenderungen, die ich mit dem Text hier vorgenommen, mag mir
die conservative Textkritik verzeihen; aber ich kann mich nicht überzeugen,
dass der Dichter der Sonette und des Epos Venus und Adonis habe Verse

SCENE II.

A Room in the Castle.

Enter King, Queen, Rosencrantz, Guildenstern, and Attendants.

King. Welcome, dear Rosencrantz, and Guildenstern.
Moreover that [1] we much did long to see you,
The need we have to use you, did provoke
Our hasty sending. Something [2] have you heard
5 Of Hamlet's transformation; so I call it,
Sith nor a) [3] the exterior nor the inward man
Resembles that it was. What it should be,
More than his father's death, that thus hath put him
So much from the understanding of himself,
10 I cannot dream b) of: [4] I entreat you both,
That, being of so young days [5] brought up with him,
And since so neighbour'd to his youth and humour,
That you vouchsafe your rest here in our court
Some little time; so by your companies [6]
15 To draw him on to pleasures, and to gather,
So much as from occasion you may glean,
Whether aught, to us unknown, afflicts him thus, c)
That, open'd, lies within our remedy.

a) F. 1. Del. *Since not.* Dyce *Since nor.*   b) F. 1. *deem.*   c) Die ganze Zeile fehlt F. 1.

machen können, die logisch u. stilistisch so schlecht sind, wie die an Stelle v. 118 u. 119 bisher überlieferten. 1) *Moreover that* für *besides that,* dialectisch: *moreover than that.* S. Koch II. §. 550. M. I. 410. III. 345. Der von den Grammatikern nicht erörterte Gebrauch von *moreover that* würde bei Mactzner III. p. 398 in die Rubrik b. einzufügen sein. Aehnlich wurden gebraucht: *while that, if that, though that, lest that, now that.*   2) *Something have you.* Das Object an der Spitze des Satzes kann die Inversion des Subjects nach sich ziehen. cf. *Silver and gold have I none, but such as I have give I thee.* Acta Ap. 3, 6. Der Gebrauch reicht ins Ags. und deckt sich genau mit dem Deutschen. cf. *Feala vorda gespräc se engel.* Caed. 271. S. M. III. 542.   3) *Sith,* ags. *siðpan, seodpan;* ich habe die Shakſp. geläufige Nebenform für *since* in den Text aufgenommen. cf. III. Henry VI. I. 3. v. 40. *Thou hast one son, for his sake pity me; Lest in revenge thereof, — sith God is just — he be as miserably slain as I.* Ebenso gerechtfertigt ist das *nor* der Qs. für *not* der Fol., da *nor — nor* ganz gebräuchlich und etymologisch genau dasselbe wie *neither, nor* ist. cf. Sp. F. Q. 1. 8. 29. *Nor voice was heard, nor wight was seene* u. bei Sh. Meas. f. M. IV. 3. v. 128. *This nor hurts him, nor profits you a jot.*   4) Die Lesart der Fol. *deem of* ist nicht gradezu verwerflich, denn nach den Verben: denken, urtheilen, wissen, vermuthen: *think, consider, deem, judge, hold, know, wot, guess, augure, conjecture,* ebenso wie nach *dream,* träumen, findet sich *of.* Cf. Milt. P. L. 8, 224. *Though higher of the genial bed by far I deem.* S. M. II. 245 f.   5) *of so young days.* Wie alt der Gebrauch von *of* bei ähnlichen Zeitbestimmungen ist, zeigt die Stelle bei Maundeville p. 253. *Thei ben taughte therto in hire owne contree of gouthe.* S. M. II. 223. cf. I. 5. v. 60.   6) *companies,* wiederholte Zusammenkünfte.

Queen. Good gentlemen, he hath much talk'd of you;
And, sure I am, two men there are not living,   20
To whom he more adheres. If it will please you
To show us so much gentry,[1] and good will,
As to expend[2] your time with us a while,
For the supply and profit of our hope,[3]
Your visitation[4] shall receive such thanks   25
As fits a king's remembrance.
    Ros.   Both your majesties
Might, by the sovereign power you have of us,
Put your dread[5] pleasures more into command
Than to entreaty.
    Guil.   We both obey;   30
And here give up ourselves, in the full bent,[6]
To lay our service a) freely at your feet,
To be commanded.
    King. Thanks, Rosencrantz, and gentle Guildenstern.
    Queen. Thanks, Guildenstern, and gentle Rosencrantz:
And I beseech you instantly to visit   35
My too much changed son. — Go, some of you,
And bring these gentlemen where Hamlet is.
    Guil. Heavens make our prensence, and our practiçes,
Pleasant and helpful to him!
    Queen.   Ay, b) amen!
   [Exeunt R o s e n c r a n t z, G u i l d e n s t e r n, and some Attendants.
              Enter P o l o n i u s.

    Pol. The ambassadors from Norway, my good lord,   40
Are joyfully return'd.
    King. Thou still hast been the father of good news.
    Pol. Have I, my lord? Assure you, my good liege,
I hold my duty, as I hold my soul,
Both to my God, and c) to my gracious king.   45
And I do think, (or else this brain of mine
Hunts not the trail[7] of po'icy so sure

    a) F. 1. f. *services.*   b) F. 1. nur: *Amen!*   c) F. 1. *one* verdruckt.

    1) *gentry*, Noblesse, gebraucht Chaucer in ähnlichem Sinne C. T. 6,
728. *Here may you see wel, how that genterie Is not annexed to possession*;
heut bezeichnet es: G e l d a r i s t o c r a t i e.   2) *expend* ist nur die volle
Form für *spend.*   3) *hope.* Nicht was sie für H a m l e t, sondern für
sich hoffen, nämlich: dass es den Freunden gelingen werde, die Ursachen
von H's Wahnsinn zu entdecken.   4) *visitation*, ital. *visitazione*, gebraucht
wie III. 4, v. 110., gleichsam Besuchung für Besuch.   5) *dread*, erhaben,
bei fürstlichen Personen vielfach angewandt, namentlich in der Anrede:
dread my lord.   6) *bent*, so viel wie *utmost power, as of a bent bow*,
Sam. Johnson E. D. 4.   7) *trail*, Spur, lat. *trahere, traha, tragula*,
fr. *traille.*

As it hath a) us'd to do) that I have found
The very cause of Hamlet's lunacy. [1]

50   *King.* O! speak of that; that do I long to hear.
    Pol. Give first admittance to the ambassadors;
My news shall be the nuts b) to that great feast. [2]
    King. Thyself do grace to them, and bring them in. —
                         [Exit Polonius.
He tells me, my dear Gertrude, c) he hath found
55 The head and source [3] of all your son's distemper.
    Queen. I doubt, it is no other but the main;
His father's death, and our o'erhasty d) marriage.

     Re-enter Polonius, with Voltimand and Cornelius.

    King. Well, we shall sift him. — Welcome, my good friends.
Say, Voltimand, what from our brother Norway?

60   *Volt.* Most fair return of greetings and desires.
Upon our first, he sent out to suppress
His nephew's levies; which to him appear'd
To be a preparation 'gainst the Polack;
But, better look'd into, [4] he truly found
65 It was against your highness: whereat [5] griev'd, —
That so his sickness, age, and impotence,
Was falsely borne in hand, [6] — sends out arrests

---

a) F. 1. *As I have.* Q. 1. *As it had wont to do.*   b) Q. 2. *fruit.* F. 1. *news.*
c) F. 1. *my sweet queen, that.*   d) Q. 2. f. *our hasty.*

1) *lunacy;* man dachte sich im Mittelalter den Wahnsinn durch den
Einfluss der Gestirne, namentlich des Mondes hervorgerufen. Die Vorstellung ist ursprünglich antik. cf. σεληνόβλητος und σεληνόπληκτος in
den Scholien zu Aristoph. Nubes 397 und die Stelle im Macbeth III. 5.
*Upon the corner of the moon There hangs a vaporous drop profound; I 'll
catch it ere it come to ground; And that distill'd by magic slights, Shall
raise such artificial sprites, As by the strength of their illusion, Shall draw
him on to his confusion.* S. m. Nachklänge german. Mythe p. 12. f.
2) Ich vermuthe es hat in der Handschrift *nuttes to the great feast* gestanden, was sehr leicht zu *newes* (F. 1.) werden konnte, da dies Wort kurz
vorhergeht. *Nuts* steht synekdochisch für *fruit,* weshalb der Ausdruck
als der poetischere vorzuziehen ist. Der Nachtisch einer Mahlzeit in vornehmen Häusern bestand nämlich nach Drake in „*a marchpane (a cake
composed of filberts, almonds, pistacho-nuts, pine-kernels, sugar of roses
and flour), marmelades, pomegranates, oranges, citrons, apples, pears,
raisins, dates, nuts, grapes* etc.   3) *head and source,* ein von Flüssen
hergenommenes Bild, wo *head* Ursprung bedeutet.   4) *better look'd into.*
Absolute Participialsätze dienen als wesentliche Mittel der Satzverkürzung.
cf. *This done, find out the councillor.* (Bulw. Rienzi 4. 5.) S. M. III. 86.
5) *whereat.* — Die Beziehung relativer Ortsadverbien auf Substantivbegriffe
ist eine über viele Sprachen verbreitete Erscheinung und reicht bis ins
Ags. S. M. III. 525. So auch folgendes *whereon old Norway* etc.
6) *to bear in hand,* täuschen. *In fine,* v. 69, wie ital. *in fine,* fr. *en fin,* span.
en fin. Als Substantiv gebraucht Chaucer das Wort *fin* C. T. 4844. *Wo*

On Fortinbras; which he in brief obeys,
Receives rebuke from Norway, and, in fine,
Makes vow before his uncle, never more   70
To give the assay of arms against your majesty.
Whereon old Norway, overcome with joy,
Gives him a three score thousand crowns in annual fee [1]
And his commission to employ those soldiers,
So levied as before, [2] against the Polack: 75
With an entreaty, herein further shown,   [Giving a paper.
That it might please you to give quiet pass
Through your dominions for this enterprize;
On such regards of safety, and allowance,
As therein [3] are set down.   80
  King.   It likes [4] us well;
And, at our more consider'd [5] time, we 'll read,
Answer, and think upon this business:
Mean time, we thank you for your well-took labour.
Go to your rest; at night we 'll feast together:
Most welcome home. |**Exeunt Voltimand and Cornelius.** 85
  Pol.   This business is well ended.
My liege, and madam, to expostulate [6]
What majesty should be, what duty is,
Why day is day, night, night, and time is time,
Were nothing but to waste night, day, and time.
Therefore, since [b]) brevity is the soul of wit,   90

a) Q. 1. F. 1. *Gives him three thousand crowns in annual fee.* b) *since* fehlt Q. 2. f.

occupieth the fyn of our gladnesse. Und v. 9980. *And she knew eke the fin of his entent.* 1) *three thousand* oder *three score thousand.* Die erstere Lesart hat die Integrität des Verses, die zweite den Umstand für sich, dass 60,000 Kronen jährliches Einkommen eine dem Range des Thronfolgers angemessenere Summe sind. Ausserdem ist das Anerbieten von 3000 Kronen viel zu winzig, um ihn von der Eroberung eines ganzen Königreichs abstehen zu machen, und reicht für ihn nicht entfernt aus, um ein Heer im Solde zu halten wie das, mit welchem er im 4. Acte auftritt. 2) *so levied as before*: die nun ebenso ausgehoben wurden als vorher zum Kriege gegen Dänemark. 3) *therein*, in dem Actenstück, welches Voltimand übergiebt. 4) *It likes.* Dieser Gebrauch von *like* reicht durch alle Sprachperioden bis ins Ags. Chaucer C. T. 779 sagt: *if you liketh* für *if it pleaseth you*, u. 5679 *it liketh hem.* S. M. II. p. 177. Koch II. § 109. Ettmüller s. v. *licjan.* 5) *considered* wie *considerate*, eine Zeit, wo wir mehr gesammelt sind. 6) *expostulate*, euphuisirt für *explorate*; in derselben Weise ist „*tediousness*“ in eigenthümlicher Metonymie dem „*brevity*“ gegenübergestellt, indem die Wirkung für die Ursache genannt wird. Diese Fehlgriffe im Ausdruck, die aus der Anwendung falscher Figuren herrühren, sind entschieden vom Dichter beabsichtigt; aber Shakſp. hatte in diesem Puncte treffliche Vorbilder in den Schulpedanten der italienischen Dialoge Giordano Bruno's. S. m. Shakſp.-Forsch. I. p. 53.

And tediousness the limbs and outward flourishes,
I will be brief. Your noble son is mad:
Mad call I it; for, to define true madness,
What is 't, but to be nothing else but mad:
95 But let that go.
　　　Queen. More matter, with less art. [1]
　　　Pol. Madam, I swear, I use no art at all.
That he is mad, 't is true: 't is true 't is pity,
And pity 't is 't is true: a foolish figure:
But farewell [2] it, for I will use no art.
100 Mad let us grant him, then; and now remains,
That we find out the cause of this effect;
Or rather say, the cause of this defect,
For this effect defective comes by cause:
Thus it remains, and the remainder thus.
105 Perpend: a) [3]
I have a daughter; have, [4] while b) she is mine;
Who, in her duty and obedience, mark,
Hath given me this. Now gather, and surmise.
109 — [5] „To the celestial, and my soul's idol, the most beauti-
　　　fied [6] Ophelia," —
That 's an ill phrase, a vild c) phrase: „beautified" is a vild [7]

　　　a) Del. *Perpend.*　　　b) F. 1. *whilst.*　　　c) Q. 2. *vile.*

　　　1) *art*, Künstlichkeit und *art*, List, Schlauheit.　　　2) *farewell it*
vom Substant. gebildetes Verb: lasst sie laufen.　　　3) *perpend* im Sinne
des lat. *perpendere*, erwägen.　　　4) *while she is* — Schlegel übersetzt:
hab sie, weil sie mein ist, während es doch heissen muss: so lange
sie mein ist; es begegnet im Englischen wohl kaum ein Beispiel, wo *while*,
whilst in das causale Gebiet hinüberspielte, wie unser deutsches „weil."
Q. 1. überliefert noch: *for what we think is surest, we often loose.*
5) Der Inhalt des Briefes muss richtig verstanden werden. Er ist entschieden von Hamlet darauf berechnet, die vom Vater und Bruder über
seine Absichten beunruhigte und getäuschte Ophelia sich zurückzugewinnen,
sie in ihrem Vertrauen gegen ihn zu bestärken. Auf der andern Seite
darf Hamlet am allerwenigsten durch ein schriftliches Document verrathen,
dass er nur verstellt wahnsinnig ist; er muss also im Briefe dieselbe wunderliche Art des Ausdrucks wählen, wie im sonstigen Verkehr.
Kritiklose Pietät vermag Ophelien indessen, den Brief — vielleicht
uneröffnet? — ihrem Vater zu übergeben, durch den er in die Hände des
Königspaars gelangt, ein Beweis der klugen Voraussicht u. der eminent
practischen Intelligenz des Prinzen. S. Vischer kritische Gänge Heft II.
p. 94 ff.　　　6) *beautified* ist ein vielfach gebrauchter euphuistischer Ausdruck der damaligen Zeit, wie Nares an der Dedication eines Buches nachweist: „*To the most beautified lady, the lady Elizabeth Carey.* Hält man
übrigens zu dem Worte Hamlet's spätere Aeusserung: „*God hath given you
one face and you make you another*": so liegt in *beautified* kein übler Witz.
7) *vile* oder *vild?* das *d* ist entweder angeschoben und bedeutungslos,
wie in *mould* (altfr. *moler*) s. Koch I. § 168, oder es ist Form des Particips

phrase; but you shall hear. —[1] Thus:[d)]
   In her excellent white bosom, these," etc. —   113
   Queen. Came this from Hamlet to her?
   Pol. Good Madam, stay awhile; I will be faithful. —   115
       Doubt thou the stars are fire,[2]   [Reads.
        Doubt, that the sun doth move;
       Doubt truth to be a liar,
        But never doubt I love.
   „O dear Ophelia! I am ill at these numbers: I have not 120
art to reckon my groans; but that I love thee best, O most
best![3] believe it. Adieu.
     Thine evermore, most dear lady, whilst this machine[4]
        is to him, Hamlet."
This in obedience hath my daughter shown[5] me;[b)]   125
And more above, hath his solicitings,
As they fell out by time, by means, and place,
All given to mine ear.
   King.   But how hath she
Receiv'd his love?
   Pol.   What do you think of me?
   King. As of a man faithful, and honourable.   130
   Pol. I would fain prove so. But what might you think,
When I had seen this hot love on the wing,
(As I perceiv'd it, I must tell you that,
Before my daughter told me) what might you,
Or my dear majesty, your queen here, think,   135

   a) F.1. *these.*   b) F. 1. *show'd.*

u. würde „durch vielen Gebrauch trivial geworden" bedeuten,
weshalb ich es mit Delius dem von Dyce und Elze aufgenommenen *vile*
vorziehe. M. I. p. 178.   1) Die Lesart der F. *these* für *thus* der Q. 2.
braucht kein Druckfehler zu sein, da *these* noch jetzt bisweilen dialectisch
für *this* vorkommt und im ältern Englisch der graphische Unterschied
ziemlich verwischt ist. Koch II. p. 245. Man könnte also verstehn: *but
you shall hear this;* anstössig wird aber dann der ganz gleiche Schluss der
folgenden Zeile, so dass *thus* in der vorhergehenden den Vorzug behält.
2) Die Strophe lautet in Q. 1.: „*Doubt that in earth is fire, Doubt that
the starres doe move, Doubt truth to be a liar, But do not doubt I love*" —
offenbar wissenschaftlicher und vernünftiger, darum aber auch für Hamlet
verrätherischer und der Situation nicht entsprechend.   3) *most
best.* Wie bei den Steigerungsformen durch Ableitungsendungen doppelte
Steigerung (z. B. *lesser*) vorkommt, so findet auch Verdoppelung der
Steigerung der mit „*more*" und „*most*" in Verbindung abgeleiteten Com-
parativ- und Superlativformen statt. Der Gebrauch ist sehr alt, und Ben
Jonson hielt derartige Geminationen wie: *the most stillest night* für englische
Atticismen. Koch II. 244. M. I. p. 273.   4) *machine* für Körper; eine
der atomistischen Philosophie Giordano Bruno's entlehnte Vorstellung.
5) Neben *shown* hat sich *showed* erhalten. S. Koch I. p. 304.

If I had play'd the desk, or table-book; [1]
Or given my heart a winking, [a]) mute and dumb;
Or look'd upon this love with idle sight:
What might you think? no, I went round [2] to work,
140 And my young mistress thus I did bespeak: [3]
„Lord Hamlet [4] is a prince, out of thy star; [b])
This must not be;" and then I prescripts [c]) gave her,
That she should lock herself from his resort,
Admit no messengers, receive no tokens.
145 Which done, [5] she took the fruits [6] of my advice;
And he, repelled, [d]) — a short tale to make, —
Fell into a sadness; then into a fast;
Thence to a watch; thence into a weakness;
Thence to a lightness; and by this declension,
150 Into the madness wherein now he raves,
And all we mourn [e]) [7] for.
    King.   Do you think 't is this?
    Queen. It may be, very likely.

a) Q. 2. *working.*   b) Fol. 1632. *sphere.* Q. 1. f. Fol. 1. Del.   c) F. 1. *precepts.*
Q. 2. Elze *prescripts.*   d) F. 1. Del. *repulsed.*   e) F. 1. Del. *mourn.*

    1) *desk and tablebook*, wenn ich, *mute and dumb*, verschwiegen und
stumm, wie ein Schreibpult oder eine Brieftasche, die mir anvertrauten
Dinge für mich behalten hätte.   2) *round* für *roundly.* Wie sich aus
dem Ags. mehrfach adjectivische Adverbien erhalten haben, Koch II.
§. 384, so auch aus dem Altfr. (cf. *marvellous wisely*), wozu *round* gehört.
S. M. I. p. 383. cf. Rich. II. II. 1. v. 122. *roundly.*   3) *bespeak* im
Sinne von *obloquor*, Vorstellungen machen, mit Einschluss eines leichten
Tadels, wie schon ags. *besprëcan.*   4) *Lord Hamlet.* Verbindung
zwischen Freien verschiedenen Standes (Fürsten, Edeln u. blossen Freien)
war bei den Germanen unverboten, und in ältester Zeit weniger selten als
im Mittelalter, wo sich die Abstufungen feiner prägten und rechtliche
Folgen von dem Mangel an Standesgleichheit eintraten. Man erinnert sich
des Streites zwischen Chriemhild und Brunhild. Es ist dies aber zugleich
die geheime Quelle von Opheliens Unglück, denn das Lied von dem falschen
Verwalter, der seines Herrn Tochter stahl, auf das sie im Wahnsinn anspielt, wie bereits oben erwähnt wurde, bezieht sich auf die altgermanische
Rechtsanschauung, dass eine Verbindung zwischen Freien und Knechten
ein todeswürdiges Verbrechen war. Daher dort auch die Worte: *how the
wheel becomes it! — Out of thy star* ausserhalb deines Gestirns, d. i. Geschicks.
5) Nach *which done* überliefert Q. 1. *she as my childe obediently obey'd
me*, ein höchst drolliger Pleonasmus. Im Vorhergehenden ist *resort* im
Sinne von *frequency, assembly, meeting* gebraucht, eigentlich: Zuflucht,
retraite, altfr., wohin sich Jemand zurückzieht. Diez I. p. 388.   6) *fruits.*
Wie in der ganzen Rede drückt sich Pol. hier euphuistisch aus, indem er
fruits für *advantage* nimmt.   7) *we mourn for.* Zu *for* ist das obige
where in *wherein* zu denken (also *where for we mourn*); denn das Relat.
kann durch das Ortsadverb *where* vertreten werden, und sich auf jede Art
von Substantivbegriffen zurückbeziehen. cf. M. III. p. 524 f. Aehnlich
whence und demonstrativ *thence.*

Pol. Hath there been such a time, I 'd fain[1] know that,
That I have positively said, „'T is so,“
When it prov'd otherwise? 155
   King. Not that I know.
   Pol. Take this from this, if this be otherwise.
If circumstances lead me, I will find
Where truth.is hid, though it were hid indeed
Within the centre.[2]
   King. . How may we try it further?
   Pol. You know, sometimes he walks four hours[3] together, 160
Here in the lobby.[4]
   Queen. So he does, indeed.
   Pol. At such a time I 'll loose[5] my daughter to him:
Be you and I behind an arras[6] then:
Mark the encounter; if he love[7] her not,
And be not from his reason fallen thereon, 165
Let me be no assistant[8] for a state,
But[a]) keep a farm, and carters.

a) F. 1. *And.*

1) *fain*, adject. Adv. v. ags. Adj. *fägen, laetus.* M. I. 383.   2) *centre.*
Trotzdem, dass Q. 1. den Ausdruck dahin erklärt: *as deepe as in the
centre of the earth*, so glaube ich doch, dass hier der Mittelpunct des
Handtellers gemeint ist, aus dem man wahrsagte. In Giordano Bruno's
Candelajo sagt Scaramure, indem er in Bonifacio's Handteller den Grund
von dessen Liebe erforscht: *Gli mesi, giorni et ore computarò ben io piu
distintamente, quando col conpasso arò presa la proporzione da la latitudine
de l'unghia maggiore a la linea vitale, e distanza da la summità de l'annu-
lare a quel termine del c en tro de la mano, ove è designato il spazio di
Marte.*   3) *four hours together.* Das *together* bei Zeitbestimmungen ist
uns schon oben I. 2. ♦. 196 begegnet: *two nights together. Four hours*
wäre eine auffallend lange Zeit, um sich zu ergehn, wenn sie nicht der
Prinz, der gänzlich ohne die noblen Passionen eines Laertes ist, mit
Lectüre und Meditationen ausfüllte. Auch Ophelia wird später auf-
gefordert „*to walk*“ und dabei in einem Buche zu lesen, es mag dies
also wohl einer Zeitsitte entsprechen.   4) *lobby*, mlat. *lobia, laubia,
lobium*, „*porticus operta ad spatiandum idonea, aedibus adjuncta.* Ducange,
vom ahd. *laubâ, laubja*, nhd. *Laube*, die Vorhalle der Häuser in vielen
älteren deutschen Städten; in Schlesien: *Löbe.* S. Müller II. p. 41.
5) *loose.* Der Ausdruck könnte sehr unglücklich gewählt erscheinen, wenn
Pol. seine Tochter nicht vorher verpflichtet hätte, allen Umgang mit dem
Prinzen abzubrechen.   6) *arras*, vom ital. *arazzo* (*arazziere*, Tapeten-
macher), nach Diez und Andern zurückzuführen auf *Arras, Atrebatum*,
die bekannte Hauptstadt von Artois, die durch ihre Seidengewebe berühmt
war. Die Vorhänge hingen offenbar ziemlich weit von den Wänden ab,
da das Verstecken hinter denselben bei Shakfp. oft erwähnt wird. So
I Henry IV. II. 4.   7) *If* mit dem Conjunctiv. — Der Conditionalsatz,
insofern er eine Bedingung enthält, die nicht zugleich als verwirklicht
ausgesprochen, oder schlechthin als unverwirklicht gedacht wird, lässt
vielfach den Conjunctiv zu, obwohl er den Indicativ in diesen Fällen nicht
ausschliesst. Koch II. §. 53. M. II. p. 121.   8) *assistant*, der Assistent,

    King. .   We will try it.
    Queen. But, look, where sadly the poor wretch comes reading.
    Pol. Away! I do beseech you, both away.
170 I 'll board [1] him presently: — O! give me leave. —
                    [Exeunt King, Queen, and Attendants.

               Enter H a m l e t, reading.

How does my good lord Hamlet?
    Ham. Well, God - 'a - mercy. [2]
    Pol. Do you know me, my lord?
    Ham. Excellent a) [3] well; you are b) a fishmonger.
175   *Pol.* Not I, my lord.
    Ham. Then I would you were so honest a man.
    Pol. Honest, my lord?
    Ham. Ay, Sir: to be honest, [4] as this world goes, is to
be one man picked out of ten thousand. c)
180   *Pol.* That 's very true, my lord.
    Ham. For if the sun breed maggots in a dead dog, a
good being [5] kissing carrion, — Have you a daughter?
    Pol. I have, my lord,
185   *Ham.* Let her not walk i' the sun; conception is a blessing;
but as your daughter may conceive. — Friend, look to 't.
    Pol. How say you by that? [*Aside.*] Still harping [6] on
my daughter: — yet he knew me not at first; he said, I was
a fishmonger. He is far gone, far gone: and truly in my

a) F. 1. *Excellent, excellent.*   b) Q. 2. *You are.* F. 1. Q. 1. *Y''are.* Del. *You're.*
c) F. 1. *two thousand.*

ursprünglich ein Amt in gewissen M ö n c h s o r d e n, *pater assistens*, und
wohl später erst auf Staatsbeamte übertragen.   1.) *I 'll board him*, See-
mannsausdruck: *to enter a ship by force*, zugleich aber auch dem französ.
aborder, ital. *abbordare*, entsprechend. S. ahd. *bort*, goth. *baúrd* und so
durch alle german. Sprachen.   2) *God a mercy — God have mercy*,
Gott habe Dank!   3) *Excellent well*, s. Anm. zu I. 1. v. 175.   4) *To
be honest.* Man beachte, dass Hamlet bei seiner idealen Richtung sich
schon oben durch den Widerspruch schmerzlich berührt zeigt, der aus
der Art wie sich die Menschen ä u s s e r l i c h geben, und ihrem i n n e r n
Gehalte resultirt. Ihm gilt absolut kein s c h e i n t.   5) Die bisherigen
Lesarten *being a god* und *being a good* habe ich durch Umstellung geändert. Der Sinn ist offenbar: Wenn die Sonne, *a good being*, sich so weit
herablässt, das Aas eines Hundes zu küssen, und durch spontanee Zeugung
Maden in ihm ausbrütet, so solltest du deine Tochter auch nicht frei in der Sonne
umhergehen lassen, damit sie auf diese Weise nicht etwa empfange. Die
Redensart bezieht sich auf eine Ansicht der atomistischen Philosophie, die
in dem Satze gipfelt: „*Sol et homo generant hominem.*" Natürlich persi-
flirt Hamlet das Verhalten des Polonius, der von dem seiner reinen
Gesinnung sich bewussten Hamlet fürchten konnte, er werde die Liebe
seiner Tochter selbstsüchtig missbrauchen. S. m. Shakſp. - Forsch. I. p. 62. f.
6) *Still harping* wie in Rich. III. IV. 4. v. 364. *Harp not on that string,
that is past.*

youth I suffered much extremity for love; very near this.
I 'll speak to him again. — What do you read, my lord?

   Ham. Words, words, words.[1]   194

   Pol. What is the matter, my lord.

   Ham. Between who?

   Pol. I mean, the matter that you read,[a]) my lord.

   Ham. Slanders, Sir: for the satirical rogue [b])[2] says here;
that old men have grey beards; that their faces are wrinkled;
their eyes purging thick amber[3] and plum - tree gum; and that
they have a plentiful lack of wit, together with most weak
hams: all of which, Sir, though I most powerfully and potently 203
believe, yet I hold it not honesty to have it thus set down;
for you yourself, Sir, shall grow [c]) old as I am,[4] — if like
a crab you could[5] go backward.

   Pol. Though this be madness, yet there is method in 't.
[*Aside.*] Will you walk out of the air,[6] my lord?

   Ham. Into my grave?

---

a) F. 1. *mean.*   b) Q. 2. f. *rogue.*   F. 1. f. *slave.*   c) F. 1. *should be.*

1) *words, words, words*, eine ähnliche Stelle kommt in G. Bruno's
Candelajo vor: Dort fragt Octavio den Pedanten Manfurio: „*Che è la
materia di vostri versi*" und erhält die Antwort: „*Litterae, syllabae, dictio
et oratio, partes propinquae et remotae*," worauf Octavio weiter fragt:
„*Jo dico, quale è il suggetto et il proposito?* — *Between who*, darüber siehe
Koch II. §. 338.   2) *the satirical rogue.* — Man achte darauf, wie fein
Hamlet den Polonius verspottet, indem er den Schriftsteller einen satyri-
schen Schurken nennt, der die Wahrheit f r e i h e r a u s s a g t. Offenbar
zielt Shakſpere hier auf eine Stelle in *Spaccio de la Bestia trionphante*
des Giordano, wo es heisst: Jupiter fängt an vorsichtig zu werden, denn
er lässt keine andern Leute in seine Rathsversammlung, als Personen, die
auf dem Kopfe Schnee, auf der Stirn Furchen, auf der Nase die Brille,
am Kinne Mehlstaub, in der Hand den Stock, an den Füssen Blci
haben etc. S. m. Shakſp. - Forsch. I. p. 52 u. p. 60.   3) *amber*, arab.
ambar, lat. *styrax, storax*, gr. στύραξ, Ambra, das Harz der A l t i n g i a
e x c e l s a in Java und dem südlichen Asien. Dieser Baum liefert den
flüssigen d. h. ächten orientalischen Storax, der frisch in Farbe und Con-
sistenz dem H o n i g ähnlich ist, später weisslich und durchscheinend wird.
Die Liquidambar styraciflua in Mexico liefert ein ähnliches Harz.   4) *old
as I am.* Häufig hat der Modalsatz mit *as* sowohl in vollständigen als
unvollständigen Sätzen kein Correlat; z. B. *Rose who was bright as the
spirit of dawn.* Th. Moore, p. 79. S. M. III. p. 496.   5) *shall grow old,
if you could.* Die Construction der Q. 2, die im Hauptsatze das Präteritum
(*should*) vermissen lässt, hat offenbar Delius und Dyce bewogen, die Lesart der F. vorzuziehn; allein das Präteritum wechselt oft mit der futuri-
schen und andern Zeitformen, welche das hypothetische Satzgefüge zulässt.
cf. *If you could hurt, Your swords are now too massy for your strengths,
and will not be uplifted.* (Temp. III. 3. v. 66.) Der Sinn ist: Ihr sollt noch
so alt wie ich werden — — wenn ihr nämlich rückwärts gehen könntet
wie ein Krebs, d. h. wenn ihr wieder jünger werden könntet. M. II. 92.
6) *out of the air* d. i. *of the draught of air.*

211   *Pol.* Indeed, that is out o' the air. — How pregnant
sometimes his replies are! a happiness that often madness hits
on, which reason and sanity could not so prosperously be
216 delivered of. I will leave him, and suddenly contrive the
means of meeting between him and my daughter. [a]) — My
honorable lord, I will most humbly take my leave of you.

   Ham. You cannot, Sir, take from me any thing that I
will more willingly part withal; except my life, except my
life, except my life. [b])
222   *Pol.* Fare you well, my lord.
   Ham. These tedious old fools!

Enter Rosencrantz and Guildenstern.

   Pol. You go to seek[1] the lord Hamlet? [c]) there he is.
225   *Ros.* God save you, Sir!   [To Polonius.
                                                   [Exit Polonius.

   Guil. Mine honour'd lord! —
   Ros. My most dear lord!
   Ham. My excellent good friends! How dost thou, Guilden-
stern? Ah, Rosencrantz! Good lads, how do ye both?
231   *Ros.* As the indifferent children of the earth.
   Guil. Happy, in that we are not overhappy;
On fortune's cap we are not the very button. [d])
   Ham. Nor the soles of her shoe?
235   *Ros.* Neither, my lord.
   Ham. Then you live about her waist, or in the middle[2]
of her favours?
   Guil. 'Faith, her privates we. [3]

a) Q. 2. f. Nur: *I will leave him and my daughter. My lord, I will take my leave
of you.*   b) F. 1. *except my life, my life.*   c) So Elze, Dyce u. Del. Ohne Fragezeichen.   d) Q. 2. f. *Happy in that we are not ever happy on fortune's cap. We are
not the very button.*

1) *you go to seek.* Häufig giebt man bloss rethorischen Frage-
sätzen die Form der Antwort, wodurch man dem Angeredeten andeutet,
dass man mit dem Inhalte bereits bekannt ist, auf den die Frage sich
richtet. Es ist daher vollkommen gleichgiltig, ob man nach solchen
Sätzen ein Semicolon, wie Dyce und Delius im obigen Falle, oder ein
Fragezeichen setzt, wie Elze.   2) *her waist or in the middle* s. oben I.
2. v. 198. *In the dead waist and middle of the night.* Sh. scheint das Bild
grade bei abstracten Begriffen zu lieben, um ihnen durch die Personification
eine sinnliche Färbung zu verleihen.   3) *Her privates we.* Das Verbum
der Existenz kann nicht blos im Präsens, sondern auch in andern Zeitformen fehlen. cf. Young. N. Th. 6, 804. *Whose footsteps these?* und
6, 815. *How little they who think aught great below.* S. M. II. 44. 45.
Eine ähnlich klingende, wenn auch wesentlich anders zu deutende Ellipse
ist Act. III. 2. 291. *A whole one, I.* Guildenstern nimmt das Wort *private* im
Sinne von *privé man*, wie sich das Wort bei Chaucer C. T. 8395 findet:
*A maner sergeant was this privé man, The which he faithful often founden
had In thinges great;* Hamlet jedoch legt Gewicht darauf, dass der Aus-

Ham.   In the secret parts of fortune? O! most true; she is a strumpet.   What news?

Ros.   None, my lord, but that the world 's grown honest. 241

Ham.   Then is dooms‑day[1] near; but your news[2] is not true.   Let me question more in particular: what have you, my good friends, deserved at the hands[3] of fortune, that she sends you to prison hither?

Guil.   Prison, my lord?

Ham.   Denmark 's a prison.[4]

Ros.   Then is the world one.   250

Ham.   A goodly one; in which there are many confines, wards, and dungeons, Denmark being one of the worst.

Ros.   We think not so, my lord.

Ham.   Why, then 't is none to you; for there is nothing[5] 255 either good or bad, but thinking makes it so: to me it is a prison.

Ros.   Why, then your ambition makes it one: 't is too narrow for your mind.

Ham.   O God! I could be bounded in a nut‑shell, and 260 count myself a king of infinite space, were it not that I have bad dreams.[6]

druck *private* auch so viel ist wie *secret*, daher *secret parts* für *private p.*, eine Bedeutung die für uns Deutsche durch den Ausdruck *strumpet* hinlänglich illustrirt wird.   1) *dooms‑day*. Wenn an andern Stellen Shakſpere dem jüngsten Gericht sittliche Greuel vorangehen lässt, so kehrt er hier, wo die Unterhaltung i r o n i s c h ist, die Vorstellung um.   Diese Umkehr allgemein giltiger Ansichten und Urtheile ist ihm im ironischen Ausdruck ganz geläufig. cf. *we shall obey were she ten times our mother*. cf. Simrock p. 143. u. meine Nachklänge germanischer Mythe p. 7.   2) *your news is*; einzelne Plurale sind im Engl. zu Singularen geworden, wie *odds, news, means, gallows*; über *summons* s. I. 1. v. 149. Anm. 2.   3) *at the hands*, von Seiten. cf. *this is allowed on all hands*, dies‑wird von allen Seiten zugegeben.   4) *a prison*. Dass dem Prinzen bei seiner idealen Richtung die Welt als eine vertausendfachte Schranke des Geistes erscheinen muss, ist nur natürlich.   Der Kampf gegen diese Einengung, die zunächst mit der Endlichkeit und Unzulänglichkeit der menschlichen Natur beginnt, bildet einen Grundgedanken des Stücks, während sich die philosophische Lehre von der Unendlichkeit des Geistes in dem Gedanken zuspitzt: *I could be bounded in a nutshell and count myself a king of infinite space*.   5) *there is nothing* etc. Dieser Satz stimmt mit der Lehre des Naturphilosophen G. Bruno überein, die zu der Thesis führt: „Absolute genommen ist Nichts unvollkommen oder ein Uebel; nur in Bezug auf Anderes erscheint es so, und was dem Einen ein Uebel, das ist dem Andern gut.   Je mehr sich aber der Mensch zum Anschauen des Ganzen erhebt, um so mehr verschwindet für ihn der Begriff des Uebels; am wenigsten wird er den Tod als ein solches ansehn.   Der Weise fürchtet den Tod nicht, ja es kann Fälle geben, wo er ihn sucht, wenigstens ihm ruhig entgegensieht.“ Dies ist ein anderer wesentlicher Punkt, in welchem sich Shakſpere's Hamlet mit dem italienischen Philosophen berührt. S. Erdmann, Gesch. d. Phil. I. 553 ff.   Meine Shakſp.‑Forsch. I. p. 61 ff. 6) *bad dreams*. Der einseitige Idealismus kann nicht hindern, dass sich

Guil. Which dreams, indeed, are ambition; for the very substance of the ambitious is merely the shadow of a dream.

266 *Ham.* A dream itself is but a shadow.

Ros. Truly, and I hold ambition of so airy and light a quality, that it is but a shadow's shadow.

Ham. Then are our beggars bodies,[1] and our monarchs, and outstretched heroes, the beggars' shadows. Shall we to the court? for, by my fay, I cannot reason.

273 *Ros., Guil.* We 'll wait upon you.

Ham. ,No such matter: I will not sort you with the rest of my servants; for, to speak to you like an honest man, I am most dreadfully attended. But, in the beaten way of friendship, what make you at Elsinore?[2]

Ros. To visit you, my lord; no other occasion.

280 *Ham.* Beggar that I am, I am even poor in thanks; but I thank you: and sure, dear friends, my thanks are too dear, a halfpenny.[3] Were you not sent for? Is it your own

das Böse, dem wir im Leben zu entfliehen suchen, trotzdem in unsere Vorstellungen einmischt. Diesen Gedanken verstehen die beiden Edelleute, die an den Hof gekommen sind, um mit dem Verrath an ihrem Jugendfreunde schnell **Carriere** zu machen, ganz und gar nicht. Sie denken sich Hamlet, wie sie es selbst sind, von ungemessnem Ehrgeiz erfüllt und legen sein Verhalten dahin aus, dass er sich durch den temporären Ausschluss von der Thronfolge verletzt fühle. 1) *Then are our beggars bodies.* Wenn das Wesen des Ehrgeizes Nichts ist, dann sind Personen, die blos „Ehrgeiz" sind, wie gewaltige von Eroberungssucht erfüllte Monarchen, Nullitäten, und ihnen gegenüber die von Ehrgeiz freien Bettler die einzigen Realitäten im Leben. Hamlet darf sicher sein, dass ihn die Jugendfreunde, die gekommen sind ihn auszuhorchen, nicht verstehen, deshalb kann er die Aeusserung wagen: „Sollen wir an den Hof? denn, wahrhaftig, ich kann nicht vernunftgemäss schliessen," womit er einfach sagen will, dass man am Hofe des Claudius Vernunft nicht gross nöthig habe. Beide Angeredete nehmen die Frage buchstäblich und verstehen den Sinn des Nachsatzes nicht. 2) Die folgende Unterredung zeigt Hamlet's Ueberlegenheit über die falschen Freunde, die, unfähig ihm sein Geheimniss zu entlocken, von ihm soweit in die Enge getrieben werden, dass sie ihm verrathen, zu seinen Aufpassern bestellt zu sein. S. m. Shakfp.-Forsch. I. p. 122 ff. 3) *too dear a halfpenny.* Bei Dyce VII. p. 23. liest man folgende Bemerkung Walker's (Crit. Exam. &c. vol. II. p. 259.): „*Until it can be shown that ,dear a halfpenny' is English, I should certainly prefer ,too dear at a halfpenny.'* Dieser Stelle gegenüber ist zu beachten Maetzner II. 169. „Das Maass um wie viel ein Gegenstand von einem andern im eigentlichen oder bildlichen Sinne übertroffen wird, oder hinter ihm zurückbleibt, wird durch den Accusativ bezeichnet." Cf. *two years younger, a rush the better, a few generations later, a trifle shorter* (obwohl Niemand sagt: *two years young, a rush good, a few generations late, a trifle short, long* etc.). Daher auch in Rich. II. V. 5. v. 68.: *The cheapest of us is ten groats too dear.* Dass der Accus. auch nachfolgen kann, beweisen Sätze mit Verbalbegriffen: *it will be increased some pages soon.* Dyce hält sich übrigens

inclining? Is it a free visitation? Come, come; deal justly
with me: come, come; nay, speak.

    Guil. What should we say, my·lord?   286

    Ham. Why anything [1] but to the purpose. a) You were
sent for; and there is a kind of confession in your looks,
which your modesties have not craft enough to colour: I know,
the good king and queen have sent for you.

    Ros. To what end, my lord?   292

    Ham. That you must teach me. But let me conjure you,
by the rights [2] of our fellowship, by the consonancy of our
youth, by the obligation of our ever-preserved love, and b)
what „by“ more dear a better proposer could charge you
withal, [3] be even and direct with me, whether you were sent
for, or no?

    Ros. What say you? c)   [To Guildenstern. [4] 300

---

    a) Q. 2. f. *Any thing but to'th purpose.*   b) Alle Edit. *and by what more
dear* etc.   c) Del. ohne Bühnenweisung wie Qs. u. Fs. Dyce (Aside to Guild.)

an die herkömmliche Lesart. Der Sinn obiger Stelle ist: Mein Dank —
der unaufrichtig ist — ist nicht mehr werth, als eure falschen Freund-
schaftsversicherungen; danke ich euch aber, so gebe ich euch immer noch
etwas zu viel, da ihr werth wäret, dass ich euch wie Schelme behandelte.
1) *Anything but* = *anything except.* Der Gebrauch von *but* (ags. *butan,*
ausser) beruht hier auf Satzverkürzung und Zusammenziehung. Aehnlich:
The fine arts were all but proscribed. Macaul. H. of E. I. 80. S. M. III.
470. II. 472. 3.   2) *by the rights,* dies und das folgende ist eine köst-
liche Persiflage ihrer geheuchelten Freundschaft.   3) Die Hinzufügung des *withal* hätte die bisherige Kritik auf ihren Irrthum aufmerksam machen sollen. Auch Delius, Elze, Dyce schreiben nach Vorgang
der alten Editionen „*and by what more dear a better proposer could charge
you withal,*“ ohne dass sie versuchen, den Verbrauch zweier Präpositionen
für einen Zweck zu erklären. Es ist deutlich, dass die Klimax, in welcher
das „*by*“ dreimal angewendet wird, durch dessen Substantivirung im
Nebensatz erst ihren Abschluss erhält, so dass zu verstehen ist: *with
what more dear „by“ a better proposer could charge you.*   4) *To Guildenstern.* — Dyce schreibt: *Aside to Guil.,* wogegen Nichts einzuwenden ist;
nur muss man sich dann vorstellen, dass Hamlet die Frage: *What say
you?* obgleich sie bei Seite gesprochen wird, dennoch hört. Derselbe
Herausgeber lässt Hamlet dann die Worte: *Nay, then I have an eye of
you* etc. ebenfalls bei Seite sprechen, wodurch die Situation allerdings an
Lebendigkeit gewinnt, da man annehmen muss, Rosencrantz und Guildenstern flüstern erst miteinander oder geben sich Winke um sich zu berathen,
was sie sagen wollen. Ich nehme an, dass Alles laut verhandelt wird,
weil sich die Herren durch ihr Beiseitesprechen doch gar zu plump verrathen würden. *I have an eye of you,* Z. 301, ist wohl mit Steevens zu erklären: „*I have a glimpse of your meaning,*“ denn dieser Sinn ergiebt sich aus
den Nebenbedeutungen von *eye,* = *sight, view, notice, attention,* Sam.
Johnson E. D., so dass man nicht nöthig hat mit Collier einen falschen
Gebrauch der Präposition beim Dichter vorauszusetzen, der ja in Ausdrücken wie *beware of, take notice, leave, advantage of* u. s. w. genug
analoge Fälle besass.

Ham. a) Nay, then I have an eye of you. — If you love me, hold not off.

Guil. My lord, we were sent for.

Ham. I will tell you why; so shall my anticipation prevent your discovery, and your b) secrecy to the king and queen moult no feather. I have of late, (but wherefore I know not) lost all my mirth, foregone all custom of exercises;[1] and, indeed, it goes so heavily c) with my disposition, that

310 this goodly frame, the earth, seems to me a steril promontory; this most excellent canopy, the air, look you, this brave o'erhanging firmament, d) this majestical roof fretted with golden fire, why, it appeareth nothing to me but e) [2] a foul

315 and pestilent congregation of vapours. What a piece of work is a man! How noble in reason! how infinite in faculties! f) in form and moving, how express and admirable! in action, how like an angel! in apprehension, how like a god! the beauty of the world! the paragon of animals! And yet, to

321 me, what is this quintessence of dust? man delights not me; no, nor woman neither,[3] though by your smiling you seem to say so.

Ros. My lord, there was no such stuff in my thoughts.

326 *Ham.* Why did you laugh then, when I said, man delights not me?

Ros. To think, my lord, if you delight not in man, what lenten entertainment the players shall receive from you: we coted [4] them on the way, and hither are they coming to offer you service.

a) Dyce (*Aside.*)   b) F. 1. *Your discovery of your secrecy to the king and queen. Moult no feather.*   c) F. 1. *heavenly.*   d) F. 1. *brave o'erhanging, this majestical* etc. e) F. 1. Del. *No other thing to me than.*   f) F. 1. Del. *faculty.*

1) *all custom of exercices*, regelmässige Körperübungen.   2) *no other thing than;* Lesart der F. 1. — Wie durch Comparative wird *than* auch durch einige Begriffe bedingt, welche eine vergleichsweise Verschiedenheit bezeichnen, wie *other, else; otherwise.* Maetzner weist den Gebrauch schon bei Lagamon II. 395 nach. cf. I. Henr. IV. I. 3. v. 10. *We do no otherwise than we are willed.* M. III. 512 f.   3) *no, nor woman neither. Neither* reiht sich am Ende eines Satzes allerdings pleonastisch, aber doch verstärkend einer einfachen Negation, sehr häufig aber auch der Partikel *nor* an. Der Gebrauch findet sich schon im Ormulum und ist bei Shakfp. durchaus nicht selten. cf. M. III. 354.   4) *we coted them*, wir überholten sie, liessen sie hinter uns, nicht, wie Delius will, holten sie ein, kamen an ihre Seite. Cf. L. L. L. IV. 3. v. 86. *Her amber hair for foul hath amber coted*, ihr Ambrahaar liess wirklichen Ambra als „unansehnlich" weit hinter sich. Nares beweist die vorzugsweise Verwendung des Ausdrucks in der Jägersprache. Die beste Interpretation giebt der Dichter selbst durch Rosencrantz im dritten Act 1. v. 17: *It so fell out, that certain players we o'er-raught on the way.* Caldecott führt aus Golding's Uebersetzung der Metamorphosen an „*With that*

Ham. He that plays the king, shall be welcome; his 332
majesty shall have tribute of me: the adventurous knight
shall use his foil and target: the lover shall not sigh gratis:
the humorous man shall end his part in peace: the clown
shall make those laugh, whose lungs are tickled o' the sere, [a]) [1]
and the lady shall say her mind freely, or the blank verse ·338
shall halt for 't. — What players are they?

Ros. Even those you were wont to take such delight in, 341
the tragedians [2] of the city.

Ham. How chances it they travel? their residence, both
in reputation and profit, was better both ways.

Ros. I think, their inhibition [3] comes by the means of the 346
late innovation.

Ham. Do they hold the same estimation they did when
I was in the city? Are they so followed?

Ros. No, indeed, they are not.   351

Ham. How comes it? Do they grow rusty?

a) So F. 1. Q. 1.: *The clowne shall make them laugh That are tickled in the lungs.*
In Q. 2. f. fehlt *the clown — the sere.*

Hippomenes coted her " was die lateinischen Worte: *Praeterit Hippomenes*
wiedergiebt. S. Dyce, Gloss. p. 102. Auch Sam. Johnson giebt einfach
nach Chapman: *to leave behind;* ich gestehe, dass mir das Etymon des
Wortes unklar ist.   1) *sere* ist Trockenheit. Bei Chaucer Adject. *seer*
z. B. Rom. R. 4749. *And May devoid of all delite With seer braunches,*
blossoms ungrene etc. Das Wort kommt vom ags. *sęár, siccus,* ahd. *sôr,*
dürr, trocken. *O' the sere* von der Trockenheit des Hustens gebraucht,
der sich durch herzhaftes Lachen zu lösen pflegt. In diesem Sinne überliefert Q. 1. umschreibend: *The clown shall make them laugh that are tickled*
in the lungs. Unter den Erklärungen bei Dyce, Gloss. p. 389, ist die
von S i n g e r die einzig richtige.   2) *tragedians of the city.* Man übersehe nicht, dass Shakſpere's Dramen stets Verhältnisse und Anschauungen
seiner e i g n e n Zeit und Umgebung darstellen, dass er sich demnach
gestatten darf, Theaterangelegenheiten der Hauptstadt hier zur Sprache
zu bringen.   3) *their inhibition.* Das Verbot der Schauspiele wurde
1601 erneuert, doch waren zwei Gesellschaften: The Fortune und The
Globe von diesem Verbote eximirt. Die strenge Handhabung desselben
zwang sogar einzelne Schauspielertruppen zur Auswanderung nach Deutschland. S. Alb. Cohn, Shakesp. in Germ. p. 237. Die Construction des
Satzes ist übrigens unklar. Man erwartet eher: *I think it comes by the*
late innovation of their inhibition, oder: *their itineration comes by means*
of the late inhibition. Die Stelle scheint mir kurz vor dem Druck der
Q. 2. (1604), die im Folgenden den ganzen Passus nach „*no, indeed they*
are not" bis *Hercules and his load too* fortlässt, erst aus dem Bühnenmanuscript flüchtig nachgetragen. Aus diesem war ein Theil des Folgenden schon in
die Q. 1 (1603) übergegangen, bis die Fol. 1623 den Rest aufnahm, der
keineswegs mit Nothwendigkeit dem Dichter selbst zuzuschreiben ist. Die
Erwähnung der Kindertheater findet sich nämlich nur Q. 1. und F. 1, was
einen Hauptbeweſs für meine Ansicht liefert, dass beide Drucke derselben
Quelle, nämlich dem Bühnenmanuscripte des Globetheaters entsprungen
sind. Q. 1. überliefert: „*Noveltie carries it away, For the principall*

Ros. ᵃ)Nay, their endeavour keeps in the wonted pace:
but there is, Sir, an aery [1] of children, little eyases, [2] that
cry on the top out of ᵇ) question, [3] and are most tyrannically
clapped for 't: these are now the fashion; and so berattle ᶜ)
358 the common, stages, (so they call them) that many, wearing
  * rapiers, are afraid of goose quills, and dare scarce come
thither.

361 *Ham.* What! are they children? who maintains them?
how are they escorted? ᵈ) [4] Will they pursue the quality [5]
no longer than they can sing? will they not say afterwards,

a) Q. 2. f. fehlt: *Nay, their endeavour — Hercules, and his load too.* b) Sämmtl.
Edit. *that cry out on the top of.* c) F. 1. *beratled.* F. 2. *berattle.* d) Sämmtl. Ed. *escoted.*

*publike audience that Came to them, are turned to private playes, And to
the humour of children.* 1) *eyry* auch *ayry, airy.* Ueber das Wort ist
viel gestritten worden; es ist offenbar nichts weiter als franz. *aire,* Tenne,
Vogelheerd, Baustelle, Adlerhorst; ital. *aja,* mit nahezu denselben Bedeu-
tungen, lat. *area,* v. $\alpha \check{\iota} \rho \omega$, allgem. ein hochgelegener, freier Platz, und
darum Horst des Adlers, weil das Nest dieses Raubvogels dielenartig flach
ist wie eine Tenne. Fast sämmtliche Bedeutungen von *area* stimmen zu
aja und *aire,* wiewohl Diez hier (gegen die Academie) andrer Meinung
ist; Dyce schreibt *aery* (wie Sam. Johnson *aerie*) offenbar mit Recht, da
das Wort im mlt. *aëria* lautet. Der Begriff „Bauplatz“ ist ohne Frage
neben „Diele“ bei der Bezeichnung des Adlernestes mit zur Anwendung
gekommen. Man übersehe nicht, dass *area* heut noch im Englischen den
Platz bezeichnet, der im städtischen Wohnhause zwischen der Küche
(oder dem Souterrain) und der Strasse liegt. 2) *An eyas.* Das Wort
entstand wahrscheinlich durch aphaeresis aus *a nias,* fr. *niais,* lat. *nidax*
(zu *nidus*), Nestling, also eigentlich *a nyas.* cf. *adder* aus ags. *naedre,*
apron aus fr. *napperon* durch den Einfluss des Artikels *a* an dem die *n*
haften bleiben. Koch I. §. 156. 3) *that cry on the top.* Die Unmöglichkeit, den Worten in der bisherigen Reihenfolge einen verständlichen Sinn
abzugewinnen, wird man endlich wohl zugeben, nachdem man so mancherlei
Versuche gemacht. Ich bin überzeugt, dass im Manuscript nur gestanden
hat: *that cry on the top, out of question* — d. h. die im höchsten Tone
schreien, wo es gar nicht zur Sache gehört, und dafür mächtig beklatscht
werden. Wahrscheinlich hat die Redensart: *to cry in the top of* — wie
sie in derselben Scene Z 459 angewendet ist, den Setzer zur Umstellung
veranlasst. Die mir von K. Elze empfohlene Auslegung Wellesley's, welche
den Ausdruck *question* im Sinne von *rack,* Folter, nimmt, so dass *that
cry out on the top of question* heissen müsste: „Die aufschreien, wenn
man sie recht scharf vornimmt,“ erhält nach meiner Ueberzeugung in den
folgenden Worten: *and are most tyrannically clapped for it,* keine genügende
Erklärung. 4) *escoted,* v. mlt. *scotum,* sp. pg. *escote,* fr. *écot* für *escot,*
niederd. *schot,* nhd. *schoss,* Steuer, Zeche. Es ist sehr fraglich, ob die
von Sam. Johnson herrührende Erklärung: „Wer bezahlt ihre Zeche?“ die
richtige ist, da der Dichter doch kaum zu dem ungewöhnlichen Ausdruck gegriffen haben würde, wo andere ihm so nahe lagen, und jenes:
„*who maintains them?*“ doch genau dasselbe sagt. Ich vermuthe daher,
dass *escorted* gestanden hat, da von Kindern die Rede ist, die des Schutzes
und der Leitung bedürfen. Natürlich *scorta* (fr. *escorte*) im alten Sinne
= Aufsicht, *scortare, escorter,* beaufsichtigen. 5) *quality* wie ital. *qua-
lità* und span. *calidad* der Stand, Beruf.

if they should grow themselves to common players, (as it is
most like, a) if their means are not better) their writers do
them wrong, to make them exclaim against their own
succession? [1]

 Ros. 'Faith, there has been much to do on both sides; [2] 369
and the nation holds it no sin, to tarre them to controversy: ·

a) F. 1. *like most.*

1) *succession.* Nicht Zukunft, wie Schlegel und Delius es nehmen,
gewissermassen für „die erwachsenen Schauspieler," zu denen sich die
Kinder doch einmal entwickeln müssen; sondern „künftiger Erfolg im
recitirenden Drama," den sie, wenn sie erwachsen sind und ihre Stimmen
zum Singen nicht mehr taugen, doch auch gern haben wollen, den sie
sich aber selbst vorweg nehmen. cf. ital. *successione* = lat. *successus.*
2) Delius und Andere nehmen mit grosser Wahrscheinlichkeit an, dass
der Streit zwischen den Kindertheatern (*Children of St. Paul's*, *Westminster*,
the Chapel und *of the Revels*) und den eigentlichen Bühnen gemeint sei,
und dass sich jenes „*on both sides*" in der Rede des Rosencrantz auf *the
aery of children* und *the common stages* beziehe. Die stilistische Anordnung
des Textes, wie er jetzt vorliegt, macht die Stelle dadurch unklar, dass
in Hamlets Rede die Worte vorhergehn: „*their writers do them wrong to
make them exclaim against their own succession*," weil man voraussetzt,
Rosencrantz knüpfe an diese Worte an, während er doch nur den Gedanken
wieder aufnimmt, den er vor Hamlet's Rede ausgesprochen. Logischer
und stilistischer Zusammenhang kommt in den Dialog nur, wenn man liest:
 *Ros. Nay, their endeavour keeps in the wonted pace: but there is, Sir,
an aery of children, little eyases, that cry on the top out of question, and
are most tyrannically clapped for 't.*
 *Haml. What! Are they children? who maintains them? How are
they escorted? Will they pursue the quality no longer, than they can sing?
will they not say afterwards, if they grow themselves to common players,
(as it is most like, if their means are not better) their writers do them wrong,
to make them exclaim against their own succession?*
 *Ros. These are now in fashion; and so berattle the common stages
(so they call them) that many wearing rapiers, are afraid of goose quills,
and dare scarce come thither. 'Faith, there has been much to do on both
sides, and the nation holds it no sin, to tarre them to controversy etc.*
Ich wage jedoch nicht, diese Aenderung ohne Weiteres im Texte
selbst zu machen. Natürlich wurden auch die Protectoren der eigentlichen
Theater, die degentragenden jüngern Herrn vom Adel von den Kinder-
theater-Poeten nicht geschont, so dass diese aus Rücksicht auf den Hof,
der die Knaben begünstigte, die eigentlichen Theater nicht mehr zu
besuchen wagten. Das Publicum hatte seine Freude an dem Gezänk,
namentlich wenn es zwischen dem ·für die Kinder dichtenden Hof-Poeten
und dem für die Schauspieler schreibenden Dramatiker (*the
player*) im Dialoge zu derben Ausfällen kam. Wenn der Passus nicht
eingeschoben ist (was auch Elze halb und halb vermuthet), so hat es
gewiss nicht (und hierin begegnen wir Rümelin's Ansicht) im Sinne des
Dichters gelegen, ihn seinem Stücke bleibend einzuverleiben. Ein
Beweis dafür ist, dass der Q. 2. (1604), die uns ohne Zweifel die primitive Arbeit des Dichters überliefert, obige Stelle fehlt. Die Einschiebung
in· das Bühnenmanuscript dürfte im Jahre 1601, also nach Erneuerung
des bekannten Theaterverbotes, das nach Drake II. p. 206 (1817) zuerst

there was, for a while, no money bid for argument, unless
the poet and the player went to cuffs in the question.
　　Ham. Is it possible?

375　　*Guil.* O! there has been much throwing about of brains.[1]
　　Ham. Do the boys carry it away?
　　Ros. Ay, that they do, my lord; Hercules, and his
load too.[2]

380　　*Ham.* It is not strange; for my uncle is king[3] of Denmark, and those that would make[4] mows[a]) at him while my
father lived, give twenty, forty, fifty,[b]) an hundred[5] ducats
a-piece, for his picture in little.[6] 'Sblood,[7] there is something in this more than natural, if philosophy[8] could find
it out.   [Flourish of trumpets within.[c])

386　　*Guil.* There are the players.
　　Ham. Gentlemen, you are welcome to Elsinore.[9] Your
hands. Come, then; the appurtenance[10] of welcome is fashion
and ceremony: let me comply with you in this garb, lest my
extent to the players, (which, I tell you, must show fairly

392 outward) should more appear like entertainment than yours.
You are welcome; but my uncle-father, and aunt-mother,
are deceived.

395　　*Guil.* In what, my dear lord?

---

a) Q. 2. *mouths*, Q. 1. *mops and moes.* F. 1. Elze *mowes.* Del. u. Dyce *mows.*
b) F. 1. fehlt *fifty.*   c) F. 1. *Flourish for the Players.*

am 22. Juni 1600 gegeben wurde, erfolgt sein. Das Globetheater war
von der Inhibition überhaupt gar nicht berührt; im Gegentheil konnten
ihm nur Vortheile aus derselben erwachsen, da es zugleich mit dem
Theater zur Fortuna die ausgedehnteste Concession erhielt. Es scheint
daher, dass Shakſpere's Gesellschaft die Sache nur als einen Ehrenpunkt
betrachtete, und dass sie ihre Stellung in dem Streite gegen die Kindertheater eben nur·hat markiren wollen.   1) *brains* == es wurde viel Hirn
verpufft.   2) *Hercules* etc. ist nach Del. u. Elze eine Anspielung auf
das Globetheater, dessen Abzeichen die von Hercules getragene Weltkugel
war; nach Obigem wäre dann die Aeusserung nur ironisch zu fassen.
3) *my uncle is king* — es ist jetzt die Zeit der Emporkömmlinge.
4) *mow*, schiefes Maul, fr. *moue*, altfr. *mol*, s. Diez II. 370. Ed. Muell. II.
p. 110.   5) *an hundred.* Der Gebrauch von *a* und *an* ist mit den
bekannten Vorschriften der Grammatiker nicht in Uebereinstimmung
geblieben. Man setzt „*an*" vor aspirirtem *h*, wenn die Tonsilbe auf
die mit *h* anhebende folgt: *an histórical piece;* dagegen findet sich: *an
hero;* bei *an hundred* vielleicht durch Einfluss des üblichen *one.*
6) *in little* — *en miniature.*   7) *S'blood* == *God's b.*   8) *if philosophy.*
S. meine Shakſpere-Forschungen p. 50.   9) *Welcome to Elsinore.* Dialectisch wird *to* bisweilen für *at* gebraucht: *When were you to Plymouth.*
(*Halliw. v. to.*) M. II. p. 283. c.   10) *appurtenance*, ital. *appartenenza*,
Zubehör, von *pertinere*, mit verdunkeltem *e*. Diese nachträgliche Bewill-
kommnung erweist sich als Ironie und zeigt nur, wie verhasst dem Prinzen
das geheuchelte Wesen der Urbanität ohne innerlichen Gehalt ist.

Ham. I am but mad north-north-west: when the wind is southerly, I know a hawk from a handsaw. [1]

Enter Polonius.

Pol. Well be with you, gentlemen!

Ham. Hark you, Guildenstern; — and you too; — at each ear a hearer: [2] that great baby, you see there, is not yet out of his swathing-clouts. a)

Ros. Haply, he 's the second time come to them; for, they say, an old man is twice a child.   402

Ham. I will prophesy, he comes to tell me of the players; mark it. — You say right, Sir: o' Monday morning: 't was then, indeed.   406

Pol. My lord, I have news to tell you.

Ham. My lord, I have news to tell you. When Roscius was b) an actor in Rome, —

Pol. The actors are come hither, my lord.   411

Ham. Buz, buz! [3]

Pol. Upon my honour, —

Ham. Then came c) each actor on his ass, [4] —

Pol. The best actors in the world, either [5] for tragedy, comedy, history, pastoral, pastoral-comical, historical-pastoral, tragical-historical, tragical-comical-historical-pastoral, d) scene individable, or poem unlimited: Seneca [6] cannot be too heavy,   415

---

a) Q. 1. 2. f. *swadling, swaddling.*   b) F. 1. *When Roscius an actor.*   c) F. 1. can.   d) Q. 2. f. lässt aus: *tragical-historical — historical pastoral.*

1) *hawk — handsaw.* Wenn das letzte Wort auch aus *hernshaw* corrumpirt ist, so ist doch der Witz in Hamlets Munde feiner, wenn er *handsaw* für *hernshaw* spricht, da der Sinn ist: Ich kann unter Umständen Freunde von Aufpassern unterscheiden, und als solche seid ihr doch handgreiflich erkennbar. S. die Analyse dieses Dialogs, in welchem Hamlet seine geistige Ueberlegenheit über die Jugendfreunde und seinen Oheim zeigt, in meinen Shakſp.-Forsch. p. 122 ff.   2) *at each ear a hearer*, ein Hörer mit Anspielung auf ihr Geschäft des „Aushorchens." 3) *buz*, eigentlich Substantiv: Schwatz, Schwatz! Der Witz liegt darin, dass Hamlet in seiner Bemerkung das Wort *actor* früher nennt als der dienstbeflissene Rathsherr.   4) *on his ass.* Johnson will in diesen Worten ein (doch wohl travestirtes?) Balladenfragment erkennen. Da Polonius eben gesagt hat „*upon my honour*," so vermuthet Elze in den darauf folgenden Worten einen beissenden Spott gegen ihn.   5) *either — or.* Das *poem unlimited* ist sämmtlichen übrigen Gattungen des Drama's gegenüber gestellt, nicht blos dem *scene individable.* — Von den Editoren hat nur Delius eine Characteristik der letzten beiden Dramenarten gewagt. Im Concessionspatent vom Jahre 1603 heisst es, der Globe-Gesellschaft solle gestattet sein: *freely to use and exercise the art and faculty of playing comedies, tragedies, histories, interludes, morals, pastorals, stage-plaies,* zur letzten Kategorie scheint das *poem unlimited* zu gehören, was ich für ein extemporirtes Stück halte.   6) *Seneca.* Was für Ansichten frühere englische Editoren über den Dichter der epischen Meisterwerke Venus und

nor Plautus too light. For the law[1] of rhythm,[a]) and the
liberty,[2] these are the only men.

422   *Ham.* „O Jephthah, Judge of Israel,“ what a treasure
hadst thou!

         Pol. What a treasure[3] had he, my lord?

425   *Ham.* Why —

                „One fair daughter, and no more,
                 The which he loved passing well.“

         Pol. Still on my daughter.   [Aside.

         Ham. Am I not i' the right, old Jephthah?

430   *Pol.* If you call me Jephthah, my lord, I have a daughter
that I love passing well.

         Ham. Nay, that follows not.[4]

         Pol. What follows then, my lord?

         Ham. Why,

435   „As by lot, God wot,“
And then, you know,

a) Q. 1. *For the law hath writ, those are* etc. Q. 2. F. 1. *law of writ.* Rowe,
Pope, *of wit.*

Adonis, Tarquin und Lucretia u. s. w. hatten, zeigt die Anmerkung Warton's: *I believe the frequency of plays performed at publick schools, sug-
gested to Shakspere the names of Seneca and Plautus as dramatick
authors.* (!)   1) *For the law of rhythm.* Ich gestehe, dass ich die Aenderung in *rhythm* nach langem Zögern und erst dann vorgenommen habe,
als auch Dyce VII. p. 224. keine andere Aushilfe bot, als jenen Vorschlag
Walker's, mit Rowe und Pope „*wit*“ zu lesen. Wenn englische Erklärer
übrigens dem Dichter selbst zutrauen konnten, Seneca und Plautus
aus eignen Studien nicht gekannt zu haben, so mag man dem Herausgeber verzeihen, wenn er der Meinung ist, dass die Setzer jener Zeit
über das Wort *rhythm* einigermassen beunruhigt, es auf eigene Verantwortung in das für sie verständlichere *writ* umgewandelt haben, oder
könnte nicht auch der Dichter nach dem Vorgange des Italienischen
(*Ritmo*) englisch „*ritm*“ geschrieben haben? Ich finde bei Nares s. v.
Rhime royal die jener Zeit angehörenden Formen *Rythme* und *rithme*.
Der Nachschreiber von Q. 1. hat sich wohl nur verhört, wenn er
wiedergiebt: *The law hath writ.*   2) *Liberty, libertas loquendi,* bei Aufführungen aus dem Stegreif. S. Ulrici, Shakfp. dram. Kunst. 1847. p. 93.
3) Dyce ändert *what a treasure* in *what treasure.* Er übersieht, dass erst
die neueste Grammatik hier einen Unterschied macht. cf. *Let them know
of what a monarchy you are the head.* Henry V. II. 4. v. 72. Und selbst
Coleridge Picc. I. 3. sagt: *Now you see yourself of what a perilous
kind the office is.* M. III. 241. v. 186.   4) *that follows not.* Hamlet
meint „das folgt nicht daraus“ im logischen Sinne. nämlich: „dass
ihr eure Tochter über die Massen liebt;“ er versteckt diesen Sinn
aber hinter dem andern: „dieser Vers folgt in der Ballade nicht.“
Das unberechtigte Misstrauen des Polonius gegen ihn giebt ihm die Veranlassung zu dieser Aeusserung, wie zu der folgenden: *It came to pass
as most like it was,* darauf geschah, wie zu vermuthen war —
denn das Verfahren des Polonius in Hamlets Liebesangelegenheit stützt
sich ja nur auf Vermuthungen, und zwar auf sehr unzarte.

    „It came to pass, as most like it was,“ —
The first row of the pious^a) chanson¹ will show you more;
for look, where my abridgment^b) comes. ²

Enter Four or Five Players.

You are welcome, masters; welcome, all. — I am glad' to 440
see thee^c) well: — welcome, good friends. — O, old friend!
Why, thy face is valanced^d) since I saw thee last: com'st
thou to beard³ me in Denmark? — What! my young lady
and mistress! By-'r-lady, your ladyship is nearer to heaven,
than when I saw you last, by the altitude of a chopine. ⁴ 446
Pray God, your voice, like a piece of uncurrent gold, be not
cracked⁵ within the ring. Masters, you are all welcome.
We 'll e'en to 't like French ^e) falconers, fly ⁶ at any thing
we see: we 'll have a speech straight. Come, give us a
taste of your quality; come, a passionate speech.

1 Play.   What speech, my good^f) lord?   453

---

    a) F. 1. f. (Q.?) Pons Chanson. StR. *pious.* Q. 1. *The first verse of the godly
ballet.*   b) F. 1. *abridgments come.*   c) Alle Edit. *thee.* Dyce *ye.*   d) F. 1. *valiant.*
e) Q. 2. f. *friendly.*   f) F. 1. *my lord.*

    1) Die erste Strophe des „*pious chanson*“ oder „*godly ballad*“ lautet
nach Percy: *Have you not heard these many years ago* ‖ *Jeptha was judge
of Israel?* ‖ *He had one daughter and no mo,* ‖ *The which he loved passing
well* ‖ *And as by lott* ‖ *Got wot* ‖ *It so came to pass,* ‖ *As God's will
was,* ‖ *That great wars there should be,* ‖ *And none should be chosen chief
but he.* S. Elze. Hamlet p. 169 f.   2) *my abridgment comes* — Lest die
Stelle selbst weiter, denn seht, dort kommt die Abkürzung meiner Reci-
tation des Liedes, d. h. die auftretenden Schauspieler.   3) *beard.* Jemandem durch den Bart imponiren, d. h. ihm trotzen wollen.   4) *chopine.*
Das Wort ist seinem Ursprunge nach weder italienisch noch französisch,
wie einige Ausleger wollen, sondern spanisch: *chapin*, und bedeutet ursprünglich eine Art zierlicher Galoschen, die die D a m e n bei schlechtem
Wetter anlegten. Diez II. 112 v. *chapa.* Massinger im Renegado I. 2.
schreibt es allein richtig: *Take my chapins off;* während Ben Johnson es
italianisirt und *cioppinos* schreibt. Marston giebt es französisch *chopines*,
Coryat englisch *chapineys*, und Hall *chippins.* Hieraus erklärt sich, warum
schon Nares das Wort nicht im ital. Lexicon finden konnte. Nach Coryat
soll ein solcher Schuh je nach dem Range der Dame die Höhe einer
h a l b e n E l l e erreicht haben, so dass die drollige Beschreibung in Eve-
lyn's Journal 1645 vol. I. p. 190. sehr glaublich wird: *'Tis ridiculous to
see how these ladys crawle in and out of their gondolas, by reason of their
choppines, and what dwarfs they appeare, when taken down from their
wooden scaffolds.* Nach Marston's Dutch Curtezan war die untere
Partie des Schuh's von Kork. Der Ausdruck „*altitude*“ für *height* ist
daher vom Dichter offenbar mit Absicht gewählt, und das Wort „A b -
s a t z“ also bei Schlegel der Sache nicht ganz angemessen.   5) *cracked
within the ring.* Ging der Riss in einem Goldstücke nach der Mitte zu
bis über den um das Gepräge befindlichen Kreis, so war sein Klang natürlich nicht mehr hell und es hatte an Werth verloren.   6) *I fly a falcon.*
fleógan ist schon im Ags. transitiv. *Þâ Wedlas flugon þâ Englan swâ paer
fŷr waere.* Sie machten sie f l i e h e n. Sax. Chr. 473. Im Neuengl. *A fowl
flies* und *Boys fly kites.* S. Koch II. 6.

Ham. I heard thee speak me [1] a speech once, — but it
455 was never acted; or, if it was, not above once; for the play,
I remember: pleased not the million; 't was caviare [2] to the
general: but it was (as I received it, and others, whose
judgments in such matters cried [3] in the top of mine) an ex-
460 cellent play, well digested [4] in the scenes, set down with as
much modesty [5] as cunning. I remember, one said, there
were a) [6] no sallets [7] in the lines to make the matter savoury, [8]
nor no matter in the phrase that might indite the author of
affectation, b) but called it an honest method, [9] as wholesome
466 as sweet, and by very much more handsome than fine. One
speech c) in it I chiefly loved: 't was Æneas' tale to Dido; [10]
and thereabout of it especially, where he speaks of Priam's
slaughter. If it live in your memory, begin at this line: —
let me see, let my see; —

a) So Q. 2. F. 1. *there was.*   b) Q. 2. f. *affection.* F. 1. fehlt *as wholesome — fine.*
c) F. 1. *One chief speech in it.* Q. 1. *Come, a speech in it I chiefly remember.*
d) *Aeneas 'talke* Q. 2. f.

1) *speak me*, Dat. ethicus, oder doch nahe an ihn heranstreifend, und
häufig bei Shakſp. *He presently Steps me a little higher than his vow Made
to my father. — Proceeded further; cut me off the heads of all the favou-
rites.* I. H. IV. IV. 3. v. 74 u. v. 85. M. II. p. 213.   2) *caviare*, it. *caviale,*
sp. *cabial*, ngr. χαυιάρι, poln. *kawior*, russ. *kabljau, accipenser sturio L.*
3) *to cry in the top of*, nicht wie oben „*cried on the top*" zu fassen,
ihr Urtheil klingt eindringlicher und vernehmlicher als das meine, es über-
tönt das meinige.   4) *well digested* nach dem ital. *digesto*, wohl geordnet
und durchdacht, und dem lat. *digerere* analog.   5) *modesty*, in stilisti-
schem Sinne εὐταξία, Cic. I. off. XL. 142. Orelli. *Sed illa est εὐταξία,
in qua intelligitur ordinis conservatio. Itaque, ut eandem nos modestiam
appellemus, sed definitur a Stoicis, ut modestia sit scientia rerum earum,
quae agentur aut dicentur, loco suo collocandarum.* Wenn später von
modesty of nature die Rede ist, so bezeichnet es die Ebenmässigkeit in
welcher sich die Geberden im gewöhnlichen Leben stets der Situation und
der Gemüthsstimmung anpassen; jene *temperance and smoothness in the
very torrent, tempest and the whirlwind of passion*, wobei *modesty* ähnlich
verwendet wird wie bei Plin. 6, 20, 71. *modestia quaedam aquarum*, gemäs-
sigter Lauf der Gewässer. V e r s t a n d S h a k ſ p e r e w i r k l i c h n i c h t
L a t e i n?   6) *there was* oder *there were no sallets?* Wenn dem Verb
der Existenz ein Ortsadverb (*where, there, here*) vorhergeht und demnach
die Inversion eintritt, ist der Singular für den Plural n i c h t u n g e -
w ö h n l i c h. *There is no moe such Caesars.* Cymb. III. 1. Z. 36. *Now, where's
the Bastard's braves?* I. Henry VI. III. 2. v. 123. S. M. II. 141. Die Lesart
der F. 1. ist daher nicht schlechthin verwerflich.   7) *sallets* — nicht
vom franz. *salade*, ital. *insalata*, sondern vom ital. *saletta*, grobkörniges
Salz; *salets* sind demnach Salzkörner.   8) *savory* v. lat. *sapor.*   9) *honest
method*, ein „redliches Verfahren."   10) *Aeneas tale to Dido.* Gab es
ein solches Stück, so lagen demselben vielleicht die 4 ersten Bücher der
Aeneis zu Grunde, namentlich lib. II. v. 491—552; doch war der Titel
wohl „Aeneas und Dido," nicht „Priams Tod," wie ich in meinen
Shakſp.-Forsch. I. angenommen.

„The rugged Pyrrhus, like the Hyrcanian beast," 472
— 't is not so; — it begins with Pyrrhus.
  „The rugged Pyrrhus, — he, whose sable arms,
  „Black as his purpose, did the night resemble 475
  „When he lay couched in the ominous horse,
  „Hath now this dread and black complexion smear'd
  „With heraldry [1] more dismal; head to foot
  „Now is he total gules; hórridly trick'd
  „With blood of fathers, mothers, daughters, sons; 480
  „Bak'd and impasted with the parching [2] streets,
  „That lend a tyrannous and damned light
  „To their lords' murder:[a]) roasted in wrath and fire,
  „And thus o'er-sized with coagulate gore,
  „With eyes like carbuncles, the hellish Pyrrhus 485
  „Old grandsire Priam seeks;" —
So, proceed you.[b])
  Pol. 'Fore God, my lord, well spoken; with good accent,
and good discretion.
  1 Play. „Anon he finds him 490
  „Striking too short at Greeks: his antique sword,
  „Rebellious to his arm, lies where it falls,
  „Repugnant to command. Unequal match'd[c])
  „Pyrrhus at Priam drives; in rage, strikes wide;
  „But with the whiff and wind of his fell sword 495
  „The unnerved father falls. Then senseless Ilium,
  „Seeming to feel this[d]) blow, with flaming top
  „Stoops to his base; and with a hideous crash
  „Takes prisoner Pyrrhus' ear: for, lo! his sword
  „Which was declining on the milky head 500
  „Of reverend Priam, seem'd i' the air to stick:
  „So, as a painted tyrant, Pyrrhus stood;
  „And,[e]) like a neutral [3] to his will and matter,

a) F. 1. *To their vild murders.* b) *So, proceed you* fehlt F. 1. — Q. 1. *So, goe on.*
c) F. 1. *match.* d) F. 1. *his.* e) *And* fehlt Q. 2. f.

  1) *heraldry* bezieht sich auf den heraldischen Ausdruck *sable*, dem
dann im Folgenden das ebenfalls heraldische Wort: *gules*, blutroth, vom
Rachen wilder Thiere, wie sie in den Wappen häufig gemalt werden, entspricht. Auch *horridly tricked*, 479, ist heraldische Bezeichnung: *Tricking is
still used by heralds, to signify those delineations of arms, in which the
colours are distinguished by their technical marks, without any colour laid
on* (Nares.) 2) *parch*, eigenthümliches aus germanischen und romanischen Stämmen, wie es scheint, nicht nachzuweisendes und doch im Polnischen *par*, Hitze, *para*, Dampf, *parác*, dampfen, so wie im Russ. *páritj*,
sengen, ähnlich vorkommendes Wort. S. Ed. Mueller, v. *parch.* 3) *neutral
to his will and matter.* Einer, der genau auf dem Punkte stehen bleibt,
wo eben der Wille zur That werden soll. Mit dem Moment des Thuns

„Did nothing.

505　　„But, as we often see, against some storm,
　　„A silence in the heavens, the rack[1] stand still,
　　„The bold winds speechless, and the orb below
　　„As hush as death, anon the dreadful thunder
　　„Doth rend the region;[2] so, after Pyrrhus’ pause,
510　　„Aroused vengeance sets him new a-work,
　　„And never did the Cyclops’ hammers fall
　　„On Mars*) his armour,[3] forg’d for proof eterne,
　　„With less remorse than Pyrrhus’ bleeding sword
　　„Now falls on Priam. —
515　　„Out, out, thou strumpet,[4] Fortune! All you gods,
　　„In general synod, take away her power;
　　„Break all the spokes and fellies from her wheel,
　　„And bowl the round nave down the hill of heaven,
　　„As low as to the fiends!“

520　　*Pol.* This is too long.

a) St. R. *Marses.*

hört das Wollen auf, denn was nach und mit der That eintritt, ist von
unserm Wollen durchaus nicht mehr abhängig. Wer durch einen neuen
Willensact das Wollen im Moment des Thuns hemmt, der steht der That
gewissermassen eben so nahe, wie dem Wollen, also beiden gegenüber
neutral. — 505. *we see a silence.* Die Bedeutung des Verbums *to see* ist nicht
blos *videre*, *tueri*, sondern auch *observare*, *experiri*, und, wie bei Milton,
dem Verbum *to find* entsprechend; daher dient es, wie schon oben v. 132
und in der Lesart der Q. 1. zu v. 301: *I see how the wind sits*, für Wahrnehmung überhaupt. Schlegel übersetzt Act III. 4. v. 33. *Thou findst, to
be too busy is some danger*, du siehst, zu viel geschäftig sein ist misslich.
Aehnlich ἰδεῖν bei Soph. O. R. v. 505. ἰδεῖν ὄρθιον ἔπος und bei Hom.
νόστιμον ἦμαρ ἰδέσθαι ganz wie Haml. I. 2. v. 83.　　1) *rack.* Unter
den vielen Bedeutungen dieses Wortes ist Ed. Mueller II. p. 229 die hier
angewendete entgangen: „*the moving body of clouds.*“ Das Wort ist ags.
racu, das die Bedeutung von *nebula*, *caligo* hat, wie Grimm (D. M. 774)
nachweist. So im Caedm. v. 1350. ,Þonne sveart racu stigan onginneð,
quum atra nebula surgere incipit. (Altn. *rök* z. B. in *ragnarök* und jüt. *rag.*)
Es scheint den Engländern zu Shakſpere’s Zeit noch dunkel die mytho-
logische Beziehung dieses Wortes zum Weltuntergange vorgeschwebt zu
haben, denn Beaum. & Fletcher in Shep. Bush III. 2. sagen wörtlich:
*He (the Northwind) blows still stubbornly, And on his boistrous rack rides
my sad ruin.* — v. 508. *hush* — still! Eigentlich Interjection. S. Grimm
Gr. 3, 304.　　2) *region, scil. elementary*, ein der alten Astrologie geläu-
figer Ausdruck für Himmel. Es gab für die Astrologen zwei *regiones*.
Regio elementaris hiess alles, was zwischen dem Monde und dem Mittel-
punkte der Erde lag. *Regio aetherea* der Raum vom Monde an aufwärts.
Daher auch Act II, 2. v. 607: *all the region kites*, des Himmels Geier.
3) *Mars his armour.* Verbindung eines Subst. mit dem spätern Possessiv-
pronomen *his*, das ursprünglich Gen. von *he* ist, als Ersatz des einfachen
Genitiv, kommt von Shakſp. an aufwärts bis ins Ags. vor. S. M. III,
p. 226. u. I. p. 287.　　4) *strumpet*, nach Mueller auf *stuprata* zurückzuführen. Ueber *out, out* s. M. I. p. 420.

Ham. It shall to the barber's,[1] with your beard. — Prithee, say on: — he 's for a jig, or a tale of bawdry, or he sleeps. — Say on: come to Hecuba.

    1 Play. „But who, O woe,[a]) had seen the mobled[b]) queen"[2] —

Ham. The mobled queen?   526
Pol. That 's good; mobled queen is good.
    1 Play. „Run barefoot up and down, threat'ning the flames
„With bisson[3] rheum; a clout upon[c]) that head,
„Where late the diadem stood; and, for a robe,   530
„About her lank and all o'r-teemed loins,
„A blanket, in the alarm of fear caught up;
„Who this had seen, with tongue in venom steep'd,
„'Gainst fortune's state would treason have pronounc'd:
„But if the gods themselves did see her then,   535
„When she saw Pyrrhus make malicious sport
„In mincing with his sword her husband's limbs,
„The instant burst of clamour that she made,
„(Unless things mortal move them not at all)
„Would have made milch[4] the burning eyes of heaven   540
„And passion[d]) in the gods."
Pol. Look, whe'r[e])[5] he has not turned his colour, and has tears in 's eyes! — Prithee, no more.

a) Del., Dyce, F. 1. *But who, O, who.*   b) F. 1. *inobled* u. *Inobled* v. 527. Q. 1. 2. f. F. 2. *mobled.*   c) F. 1. *about.* Q. 1. *a kercher on that head.*   d) Elze nach St. R. *passionate.*   e) Q. 1. *if.* Q. 2. u. F. 1. *where.* Edit. *whether.* Del. *whe'er.*

    1) *it shall to the barber's* — wie es scheint eine feine Anspielung auf diejenigen von des Dichters eigner Zuhörerschaft, die ihn veranlasst, seine Tragödie Hamlet in verkürzter Form dem Zeitbedürfniss anzupassen. S. m. Shakſp.-Forsch. I. p. 20.   2) *inobled* stände für *ignobled.* Da die F. 1. das Wort 527 mit grossem *I* wiederholt, scheint kein Druckfehler vorzuliegen. Der Sache nach ist es so viel werth wie *mobled,* doch empfiehlt sich dieses zu dringend durch Q. 1. u. 2. Da es kein Verb *to ignoble* giebt, muss die Bildung des Wortes dem P. auffallen, und doch billigt er sie als etwas Neues vom euphuistischen Standpunkte. Ueber die Verstummung des *g* vor *n,* wie in *cognizance, seignior* u. s. w. s. M. I. 69. Koch I. p. 140. Heut wird das *g* gehört, vielleicht war es ehemals schwankend. *Mobled* oder *mabled* ist der Bedeutung nach „verhüllt."   3) *bisson, bisen, coecus,* ein angelsächs. Ausdruck. Ettm. p. 294. 4) *milch.* Die Herausgeber, auch Delius, bringen das Wort mit *milk,* ags. *miluc,* irrthümlich zusammen; es ist aber offenbar ags. *milisc, mulsus, mitis* und in der Verbalform *miliscjan, mitescere* enthalten, was später ebenfalls in *milch* zusammengezogen wurde. Da sich der Ausdruck auf *passion* in derselben Weise bezieht wie auf *burning eyes of heaven,* das zornglühende Auge des Himmels, so ist hier wohl das Verbum und nicht das Adjectiv *milch* zu vermuthen, und Capell's Aenderung *passioned the Gods* überflüssig.   5) *where* oder *whether,* beides ist gerechtfertigt. Die

545 *Ham.* 'T is well; I 'll have[1] thee speak out[2] the rest of this *) soon. — Good my lord, will you see[3] the players well bestowed? Do you hear, let them be well used; for they are the abstracts,[b])[4] and brief chronicles, of the time: after your death you were better[5] have a bad epitaph, than their ill report while you lived.

552 *Pol.* My lord, I will use them according to their desert.

Ham. God's bodkin,[c])[6] man, much[d]) better: use every man after his desert, and who shall[e]) 'scape whipping? Use them after your own honour and dignity: the less they deserve, the more merit is in your bounty. Take them in.

Pol. Come, Sirs.

[Exit Polonius, with some of the Players.[f])

560 *Ham.* Follow him, friends: we 'll hear a play to-morrow. — Dost thou hear me, old friend? can you play the murder of Gonzago?

1 Play. Ay, my lord.

565 *Ham.* We 'll have it to-morrow night. You could, for a need, study a speech of some dozen or sixteen[7] lines, which I would set down and insert in 't, could you not?

a) *Of this* fehlt F. 1. f.   b) Q. 2. *abstract* als Adj. Q. 1. *the Chronicles and briefe abstracts.*   c) Q. 2. *bodkin.* Del. *bodikin.*   d) *much* fehlt F. 1. Q. 1. *far.*   e) F. 1. Q. 1. *should.*   f) Q. 1. *Exit.*

syncopirte Form des letztern ist *whe'r*. Sh. Temp. V. 1. v. 111. *Whe'r thou beest he or no.*   1) *have thee* — *to have* steht mit dem Accus der Person und einem Infin. mit und ohne *to*, wenn es so viel bedeutet als im Bereiche seiner Wahrnehmung oder Erfahrung haben. Häufig kann es dann mit lassen übersetzt werden, wie hier und im Folgenden: *I 'll have these players Play something like the murther of my father.* M. III. p. 8. β. 2) *speak out*, zu Ende sprechen. Das adverbiale *out* steht dem deutschen „weg," „fort," ferner dem „heraus" in dem Sinne des Offenbarwerdens wie der Abirrung, so wie dem „aus" in der Bedeutung der Durchführung bis zu Ende im Allgemeinen gleich. So Byron Bride A. 2, 14. *If thou my tale, Zuleika, doubt, Call Haroun, he can tell it out.*   3) *to see* wird sehr häufig in dem Sinne von „zusehen, dass," „dafür sorgen, dass," mit dem blossen Part. Praet. gebraucht. So in Rich. II. III. 1. 29 u. 35. *See them delivered over* und *see them despatch'd.*   4) *abstract*, Sam. Johnson: *An epitome made by taking out the principal parts.*   5) *You were better have.* Der reine Infin. kommt bisweilen bei unpersönlichen Sätzen mit einem prädicativen Adjectiv, wie *good, better, best*, vor z. B. *It were best not know myself.* Nach M. II. 2. ist es unangemessen, diese elliptischen Sätze als Verkürzungen persönlicher Sätze anzusehn, welche mit ähnlicher prädicativer Bestimmung vorkommen und den reinen Infin. bei sich haben; z. B. *We were best look that your devil can answer the stealing of this same cup.* Marl. Dr. F. III. 3.   6) *God's bod'kin* für *God's body*, d. i. die Hostie. Ueber diese euphemistische Diminutivform s. M. I. p. 432. Sonst bedeutet *bodekin* einen Dolch. So Chaucer C. T. 3958. *But if he wold be slain of Simekin, Whit payade or with knif or bodekin.* M. I. p. 421.   7) *some dozen*, von etwa 12 bis 16 Zeilen. Bei

1 Play. Ay, my lord.

Ham. Very well. — Follow that lord; and, look you, mock 570
him not. [*Exit Player*] My good friends, [*To Ros. and Guil.*]
I 'll leave you till night: you are welcome to Elsinore.

Ros. Good my lord! ●

　　　　　　　[Exeunt Rosencrantz and Guildenstern.

Ham. Ay, so, good bye to you.[a]) — Now I am alone. 575
O, what a rogue and peasant slave am I!
Is it not monstrous, that this player here,
But in a fiction, in a dream of passion,
Could force his soul so to his own conceit,[b])
That, from her working, all his visage wann'd,[c])　　　　　　580
Tears in his eyes, distraction in his[d]) aspect,[1]
A broken voice, and his whole function suiting
With forms[2] to his conceit, and all for nothing!
For Hecuba!
What 's Hecuba to him, or he to Hecuba,[e])　　　　　　585
That he should weep for her? What would he do,
Had he the motive and the cue for passion,
That I have? He would drown the stage with tears,
And cleave the general ear with horrid speech;
Make mad the guilty,[3] and appal[f]) the free,　　　　　　590

---

a) Q. 2. *God buy to you.* F. 1. *God buy 'ye.* Ed. Elze *good bye to you.* Del. *God be wi' you.* Globe Ed. *God be wi' ye.* b) Q. 2. Elze *own*, F. 1. u. Del. *whole.* c) F. 1. *warm'd.* d) Q. 2. f. *in his.* F. 1. *in 's,* ebenso Del. e) Q. 2. *or he to her.* f) Q. 2. *appále.* F. 1. apeale. Q. 6. *appeale.*

quantitativ bestimmten oder quantitativ aufzufassenden Substantiven tritt *some* in der Einzahl und Mehrzahl auf, nicht sowohl um den Bruchtheil eines Quantums (wie *some wine*), als vielmehr das genannte Quantum selbst als unbestimmtes, nur ungefähr zutreffendes zu kennzeichnen; z. B. *some five and twenty years; some six years ago and more.* S. M. III. 252. Koch II. §. 364. Aehnlich provinziell im Deutschen: Einige vier. (Halle.) 1) *aspect* ist hier gebraucht wie ital. *aspetto*, Antlitz. Nach F. 1. auch mit dem Accent auf der zweiten Silbe, wie diese nach Koch I. 179 sogar noch Milton aufweist, doch zeigt die Q. 2. schon andere Betonung. 2) *forms to his conceit.* Die Wiederholung von *conceit* in dieser Rede macht die Stelle stilistisch schwach, weshalb oben der Lesart der Q. 2. *own conceit* für *whole c.* der Vorzug zu geben ist, da in *whole function suiting* der Ausdruck noch einmal vorkommt. Der Sinn ist freilich: Erst zwingt der Schauspieler seine Seele, dann auch seine Geberden zu seinem Vorhaben. Wäre der Schauspieler in Hamlets Lage, so würde dieser sich von der zarten Rücksicht auf den Ruf der Mutter und die Ehre des verstorbenen Vaters nicht ewiges Schweigen auferlegen lassen, sondern selbst von der Bühne herab den grausen Bericht der begangenen Verbrechen in das Ohr des Publikums donnern. Hamlet muss sich durch die Rücksichten, die er bei dem Idealismus seiner Weltanschauung und der Noblesse seines Herzens in dem durchaus berechtigten Gefühle der Pietät auf die Eltern zu nehmen hat, wie ein elender Feigling vorkommen. 3) *The guilty, the free, the ignorant* sind Plurale; *free* ist

Confound the ignorant; and amaze, indeed,
The very faculties of eyes and ears.
Yet I,
A dull and muddy - mettled rascal, peak, [1]
Like John a - dreams, unpregnant of my cause,
595 And c a n say nothing; no, not for a king,
Upon whose property, and most dear life,
A damn'd defeat [2] was made. Am I a coward?
Who calls me villain? breaks my pate across?
Plucks off my beard, and blows it in my face?
600 Tweaks me by the nose? gives me the lie i' the throat,
As deep as to the lungs? [3] Who does me this? [a])
'Swounds! I should take it; for it cannot be,
604 But I am pigeon - liver'd, and lack gall
To make oppression bitter, or, ere this,
I should have fatted all the region kites
With this slave's offal. Bloody, bawdy [4] villain
609 Remorseless, treacherous, lecherous, kindless [5] villain! [b])

a) Collier, Del. setzen *ha!* nach *this.* Q. 6. *Hah!* vor *'Swounds* in den folg.
Vers.   b) F. 1. nach *villain: O, vengeance!*

jedoch in dem Sinne von „unschuldig" zu fassen, also: *free of guilt*, und
„*ignorant*" wie die übrigen Ausdrücke nur in Beziehung auf das verübte
Verbrechen zu verstehn. Der Sinn ist: Der schuldige König und, wenn
er deren hätte, seine Helfershelfer, müssten vor Angst und Scham rasend,
andere, die um den Vorfall wissen, ohne dabei betheiligt zu sein,
blass vor Entsetzen, die übrigen, denen die Sache neu ist, über das Vor-
gefallene ganz verwirrt werden, da doch Niemand dem freundlichen
Könige so ungeheure Bosheit zutrauen kann.   1) *peak.* Nares
berichtet aus Todd's Johnson: *To peak is also to look or act sneakingly.*
Ed. Mueller übersieht das Wort.   2) *defeat.* Die Ausleger nehmen an
diesem Ausdruck Anstoss, doch ist seine Verwendung hier ganz vortreff-
lich, denn er entspricht dem altfr. *desfaict, défaite* in der Bedeutung:
rascher Verkauf. Der Sinn ist also: Mit dessen Eigenthum und
theurem Leben ein verfluchter Handel getrieben wurde. *se desfaire*, sich
von einer Sache losmachen. *offal = off-fall*, ahd. *âs.*   3) *as deep
as to the lungs.* In einigen Gegenden Deutschlands (Schlesien) sagt man
proverbiell um Einen Lügen zu strafen: Du lügst es in deinen Hals
hinein, d. h. die Lüge kehrt in dich zurück und fällt auf dein Gewissen.
Die hier erwähnten Beschimpfungen würde der Prinz ruhig hinnehmen,
nicht weil er feig ist, sondern weil ihn Rücksichten binden, über
die sich sinnlicher angelegte, leicht in Wuth zu versetzende Menschen
darum hinwegsetzen würden, weil die Leidenschaft des Zorns und die
blinde Wuth sie rasch zu einer That fortreissen würde. In der vierten
Scene des dritten Acts macht sich Hamlet den Vorwurf, dass er: *lapsed
in time and passion*, der Zeit und Leidenschaft verlustig, den Befehl des
Vaters nicht ausgeführt habe.   4) Der Ausdruck *bloody* bezieht sich
nicht grade auf den mörderischen Character des Königs, sondern ist
namentlich mit *bawdy* zusammen ein beschimpfender noch jetzt in den
untern Volksschichten üblicher Ausdruck.   5) *kindless — unnatural* von
cynde, natura.

Why?[a]) What an ass am I![b]) — this [1] is most brave;   611
That I, the son of a dear father murder'd,[c])
Prompted to my revenge by heaven and hell,[2]
Must,[3] like a whore, unpack my heart with words,
And fall a cursing, like a very drab,   615
A scullion![d]) [4]
Fie upon 't! foh! About, my brain! — I have heard,
That guilty creatures, sitting at a play,
Have by the very cunning of the scene
Been struck so to the soul, that presently   620
They have proclaim'd their malefactions;
For murder, though it have no tongue, will speak
With most miraculous organ. I 'll have these players
Play something like the murder of my father,
Before mine uncle: I 'll observe his looks;   625
I 'll tent him to the quick:[5] if he but blench,
I know my course. The spirit that I have seen
May be a[e]) devil:[6] and a devil hath power
To assume a pleasing shape; yea, and, perhaps,
Out of my weakness, and my melancholy,   630
As he is very potent with such spirits,
Abuses me to damn me. I 'll have grounds [7]

a) F. 1. *Who.*   b) F. 1. Nach *I: Ay sure.* Ebenso Del.   c) Q. 1. *The sonne
of my dear father.* Q. 2. *of a deere murdered.* F. 1. *of the Deere murthered.* Später
(1607. 1611. 1637) *dear father.*   d) Q. 1. *scalian.* Q. 2. f. *stallion.* F. 1. 2. *scullion.*
e) F. 1. Q. 1. *the.* Q. 2. *a.*

1) Die F. 1. setzt nach „*What an ass am I*" noch die Worte: *Ay,
sure,* ein Einschub, den nicht nur das Metrum, sondern auch die Rücksicht auf den Wohlklang (*I* und *Ay* dem Klange nach identisch) zurück-
weist.   2) *by heaven and hell.* Das heilige Gebot der Pietät treibt ihn
ebensosehr zur Rache an, wie der Bericht seines aus dem Fegefeuer
zurückgekehrten Vaters, über dessen wahre Natur, ob er nämlich Himmels-
düfte oder Dampf der Hölle bringe, sich Hamlet, dem ja jedes Kriterium
darüber mangelt, selbst noch nicht klar ist. Erst der handgreifliche
Beweis, der in den Erfolgen des Schauspiels liegt, zerstreut seine Zweifel.
3) *Must.* Dies *must* ist mit *I can say nothing* v. 595 ein wichtiger
Fingerzeig für das Verständniss des Characters und die Interpretation
überhaupt. Es beweist, dass Hamlet sich wirklich durch die Verhältnisse eingeengt und gezwungen sieht, so zu handeln, wie er es
thut, denn sonst würde an beiden Stellen „*do*" (für *must* und *can*) stehen.
4) Das Wort *scullian* erinnert an *rampallian, fustilarian* in 2. Henry IV.
5) *tent him to the quick,* ein der Chirurgie entlehnter Ausdruck, vom
Sondiren einer Wunde.   6) *may be a devil.* S. meine Shakſp.-Forsch. I.
p. 48. 49.   7) Hamlet kommt nicht erst jetzt zu dem Entschlusse,
des Königs Gewissen durch das Schauspiel zu fangen, da er oben schon
den Schauspieler gefragt hat, ob er 12 bis 16 Verse in den Gonzago einschieben könne; er sagt daher nicht: *the play be,* sondern *is the thing* etc.
Er musste erst der Zustimmung des Schauspielers sicher sein, ehe er in
der Prüfung weiter schreiten konnte. Das theologische Bedenken

More relative [1] than this: the play 's the thing,
Wherein I 'll catch the conscience of the king.

ACT III.

SCENE I.

A Lobby in the Castle.

Enter King, Queen, Polonius, Ophelia, Rosencrantz, and Guildenstern.

King. And can you, by no drift of conference a) [2]
Get from him, wy he puts on this confusion, [3]
Grating so harshly all his days of quiet [4]
With turbulent and dangerous lunacy?
5 *Ros.* He does confess, he feels himself distracted;
But from what cause he will by no means speak.
Guil. Nor do we find him forward to be sounded,
But with a crafty madness keeps aloof, [5]
When we would bring him on to some confession
10 Of his true state.
Queen.   Did he receive you well?

---

a) F. 1. Del. Dyce. *circumstance.*

Hamlets: *The spirit that I have seen May be a devil*, hat dem Dichter noch neuerdings (Rümelin) ungerechten Spott zugezogen. König Jacob lehrt allen Ernstes in seiner Dämonologie, dass der Teufel Gewalt habe: „*servitio corporum tam fidelium quam infidelium in parte hac uti.*" S. meine Shakfpere-Forsch. I. p. 49.   1) *more relative*, Gründe, die mehr Anknüpfung gewähren, sich deutlicher auf die Sache beziehen. Nach heutigem Sprachgebrauch hätten wir grade den Ausdruck „*positive*" hier erwartet.   2) Ich lese mit Elze und den Qs. „*conference*" weil „*drift*" offenbar hier in activem Sinne zu fassen ist, und *conference* einfach für Unterredung steht. Später heisst es: *In the ear of all their conference.* 3) *Get fróm him why he púts on this confúsion.* Der König argwöhnt bei Hamlet nur simulirten Wahnsinn; dasselbe thut Rosencrantz und Guildenstern, daher: *crafty madness.*   4) *days of quiet.* Der durch *of* ersetzte Genitiv der Eigenschaft für das adjectivische Attribut ist häufig bei Shakfp. S. Koch II. 159. M. III. 308. β.   5) *to keep aloof* ist Waidmanns-Ausdruck; wenn das Wild sich so hält, dass es durch den Wind die Witterung vom Jäger erhält, und dieser ihm nicht beikommen kann; zugleich aber auch vom Piraten, der sich auf der Windseite des ihn verfolgenden Schiffes hält.

Ros.   Most[1] like a gentleman.
Guil.   But with much forcing of his disposition.
Ros.   Niggard of question;[2] but, of our demands,
Most free in his reply.[a])
Queen.   Did you assay[3] him
To any pastime?   15
Ros.   Madam, it so fell out, that certain players
We o'er-raught on the way: of these we told him;
And there did seem[4] in him a kind of joy
To hear of it. They are[b]) about the court;
And, as I think, they have already order   20
This night to play before him.
Pol.   'T is most true:
And he beseech'd me to entreat your majesties,
To hear and see the matter.
King.   With all my heart; and it doth much content me
To hear him so inclin'd.[5]   25
Good gentlemen, give him a further edge,[6]
And drive his purpose on to[c]) these delights.
Ros.   We shall, my lord.
                 [Exeunt Rosencrantz and Guildenstern.

a) Q. 2. f. F. 1. f. *Niggard of question; but, of our demands, Most free in his reply.* So auch Del. und Dyce. Dagegen Warburton, Elze, *Most free of q.* und *Niggard in his r.* b) Q. 2. f. *They are here about* etc., so auch Elze. c) Q. 2. f. *into.*

1) *most like* ist nicht Superlativ, sondern Verstärkung durch *most:* höchst oder ganz ähnlich einem Edelmanne. 2) *Niggard of question* — Warburton's Conjectur, welcher auch Elze folgt, dass nämlich die Ausdrücke *most free* und *niggard* aus Versehen umgestellt seien, so dass zu lesen wäre: *Most free of question; but of our demands, Niggard in his reply*, kann man nicht gelten lassen, da es doch gewiss nicht *gentleman-like* ist, viel zu fragen und karg mit der Antwort zu sein. Dem entspricht auch Hamlets Verhalten nicht, dessen einzige und bestimmte Frage eben nur ist: *Were you not sent for?* während seine Erwiederungen höchst wortreich sind. Rosencrantz trägt hier offenbar nur eine schon zu Shakſpere's Zeit giltige Anstandsregel vor. — *of our demands.* Die durch *of* ausgedrückte Vorstellung des Grundes oder Motives tritt öfter an die Stelle der sonst durch *on* oder *upon* bezeichneten. *Of that condition I will drink it up.* Marl. Jew of M. 4, 5. *Even of pure love.* Sh. S. Koch II, 348. M. III. 240. *of these we told* — *of* bei Verben des Sprechens, Vernehmens und Urtheilens. S. Koch II. 349. 3) *assay*, alte Form für *essay*, v. gr. ἐξάγιον, *exagium, examen;* Habt ihrs bei ihm mit irgend einem Zeitvertreib versucht? 4) *seem*, hier *apparere*, ags. *sêman*, urtheilen, altn. *sama*, geziemen. Das Verbum ist transit., intransit. und impers. S. Koch II. 83. Die Lesart der Q. 2. *they are here* lässt sich vertheidigen, wenn man *they are* einsylbig liest; ich glaube indessen, dass das vorhergehende *hear* die Einschiebung des ohnehin nicht nöthigen Ortsadverb verbietet. 5) Das Part. praet. streift sehr oft an einen Infinit. und wechselt mit diesem. Der Satz bildet also eine Verkürzung: *to hear him to be so inclined.* 6) *to give edge*, vom Antreiben des Viehes mit dem Stachel entlehnt, wie *stimulare* von *stimulus.*

  King.   Sweet Gertrude, leave us too;
For we have closely [1] sent for Hamlet hither,
30 That he, as 't were by accident, may here [a])
Affront Ophelia.
Her father, and myself (lawful espials) [2]
Will so bestow ourselves, that, seeing, unseen,
We may of their encounter frankly judge;
35 And gather by him, as he is behav'd, [3]
If 't be the affliction of his love, or no,
That thus he suffers for.
  Queen.   I shall obey you. —
And, for your part, Ophelia, I do wish,
That your good beauties [4] be the happy cause
40 Of Hamlet's wildness; so shall I hope, your virtues
Will bring him to his wonted way again,
To both your honours.
  Oph.   Madam, I wish it may. [Exit Queen.
  Pol. Ophelia, walk you here. — Gracious, [5] so please you,
We will bestow [6] ourselves. — Read on [7] this book; [To Oph.
45 That show of such an exercise may colour [8]
Your loneliness. [b]) — We are oft to blame in this, —
'T is too much prov'd, that, with devotion's visage, [9]

<hr>

a) F. 1. *there.* b) Q. 2. f. *lowliness.*

1) *closely* — es ist dem Prinzen heimlich zu verstehen gegeben
worden, wo er Ophelien finden könne. — *affront*, ganz wie ital. *s'affrontar.*
La Sicilia s'affronta coll' Affrica, liegt gegenüber; von Personen also: sich
von Stirn zu Stirn, d. i. von Angesicht zu Angesicht sehn. 2) *espials*,
v. ital. *spiare*, sp. prov. *espiar*, fr. *épier*, ahd. *spëhôn*, (Ottfr. 4, 11, 2.)
spiohôn, spähen. Die seltnere Form *espial* für *espy* gebraucht auch Spencer.
Nares führt aus More's Utopia, by Robinson p. 7 an: *They hurt no man
that is unarmed unless he be an espiall.* Vielleicht von einem ital. *espiale*
wie *sensale?* 3) Je nachdem er angethan ist, sich „hat od. benimmt."
4) Dyce führt folgende Bemerkungen aus Walker's Crit. Exam. &c. vol. I.
p. 252 an: „*That your beauties . . . . your virtues . . . . I wish it may. —
Surely Sh. wrote beautie and perhaps also virtue.*" Dyce wagt trotzdem
nicht zu ändern, und seine Vorsicht ist gerechtfertigt, da die Beschei-
denheit Ophelien verbietet, das Subject, welches grammatisch richtig
they sein müsste, hervortreten zu lassen. Sie legt offenbar den
Nachdruck auf das Prädicat *may*, so dass der Satz eine impersonale Färbung erhält. 5) In der Anrede erscheint das blosse Adject. ohne Weiteres
substantivirt; z. B. heut: *dear*, Lieber, Liebe; und Ae. *Lefe and dere, my
lond is at pi wille.* P. L. 1019. Koch II. 178. — *so* ist hier conditional,
der Satz elliptisch für *so it please you.* 6) *to bestow = to place.*
7) wie im Mhd. *an den buochen lesen.* 8) durch Färben einem Dinge
einen andern Anschein geben. 9) Die Erfahrung hat es zu oft
gelehrt, dass wir in der Verstellungskunst so weit gekommen sind, hinter
frommen Mienen ein ganz teuflisches Innere zu verbergen. Gegen diese

And pious action, we do sugar [a]) o'er
The devil himself.
    King.   O! 't is too true;[b])   [Aside.
How smart a lash that speech doth give my conscience!   50
The harlot's cheek, beautied with plastering [1] art,
Is not more ugly to the thing [2] that helps it,
Than is my deed to my most painted word.
O heavy burden!
    Pol. I hear him coming: [3] let 's withdraw,[c]) my lord.   55
                        [Exeunt King and **Polonius.**

Enter Hamlet.

    Ham. To be, or not to be, that is the question: [4] —
Whether 't is nobler in the mind, [5] to suffer
The slings [d]) and arrows of outrageous fortune;
Or to take arms against a sea of troubles,
And by opposing end them? — To die, — to sleep,   60
No more; — and, by a sleep, to say we end
The heart-ache, and the thousand natural shocks
That flesh is heir to, — 't is a consummation
Devoutly to be wish'd. To die, — to sleep: —
To sleep! perchance to dream: — ay, there 's the rub;   65
For in that sleep of death what dreams may come,

<hr>

    a) F. 1. Druckf. *surge.*   b) F. 1. *'t is true.*   c) Q. 2. f. *I hear him coming; withdraw.*   d) Einige Edit. unnöthigerweise: *stings* gegen Qs. u. Fs.

Scheinfrömmigkeit richtet sich Hamlet von vorn herein. „Es sind
Geberden, die man spielen könnte!“ aber der König in seinem quälen-
den Schuldbewusstsein, fühlt, dass ihn der von Polonius ausgesprochene
Vorwurf am härtesten treffe.   1) *plastering art* — ist wohl nur (wie
oben *to colour*) so viel wie *painting art* unser Schminken. Act. V. 1. 212.
heisst es: *Now get thee to mylady's chamber, and tell her, let her paint
an inch thick, to this favour she must come.* S. auch Drake (1817)
II. 95.   2) Wie die erdfahle Blässe einer verbuhlten Wange von dem
frischen Roth der Schminke absticht, ebenso u. s. w.   3) Im Anschluss
an eine objective Satzbestimmung trifft das Particip häufig mit dem Infinitiv zusammen, mit dem es wechseln kann. Dies ist der Fall bei den
Verben sinnlicher und geistiger Wahrnehmung. M. III. 67. 81. S. oben
v. 25. *to hear him so inclin'd.*   4) Hamlet hat die in Wittenberg
begonnenen philosophischen Studien nicht unterbrochen. Er nimmt leb-
haft an den die Zeit bewegenden Fragen theil, und da nach Bruno's Philosophie der Unterschied zwischen dem Existiren in der durch Natur-
thätigkeit gesetzten Form und dem Nichtexistiren in dieser Form
d. h. dem Zerflossensein in die Atome, als durchaus unerheblich gedacht
wird, so tritt an den vom Schicksal hart bedrängten Philosophen allerdings die Frage heran, was edler sei: dulden, oder sich gegen den Ursprung und die Quelle der Leiden d. h. unser Fleisch und die dasselbe
umgebenden Bedingungen auflehnen?   5) Das Denken (*mind*) steht der
obigen Doppelfrage als unabhängig, gewissermassen als Richter gegenüber. Angenommen nun, dass die Behauptung der atomistischen Philo-

When we have shuffled off this mortal coil,[1]
Must give us pause. There 's the respect,
That makes calamity of so long life:
70 For who would bear the whips and scorns of time,
The oppressor's wrong, the proud[a]) man's contumely,
The pangs of despis'd[b]) love; the law's delay,
The insolence of office, and the spurns
That patient merit of the unworthy takes,
75 When he himself might his quietus make
With a bare bodkin? who would[c]) fardels bear,
To grunt and sweat under a weary life,
But that the dread of something after death, —
The undiscover'd country, from whose bourn
80 No traveller returns, — puzzles the will,
And makes us rather bear those ills we have,
Than fly to others that we know not of?
Thus conscience does make cowards of us all;[d])
And thus the native hue of resolution
85 Is sicklied o'er with the pale cast of thought,

a) F. 1. *poor.*　　b) F. 1. *dispriz'd.*　　c) F. 1. Del. schieben *these* ein.　　d) Q. 2. f.
fehlt *uf us all.*

sophie richtig, der Tod also nur eine a n d e r e Form des Seins ist, so
könnte Niemand cinen angenehmeren Abschluss (*consummatio*) seiner Leiden
wünschen, als jenen dem Schlafe verwandten Zustand, den wir T o d t -
s e i n nennen. Indessen ist ja auch das Schlafen an sich nicht immer ein
a n g e n e h m e s Schlafen. Es giebt Phantasieen und schreckhafte Träume
und keine Philosophie vermag zu ergründen, ob Aehnliches auch während
des Todtseins komme oder nicht; zumal, „*when we have shuffled off this
mortal coil,*" wenn wir uns dem Drange dadurch entzogen haben, dass
wir listig selbst Hand an uns legten. Diese Ungewissheit zwingt den
Menschen alle Körper - und Seelenqualen geduldig bis ins hohe Alter mit
sich herumzutragen, was nicht geschähe, wenn sich b e w e i s e n liesse,
dass mit dem Tode alles Ungemach aufhöre. Es ist also immer eine Art
Furcht vor grösserem Uebel, welche dem Menschen seine irdischen Leiden
aufnöthigt. Es scheint, dass jene Gedanken direct gegen die Lehre des
Nolaners gerichtet sind, der die Furcht vor dem Tode eine Absurdität
nennt, und dass der Dichter in unserm Monologe vorzugsweise darauf ausgeht, jene Ansicht zu widerlegen, indem er jene Furcht direct aus dem
Gewissen herleitet, dessen Warnung daher grade solche Unternehmungen
in ihrem Thatwerden erstickt, bei denen etwa das Leben gewagt wird.
1) *coil* halte ich der Bedeutung nach für ags. *colla*, was ursprünglich doch
wohl *colja*, von *cealljan* war, und *terror*, *horror*, ausdrückte. S. Ettm.
p. 380. Ich glaube daher nicht, dass das Wort anglodänisch und auf
altn. *kvöl*, *cruciatus*, oder *kvilli*, *infirma valetudo*, dem ags. *cvild*, *pernicies*
entspräche, zurückzuführen ist. Denn obgleich in der gegenwärtigen Form
das Wort etwas unkenntlich geworden, so spricht die Stelle im Temp. I.
2. 207. *Who was so firm, so constant, that this c o i l Would not infect his
reason?* doch für ags. *colla*, da es sich auf die von Ariel verursachten
S c h r e c k e n d e s S c h i f f b r u c h s bezieht. *Soil* für *coil* zu lesen, wie

And enterprises of great pitch ᵃ) 1 and moment,
With this regard their currents turn awry, ᵇ)
And lose the name of action. — Soft you, now!
The fair Ophelia. — Nymph, in thy orisons
Be all my sins remember'd.   90
    Oph.   Good my lord,
How does your honour for this many 2 a day?
    Ham. I humbly thank you; well. ᶜ)
    Oph. My lord, I have remembrances of yours,
That I have longed long to re-deliver;
I pray you, now receive them.   95
    Ham. No, not I. ᵈ) I never gave you aught.
    Oph. My honour'd lord, you know ᵉ) right well you did;
And with them, words of so sweet breath 3 compos'd,
As made the things more rich: their perfume lost,
Take these again; for to the noble mind,   100
Rich gifts wax poor when givers prove unkind. 4
There, my lord. 5

a) So die Qs. F. 1. f. *pith*. Ebenso Del. u. Dyce. b) F. 1. f. Del. *away*.
c) F. 1. *well, well, well*. So auch Del. d) F. 1. f. Del. *No, no*. e) F. 1. f. *I know*.

Elze im Jahrb. d. Shakſp.-Ges. II. 1867. p. 362 ff. vorschlägt, empfiehlt
sich nicht, seitdem, wie ich glaube, die eigentliche Bedeutung des Wortes
festgestellt ist. 1) Elze erklärt richtig warum mit den Qs. *pitch* zu
lesen ist, da *great* nicht zu *pith* passt. Ueberdies sind, wie aus der
folgenden Zeile hervorgeht, die Unternehmungen als Ströme gedacht, ein
Bild, in welches nur *pitch* richtig einstimmt. — *away* bei Del. für *awry*
ist doch wohl nur Druckfehler. 2) In singularer Bedeutung verbindet
sich *many* im Ne. nicht nur mit dem Artikel, sondern auch mit dem
Demonstrativpronomen. S. Koch II. §. 289. *I have not seen her for this
many a week*. Dickens. Nic. Nick. *This* bei Zeitbestimmungen entspricht
unserm: Die letzten, z. B. in den letzten vierzehn Tagen. 3) Die
verschiedentliche Verwendung von *breath*, *breathe*, wie sie der euphuistischen Ausdrucksweise eigen ist, scheint sich an die Bedeutung von lat.
spiritus, *spirare*, bei Dichtern und Rhetoren zu lehnen: *Mihi spiritum
Grajae tenuem Camenae Parca dedit*. Hor. — *sweet* ist nicht nur süss, sondern auch „duftig" (*sweet briar*), so dass im Folgenden *their perfume*
darauf zu beziehen ist. 4) Die Ungerechtigkeit der dem Prinzen
von Ophelien gemachten Vorwürfe ist vielen Auslegern entgangen. Schon
vor zwei Monaten hatte sie ihrem Vater versprochen, allen Umgang mit
Hamlet abzubrechen, und, wie sich aus Sc. 1. Act II. ergiebt, ihr Versprechen pünctlich gehalten. „*I did repel his letters and denied his access
to me*. Hamlets scheinbare Härte ist nur die Consequenz zu ihrem
Mangel an Vertrauen gegen ihn. Wir dürfen jedoch Opheliens Werth
nicht zu tief herabsetzen, weil es immerhin eine hohe Tugend, die Pietät,
ist, die ihr jenes Verhalten und zwar nicht ohne schweren inneren Kampf
aufgenöthigt hat. S. in dieser Sc. v. 158-169. Eigentlich ist sie ja
die vom misstrauischen Vater Getäuschte und darum unseres Mitleids weit
mehr als unserer Missachtung werth. 5) Da Ophelia annimmt, dass
das, was ihr über Hamlets Absichten in voreiliger Warnung zugeraunt

Ham. Ha, ha, are you honest?
Oph. My lord!
105 *Ham.* Are you fair?
Oph. What means your lordship?
Ham. That if you be honest, and fair, your[a]) honesty should admit no discourse to your beauty.
109 *Oph.* Could beauty, my lord, have better commerce than with honesty?[b])
Ham. Ay, truly, for the power of beauty will sooner transform honesty from what it is to a bawd, than the force of honesty can translate beauty into his likeness: this was sometime a paradox, but now the time gives it proof. I did
116 love you once.

a) **Q. 2. f. *You should.***   b) **F. 1. *with your Honesty.***

worden ist, auch wirklich im Gemüth des Prinzen begründet sei, so ist die Behauptung des unglücklichen Mädchens, dass Geschenke, die nur der Köder eines listigen Verführers sind, „ihren Duft d. h. ihre Weihe" für sie verloren haben. Es ist daher falsch, wenn man annimmt sie gebe die Geschenke zurück, weil sich Hamlet unfreundlich gegen sie betragen habe, da Ophelia die auffallende Aenderung seines Wesens jetzt nur in seinem Wahnsinn, an den sie fest glaubt, finden kann, nnd seit der Warnung des Vaters mit dem Prinzen überhaupt in keine Berührung mehr gekommen ist. Ebenso gerechtfertigt ist es aber auch, dass Hamlet ihr Verhalten als höchste Unredlichkeit auffasst, und sie mit schallendem Gelächter und der Frage straft: „Bist du redlich?" Er stellt sich ausserdem, als nehme er an, Gefallsucht habe sie zur Unredlichkeit verlockt, obwohl er, wie aus dem Folgenden hervorgeht, den eigentlichen Grund in des Vaters Einfluss auf sie richtig erkennt. So lange ihre Anmuth und Schönheit durch die Redlichkeit ihres Gemüths erhöht war, hatte er Grund sie zu lieben; Schönheit und Redlichkeit wohnten ihr unbewusst bei. Aber das Bewusstsein der Schönheit wandelt, weil es zur Gefallsucht führt, die Redlichkeit leicht in ihr Gegentheil um; während auf der andern Seite angeborne Redlichkeit nicht so leicht im Stande ist, dem Bewusstsein der Schönheit seine eigne Eigenschaft, d. h. Beständigkeit und Treue, zu verleihen. Das Paradoxe dieser Behauptung giebt Hamlet zu, aber er meint, Opheliens Verhalten habe den thatsächlichen Beweis geführt (*the time gives it proof*), dass selbst im Character liegende Redlichkeit dem Schönheitsbewusstsein gegenüber seine veredelnde Kraft nicht geltend zu machen vermöge. Selbstverständlich will Hamlet mit den dunklen Wendungen dieses Gesprächs nur Opheliens Glauben an seinen Wahnsinn bestärken, was mit obigen Gründen zusammen die Härte seiner Aeusserungen entschuldigt. Indem er daher behauptet: „einst liebte ich Euch," mildert er selbst das Bittere seiner Vorwürfe; da aber beide durch Polonius an einander irre gemacht sind, konnte Ophelia, die an seine Unredlichkeit glaubt, mit derselben Unbefangenheit äussern: „Ihr machtet es mich glauben," (daher nicht: „ich glaubte Euch"), worauf Hamlet wieder ganz richtig erwidert: „Ihr hättet mir nicht glauben, d. h. lieber von vorn herein misstrauisch sein sollen." Ophelia versteht ihn falsch. Das „*the more*" in ihrer Antwort, Z. 119, beweist, dass sie dem Prinzen wirklich Unredlichkeit zutraut.

Oph. Indeed, my lord, you made me believe so.

Ham. You should not have believed me; for virtue cannot so inoculate ^a)[1] our old stock, but we shall relish of it. I loved you not.

Oph. I was the more deceived.

Ham. Get thee to a nunnery:[2] why wouldst thou be a breeder of sinners? I am myself indifferent honest: but yet I could accuse me of such things, that it were better, my mother had not borne me.[3] I am very proud, revengeful, ambitious; with more offences at my beck,[4] than I have thoughts to put them in, imagination to give them shape, or time to act them in. What should such fellows as I do crawling between heaven and earth? We are arrant knaves, all; believe none of us.[5] Go thy ways to a nunnery. Where 's your father?

Oph. At home, my lord.[6]

Ham. Let the doors be shut upon him, that he may play the fool no ^b) where but in 's own house. Farewell.

Oph. O! help him, you sweet heavens!

Ham. If thou dost marry, I 'll give thee this plague for thy dowry: be thou as chaste as ice, as pure as snow, thou shalt not escape calumny.[7] Get thee to a nunnery; go, ^c) farewell. Or, if thou wilt needs marry, marry a fool, for wise

---

a) Q. 2. verdruckt: *euocutat.* Q. 6. u. 7. *evacuate.* F. 1. f. *inoculate.* So sämmtl. Edit.   b) F. 1. *no way.*   c) Q. 2. f. *farewell* ohne *go.*

1) *evacuate* oder *inoculate?* Ersteres ein der Medicin entnommener Ausdruck: „schlechte Säfte aus dem Körper abführen;“ der zweite passt offenbar besser zu der Metapher: „*old stock*“ und zur Anspielung an die Erbsünde im Folgenden.   2) H. muss O. aufgeben. Bei der Schwäche des Mädchens ist ihr höchstens ein Aufenthalt im Kloster zu empfehlen, wo äusserer Zwang ihrer Unselbständigkeit eine Stütze leiht.   3) In diesen Worten liegt entschieden Ironie. Man hat H. bei O. als einen sinnlichen und gewissenlosen Egoisten verläumdet; jetzt fügt er selbst noch schlimmere Eigenschaften hinzu, wobei er auf die Kirchenlehre anspielt, dass auch im besten Menschen die Keime zur Sündhaftigkeit liegen. Grade die Fehler aber, die er sich zuschreibt, Stolz, Rachsucht, Ehrgeiz, sind die, die ihm bei seiner strengen Selbstcontrolle ebenso fern liegen, wie die geschlechtliche Leidenschaft. Sein Verhalten zu seiner Aufgabe beweist dies.   4) *at my beck* — „gewärtig meines Winks;“ die Aenderung in *back* (Collier, M. C. Walker) ist sinnlos wegen des Folgenden. „Zu Gebote“ stehn die erwähnten Sünden eigentlich jedem Menschen, aber darum ist H.'s Ironie hier so fein, dass er sie speciell auf sich bezieht.   5) „Glaube keinem von uns.“ Sie hätte ihrem Vater und Bruder auch nicht glauben sollen.   6) Die Unwahrheit, die O. dem Prinzen zur Antwort giebt, verdient die Zurechtweisung, die H. ihr giebt. Der kritiklose Gehorsam gegen einen thörichten Vater wird die Quelle ihrer Unredlichkeit gegen den edleren Geliebten.   7) Hamlet ist berechtigt ihr diese Worte zuzurufen, da er die Erfahrung an sich selbst durch O's. Vater und Bruder gemacht hat.

men know well enough what monsters [1] you make of them.
145 To a nunnery, go; and quickly too.   Farewell.

Oph.   O, heavenly powers, restore him!

Ham.   I have heard of your paintings too, [2] well enough:
God hath given you one face, and you make yourselves
another: you jig, you amble, and you lisp, and nickname
God's creatures, and make your wantonness your ignorance.
153 Go to; I 'll no more on 't: it hath made me mad.   I say,
we will have no more marriages: those that are married
already, all but one, shall live; the rest shall keep as they
are.   To a nunnery, go.   [Exit Hamlet.

Oph.   O, what a noble mind is here o'erthrown!
The courtier's, soldier's, scholar's, eye, tongue, sword:
160 The expectancy and rose of the fair [3] state,
The glass of fashion, and the mould of form, [4]
The observ'd of all observers, quite, quite down!
And I, of ladies [5] most deject [6] and wretched,
That suck'd the honey of his music vows,
165 Now see that noble and most sovereign reason,
Like sweet bells jangled, out of tune*) [7] and harsh;
That unmatch'd form and feature [b]) of blown [8] youth

a) Q. 2. f. *time.*   b) Q. 2. f. *stature.*

1) Dass *monster* hier in dem Sinne zu fassen sei, wie Oth. IV. 1. 63,
möchte ich bezweifeln. Es stimmt zu wenig zu dem Vorangehenden: *be
thou as chaste as ice* etc. Es scheint mir hier nur die Wirkung angedeutet, die die Unbeständigkeit schwacher Frauen auf leidenschaftlich
liebende Männer überhaupt ausübt, denn er sagt im Folgenden: *it hath
made me mad.*   2) Diese Schwäche zeigt sich zunächst darin, dass sich
die Frauen so gern äusserlich anders geben und Unschuld und Kindlich-
keit affectiren, wo sie ihnen in Wirklichkeit fehlt.   3) Das Adj. *fair*
ist nicht blos (an. *fagr*, ags. *fäger*) „schön" sondern auch „loyal, ritter-
lich." Als Muster der Ritterschaft durfte H., da er noch Aussichten auf
die Thronfolge hatte, als Hoffnung und Blüthe des ritterlichen Staates
aufgefasst werden.   4) *mould of form* würde als unangenehmer Pleonasmus zu fassen sein, wenn man *form* nicht im Sinne von *ceremony, external
rites* zu nehmen hätte; also: das Urbild gesellschaftlicher Form. Sub-
stantivirte Part. Perf. im Sing. kommen bei Sh. noch häufig vor; z. B. *To
the unknown beloved this, and my good wishes.* Twelfth. N. II. 5. 101.
M. III. 85 f.   5) Zwiefache Auslassung des Artikels wegen des allgemeinen Sinnes und des Superlat. Milt. P. L. 2, 306 *Fit to bear the weight
of mightiest monarchies.* Byr. Bride. 3. *For son of Moslem must expire,
ere dare to sit before his sire.* Koch II. 148. M. III. 196.   6) *deject.*
Häufig behalten die adjectivisch gewordenen lat. Participia Perf. ihre ursprüngliche Stammform, ohne der germanischen Flexion (*dejected*) unterworfen zu werden; z. B. *erect, extinct, rapt, perfect, corrupt, infinite,
exquisite, definite, opposit, decrepit, deviate, effeminate, private, absolute,
minute, destitute,* und Nachbildungen auf *ate,* wie *labiate, lunulate,* von
denen viele jedoch mit der germanisirten Nebenform *ated* erscheinen.
7) *out of time* der Qs. würde heissen: aus dem Tacte gekommen.
8) *blown.* cf. 1) ags. *blâvan, blow, flare.* 2) *bleóvan, blow, ferire.* 3) *blôvan,*

Blasted with ecstasy.[1] O, woe is me!
To have seen what I have seen, see what I see![2]

Re-enter King and Polonius.

King. Love! his affections do not that way tend;   170
Nor what he spake, though it lack'd form a little,
Was not like madness. There 's something in his soul,
O'er which his melancholy sits on brood;
And, I do doubt, the hatch, and the disclose,
Will be some danger: which for to[3] prevent,   175
I have, in quick determination,
Thus set it down. He shall with speed to England,
For the demand of our neglected tribute:
Haply, the seas, and countries different,
With variable objects, shall expel   180
This something - settled matter in his heart;
Whereon his brains[4] still beating puts him thus
From fashion of himself. What think you on 't?
Pol. It shall do well: but yet do I believe,
The origin and commencement of his[a]) grief   185
Sprung from neglected love. — How now, Ophelia![5]
You need not tell us what lord Hamlet said;
We heard it all. — My lord, do as you please;[b])
But, if you hold it fit, after the play,
Let his queen mother all alone entreat him   190
To show his griefs:[6] let her be round with him;

a) Q. 2. f. *his,* so Elze.   Q. 6. *of it.* F. 1. *this,* so Del.   b) Theob. Warb. *Exit Ophelia.*

blow, *florere.*   1) *ecstasy,* im Sinne des gr. ἔχστασις τῶν λογισμῶν bei Plut. u. Hippocr.   2) Scandire: *To háve seen whát Γ ve seén, see whát I sée.* Nach diesen Worten bleibt O. in Schmerz und Nachdenken versunken, bis sie von ihrem Vater angeredet wird.   3) Der präpositionale Infin. mit *for to* tritt schon im Nags. ein und ist in der Schriftsprache des 17ten saec. noch in voller Kraft anzutreffen, um eine Zweckbestimmung auszudrücken. cf. *þe king me bitahte þis ard for to beon his stiward.* Lag. 13474. Koch II. §. 86. M. III. 55.   4) Einige Plurale sind ganz zu Singularen geworden, wie *odds, means, news, bellows, gallows,* so dass sie nicht nur das Prädicatsverb im Sing. zu sich nehmen, sondern auch (wie *gallowses* bei Sh. Cymb. V. 4. 213) neuer Pluralbildung fähig werden; s. p. 69. Anm. 2. Vielleicht verhielt es sich mit *brains* ähnlich, doch könnte die Form *puts* auch als alter Plural zu fassen sein, wie er zu Sh.'s Zeit noch öfter begegnet (*s* = ð). Es könnte sich *s* aber auch aus folgendem *still* durch ein Versehen an *brain* angeschoben haben. 5) Bei diesen Worten wird O. aus ihren Träumen geweckt; sie sinkt unmittelbar darauf in dieselben zurück und verlässt die Bühne mit dem König und Polonius. Die von Theobald und Warburton gegebenen Bühnenweisungen sind durchaus überflüssig.   6) Seinen Kummer kund zu geben.

And I 'll be plac'd, so please you, in the ear [1]
Of all their conference. If she find him not,
To England send him; or confine him, where
195 Your wisdom best shall think.
   King.   It shall be so:
Madness in great ones must not unwatch'd go.   [Exeunt.

SCENE II.

A Hall in the Same.

Enter Hamlet and certain Players. [a]

 Ham. Speak the speech, I pray you, as I pronounced
it to you, trippingly on the tongue; but if you mouth it, as
many of your [b]) [2] players do, I had as lief [3] the town-crier [c])
spoke my lines. Nor do not saw the air too much with your
hand, thus; but use all gently: for in the very torrent, tempest, and (as I may say) the whirlwind of your [d]) passion,
7 you must acquire and beget a temperance, that may give it
smoothness. O! it offends me to the soul, to hear [e]) [4] a
robustious periwig-pated [5] fellow tear a passion to tatters, to

  a) Q. 1. *Enter Hamlet and the players.* b) Q. 2. *our.* c) F. 1. *The town-crier*
had spoke. d) F. 1. *whirlwind of passion.* e) F. 1. *to see.*

  1) *In the ear* ist eine etwas gewagte Metonymie, die jedoch aus dem
Verb *to ear* (ähnl. wie *to eye a thing*) leicht verständlich wird. Cf. *I ear'd
her language, liv'd in her eyes.* Fletch. Two Noble Kinsmen III. 1. Was
übrigens P. zu erlauschen hofft, ist die von ihm offenbar sehr gewünschte
Bestätigung seiner eifrig vertheidigten Behauptung, H.'s Wahnsinn habe
seinen Grund in verschmähter Liebe. Die Gefahr, dass durch Polonius
nunmehr des Prinzen Geheimniss verrathen, die Schande der Mutter ent-
hüllt, der Verstorbene entehrt werden könnte, beseitigt das Schicksal,
indem der Prinz den Kämmerer gleich zu Anfang der Unterredung mit
seiner Mutter ersticht. 2) *your players* auch hier wieder: wie euch
das viele Schauspieler machen. In demselben Sinne setzen die Qs. Z. 5.
your passion und später III. 2. 131. *your only jig-maker.* 3) *lief* ist
a) Adj. *And with your best endeavour have stirr'd up My liefest liege to be
mine enemy.* 2. Henry VI. III. 1. 163. b) Adv. *I hope not, I had as lief
bear so much lead.* Merry W. W. IV. 2. 112. c) Subst. *For only worthy
you, thro' prowes priefe (If living man mote worthy be) to be her liefe.*
Spens. F. Q. I. IX. 17. — Sonst tritt, wenn *have* von *good, better, best,
lief, rather* begleitet ist, der reine Infinit. ein, man hätte also *speak* für
spoke erwarten sollen; indessen lässt Sh. neben dem Infinit. auch wohl
Nebensätze mit und ohne *that* folgen, namentlich nach *rather* z. B. *Had
you rather Caesar w e r e living and die all slaves, than t h a t Caesar were
dead* etc. Jul. C. III. 2. 25. — Derselbe Gebrauch findet hier bei *lief*
statt. M. III. 8. 4) Die Lesart der Fs. *to see* ist an sich nicht verwerflich, weil dies Verb (cf. oben *to show his grief*) für sinnliche und
geistige Wahrnehmung überhaupt dient. 5) Ueber *periwig,* it. *perrucca,*
fr. *perruque,* s. Ed. Muell. II. 175. Diez I. 321. M. I. 165.

very rags, to split the ears of the groundlings; who, for the
most part, are capable of nothing but inexplicable dumb shows,
and noise: I would have such a fellow whipped for o'er-doing
Termagant;[1] it out-herods[2] Herod: pray you, avoid it.

1 Play. I warrant your honour.

Ham. Be not too tame neither, but let your own dis-　18
cretion be your tutor: suit the action to the word, the word
to the action, with this special observance, that you o'erstep
not the modesty of nature; for any thing so overdone is
from[3] the purpose of playing, whose end, both at the first,
and now, was, and is, to hold, as 't were, the mirror up to　24
nature; to show virtue her own feature, scorn her own image,
and the very age and body of the time, his form and pres-
sure. Now, this overdone, or come tardy off, though it make
the unskilful laugh, cannot but make the judicious grieve;
the censure of the which one[4] must, in your allowance, o'er-
weigh a whole theatre of others. O! there be players, that
I have seen play, — and heard others praise, and that highly,
— not to speak it profanely,[5] that, neither having the accent　34
of christians,[a]) nor the gait of christian, pagan, or man,[6] have
so strutted, and bellowed, that I have thought some of nature's

a) Q. 1. *That having neither the gate of Christian, Pagan, Nor Turke.* Q. 2. Del.
u. Elze *that, neither having the accent of christians, nor the gait of christian, pagan,
nor man.* F. 1. *christian, pagan or Norman.*

1) *Termagant.* Die mir bekannte früheste Erwähnung des Wortes
findet sich bei Chaucer, C. T. v. 13741: *Til that ther came a great geaunt,
His name was Sire Oliphaunt, A perilous man of dede, He sayde, Child,
by Termagaunt, But if thou pricke out of my haunt Anon I slee the stede.*
Tyrwhitt führt eine afr. Romanze an, die Turold zugeschrieben wird, und
sich als Ms. in der Bodleyanischen Bibliothek 1624 findet, wo das Wort
Tervagan lautet: *De devant se fait porter sun dragon, E l'estandart tervagan
e mahum, E un imagene apolin le felun.* Bei Ariost heisst die Gottheit *Trivigante:
Bestemmiando Macone et Trivigante.* Orl. Fur. XII. 59. Vielleicht steckt in
diesem Namen Trismegist oder auch Irisches, J. Grimm D. M. 2. p. 137.
2) K. Elze Hamlet p. 191 erklärt den Ausdruck ausführlich aus der in
den Miracle-Plays häufig auftretenden und bramarbasirenden Figur des
Herodes.　　　3) An die Vorstellung des „von — hinweg" lehnt sich hier
die Verwendung des *from*, also: liegt oder weicht ab.　　　4) Bei den
unbestimmten Fürwörtern: *each, every, such, another* ist die Hinzufügung
von *one* eben nicht selten, bei den demonstrativen *this* und *that* auch in
der Umgangssprache gewöhnlich. Beim Relat. ist der Gebrauch obwohl
gewiss seltner nachzuweisen nicht ohne Eleganz und der Ausdruck *censure
of the which one* dem lat. *cujus unius judicium* entsprechend, nicht also
wie Delius, der *unskilful* und *judicious* für Plurale nimmt, verstehn will:
das Urtheil eines dieser Vernünftigen, sondern „welches Einzigen Urtheil."
5) Ohne spotten zu wollen.　　　6) *nor* vor *man*, wie Q. 2. überliefert, ist
wohl aus dem *n* des vorangehenden *pagan* entstanden. Dass übrigens *man*
zu lesen sei, wird im Folgenden durch „*men*" und „*humanity*" ganz
zweifellos.

journeymen had made men, and not made them well, they
imitated humanity so abominably.

40   *1 Play.* I hope, we have reformed that indifferently
with us.

    Ham. O! reform it altogether. And let those that play
your clowns, speak no more than is set down for them: for
there be of them, that will themselves laugh, to set on some
quantity of barren spectators to laugh too; though, in the
47 mean time, some necessary question of the play be then to
be considered: that 's villanous, and shows a most pitiful
ambition in the fool that uses it. Go, make you ready. —

                                 [Exeunt Players.

Enter Polonius, Rosencrantz and Guildenstern.

51 How now, my lord? will the king hear this piece of work?

    Pol. And the queen too, and that presently.

    Ham. Bid the players make haste. —   [Exit Polonius.
55 Will you two help to hasten them?

    Ros. Ay, my lord[a])   [Exeunt Ros. and Guil.

    Ham. What, ho! Horatio!

Enter Horatio.

    Hor. Here, sweet lord, at your service.

    Ham. Horatio, thou art e'en as just a man
60 As e'er my conversation cop'd withal.

    Hor. O! my dear lord, —

    Ham.   Nay, do not think I flatter;
For — what advancement may I hope from thee,
That no revenue hast but thy good spirits,
To feed and clothe thee? Why should the poor be flatter'd?
65 No; let the candied [1] tongue lick absurd pomp,
And crook the pregnant hinges of the knee,
Where thrift may follow fawning.[b]) Dost thou hear?
Since my dear soul was mistress of her [c]) choice,
And could of [2] men distinguish, her election [d])
70 Hath [3] seal'd thee for herself: for thou hast been

---

    a) F. 1. (Both.) *We will my lord.*   b) F. 1. *faining.*   c) F. 1. *my choice.*
d) So F. 1. f. — Q. 2. f. *could of men distinguish her election. S'hath.*

    1) Constr. *Let the candied tongue lick absurd pomp, And let the
pregnant hinges of the knee crook where* etc.   2) Zeitwörter, welche
einen Act des Denkens, Wahrnehmens und der Aeusserung des Gedankens
oder Willens bezeichnen, lassen den Gegenstand häufig mit *of* anknüpfen,
obwohl sie meist auch den Accusat. regieren. Solche Verba sind: *like,
esteem, hope, approve, accept, admit, allow, distinguish.* Cf. *Sight may
distinguish of colours.* II. Henr. VI. II. 1. 130.   3) *S'hath seal'd* der Qs.
wird von einigen Erklärern auf *dear soul* bezogen, indem man annimmt,
dass es für *She hath* stehe und das Komma vor *her* zu streichen sei.

As one, in suffering all, that suffers nothing;
A man, that fortune's buffets and rewards
Hast ta'en with equal thanks: and bless'd are those,
Whose blood and judgment[1] are so well co-mingled, a)
That they are not a pipe for fortune's finger   75
To sound what stop she please. Give me that man
That is not passion's slave, and I will wear him
In my heart's core,[2] ay, in my heart of heart,
As I do thee. — Something too much of this. —
There is a play to-night before the king;   80
One scene of it comes near the circumstance,
Which I have told[3] thee, of my father's death:
I pr'ithee, when thou seest that act a-foot,
Even with the very comment[4] of thy b) soul
Observe mine uncle: if his occulted guilt   85
Do not itself unkennel[5] in one speech,
It is a damned[6] ghost that we have seen,
And my imaginations are as foul
As Vulcan's stithy. Give him heedful c) note;
For I mine eyes will rivet to his face,   90

a) Q. 2. f. *co-meddled*.   b) F. 1. u. Del. *My*.   c) F. 1. verdr. *needful;* vorher *stithe*.

1) Ueber *blood and judgment* s. m. Shakfp.-Forsch. I. p. 81.   2) Die Ausdrücke *heart's core* und *heart of heart* würden eine unerträgliche Tautologie enthalten, wenn engl. *core* wie Ed. Müller will mit fr. *coeur* identisch wäre. Es ist aber „Innerstes" namentlich das Kerngehäuse der Früchte und die Bedeutung Herz erst metaphorisch; ursprünglich bedeutet es: Ecke (z. B. eines Tuches), dann Winkel, z. B. afr. *l'un cor de la cambre*. S. Diez II. 255. s. v. *coron*. Vergl. auch engl. *corner*. 3) H. hat die oben ausgesprochene Aeusserung: „brich mein Herz, denn schweigen muss mein Mund," dem Horatio gegenüber zurückgenommen; er rechtfertigt diese Inconsequenz vor sich selbst damit, dass Horatio ihm so befreundet, wie seine eigne Seele ist. Der Freund zeigt sich später des Vertrauens würdig, und ist am Schlusse des Stücks bereit, sich selbst den Tod zu geben, um das Geheimniss mit ins Grab zu nehmen, doch der Prinz hindert es.   4) *cómment* v. lat. *commentum*, bei Quint. 9, 2, 107 = ἐνθύμημα, Reflexion, scharf ausgeprägte Argumentation, daher auch Erwägung, Ueberlegung. *of my soul* ist aus Missverständniss des *comment* entstanden, und ist die Lesart der Q. 2. f. *thy* vorzuziehn.   5) Ein franz. Jagdausdruck von *chenil, canile*, eigentl. Hundestall, daher Fuchsbau: *unkennel*, aus dem Bau kriechen.   6) Der Glaube, dass der Teufel in die Leichen selbst gläubiger Christen fahren und in ihrer Gestalt sein Wesen treiben könne, war offenbar allgemein. König Jacob lehrt dies, wie bereits p. 87 Anm. 6 gezeigt wurde, in seiner Dämonologie und fährt fort: *id absurdum profecto non est. Corpora enim fidelium ex quo mortui sunt, per usum ad res ejusmodi non pollui, apparet ex eo, quod animae eorum in ipsis non amplius inclusae absint ab illis.* Uebrigens stösst hier dem Prinzen dies theologische Bedenken bereits zum dritten Male auf. S. I. 4. 40. u. II. 2. 627.

And, after, we will both our judgments join
In censure[a]) of his seeming.
    Hor.   Well, my lord;
If he steal aught, the whilst this play is playing,
And 'scape detecting, I will pay the theft.
95   *Ham.* They are coming to the play: I must be idle;
Get you a place.

      Danish March. A Flourish. Enter[b]) King,[1] Queen, Polonius,
        Ophelia, Rosencrantz, Guildenstern, and Others.

    King. How fares[2] our cousin Hamlet?
    Ham. Excellent, i' faith; of the camelion's dish: I eat
the air, promise-crammed. You cannot feed capons so.
101   *King.* I have nothing with his answer, Hamlet: these
words are not mine.
    Ham. No, nor mine[3] now.[c]) — [To Polonius. My lord,
you played once in the university, you say?
105   *Pol.* That did I, my lord; and was accounted a good actor.
    Ham. And what did you enact?
    Pol. I did enact Julius Cæsar: I was killed i' the Capitol;[4]
Brutus killed me.
110   *Ham.* It was a brute[5] part of him to kill so capital a
calf there. — Be the players ready?

a) F. 1. *To censure.*   b) Q. 2. *Enter trumpets and kettle drums, King, Queen,
Polonius, Ophelia.* F. 1. fügt hinzu: *with his Guard carrying torches.*   c) F. 1. — *No,
nor mine. — Now, my lord* etc.

    1) Der Umstand, dass die F. 1. schon hier den König „bewacht"
auftreten lässt, zeigt deutlich, dass Claudius in den folgenden Scenen,
wo es heisst *King attended,* von einer Escorte seiner Schweizer beschützt
wird.   2) Man hat hier die mehrfache Bedeutung des Verbums *to fare*
zu beachten, welches der König in dem Sinne von *to be in a state good
or bad* verstanden wissen will, das aber Hamlet absichtlich auffasst als: *to
be entertain'd with food.* S. Sam. Johns. E. D. s. v. *fare.* 2 u. 5.   3) Die
Worte erinnern an jenes engl. Sprichwort: Eines Mannes Worte sind
nicht länger seine eigenen, als er sie ungesprochen lässt, das in m. Shakſp.-
Forsch. I. p. 156 irrthümlich den Sprichw. Salomonis zugeschrieben wurde.
4) Wenn Pol. behauptet, er sei als Cäsar auf dem Capitol umgebracht
worden, so hält er sich an eine irrthümliche, damals aber allgemein
giltige Meinung. Plutarch berichtet ausdrücklich, Cäsar sei im Porticus
des Pompejus getödtet worden, wohin Cäsar selbst den Senat berufen
hatte. Wenn übrigens Polonius ebenso thöricht wie die Mimen des
Sommernachtstraumes seine Person mit der von ihm dargestellten Rolle
identificirt, so kann man Hamlet die übermüthige Aeusserung nicht so
arg verdenken, die er darauf macht.   5) Das billige Wortspiel *Brutus
killed me — it was a brute part of him,* verschmähten auch Andere nicht.
Steevens citirt aus Sir John Harrington's Metamorphosis of Ajax (1596)
„*O brave-minded Brutus! but this I must truly say, they were two
bruitish parts both of him and you: one to kill his sons for treason, the
other to kill his father in treason.*

Ros. Ay, my lord; they stay upon your patience. [1]
Queen. Come hither, my dear *)* Hamlet, sit by me.
Ham. No, good mother, here 's metal more attractive.   116
Pol. O ho! do you mark that?
Ham. Lady, shall I lie in your lap?
                            [Lying down at Ophelia's feet.
Oph. No, my lord.   120
Ham. I mean, my head upon your lap?
Oph. Ay, my lord.
Ham. Do you think, I meant country-matters? [2]
Oph. I think nothing, my lord.
Ham. That 's a fair thought to lie between maids' legs. 125
Oph. What is, my lord?
Ham. Nothing.
Oph. You are merry, my lord.
Ham. Who, I?
Oph. Ay, my lord.   130
Ham. O God! your only jig-maker. [3] What should a
man do, but be merry? for, look you, how cheerfully my
mother looks, and my father died within these two hours.
Oph. Nay, 't is twice two months, [4] my lord.   135
Ham. So long? Nay then, let the devil wear black, for
I 'll have a suit of sables. [5] O heavens! die two months ago,
and not forgotten yet? Then there 's hope, a great man's
memory may outlive his life half a year; but, by-'r-lady,
he must build churches then, or else shall he suffer not 141

a) F. 1. *good.*

1) *patience = permission.*   2) Malone scheint der Einzige unter
den Engländern gewesen zu sein, der dieses sehr arge Wortspiel verstand; aber er fand es wohl zu obscön um sich deutlicher auszulassen als:
*What Sh. meant to allude to must be too obvious to every reader, to require.
any explanation.* Den deutschen Lesern mag die historische Gramm. den
Sinn nahe bringen, wenn sie vergleichen wollen lat. *cunnus*, sp. *coño*, fr.
con, engl. mit unorganisch angeschobenem *t*, *cunt*, das der Aussprache
nach der ersten Silbe in *country* entspricht. So obscön das Wort, so fein
ist der Witz der in dem Wortspiel liegt, das auf den Ehebrecher und
Thronräuber Claudius gemünzt ist: „Meint Ihr, mir wär's um ein L e n d -
c h e n zu thun? 3) Ich bin Euch ein einziger Spassmacher! 4) In
diesen Worten liegt der Beweis, dass wir uns die Zeit vom Beginn des
ersten Actes, wo es heisst: „zwei Mond' erst todt" bis zum dritten wieder als 2 Monate zu denken haben. Zwischen Act II. u. III. liegt also nur
eine Nacht, denn es heisst am Ende des zweiten v. 565 vom klcinem
Schauspiele: *We 'll ha 't to-morrow night.* 5) Obwohl das Zobelfell
schwarzbraun ist, so dient es doch nur zur Verzierung eines Prunkgewan-
des, das bei Freudenfesten getragen wird. cf. *sables*, mlat. *sabellum*, vom
russ. *sobol.* Mit *sables* bezeichnen die Heraldiker auch das Schwarz in den
Wappenschilden, was zu Missdeutungen der Stelle Veranlassung gab.

thinking on, with the hobby-horse;[1] whose epitaph is, „For,
O! for, O! the hobby-horse is forgot."

Hautboys play.[a]) The dumb-show enters.[2]

Enter a King and a Queen, very lovingly; the Queen embracing him. She
kneels, and makes show of protestation unto him. He takes her up, and
declines his head upon her neck; lays him down upon a bank of flowers:
she, seeing him asleep, leaves him. Anon comes in a fellow, takes off
his crown, kisses it, and pours poison in the King's ears, and exit. The
Queen returns, finds the King dead, and makes passionate action. The
poisoner, with some two or three Mutes, comes in again, seeming to
lament with her. The dead body is carried away. The poisoner woos
the Queen with gifts: she seems loath and unwilling a while; but in the
end accepts his love.   [Exeunt.

146   *Oph.* What means this, my lord?

    Ham. Marry, this is miching Mallico;[b]) [3] it means mischief.

    Oph. Belike, this show imports the argument of the play.

Enter Prologue.[c]) [4]

151   *Ham.* We shall know by this fellow:[d]) [5] the players cannot keep counsel; they 'll tell all.

a) Q. 2. f. *Trumpets sound.*   b) Q. 1. f. *Mallico.* Fol. *Malicho.* Del. u. Dyce
mallecho.   c) So Q. b. f.   d) F. 1. f. *these fellows.*

1) Ueber *hobby-horse*, das um Sh.'s Zeit aus dem *morris-dance* hin-
weggelassene Pferdchen, s. m. Shakſp.-Forsch. I. p. 158 u. 159 u. II.
p. 113   2) Da der Inhalt des *Dumb-show* symbolisch den Hergang
im Garten des König Hamlet darstellt, so liegt hierin ein directer Beweis
dafür, dass der Dichter die Königin Gertrud am Morde ihres Gemahls
wenigstens bis zu dem Grade schuldlos erscheinen lassen will, wie die
Königin des Spiels. Ihre Schuld liegt also nur in der vorher gegangenen
Buhlerei, und in der Eile, mit der sie nach dem Tode des ersten sich
ihrem zweiten Gemahl überlässt. Uebrigens muss die Aufführung des
Dumb-show und die Darstellung des *Interlude* zusammen eine erhebliche
Zeit in Anspruch genommen haben. Man begnügte sich auf den Bühnen
vielleicht mit dem einen oder dem andern. Q. 1. weist ausser erheblichen
Abweichungen im Text das kleine Schauspiel als bedeutend verkürzt auf;
es zählt dort nur 39 Verse, während Q. 2. nicht weniger als 81 enthält.
3) Die Bedeutung dieser Ausdrücke hat bis jetzt nicht mit Sicherheit festgestellt werden können. *Miching* wäre mit einiger Wahrscheinlichkeit von
to miche, ae. *mychen, surripere,* herzuleiten, wie das bei Tyrrwhitt erwähnte
Promptuarium Parvulorum erklärt: *mychyn, or pryvely stelyn smale thinges.*
Chaucer selbst gebraucht *micher* R. R. 6541. *How should I by his word
him leve (credere) Unneth that he n' is a micher.* — Die Zurückführung
des zweiten Wortes (das die Qs. und Fs. mit grossem Anfangsbuchstaben
schreiben) auf das span. *malhecho, maleficium,* wäre keine üble Auslegung,
wenn ihr nicht die harte Aussprache des *co,* (*cho*) und die grossen Anfangsbuchstaben entgegenständen; auch will dann die Erklärung: *it means mischief* nicht recht stimmen, wenn man nicht zugleich annimmt, dass H. das
Verbrechen ironisch „ein Unglück" nennt, um den König zu geisseln.
Ital. *Maligno* würde den Satan bedeuten.   4) Die F. lässt den Prolog
erst nach 158 auftreten, und hat deshalb 151 *these fellows* und 153 *will
they tell* etc. offenbar irrthümlich, denn 154 heisst es wie in den Qs. *you
will show him.* Auch diese Abweichung beweist, dass die Q. 2 die ursprüngliche Fassung enthält.   5) H. spielt hier-auf die listige Ver-

Oph.   Will he*) tell us what this show meant?
Ham.   Ay, or any show that you will show him: be not you
ashamed to show, he 'll not shame to tell you what it means.
Oph.   You are naught, you are naught. I 'll mark the play.
Pro.   „For us, and for our tragedy,
          Here stooping to your clemency,
          We beg your hearing patiently."   160
Ham.   Is this a prologue, or the posy[1] of a ring?
Oph.   'T is brief, my lord.
Ham.   As woman's love.[2]

Enter a King and a Queen.[3]

P. King.   Full thirty times hath Phœbus' cart gone round
Neptune's salt wash,[4] and Tellus' orbed ground;   165

a) F. 1. *will they.*

schwiegenheit des Königs an, der es so gut versteht, *to keep counsel;*
auf ihn ist daher auch das Wortspiel mit *to show* gemünzt, das von einer
lasciven Färbung nicht freizusprechen ist. Hinter dieser lasciven
Seite versteckt Hamlet jedoch seine beissenden Angriffe gegen den schwei-
genden Claudius. Der übrige Hof ahnt nicht, was H. meint.   1) Die
Sitte, Reimsprüche auf Ringe zu graben, ist in Deutschland schon im
frühen Mittelalter bekannt und vielleicht auf das Heidenthum zurück zu
führen.   2) Bezieht sich eben so sehr auf Ophelia als auf Gertrud.
3) *A King and a Queen*. Act II. 2. 563 hatte H. bereits gefragt: Könnt
ihr die Ermordung des Gonzago spielen? Und Act III. 2. 249. erklärt
er doch: *Gonzago is the duke's name;* im Dumb show ist jedoch von
einem König und einer Königin die Rede. Dagegen kennt die Q. 1.
im kleinen Schauspiel nur *Duke* und *Dutchesse*, die Albertus und Baptista
geheissen haben, wogegen auch hier wiederum Lucianus als *nephew to the
King* eingeführt wird. Der Ort der Handlung ist in Q. 1. nicht Vienna
sondern Guyana. Die Verse der Q. 1. sind zum grossen Theil ganz ab-
weichend von denen der Q. 2. und der F. 1. Dabei ist auffallend, dass
Q. 1. im Dumb-show ebenfalls einen König und eine Königin erwähnt,
und den Lucianus ausdrücklich als den bezeichnet, welcher den König
vergiftet; dagegen fragt an der betreffenden Stelle Hamlet auch in Q. 1.
den Schauspieler: *can you not play the murder of Gonsago?* also nicht:
the murder of Albertus. In dies Gewirr kommt nur dadurch einiges Licht,
dass Hamlet ausdrücklich erklärt: *this play is the image of a murder
done in Vienna.* Er bezieht sich hier also auf eine gleichviel ob fingirte
oder historische Thatsache, wobei er die Namen der historischen Personen
— nicht die des Stücks, die unbenannt bleiben — angiebt. So konnte
es auch nur kommen, dass in Q. 1. ein Albertus als der historisch Ver-
giftete angegeben wird, weil im Stück Herzog (Gonzago) und Herzogin
(Baptista) spielen. In Q. 2. u. F. 1. dagegen wird der Herzog Gonzago
zu Vienna angeführt, weil im Stück ein unbenannter König und eine
Königin auftreten. Wenn es dann in allen drei Editionen heisst: *Lucianus
nephew to the king,* so bezieht sich das auf den König in dem Dumb-
show, das, wie ich schon erwähnte, nach meiner Vermuthung häufig allein
mag aufgeführt worden sein. Jedenfalls überliess man es bei den Aufführungen dem Regisseur, die Abänderungen nach dem Bedürfniss zu machen
und vergass beim Druck die Uebereinstimmung herzustellen.   4) *wash,*
was man im Niederd. Watt nennt, das *alluvium* an der Seeküste.

And thirty dozen moons, with borrow'd sheen,
About the world have times twelve thirties been;
Since love our hearts, and Hymen did our hands,
170 Unite commutual in most sacred bands. ·
  P. Queen. So many journeys may the sun and moon
Make us again count o'er, ere love be [1] done.
But, woe is me! you are so sick of late,
So far from cheer, and from your former state,
That I distrust [2] you. Yet, though I distrust,
176 Discomfort you, my lord, it nothing [3] must; [a])
For women fear too much even as they love, [4] ·
Either none *at all or one man all above;* [b])
177 And [c]) women's fear and love hold quantity, [5]

a) Hier folgt in Q. 2. f. *For women fear too much, even as they love, And women's* etc.
b) V. 177 u. 178 fehlen in sämmtl. Edit. c) F. 1. f. *For.* Ebenso Del. Elze. Dyce.

1) Der Conjunctiv ist in Sätzen gestattet, welche mit *ere* und *before* eingeführt werden. Der Gebrauch zieht sich bei *ere* bis ins Ags. hinauf. M. II. p. 119. 2) *distrust, fear, doubt* u. ähnl. Verba haben einen persönl. Objectsaccus. angenommen, statt der entsprechenden Präpos. (*for, of*) mit dem Subst. S. ob. Act. I. 3. 4 u. 51. 3) *nothing* — als Negation (minime) ist oben p. 17, Anm. 3 besprochen. 4) Der nur in Q. 2. f. vorhandene Vers: „*For women fear too much even as they love,*“ wird leider von den Herausgebern ausgelassen, weil er sich in der F. 1. nicht findet. Elze vermuthet jedenfalls mit Recht, dass die Editoren ihn deshalb aufgaben, weil es ihnen nicht möglich war, den in Q. 2. ausgefallenen Vers mit dem Reimworte auf *love* wieder aufzufinden, oder nicht wagten, ihn auf eigene Verantwortung herzustellen. Indessen giebt die Q. 2. die Ergänzung selbst an die Hand. Der Vers 178 fängt nämlich dort an: *Either none* und fährt dann erst fort: *in neither aught*, etc. was natürlich keinen Sinn giebt. Es ist fast mit Gewissheit anzunehmen, dass *Either none* der Anfang des Verses sei, der auf die Zeile: *For women fear too much* etc. folgen sollte. Der Setzer der Q. 2. ist aus Versehn — wahrscheinlich durch *either* und *neither* und die ähnlichen Anfänge: *for women fear* und *And women's fear* verleitet — in den andern Vers hineingerathen. Ist *Either none* nun wirklich der Anfang jenes zu *For women fear* etc. reimenden Verses, so ist mit *either* naturgemäss auch das *or* im zweiten Satzgliede gegeben, in welchem ausserdem noch als Reimwort kein anderes als „*above*“ zu vermuthen sein kann. Die ganze Rede bewegt sich in Gegensätzen; also wird zu dem *none* der Gegensatz nur in *all* zu suchen sein. Wir erhalten somit: *Either nóne ..... or ...... áll above.* Die Ergänzung ergiebt sich so leicht, dass ich kein Bedenken trug, um den ersten Vers zu retten, sie in den Text aufzunehmen. Die Contraction von *either* kann neben ähnlich gebrauchten *whether* und *whither* nicht auffallen. Die Nachstellung der Präpos. *above* ist namentlich nach *all* der englischen Sprache sehr geläufig und findet sich schon in den älteren Perioden. So Alisaunder 512. *He schal beo kyng al above.* Auch in Townl. Myst. p. 22 heisst es: *When I made him to be Alle angels abuf.* Cf. M. III. p. 489. — Es ist natürlich, dass unser Text v. 177 mit Q. 2. fortfahren muss: *And women's fear* nicht *For* wie die F. 1. ändern musste. 5) Auf *Quantity* wird hier der Begriff Gleichmass übertragen. Die Schlegelsche Uebersetzung: „Denn Weiberfurcht hält Mass mit i hrem

In neither aught,[a]) or in extremity.
Now, what[1] my love is, proof hath made you know,
And as my love is siz'd,[b]) my fear is so.[2]   180
Where love[c]) is great, the littlest[3] doubts are fear;
Where little fears grow great, great love grows there.
    P. King. 'Faith, I must leave thee, love, and shortly too:
My operant[4] powers their[d]) functions leave to do:
And thou shalt live in this fair world behind,   185
Honour'd, belov'd; and, haply, one as kind
For husband shalt thou —
    P. Queen.   O, confound the rest!
Such love must needs[5] be treason in my breast:
In[6] second husband let me be accurst;
None wed[7] the second, but who kill'd the first.   190
    Ham. That's wormwood![e])
    P. Queen. The instances,[8] that second marriage move,
Are base respects of thrift, but none of love:

    a) Q. 2. f. lesen; *Either none, in neither ought* etc.   b) F. 1. *sized.* Q. 2. (?).
Q. 3. *cized.* Q. 6. *cizst.* F. 2. *siz.*   c) *Where love — grows there* fehlt F. 1.
d) F. 1. *my*.   e) F. 1. f. *Wormwood, wormwood.* Q. 1. O, *wormwood, wormwood.*

Lieben" ist des Doppelsinns wegen zu verwerfen. Ich würde vorschla-
gen: Denn Frauenfurcht hält Gleichmass mit dem Lieben, entweder gar
nicht — oder übertrieben.   1) Es ist deutlich, dass hier in dem *what*
nicht der Begriff der Qualität sondern der Quantität liegt, was auch der
alten Bedeutung des Wortes entspricht, wie sich aus Caedmon 1265 ergiebt:
*pâ geseah selfa sigora valdend hvät väs monna mânes on eorðan; Tunc Deus
ipse vidit quantum esset malitiae hominum in terra.*   2) In dieser Stellung
erscheint *so* in dem Hauptsatze, welchem es angehört, mit nachdrückli-
cher Rückbeziehung auf das vorhergehende Glied, wobei namentlich auch
vollständige Sätze einander gegenübertreten. Diese Aufeinanderfolge hat
bereits im saec. 14 grosse Verbreitung erlangt. Ae. *As the male is plenti-
vouse of apples and of leves among trees of wodes, so is my derling among
sones.* M. III. 492.   3) Ueber *littlest*, das bei M. unerwähnt bleibt,
lehrt Koch I. p. 440. „In *Norfolc* und im *Craven-Dialect* bildet man: *little,
littler, littlest;* es entspr. fr. *le plus petit.*"   4) *Operant powers*, ein medi-
cinischer Ausdruck für *active*, den Sh. (nach Steevens) im Tim. als Bei-
wort des Giftes verwendet.   5) *needs* ist substant. Adv. v. *neád* Gen. *nedde*
und Formen wie *villes, sponte; unvilles, invite; gevealdes, ungevealdes* etc.
nachgebildet. S. M. I. p. 380.   6) Ein attributives Adj. kann den Wegfall eines sonst beim Hauptworte nicht leicht fehlenden Artikels unterstützen.
Cf. Her mantle — which lion vile with bloody mouth did stain. S. M. III.
208. *α α.* Der Gebrauch zieht sich durch alle Sprachperioden, und erscheint gleich im Folgenden: *second husband.* So auch: *for husband* 187.
— In formelhaften Ausdrücken wie *to take for wife, husband* etc. fällt der
Artikel gewöhnlich aus. S. M. III. 202. Das Verb fehlt nach *thou* durch
Aposiopesis.   7) *none wed, nulla femina nubat;* der Imperat. der dritten
Pers. wird im Engl. wie der der ersten Pers. durch den blossen Conjunct.
ohne *may* u. *let* gebildet: z. B. *Make we here three dwelling places, Faci-
amus hîc* etc. S. M. I. 326.   8) *instances,* Veranlassungen — dem
instantia der röm. Juristen entsprechend, von *instare* im Sinn des Trei-
bens, Drängens, in Bewegungsetzens.

A second time I kill my husband dead, [1]
195 When second husband kisses me in bed.
      P. King. I do believe you think what now you speak,
But, what we do determine oft we break.
Purpose is but the slave to memory, [2]
Of violent birth, but poor validity;
200 Like fruit unripe, which now sticks [3] on the tree, [a])
But fall unshaken, when they mellow be.
Most necessary 't is, [4] that we forget
To pay ourselves what to ourselves is debt:
What to ourselves in passion we propose,
205 The passion ending, doth the purpose lose.
The violence of either grief or joy [5]
Their own enactures [b]) with [6] themselves destroy:

a) Sämmtl. Ed. *Which now, like fruit unripe, sticks.*   b) F. 1. f. *enactors.*

1) *to kill dead* ist ursprüngl. kein Pleonasmus weil ags. *cveljan*,
wie an. *kvelja*, ahd. *queljan* = *cruciare*, martern, quälen ist. Der bild-
liche Sinn erfordert die Beifügung des Adj.   2) Eine für das
ethische und psychologische Gebiet gleich wichtige Behauptung, die
namentlich bei der Beurtheilung des Prinzen zu beachten ist, dessen
Entschluss auch *of violent birth* war, und dann sich *of poor validity*
herausstellte.   3) Wie die Sprache des kleinen Schauspiels eine
deutlich ausgeprägte archaistische Färbung trägt, so auch hier. *sticks* ist
alte Pluralform = *stickes — sticketh*, (*eth* = *að*). Schon die Reimpaare
erinnern an die Moral- u. Miracle-Plays. Zur Aenderung der Wortstellung hat der Gedanke bewogen, dass *which* auf *purpose* bezogen in
Verbindung mit *sticks on the tree* Unsinn ist.   4) Auch die Worte:
most necessary 't is — purpose lose lassen ein erläuterndes Licht auf H.'s
Verhalten fallen.   5) *The violence - ..... their own.* Sind verschiedene
Subjekte in der Einzahl durch *or* oder *nor* mit oder ohne ihre Correlate
either und *neither*, verbunden, so ist eine zwiefache Auffassung möglich.
Es können nämlich die einzelnen Subjecte, auch wenn ihnen ein gemein-
sames Prädicat nur abwechselnd, oder nur dem Einen mit Ausschluss des
Andern zukommt, als eine Anzahl von Individuen mit gleichem Prädicate
z u s a m m e n g e f a s s t werden, oder es wird die a u s s c h l i e s s e n d e Natur
derselben ins Auge gefasst. Das Letztere, wodurch der S i n g u l a r des
Zeitworts bedingt wird, ist allerdings der gewöhnlichere Fall; doch ist
auch die Zusammenfassung durch den Plural namentl. bei Dichtern anzutreffen. Der Gebrauch reicht bis ins Ae. Cf. Rob. of Gl. II. 414. *Vor
wanne eny byssop oper abbod deyde in Engelond Her londes and her rentes
pe kyng huld in his honde.* Aus neuster Zeit Th. Campbell, Theodric:
For there nor yew nor cypress spread t h e i r gloom. In unserer Stelle
liegt dabei eine rein mentale Zerlegung des doppelten Genitivverhältnisses
vor; der Redende stellt sich vor, als ob gesagt würde: *the violence of
grief or the violence of joy*, was dann wieder für *violent grief or violent
joy* steht, so dass nach obigem der Gebrauch von *their* sich rechtfertigt.
M. II. 151.   6) *enactures* ist offenbar die bessere Lesart, da der Dichter hier nicht meinen kann, heftige Freude oder heftiger Kummer ver-
nichte die afficirte Person, sondern die beiden Affecte verlieren in ihrer
höchsten Erregung zunächst die Ziele auf die sie gerichtet sind (*purpose*)
und mit dem Herabsinken der Leidenschaft sinkt auch das Bewusstsein

Where joy most revels, grief doth most lament; ᵇ
Grief joys, joy grieves, on slender accident.
This world is not for aye; nor 't is not strange,   210
That even our loves should with our fortunes change:
For 't is a question left us yet to prove,
Whether love lead fortune, or else fortune love.
The great man down, you mark, his favourite flies;
The poor advanc'd makes friends of enemies: 215
And hitherto doth love on fortune tend;
For who not needs shall never lack a friend,
And who in want a hollow friend doth try,
Directly seasons him his enemy.
But, orderly to end where I begun,   220
Our wills and fates do so contrary run, ²
That our devices still are overthrown;
Our thoughts are ours, their ends none of our own:
So think thou wilt no second husband wed,
But die thy thoughts, when thy first lord is dead.   225
    P. Queen. Nor earth to me ᵃ) give food, nor ³ heaven light!
Sport and repose lock from me day and night!
To desperation ᵇ) turn my trust and hope!
An anchor's cheer in prison be my scope!
Each opposite, that blanks the face of joy,   230
Meet what I would have well, and it destroy!

    a) F. 1. f. *To give me* (vielleicht für *do give me?*)   b) *To desperation — be my scope* fehlt F. 1.

von dem hin, wozu der Wille im Moment der Ekstase entschlossen war. Eine feine psychologische Bemerkung, zu welcher das Verhalten H a m - l e t s die thatsächliche Beweisführung bildet.   1) Dieselben Dinge, die den Freudigen zur Ausgelassenheit, können den Kummervollen zu den schwersten Klagen stimmen, wie das Beispiel des lustigen Königs und des trauernden Prinzen zeigt; ein geringfügiger Umstand kann dagegen den Betrübten erheitern, den Lustigen verstimmen. Erklärt wird dieser Wechsel aus der Instabilität alles Irdischen (*This world is not for aye*), der auch unsere Affecte unterworfen sind, so dass selbst die L i e b e sich vom Glück ebenso leicht bestimmen lässt, wie der bare Egoismus. Der Inhalt dieses Passus documentirt sich deutlich als jene 12 — 16 Zeilen, die Hamlet in das Stück einschieben wollte. Der l e t z t e G e d a n k e wurde seinem Inhalte nach bereits II. 2. 380 ff. vom Prinzen Rosencrantz und Guildenstern gegenüber ausgesprochen.   2) Der Inhalt des Gedankens *our wills — overthrown* bestätigt sich durch Hamlets eignes Schicksal in der dritten und vierten Scene desselben Actes. S. M. Shakſp. Forsch. I. p. 172 u. 173. *die*, so wie im Folgenden *give*, sind als Imperative verwendete Conjunctive. *day and night* sind Subjecte, *lock* ist imperativischer Conjunctiv, wie im Folgenden *turn, be, meet, destroy* und *pursue* M. II. 112. 1. a.   3) Den Gebrauch von *nor — nor* erläutert Koch II §. 536 und M. I. 411.

Both here, and hence,[1] pursue me lasting strife,
If, once a widow, ever I be wife!
   Ham. If she should break it now?[a])[2]
235 *P. King.* 'T is deeply sworn. Sweet, leave me here a while:
My spirits grow dull, and fain[3] I would beguile
The tedious day with sleep.   [Sleeps.
   P. Queen.   Sleep rock thy brain;
And never come mischance between us twain![4]   [Exit.
   Ham. Madam, how like you this play?
240 *Queen.* The lady[b]) doth protest too much, methinks.[5]
   Ham. O! but she 'll keep her word.
   King. Have you heard the argument? Is there no
offence[6] in 't?
   Ham. No, no; they do but jest, poison in jest: no offence
i' the world.
246 *King.* What do you call the play?
   Ham. The mouse-trap. Marry, how? Tropically.[7] This
play is the image of a murder done in Vienna: Gonzago[8]
is the duke's name; his wife, — Baptista. You shall see anon;
't is a knavish piece of work; but what of that? your majesty, and we[9] that have free souls, it touches us not: let
the galled jade wince, our withers are unwrung.[10]

Enter Lucianus.

This is one Lucianus, nephew to the king.
255 *Oph.* You are as good as a chorus,[c]) my lord.

a) Edit. (*To Ophelia*).   b) F. 1. Q. 1. *The lady protests.*   c) F. 1. *You are a good chorus.*

1) *here and hence*, hier und v o n hier, d. i. im Jenseits.   2) Diese Worte werden offenbar zur Königin gesprochen.   3) S. II. 2. 130 u. 153. 4) *twain* v. ags. *tvêgen*, ae. *tweine*. Koch II. §. 270. M. I. 275.   5) Wie im Ne. noch jetzt bei *methinks*, so fiel im Ae. überall bei den unpersönl. Verben mit obliquen Pronominalcasus, wie *me thynketh, me forthynketh, me semeth, me wondreth, me merveleth, me gaineth, me lyst, me recceth* u. s. w. das neutrale *it* weg. M. II. 31.   6) *offence* — Verbrechen u. Aergerniss. Der König fasst das Wort in letzterm, Hamlet in ersterm Sinne auf, daher: *they do but jest.*   7) Die Lesart der Q. 1. *trapically* verdient wohl kaum Beachtung. Man hat Anspielung auf *trap*, ital. *trapola* darin vermuthet.   8) Ueber Albertus d. Q. 1. für Gonzago ist oben p. 105 gesprochen. Baptista ist nur Männername. Die falsche Anwendung sieht wie eine List des Prinzen aus.   9) Häufig tritt im Englischen ein pronominaler Nominativ in der Apposition zu einem obliquen Casus, wie hier: *It touches us not, your majesty and we, that* etc. Cf. Gen. 31, 44. *Let us make a covenant, I and thou.* M. II. 9.   10) Sam. Johnson s. v. Wither-rung erklärt nach Farrier's Dict. *An injury caused by a saddle, when the bows, being too wide, bruise the flesh against the second and third vertebrae of the back, which forms that prominence that rises above the shoulders.*

Ham. I could interpret between you and your love,[1] if I could see the puppets dallying.

Oph. You are keen, my lord, you are keen.

Ham. It would cost you a groaning to take off my edge.

Oph. Still better, and worse. 261

Ham. So you mistake[a]) your husbands.[2] — Begin, murderer: leave[b]) thy damnable faces, and begin. Come: — The croaking raven doth bellow for revenge.[3]

Luc. Thoughts black, hands apt, drugs fit, and time[4] 266 agreeing;

Considerate[c])[5] season, else no creature seeing;[6]

Thou mixture rank, of midnight weeds[7] collected,

With Hecate's ban thrice blasted, thrice[8] infected,

Thy natural magic and dire property, 270

On[9] wholesome life usurp immediately.

[Pours the poison into the sleeper's ears.

Ham. He poisons him i' the garden for his estate. His name 's Gonzago: the story is extant, and writ in[d]) choice

a) Q. 2. F. 1. ff. *you mistake.*　　b) F. 1. u. Q. 1. *pox, leave* etc.　　c) So Q. 2. F. 1. Q. 1. *confederate.*　　d) Q. 2. f. *In very choice.* Elze.

1) Ich könnte dir auseinander setzen, was sich zwischen dich und deine Liebe gedrängt, wenn die Zwischenträger nicht so versteckt gehandelt hätten. Das Bild ist der Erklärung vom Puppentheater entlehnt. Ophelia fühlt den Stich, und Hamlet giebt dem Gespräch sofort eine lascive Wendung, um sich nicht durch seinen Scharfsinn zu verrathen, und um die äusserliche Decenz des Hofes zu geisseln.　　2) In diesen Worten Anspielung auf das englische Trauungsformular finden zu wollen, rechtfertigt sich mit Nichts. Die Worte können nur heissen, wenn *must take* gelesen wird: Ihr könnt nicht anders als so eure Männer wählen; d. h. wenn ihr einen Besseren habt nach einem Schlechteren trachten; oder mit *mistake:* Ihr greift fehl; nehmt den schlechteren, wo ihr einen besseren Mann haben könntet.　　3) Ein Zuruf, durch den H. den König aufmerksam macht. Der Nachtvogel steht metaphorisch hier für den Geist des Vaters. 4) In unabhängigen oder elliptischen Satzgliedern wird der Artikel aufgegeben. Cf. Dougl. Jerrold, Rent. Day. 1. 5. *If you would take me through yon door, it must be heels foremost.* M. III. 210　　5) *confederate* ist offenbar die schlechtere Lesart, weil sie nur ausdrückt, was schon in *time agreeing* liegt. *considerate* ist dagegen mit Beibehaltung der roman. Form: wohlüberlegt.　　6) *seeing.* Dies Part. wird von manchen Auslegern missverstanden; es ist hier medial-passivisch, für *being seen* gebraucht; wie Butler Hudib. I. 1. 202. *A reformation which always must be carry'd on, And still be doing, never done.* Ebenso: *Still every night, when the great square is illuminating, and the casinos are filling ..... a bell is rung as for a service.* Koch II. §. 91. 5. M. II. 53.　　7) *midnight weeds* S. m. Shakfp.-Forsch. II. p. 32 u. 68; über Hecate ib. p. 58.　　8) Die Dreizahl gehört zum Zauberwesen und wird v. Sh. auch sonst erwähnt. S. Macbeth I. 3. 35 u. 36.　　9) Der Gebrauch des *on* ist hier analog dem Gebrauch derselben Präpos. bei *gain, prevail, win, triumph* und ist ähnl. schon bei Ags. *niman* vorhanden: *Se cyng him nolde ágifan þät he on Normandige uppon him genumen häfde* = ihnen abgenommen hatte. M. II. 362.

Italian. You shall see anon, how the murderer gets the love
of Gonzago's wife.

276   *Oph.* The king rises.
       Ham. What! frighted with false fire? [a])
       Queen. How fares my lord?
       Pol. Give o'er the play.
280   *King.* Give me some light! — away! [b])
       [c]) *All.* Lights, lights, lights!   [Exeunt all but H a m l e t
                                                        and H o r a t i o.
       Ham. Why, let the strucken [d]) deer go weep,
              The hart ungalled play;
              For some must watch, while some must sleep:
285   Thus runs the world away. —   ◦
Would not this, Sir, and a forest of feathers, (if the rest of
my fortunes turn Turk with me) with two provisional [e]) [1] roses
on my razed [2] shoes, get me a fellowship in a cry [3] of
players, Sir?
290   *Hor.* Half a share.
       Ham. A whole one, I. [4]
              For thou dost know, O Damon dear!
              This realm dismantled [5] was
              Of Jove himself; and now reigns here
295   A very, very — Pajock. [6]
       Hor. You might have rhymed.
       Ham. O good Horatio! I 'll take the ghost's word for a
thousand pound. Didst [7] perceive?

a) **Die Zeile fehlt Q. 2. f.**   b) *Qs. lights! I will to bed.*   c) **Q. 1.** *Cor. The
king rises, hoe!* **F. 1.** *Polon. lights, lights, lights.*   d) **So die F. 1. f. Q. 2. f.** *stroken.*
Q. 1. *stricken.*   e) *Provincial* **Q. 2. f. F. 1. f. u. alle Edit.**

1) Das Wort *Provincial* giebt gar keinen Sinn und hat hier der Dichter
offenbar *provisional*, als Aushilfe dienend, (wie it. *provisionale*) gemeint,
also ein Paar Interims - Rosen.   2) *raised*, *razed*, und wie die Edit.
lesen mögen, ist doch wohl nur jenes *razed*, das bei Drake II. p. 105
(1817) erwähnt wird: *Corked shoes or pantofles are described by Stubbes as
bearing up their wearers two inches or more from the ground as being of
various colours and razed, carved, cut, and stitched.* Die ganz wunderliche
Annahme, dass sich die Schauspieler frische (?) Rosen aus der Stadt *Provins* hätten kommen lassen, hatte sich wohl Douce Illustr. of Sh. p. 467
so wenig überlegt, wie die übrigen Kritiker, die ihm gefolgt sind. Etwas
anderes als buntes Papier wird wohl zu ihrer Herstellung kaum verwendet
worden sein.   3) *cry*, eigentl. eine Koppel Jagdhunde, cf. span. *cria*,
Brut, Wurf, Hecke von Thieren.   4) Etwa: Eine Ganze, weil ich's
bin. S. II. 2. 238.   5) *dismantle*, wie it. *dismantarsi*, sich berauben.
6) Das Wort ist poln. *pajuk*, *pajok*, und bedeutet einen Bedienten, Thür-
steher, wie *hajduk*. Ich habe nicht ermittelt, wann die Einführung von
Haiducken an den europ. Höfen stattgefunden, es wäre aber wohl möglich,
dass dies um das Ende des saec. 16. der Fall war.   7) Die Abwerfung
des Fürworts *thou* bei der zweiten Person des Zeitworts beruht auf altem

Hor.   Very well, my lord.

Ham.   Upon the talk of the poisoning, —   300

Hor.   I did very well note him.   [Ros. & Guild. at the door. a)

Ham.   Ah, ha! — Come; some music! come, the recorders!
For if the king like not the comedy,
Why then, belike, — he likes it not, perdy.[1] — 305
Come, some music! b)

Enter Rosencrantz and Guildenstern.

Guil.   Good my lord, vouchsafe me a word with you.

Ham.   Sir, a whole history.

Guil.   The king, Sir, —   310

Ham.   Ay, Sir, what of him?

Guil.   Is, in his retirement, marvellous distempered.

Ham.   With drink, Sir?

Guil.   No, my lord, with choler. c)   315

Ham.   Your wisdom should show itself more richer, to
signify this to his doctor; for, for me to put him to his pur-
gation, would, perhaps, plunge him into d) more choler.

Guil.   Good my lord, put your discourse into some frame, 320
and start not so wildly from my affair.

Ham.   I am tame, Sir; — pronounce.[2]

Guil.   The queen, your mother, in most great[3] affliction
of spirit, hath sent me to you.

Ham.   You are welcome.   325

Guil.   Nay, good my lord, this courtesy is not of the
right breed. If it shall please you to make me a wholesome
answer, I will do your mother's commandment; if not, your
pardon and my return shall be the end of my business.

Ham.   Sir, I cannot.   331

Guil.   What, my lord?

Ham.   Make you a wholesome answer; my wit 's diseased;
but, Sir, such answer as I can make, you shall command;
or, rather, as you say, my mother: therefore no more, but
to the matter. My mother, you say, —

a) Die Bühnenw. fehlt in sämmtl. Ed.   b) v. 306 bei Del. nach d. Bühnenw.
Globe-Ed. Dyce. *Re-enter.*   c) F. 1. f. *rather with.* So Del.   d) F. 1. f. *far more.*
So Del. u. Globe-Ed.

Brauche und ist wegen der erhaltenen Flexionsform wenigstens unzweideutig. Schon im Ags. ist zuweilen *þu* abgeworfen: *Bist tô vuldre full
hâlgan hyhtes.* (Cod. Exon. 4, 24.) M. II. p. 29.   1) Das Reimwort
„*perdy*" scheint es nicht zu sein, was Hamlet hier supplirt, sondern
likes; vielleicht will der Dichter „*brooks*" verstanden wissen.   2) *pronounce* wie ital. *pronunziare:* Sprich dich aus! So auch 341 *impart,* theile
dich mit!   3) *most great* für *greatest.* Die umschreibende Comparation
ist auch bei germanischen Adjectiven nicht selten; sie zieht sich bis ins
Ae. So Piers Pl. p. 161. *Man is him most like.* cf M. I. p. 272. Koch II. 170.

Ros. Then, thus she says. Your behaviour hath struck her into amazement and admiration.

340 *Ham.* O wonderful son, that can so astonish a mother! — But is there no sequel at the heels of this mother's admiration? impart. [a])

Ros. She desires to speak with you in her closet, ere you go to bed.

345 *Ham.* We shall obey, were she ten times our mother. Have you any further trade with us?

Ros. My lord, you once did love me.

Ham. And do still, by these pickers and stealers. [1]

350 *Ros.* Good my lord, what is your cause of distemper? you do, [b]) surely, but [2] bar the door of your own liberty, if you deny your griefs to your friend.

Ham. Sir, I lack advancement. [3]

355 *Ros.* How can that be, when you have the voice of the king himself for your succession in Denmark?

Ham. Ay, Sir, but „While the grass grows;" [4] — the proverb is something musty.

Reenter the Players with Recorders. [c]) [5]

360 O! the recorders: let me see one. — To withdraw with you. — Why do you go about to recover the wind of me, as if you would drive me into a toil?

a) F. 1. fehlt *impart.*   b) *you do freely* F. 1. f.   c) So. Dyce. Q. 2. *Enter the Players with recorders.* F. 1. *Enter one with a recorder, O, the recorder: let me see.*

1) *pickers.* Hamlets Ironie zeigt sich darin, dass er bei seiner Betheuerung an den zum Schwur dienenden Fingern hervorhebt, dass sie Dieben zur Ausübung ihrer Verbrechen behilflich sind. Grimm R. A. 140 f. 903. Mit der Hand, der rechten, wurde der heilige Gegenstand angerührt. Gewöhnlich legten Männer nur die zwei Vorderfinger ihrer rechten Hand auf: *zwêne finger ûz der hant biutet gein dem eide.* Parc. 8ª.   2) Ich halte die Lesart der Qs. für die richtige, weil in *freely* schon die Annahme läge, als sei Hamlet seines Urtheils und seiner Entschliessungen vollkommen mächtig, die man jedoch bei Rosencrantz nicht voraussetzen darf.   3) Ich komme nicht vorwärts sc. in meinem Vorhaben und: mir fehlt es an Beförderung.   4) Del. theilt das Sprichwort vollständig aus Paradise of Daintie Devises 1578 mit: *While grass doth grow, the silly horse starves.* Die Anspielung passt nicht recht auf H's. Situation, deshalb nennt er es „*something musty,*" d. h. es wird nicht viel gebraucht, ist schimmlig.   5) Hamlet hat vorher nach Musik gerufen, als Rosencrantz und Guildenstern auftraten, um ihnen zu zeigen, wie aufgeräumt er sei. Jetzt treten die Musicanten mit ihren Instrumenten auf, von denen Hamlet eins ergreift. Dyce VII. 228. Die Spielleute würden nur müssige Zuschauer des Auftritts zwischen Hamlet und dessen Freunden sein, aber der Prinz schickt sie mit den Worten zurück: *To withdraw with you,* ähnlich wie man sagt: *go with you,* fort mit dir! Der Infin. mit *to* würde hier wie auch sonst eine Mahnung, Aufforderung, enthalten, M. III. 50. b. wenn nicht etwa zu lesen ist: *Go, withdraw with you,* was mir sehr wahr-

Guil. O, my lord, if my duty be too bold, my love is too unmannerly.

Ham. I do not well understand that. Will you play 365 upon this pipe?

Guil. My lord, I cannot.

Ham. I pray you.

Guil. Believe me, I cannot.

Ham. I do beseech you. 370

Guil. I know no touch of it, my lord.

Ham. It is as easy as lying: govern these ventages with your fingers and thumb, [a]) give it breath with your mouth, and it will discourse most eloquent [b]) [1] music. Look you, these are the stops.

Guil. But these cannot I command to any utterance of harmony: I have not the skill.

Ham. Why, look you now, how unworthy a thing you 379 make of me. You would play upon me; you would seem to know my stops; you would pluck out the heart of my mystery; you would sound me from my lowest note to the top of my compass; [2] and there is much music, excellent voice, 384 in this little organ, yet cannot you make it speak. [c]) 'Sblood! [d]) [3] do you think I am easier to be played on thán a pipe? Call me what instrument you will, though you can fret [4] me, you cannot play upon me. [5] —

Enter Polonius.

God bless you, Sir! 390

Pol. My lord, the queen would speak with you, and presently.

Ham. Do you see yonder cloud, that 's almost in shape of a camel?

Pol. By the mass, and 't is like a camel, indeed. 395

Ham. Methinks, it is like a weasel.

a) Q. 2. f. *umber.*   b) F. 1. *excellent.*   c) F. 1. fehlt *speak.*   d) F. 1. *Why.*

scheinlich ist. Zu R. und G. sagt er am Schluss des Auftritts: *leave me, friends.*   1) *eloquent* ist offenbar die richtige Lesart, weil sich das Bild um den Gedanken dreht, dass man H. zum S p r e c h e n bringen will, wie man eine Flöte veranlasst zu tönen. v. 385. *yet cannot you make it speak.* Ueberdies wiederholt sich *excellent* Z. 383.   2) *top of my compass*, die höchste Höhe meines Stimmumfangs. Wir hatten bereits oben *to cry on the top.* II. 2. 355.   3) Die Lesart der F. entstand offenbar dadurch, dass, als man das anstössige *'Sblood* entfernte, um *why* zu setzen, das vorangehende *speak* aus Versehen mit weggestrichen wurde.   4) *fret*, Griff an Saiteninstrumenten, wird von Wedgewood 2, 95 ff. mit lat. *fritillus* in Verbindung gebracht, von Smart auf die allgemeine Bedeutung Zierrath zurückgeführt; ausserdem ist *to fret* ärgern, Gram verursachen. 5) Q. 1. lässt Rossencraft an diesem Dialog Theil nehmen; indessen kann die Aufforderung nur an e i n e Person gerichtet sein, da die Antwort schliesslich lautet: *these cannot I command, I have not the skill.*

8*

Pol. It is backed like a weasel.

Ham. Or, like a whale?

Pol. Very like a whale.

400 *Ham.* Then will I come to my mother by and by. —
They fool me to the top of my bent.[1] — I will come by and by.[2]

Pol. I will say so.   [Exit Polonius.

Ham. By and by is easily said.[3] — Leave me, friends.
                          [Exeunt Ros., Guil. and Hor.[a])

406 'T is now the very witching time of night,
When churchyards yawn, and hell itself breathes[b]) out[4]
Contagion to this world: now could I drink hot blood,
And do such business as the bitter[c]) day[5]

410 Would quake to look on. Soft! now to my mother. —
O, heart! lose not thy nature; let not ever
The soul of Nero enter this firm bosom:
Let me be cruel, not unnatural.
I will speak daggers to her, but use none;

415 My tongue and soul in this be hypocrites:
How in my words somever[d]) [6] she be shent,
To give them seals never, my soul, consent! [7]   [Exit.

a) Globe-Ed. *Exeunt all but Hamlet.*   b) Q. 2. f. *breaks out.*   c) So Q. 2. f.
F. 1. f. *bitter business.*   d) Edit. Elze, Del. *soever.*

Nahm Rosencrantz theil, so hätte ein: *nor I neither* oder Aehnliches folgen
müssen. Einige Kritiker haben daher die Worte *To withdraw with you,* 360,
nur auf Guildenstern bezogen, mit dem sich Hamlet nach dem Hinter-
grunde begäbe.   1) *top of my bent* — bis mir der Strang reisst, vom
Bogenspannen. Die Worte *they fool me* etc. spricht H. in ähnlicher Weise
für sich wie oben: *those tedious old fools.* Der Dichter zeigt damit, dass
H. durchaus die Situation übersieht und dass er im Vollbesitz seiner
Geisteskraft mit sorgfältiger Ueberlegung handelt.   2) *by and by* geht
auf zeitl. unmittelbare Nähe. *Look his winding up the watch of his wit;*
by and by it will strike. Temp. II. 1. 12.   3) Hamlet bezieht das *so*
des Polonius buchstäblich auf *by and by,* während Polonius es auf seine
Aeusserung *I will come* bezogen hat.   4) Die Lesart der Q. 2. wird
durch den folgenden Accus. bedenklich. Blosses *to break out* bedeutet:
to have eruptions from the body, as pustules or sores.   5) *bitter,* ein
Ausdruck, der bei H's. Stimmung und Lebensanschauung nicht auffallen
kann. Der Tag, an dem er mit der Aussenwelt zu verkehren gezwungen
ist, erscheint ihm wie diese verderblich und unheilvoll. Der Sinn ist
also: Selbst der Tag, der so viel des Bösen schaut, an dem so viele
Leiden zu ertragen sind, würde bei dem schaudern, was ich zu thun
gedenke. Mir scheint, dass der Streit zwischen Collier und Dyce, ob
bitter business oder *better day* zu lesen sei, durch die richtige Auslegung
der Q. 2. leicht zu vermeiden war.   6) *howsomever* im Craven-Dialect:
howsomdever, hier mit poetischer Licenz durch „*in my words*" getrennt,
ist eine durchaus berechtigte Form. Cf. *The gentleman was a little false-*
hearted; but howsumever it was hard to have two lovers and get never a
husband at all (Field. J. Andr. 2, 6); offenbar soll hier eine quantita-
tive Bestimmung hervortreten, da es sinnlos wäre, ein Verb wie *to shent*
qualitativ zu bestimmen.   7) Der Sinn ist: Der Groll, der in meinen

SCENE III.

A Room in the Same.

Enter King, Rosencrantz, and Guildenstern.

King. I like him not; nor stands it safe with us,
To let his madness range. Therefore, prepare you:
I your commission will forthwith despatch,
And he to England shall [1] along with [2] you.
The terms of our estate may not endure   5
Hazard so near us, a) [3] as doth hourly grow
Out of his brows. b) [4]
Guil.   We will ourselves provide.
Most holy and religious [5] fear it is,
To keep those many many bodies safe,
That live and feed upon your majesty.   10
Ros. The single and peculiar life is bound,
With all the strength and armour of the mind,
To keep itself from 'noyance; but much more
That spirit, upon whose weal c) depend and rest
The lives of many. The cease of majesty   15
Dies not alone; [6] but like a gulf doth draw
What 's near it with it: it is a massy wheel,
Fix'd on the summit of the highest mount,

a) F. 1. *dangerous.*   b) Q. 2. f. Elze *brows.* F. 1. Del. *lunacies.*   c) F. 1. *spirit.*

Worten liegen wird, soll meinem Herzen fremd bleiben; die Seele soll
ihnen den Stempel ihrer Anerkennung versagen, wie ja auch in demselben
Act Sc. 4. 61. steht: *Where every god did seem to set his seal, to give the
world assurance of a man.* Die Uebersetzung müsste lauten: Wie hart mit
ihr mein Wort auch immer schmähle, Nic will'ge drein, es zu besiegeln,
Seele. Daher sagt er auch Sc. 4. 178: *I must be cruel only to be kind.*
1) Das ags. Verb *sculan* hat in der frühesten Periode die begriffliche
Bedeutung: schuldig sein; z. B. *Hú micel scealt þu, quantum debes?* Luc.
16, 5. Wenn es später allein steht, so ist ein Begriffsverb ausgelassen,
wie Nags. *Heo to feht shulden.* Lag. 1703. So Chaucer Troil. *First tell
me, whither I shall* und daher auch II. 2. 271. *Shall we to the court?*
2) *along with* s. p. 4. Anm. 5.   3) Die Lesart der F. wird von Elze
mit Recht verworfen, weil sie einen unerträglichen Pleonasmus giebt, da
Hazard (arab. *zehar, zar*, Würfel) für sich schon im Sinne von Gefahr
zu nehmen ist, wie aus dem Folgenden ersichtlich.   4) Das sinnliche
brows der Qs. empfiehlt sich deshalb, weil der argwöhnische König
sicher nicht wirklichen Wahnsinn, *lunacies*, bei Hamlet voraussetzt.
5) *holy and religious* sind mit dem Folgenden zusammen Ausdrücke, die
von den beiden Freunden dem Claudius gegenüber eine kritiklose
Loyalität bekunden; die Blindheit derselben rächt sich später an ihnen
durch ihren tragischen Ausgang.   6) Man fasse *not alone* für *not only*
und lege auf *dies* den Satzton: Das Aufhören der Majestät stirbt nicht
blos, d. h. ist nicht blos Sterben, sondern es zieht auch wie ein Strudel
das Nahe mit sich. Im folgenden Satze ist dann *it* auf *majesty* zu
beziehn, so dass zu übersetzen ist: sie ist ein mächtig Rad etc.

To whose huge spokes ten thousand lesser things
20 Are mortis'd[1] and adjoin'd; which, when it[2] falls,
Each small annexment, petty consequence,
Attends the boisterous ruin. Never alone
Did the king sigh, but with a general groan.
     King. Arm you,[3] I pray you, to this speedy voyage;
25 For we will fetters put about[a]) this fear,[4]
Which now goes too free-footed.
     Ros. and Guil.   We will haste us.
       [Exeunt Rosencrantz and Guildenstern.

Enter Polonius.

     Pol. My lord, he 's going to his mother's closet.
Behind the arras I.'ll convey myself,
To hear the process:[5] I 'll warrant, she 'll tax him home;[6]
30 And, as you said, and wisely was it said,
'T is meet that some more audience than a[7] mother,
(Since nature makes them partial,)[b]) should o'erhear
The speech, of vantage.[8] Fare you well, my liege:
I 'll call upon you ere you go to bed,
35 And tell you what I know.
     King.   Thanks, dear my lord. [Exit Polonius.
O! my offence is rank, it smells to heaven;
It hath the primal eldest curse upon 't, .
A brother's murder![9] — Pray can I not,

---

a) F. 1. Del., Dyce, Elze, Globe-Ed. *upon.*   b) Sämmtl. Ed. ohne Parenthese.

1) *mortis'd* v. fr. *mortaise*, Zapfenloch. S. Mueller II. p. 107.   2) Bisweilen findet man ein durch das relative Fürwort allein oder in Verbindung mit einem Subst. bezeichnetes Subj. vermittelst eines persönl. Fürwortes wiederholt; z. B. *Only there are laws against papists, which it would be better for the land were they better executed.* Scott R. Roy. 9. u. Sh. Epilog zu II. Henry IV. 124. *Which, if like an ill venture it come unluckily home.* M. II. 20.   3) Die Verstärkung des Reflexivpronomens durch *self* ist schon der älteren Sprache eigen: Gen. 12, 7. *God pâ gesvûtelode hine silfne Abrahame*, doch nicht im allgemeinen Gebrauch, der in spätern Perioden Platz greift, aber immer noch Abweichungen zulässt; z. B. *We will haste us.* Koch II. 13 f. M. III. 64.   4) *scil. about the foot of this fear* (= *hazard*).   5) H. geräth durch den Vorwitz des Pol. in die Gefahr, sein Geheimniss entdeckt, die Mutter beschimpft, den Vater entehrt zu sehen. Das Schicksal wendet zwar diese Gefahr durch den Tod des Polon. von ihm ab, verwickelt ihn selbst aber in eine Situation, die ihn zum tragischen Ausgange führt.   6) *home*, wie unser „heimleuchten." Cf. Sc. 4. 1. *lay home*, bis ins Innere, ins Herz hinein. S. Del. 7) Der Dichter denkt nicht „seine Mutter," sondern eine von den Müttern, daher im Folgenden *them.*   8) *of vantage*, wörtliche Uebersetzung von *davantage*, überher, ausserdem noch. Daher heisst *to the vantage* zum Ueberfluss, wie Othello IV. 3. 85. *Yes, a dozen, and as many to the vantage, as Would store the world they play'd for.*   9) Nach *brother's*

Though inclination be as sharp as will: [1]
My stronger guilt defeats my strong intent;   40
And, like a man to double business bound, [2]
I stand in pause where I shall first begin,
And both neglect. What if [3] this cursed hand [4]
Were thicker than itself with brother's blood,
Is there not rain enough in the sweet heavens,   45
To wash it white as snow? Whereto [5] serves mercy,
But to confront the visage of offence?
And what 's in prayer, but this two-fold force, —
To be forestalled, ere we come to fall,
Or pardon'd, a) being down? Then, I 'll look up: 50
My fault is past. But, O! what form of prayer
Can serve my turn? Forgive me my foul murder! —
That cannot be; since I am still possess'd [6]
Of those effects [7] for which I did the murder:
My crown, mine own ambition, [8] and my queen.   55
May one be pardon'd, and retain the offence?
In the corrupted currents of this world,
Offence's gilded hand may shove by [9] justice,
And oft 't is seen, the wicked prize itself
Buys out the law, [10] but 't is not so above: 60
There is no shuffling, [11] there the action lies
In his [12] true nature, and we ourselves [13] compell'd,
Even to the teeth and forehead of our faults,
To give in [14] evidence. What then? what rests?

a) Q. 2. *pardon.*

murder lahmt der Vers. Man denke sich die Pause durch eine Interjection
Ah oder *Oh* ausgefüllt.   1) *inclination*, Trieb, Neigung, ist entgegen-
gesetzt dem *will*, bewusster Entschluss. Bothwell sagt (Dyce VII. 230)
sehr richtig: *The distinction is philosophically correct.* S. Erdm. Grund-
riss der Psych. 1862. §. 132. *Locke on Human Understanding.* B. II. ch. XXI.
sec. 30.   2) *bound* s. I 5. 6.   3) *What if = though, although, what
though*, mit welchem es gradezu wechselt. M. III. 476. b.   4) cf. Macb.
V. 1. 57. *all the perfumes of Arabia will not sweeten this little hand.*
5) *Whereto.* Ueber Verbindung der Präpos. mit Pronominal-Adverb. s.
M. I. 397.   6) *to possess = possessorem reddere.*   7) *effect*, Frucht,
Ertrag.   8) Das Ziel des Ehrgeizes: Ansehn, Ehre, Macht, wird hier
durch das Wort *ambition* selbst vertreten.   9) *by* ist hier adverbial zu
fassen, wie häufig bei Verben der Bewegung: *The Lord passed by before
him.* Exod. 34, 6. S. Koch II. 310. 2. M. III. 99.   10) Der Ertrag des
Verbrechens erkauft die Richter.   11) *shuffling*, Kniff. cf. *When we
have shuffled off this mortal coil.* III. 1. 67.   12) Man übersehe nicht,
dass diese Form des Possessivpron. urspr. Gen. des Masc. u. Neutr. von
he, hit, heó, er, es, sie, ist und darum mit Recht auf beide Genera
bezogen wird. Koch II. 231. f.   13) Wegen Auslassung der Copula
cf. II. 2. 238.   14) *in* ist auch hier adverbial.

65 Try what repentance can: what can it not?
Yet what can it, when one can not repent?
O wretched state! O bosom, black as death!
O limed [1] soul, that struggling to be free,
Art more engaged! Help, angels! make assay:
70 Bow, stubborn knees; and, heart, with strings of steel,
Be soft as sinews of the new-born babe.
All may be well.   [Kneels. [a])

Enter Hamlet.

Ham. Now might I do it, pat, [2] now he is praying; [b])
And now I 'll do 't: — and so he goes to heaven,
75 And so am I reveng'd? That would be scann'd: [3]
A villain kills my father; and for that,
I, his sole [c]) son, do this same villain send
To heaven.
Why, this is hire and salary, [d]) not revenge.
80 He took my father grossly, full of bread; [4]
With all his crimes broad blown, as flush [e]) as May;
And how his audit [5] stands, who knows, save heaven?
But, in our circumstance and course of thought, [6]
'T is heavy with him. And am I then reveng'd,
85 To [7] take him in the purging of his soul,
When he is fit and season'd for his passage?
No.
Up, sword; and know [8] thou a more horrid hent.
When he is drunk, asleep, or in his rage;
90 Or in the incestuous pleasures of his bed;
At gaming, swearing; or about some act,
That has no relish of salvation in 't:
Then trip him, that his heels may kick at heaven,

a) So Q. 2. f. Q. 1. *he kneels.*   b) Q. 2. f. *Now might I do it, but now he is a-praying.*   c) F. 1. *foul.*   d) Q. 2. f. *base and silly.* Q. 1. *this is a benefit and not.*
e) F. 1. f. *fresh.*

1) Das Bild ist von einem mit Leim gefangenen Vogel oder Insect hergenommen.   2) *pat.* Das Etymon s. bei Mueller II. 165.   3) „Genau genommen würde das heissen." *To scan*, s. bei Mueller II. 294.   4) *full of bread.* Ezech. 16, 49 s. Del.   5) *audit*, vom Beichte hören hergenommen.   6) Nach unseren Verhältnissen und Begriffen.   7) Oft steht der präpositionale Infin. in loser Anreihung, wo eine causale Bestimmung ihre Stelle haben würde. Insofern die mit einer andern Handlung in Verbindung gesetzte Thätigkeit deren thatsächlichen Grund enthält, kann der Infin. einen Causalsatz, bisweilen selbst einen Temporalsatz und insofern sie als nicht verwirklicht angesehen wird, wie in unserm Falle, einen Conditionalsatz ersetzen. Schon in Townl. Myst. heisst es: *Alas, my hart is all on flood, To see my chyld thus blede.* M. III. 48.
8) Mache dich bekannt mit, wie im Mhd. *do ward im weinen bekant.* Ueber *hent* M. I. 339.

And that his soul may be as damn'd, and black,
As hell, whereto it goes. My mother stays: 95
This physic but prolongs thy sickly days. [1]   [Exit.

The King rises.[a])

King. My words fly up, my thoughts remain below:
Words without thoughts never to heaven go.   [Exit.

SCENE IV.

A Room in the Same.

Enter Queen and Polonius.

Pol. He will come straight. Look you lay home to him:
Tell him, his pranks [2] have been too broad to bear with,
And that your grace hath screen'd [3] and stood between
Much heat and him. I 'll silence[b]) [4] me e'en here.
Pray you, be round[c]) with him. [5]   5
Ham. [*Within.*] Mother, mother, mother![d]) [6]
Queen. I 'll warrant[e]) you; fear me not: [7]
Withdraw, I hear him coming.
[Polonius hides himself behind the arras.

a) Del. Dyce *The king rises and advances.* Gl.-Ed. (*rising*) nach King. b) So Qs.
Fs. Del.   c) Q. 2. f. fehlt *with him.*   d) Q. 2. f. fehlt die Zeile.   e) Q. 2. f. *wait.*

1) Offenbar tritt H. mit dem Vorsatze ab, den König binnen Kurzem,
also unmittelbar nach der Unterredung mit der Mutter (*my mother stays*)
zu tödten; daher nennt er die dem König noch gegönnte Frist: *sickly
days.* Dieser Ausdruck ist indessen nicht genau zu nehmen, da er
seinen Vorsatz noch dieselbe Nacht ausführen muss, weil er weiss, dass
er den folgenden Tag nach England abreisen soll. Hamlet erschlägt aber
an Stelle des Königs den Polonius und muss nun Helsingoer verlassen,
ohne Claudius getödtet zu haben.   2) Er meint die Stichelreden während
der Ausführung.   3) Sie hat den Ofenschirm gespielt und sich zwischen
ihren Sohn und den von Wuth glühenden König gestellt.   4) Es ist
wohl kaum nöthig, mit Hunter den Ausdruck *silence* in *ensconse* oder mit
Dyce, Hammer, M. C. u. Gl.-Ed. in *'sconce* zu ändern, da der tragische
Doppelsinn, den er enthält, in seiner Schönheit mehr werth ist, als alle
Deutlichkeit, die die Erklärung in die Stelle bringen will. Gewiss war
silence beabsichtigt, wie aus *even here* hervorgeht. Warum soll nicht
Jemand, der sich hinter einem Vorhange verbirgt, von sich sagen können:
„ich will mich hier still verhalten?" Nachdem Polonius wirklich still
gemacht ist, bemerkt H.: *this counseller is now most still, most secret and
most grave, Who was in life a foolish prating knave.*   5) Der Ruf H.'s:
mother etc. unterbricht die Geschwätzigkeit des Polon. und treibt ihn an,
sich eiligst zu verstecken; die Beschränkung seiner Redseligkeit würde
sonst allen psychologischen Motivs entbehren.   6) *mother* etc. Die Zeile
hat wohl nur im Bühnenmscr. gestanden, denn ausser den Fs. hat nur
Q. 1. noch *mother, mother, o are you here?*   7) Das *I'll wait you* der
Qs. hätte nur dann einen recht guten Sinn (Ich will euch bewachen), wenn
es von Pol. gesprochen würde, dem dann jenes *fear me not* der Königin
richtig entspräche. S. I. 3. 51.

Enter **Hamlet**.

Ham. Now, mother, what 's the matter?

Queen. Hamlet, thou hast thy father much offended.

10 *Ham.* Mother, you have my father much offended.

Queen. Come, come; you answer with an idle tongue.

Ham. Go, go; you question with a wicked[a]) tongue.

Queen. Why, how now, Hamlet?

Ham.   What 's the matter now?

Queen. Have you forgot me?

Ham.   No, by the rood, not so:

15 You are the queen, your husband's brother's wife,[1]

And, — 'would it were not so![b]) — you are my mother.

Queen. Nay then, I 'll set[c])[2] those to you that can speak.

Ham. Come, come, and sit you[3] down; you shall not

budge:[4]   [Locks the door.[d])

You go not, till I set you up a glass

20 Where you may see the inmost part of you.

Queen. What wilt thou do? thou wilt not murder me?

Help, ho![e])

Pol. [*Behind.*] What, ho! help![5]

a) F. 1. f. *idle.* b) F. 1. f. *But — 'would you were not so.* c) Elże nach M. C.
send. d) fehlt in sämmtl. Ed. F. 1. f. e) *Help, help, ho! Pol. What, ho! help, help, help.*

1) Die Lesart der Qs. ist entschieden die bessere. Es kommt H. ja
nur darauf an, die Frage der Mutter: *Have you forgot me?* zu beant-
worten; deshalb kann er nach *wife* nicht mit *but* fortfahren, sondern *and*
ist durch den Sinn geboten. Ob in dem nach *And* folgenden parentheti-
schen Satze *you* oder *it* gelesen wird, ist im Grunde gleichgiltig; doch
ist *it* vorzuziehen, weil dies auch nicht die leiseste Undeutlichkeit zulässt.
2) Elze liest hier *send* und vielleicht nicht mit Unrecht, wenn man das
hier scheinbar ungewöhnlich verwendete *to* für *on* in Erwägung zieht.
Indessen kommt dem Verbum hier die bei Sh. häufige Bedeutung von
oppose, gegenüberstellen, zu, wodurch sich *to* rechtfertigt. S. Sam. Johns.
E. D. set. 25. Bei diesen Worten hat sich offenbar die Königin erhoben
um das Zimmer zu verlassen. Es macht aber einen widerwärtigen
Eindruck, wenn Hamlet die Mutter bei der Hand ergreift, und sie auf
den Sessel zurückzwingt. Aus diesem Grunde ist die Andeutung der Q. 1.,
wo Hamlet an dieser Stelle spricht: *first weele make all safe* — wohl zu
beachten, da sich annehmen lässt, dass der Prinz nach den Worten *you
shall not budge* und vor *you go not* nach der Intention des Dichters nur
das Zimmer verriegelt. Dies muss die Königin mehr ängstigen, als wenn
er bei offener Thür mit ihr verhandelte. Dass später der Geist dennoch
„*out at the portal*" verschwindet, rechtfertigt sich durch die Volksvorstellung, nach welcher geschlossene Thüren für Geister keine Hindernisse
sind.   3) In *sit you* ist *you* Nomin., in v. 19 natürl. Dativ.   4) Ueber
budge, fr. *bouger*, s. Ed. Mueller I. p. 139.   5) Hier weichen die Lesarten wesentlich ab. Q. 1. hat offenbar am schlechtesten: *Helpe for the
Queene!* denn dieser Ausruf ist viel zu lang, als dass der Prinz nicht
seinen Irrthum einsehen und den Polon. an der Stimme erkennen sollte.
Aus diesem Grunde ist die kurze Fassung der Q. 2. auch jener längeren
der F. 1. vorzuziehn. S. Elze, p. 211.

Ham. How now! a rat? [*Draws.*] Dead, for a ducat, dead.[1]
[Hamlet makes a pass through the arras.
Pol. [*Behind.*] O! I am slain.   [Falls, and dies.
Queen.   ·   O me! what hast thou done?   25
Ham.   Nay, I know not:[2]
Is it the king?   [Lifts up the arras, and draws forth Polonius.
Queen. O, what a rash and bloody deed is this!
Ham. A bloody deed; almost as bad, good mother,
As kill a king, and marry with[3] his brother.
Queen. As kill a king!   30
Ham.   Ay, lady, 't was my word. —
Thou wretched, rash, intruding fool, farewell. [To Polonius.
I took thee for thy better;[a])[4] take thy fortune:
Thou find'st, to be too busy is some danger. —
Leave wringing[5] of your hands. Peace! sit you down,
And let me wring your heart: for so I shall,   35
If it be[6] made of penetrable stuff;
If damned custom have not braz'd it so,
That it be[b])[7] proof and bulwark against sense.
Queen. What have I done, that thou dar'st wag thy tongue
In noise so rude against me?   40
Ham.   Such an act,
That blurs the grace and blush of modesty:
Calls virtue, hypocrite; takes off the rose
From the fair forehead of an innocent love,

a) F. 1. *betters.*   b) F. 1. *is.*

1) *dead for a ducat* liesse sich übersetzen: Todt! was gewettet? ein
Dukaten! todt!   2) H's. Antwort auf die Frage der Königin ist cha-
racteristisch. Seine That gründet sich nur auf die Vermuthung, der
König sei hinter der Tapete verborgen, daher seine schnelle Rückfrage:
Is it the king? Sein Thun gehört jetzt „jenen tück'schen Mächten an,
die keines Menschen Kunst vertraulich macht," u. beweist den Satz, dass
„Will u. Geschick stets im Streit befangen" sind.   3) *marry with,* diese
Constr. ergiebt sich aus der intransitiven Bedeutung von *to marry: to enter
into the conjugal state with a p.* S. Sam. Johnson s. v. *marry* v. lat. *mari-
tus.*   4) *thy better* oder *betters?* Im Sing. und Plur. kommen mit dem
Possessiv verbunden vor: *my better* und *betters, elder, equal, inferior,
junior, superior.* Koch I. p. 434. Nach dem bei Elze p. 213 citirten Beispiele aus Percy's Reliques steht die Wahl frei, doch wiegt bei den Inter-
preten die Annahme des Sing. vor.   5) Dass *wringing* Verbalsubst. ist,
ergiebt sich aus folgendem *of.* Schon Me. heisst es: *Betere is the purchasing of it than the chaffering of gold and silver.* Koch II. p. 67. f.
6) Ueber den mit *if* verbundenen Conjunctiv s. M. II. p. 121.   7) Es
ist kein Grund vorhanden, die Lesart der Q. 2. aufzugeben, da der Conjunctiv im Consecutivsatze in der älteren Sprache nicht selten war, und
hier der Inhalt des Nachsatzes offenbar nicht zur Voraussetzung des
Redenden stimmt. H. glaubt selbst nicht, dass der Mutter Herz so ver-
härtet sei, darum vermeidet er den Indic. S. M. II. p. 128.

And sets[a]) a blister there; makes marriage vows
45 As false .as dicers' oaths: O! such a deed,
As from the body of contractation[b]) [1] plucks
The very soul; and sweet religion makes
A rhapsody [2] of words: Heaven's face doth glow, [3]
Yea,[c]) this solidity and compound mass,
50 With tristful[d]) visage, as against the doom,
Is thought sick[e]) at the act.
   Queen.   Ah me! what act,
That roars so loud, and thunders, is[f]) [4] the index?
   Ham. Look here, upon this picture, and on this;
The counterfeit presentment of two brothers.
55 See, what a grace was seated on this[g]) brow:
Hyperion's [5] curls; the front of Jove himself;
An eye like Mars, to threaten and command;
A station [6] like the herald Mercury,
New-lighted on a heaven-kissing hill;
60 A combination, and a form, indeed,
Where every god did seem to set his seal,
To give the world assurance of a man.
This was your husband. Look you now, what follows.
Here is your husband; like a mildew'd ear,
65 Blasting his wholesome brother.[h]) Have you eyes?
Could you on this fair mountain leave to feed,
And batten on this moor? Ha! have you eyes?

---

a) F. 1. *makes.* b) Sämmtl. Edit. *contraction.* c) Q. 2. f. *O'er this.* d) Q. 2. f. *heated.* e) Edit. *thought-sick.* f) Edit. Qs. Fs. *in.* g) F. 1. f. *his.* h) F. 1. f. *breath.*

  1) *contraction* ist wahrscheinlich ein Druckfehler für *contractation,* Vertrag, dem ital. *contrattazione* nachgebildet, wie ja die Ehe in gewissem Sinne ein solcher Vertrag ist. Lies *body of* als Trochaeus. 2) *rhapsody* erklärte Sam. Johnson: *Any number of parts joined together without necessary dependence or natural connection.* 3) Nach der Volksvorstellung verfinstert sich Sonne und Mond vor staatlichen Umwälzungen, namentlich vor Königsmord. Dass vor der Ermordung des alten Hamlet solche bedeutsame Zeichen am Monde eingetreten waren, wird Act I. 1. 121. f. von Horatio erzählt. Auf dieses Ereigniss deuten hier H.'s Worte hin. S. m. Shakfp.-Forsch. I. p. 23 f. u. II. p. 14. *is thought* ist histor. Präsens. *thought-sick* zu lesen und *compound mass* auf die Erde zu beziehen, verbietet der Sinn und der Ausdruck *tristful visage.* Schon Warburton bezeichnet jene Auslegung als „*sad staff.*" 4) Die Erklärer lesen *in the index,* haben jedoch für die Stelle nur lahme Interpretationen. Für „*in*" ist offenbar „*is*" zu lesen; der Sinn: „Weh, welche That, die so laut ruft und donnert, ist mein Ankläger? so dass *index* im Sinne der Alten und der engl. Gerichtssprache zu fassen ist. So auch Sam. Johns. E. D. nach Arbuthnot. 5) *Hypérion* wie oben I. 2. 140. Ueber den Accent gr. Wörter belehrt Koch I. §. 247 f. 6) *station* ist *the act or mode of standing.*

You cannot call it love; for, at your age,
The hey-day in the blood is tame, it 's humble,
And waits upon the judgment; and what judgment   70
Would step*) from this to this? Sense,[b)][1] sure, you have,
Else could you not have motion, but, sure, that sense
Is apoplex'd; for madness would not err,
Nor sense to ecstasy was ne'er so thrall'd,
But it reserv'd some quantity of choice,   75
To serve in such a difference. What devil was 't,
That thus hath cozen'd you at hoodman-blind?[c)]
[d)]Eyes without feeling, feeling without sight,
Ears without hands or eyes, smelling sans[2] all,
Or but a sickly part of one true sense   80
Could not so mope.[3]
O shame! where is thy blush? Rebellious hell,
If thou canst mutine[4] in a matron's bones,
To flaming youth let virtue be as wax,
And melt in her[5] own fire: proclaim no shame,   85
When the compulsive ardour gives the charge,
Since frost itself as actively doth burn,
And[e)] reason pardons[f)][6] will.
    Queen.   O Hamlet! speak no more!
Thou turn'st mine eyes into my very soul;
And there I see such black and grained[7] spots,   90
As will not leave their tinct.

a) Elze nach M. C. *stoop.*   b) F. 1. u. 2. fehlt: *Sense, sure, you have — such
a difference.*   c) Q. 2. f. *hod-man.*   d) *Eyes without — so mope* fehlt F. 1.   e) F. 1.
As.   f) Q. 2. f. *pardons.* F. 1. f. *panders.*

1) *sense*, wie an dem *madness* u. v. 161. ersichtlich wird, ist, wie
lat. *sensus*, Besinnung, Selbstbewusstsein (*animal quod sensu caret. Quia
persona furore detenta sensum non habet.* JCt.). Im höchsten Stadium des
Liebesrausches ist das Bewusstsein doch nicht in dem Grade Sclave der
Leidenschaft, dass nicht noch ein wenig Unterscheidungsfähigkeit übrig
bliebe; 9 Zeilen später ist *sense* im eigentlichen Sinne gebraucht. — Sehr
fein lässt der Dichter zur Entschuldigung der Mutter den Geist schon I.
5. 42 sagen: *that adulterate beast with witch craft of his wit, with traitorous gifts won to his shameful lust the will* etc.   2) *sans*, frühere Formen:
saun, saunz, saunce, sauntz, vom lat. *sine*, besonders in der Poesie und
herübergenommenen franzöS. expletiven Dichterformeln: *of gold he made a
table, Al ful of steorren saun fable.* Alis. 133. 217. 1828. M. II. p. 473.
3) Ueber *mope* s. Ed. Mueller. Der Sinn entspricht unserm vulgären:
duseln.   4) *mutine*, fr. *mutiner.* S. Ed. Mueller s. v. Mutiny. II. 118.
5) *her* auf *youth* zu beziehen, wie sich aus *flaming* ergiebt.   6) *panders*,
Lesart der F. von πανδαρίζει, vom Kuppler Πάνδαρος s. Ed. Mueller
II. 158. Der Ausdruck ist viel zu gesucht, um neben dem einfach
verständlichen *pardons* den Vorzug zu verdienen.   7) *grained* von
granum, fr. *grain*, it. sp. pr. *grana*, pg. *grãa*, altfr. *graine*, ein Farbestoff,
Scharlach oder Färbebeere, *coccus ilicis*, (woraus Cochenille) die bekannte

    Ham.   Nay, but to live
In the rank sweat of an enseamed *)[1] bed;
Stew'd in corruption; honeying, and making love
Over the nasty stye; —
    Queen.   O, speak to me no more!
95 These words, like daggers enter in mine ears:
No more, sweet Hamlet.
    Ham.   A murderer, and a villain;
A slave, that is not twentieth part the tithe
Of your precedent lord: — a vice [2] of kings!
A cutpurse of the empire and the rule,
100 That from a shelf the precious diadem stole, [3]
And put it in his pocket!
    Queen.   No more!ᵇ)
    Ham. A king of shreds and patches, —

Enter Ghost. ᶜ) [4]

Save me, and hover o'er me with your wings,
You heavenly guards! — What would your gracious figure?ᵈ)
105   *Queen.* Alas! he 's mad.

a) Q. 4, 5. 6. *incestuous.*   b) *No more* fehlt Q. 6.   c) Q. 1. *Enter the Ghost in his night-gown.*   d) F. 1. f. *you, gracious figure.* Ebenso Dyce.

Schildlaus, die auf der Quercus coccifera lebt. und auch in Deutschland unter dem Namen Kermeskörner, Scharlachkörner, bekannt ist. Diez I. 223. Ed. Mueller I. 461.   1) *enseamed* von *seam*, deutsch *seim, sagina, axungia porci.* S. Ed. Mueller II. 307.   2) *vice*, das Laster, komische Figur der *Moral-plays.* In Schlesien ist das Wort „Laster" noch jetzt Scheltname zweideutiger Frauenzimmer.   3) Der König kam nicht in den Besitz der Krone durch grossartige Thatkraft im Bösen, wie etwa Rich. III., sondern gefahrlos wie ein Dieb und Gauner.   4) Q. 1. hat die Bühnenweisung: *Enter the Ghost in his night gown*, offenbar, weil die folgenden Worte: *My father in his habit as he lived*, 135, missverstanden wurden. Der Dichter deutet an, dass die Erscheinung diesmal eine wesentlich andere ist, als im ersten Acte. Dort war sie auch fremden Personen sichtbar, während sie hier sich ausschliesslich dem Prinzen zeigt, und selbst Gertrud unsichtbar bleibt. Dort trat sie körperhaft, in Waffen, mit schwerer Anklage auf, hier ist ihr Wesen luftartig schattenhaft, ihre Haltung versöhnlich. Diese Abweichung hat zu vielfachen Erklärungen Veranlassung gegeben. Man beachte, dass H. den Geist diesmal anredet: *What would thy gracious figure*, dein „heiliges Bildniss." Der Dichter denkt sich hier den Geist bereits in ein Stadium getreten, in welchem die Erlösung für ihn nicht mehr fern ist, wobei Shakſp. sich auf die mittelalterliche Ansicht stützt, dass, wie nach dem Tode der Leib allmählich in die Elemente zurückgeht, ebenso der Geist allerdings später als der Körper von dem Gestirn aufgesogen wird, von dem er auf Erden abhing. Geister können nach Paracelsus daher noch lange nach dem Tode an den Orten erscheinen, an die sie durch ihre Imagination gebunden sind, aber auch sie schwinden allmählich dahin und verlieren Sinn und Bewusstsein. S. Erdmann, Gesch. d. Phil. I. p. 518.

Ham. Do you not come your tardy son to chide,
That, laps'd in time and passion,ᵃ) ¹ lets go by
The important acting of your dread command?
O, say!
Ghost. Do not forget. This visitation   110
Is but to whet thy almost blunted purpose.
But, look! amazement on thy mother sits;
O, step between her and her figthing soul;
Conceit in weakest bodies strongest works:
Speak to her, Hamlet.   115
Ham.   How is it with you, lady?
Queen. Alas! how is 't with you,
That you do bend your eye on vacancy,
And with theᵇ) incorporal air do hold discourse?
Forth at your eyes your spirits wildly peep;
And, as the sleeping soldiers in the alarm,   120
Your bedded hair, like life in excrements, ²
Starts up, and stands on end. O gentle son!
Upon the heat and flame of thy distemper
Sprinkle cool patience. Whereon do you look?
Ham. On him, on him! — Look you, how pale he glares! 125
His form and cause conjoin'd, preaching to stones,
Would make them capablè. ³ — Do not look upon me;
Lest with this piteous action ⁴ you convert
My stern effects: then, what I have to do
Will want true colour; tears, perchance, for blood.   130
Queen. To whom do you speak this?
Ham.   Do you see nothing there?
Queen. Nothing at all; yet all, that is, I see.
Ham. Nor did you nothing hear?
Queen.   No, nothing but ourselves.
Ham. Why, look you there! look, how it steals away!
My father, ⁵ in his habit as he liv'd!   135
Look, where he goes, even now, out at the portal!
                                        [Exit Ghost.

a) Elze nach M. C. *fume and passion.*   b) F. 1. *their corporal.*

1) Der Zeit verlustig und der Leidenschaft; *fume and passion*, ist
als unklares Bild und der Tautologie wegen zu verwerfen.   2) Bei
excrements übersehe man nicht die d o p p e l t e Ableitung des Wortes
schon bei den Römern von *excernere* und *excrescere*, und den darnach
modificirten Sinn: Auswurf und Erhöhung; z. B. *excrementum costarum.*
Hier also: Auswüchse, wie Nägel, Haare u. s. w.   3) *capable*, v. *capere*,
fähig des Begreifens.   4) Die Bewegungen des Geistes und sein mitleid-
erregender Blick.   5) In dem elliptischen Ausdruck *my father* ist das
zu *as* gehörige Correlat „ *so* " mit ausgefallen.

  Queen. This is the very coinage of your brain:
This bodiless creation ecstasy
Is very cunning in. [1]
  Ham. Ecstasy! [a])
140 My pulse, as yours, doth temperately keep time,
And makes as healthful music. [2] It is not madness,
That I have utter'd: bring me to the test,
And I the matter will re-word, which madness
Would gambol from. Mother, for love of grace,
145 Lay not that [b]) flattering unction to your soul,
That not your trespass, but my madness speaks:
It will but skin and film the ulcerous place,
Whilst rank corruption, mining all within,
Infects unseen. Confess yourself to heaven;
150 Repent what 's past; avoid what is to come,
And do not spread the compost on [c]) the weeds,
To make them ranker. Forgive me this my virtue,
For in the fatness of these pursy [3] times,
Virtue itself of vice must pardon beg,
155 Yea, curb and woo, for leave to do him good.
  Queen. O Hamlet! thou hast cleft my heart in twain.
  Ham. O throw away the worser [4] part of it,
And live the [5] purer with the other half.
Good night! but go not to mine uncle's bed:
160 Assume a virtue, if you have it not.
That monster, [d]) custom, who all sense doth eat
Of habits evil, [6] is angel yet in this,
That to the use of actions fair and good

---

a) F. 1. fehlt hier *Ecstasy!*   b) F. 1. *lay not a.*   c) F. 1. *or.*   d) *That monster custom — aptly is put on* fehlt F. 1.

1) Eine Umstellung, welche der neueren Poesie und Prosa gemein ist, wird durch die Einschiebung des Prädicatverbs zwischen den Substantivbegriff und die darauf bezogene Präposition bewerkstelligt. So Sh. K. I. II. 1. 552. *And this rich fair town we make him lord of.*   2) *music,* das Ganze für den Theil, Tact.   3) *pursy,* kurzathmig, v. fr. *poussif,* afr. *pourcif.* Ed. Mueller II. 216.   4) Gemination der Steigerungsform cf. ahd. *wirsiro* u. III. 2. 316.   5) *eo purius. the* ist aus *þȝ* dem Instr. des alten Demonstr. *þe* enstanden.   6) Thirlby's vorgeschlagene Lesart *of habits evil* ist wohl die richtige, da die *habitus mali* (denn *evil* ist postposives Adjectiv wie in der folgenden Zeile *fair and good*) einen richtigen Gegensatz zu den *actiones honestae et bonae* bilden. Der Gegensatz ist also nicht in *devil* und *angel* sondern in *monster* und *angel* zu suchen, der Sinn also: Der Unhold, d. i. der Teufel Gewohnheit, der alle Erkenntniss (*sense* wie oben 71. 74. gebraucht) böser Neigungen verschlingt, ist darin doch Engel, dass er der Uebung tugendsamer und guter Thaten eine Art Umhang oder Gewand verleiht, das sich bequem anlegt. Wie die Mutter dem Guten wieder zu gewinnen sei, zeigt der Prinz im Folgenden.

He likewise gives a frock, or livery,
That aptly is put on. Refrain[1] to-night; 165
And that shall lend a kind of easiness
To the next abstinence: [a]) the next more easy;
For use almost can change the stamp of nature,
And *overcome*[2] the devil, [b]) or throw him out
With wondrous potency. Once more, good night: 170
And when you are desirous to be bless'd,
I 'll blessing beg of you. — For this same lord,
　　　　　　　　　　　　[Pointing to Polonius..
I do repent: but heavens [c])[3] hath pleas'd it so, —
To punish me with this, and this with me, —
That I must be their scourge and minister. 175
I will bestow him, and will answer well[4]
The death I gave him. So, again, good night. —
I must be cruel, only to be kind:
Thus bad begins, and worse remains behind. —
[d]) One word more, good lady. 180
　　Queen.　　　　　　　　What shall I do?
　　Ham.　Not this, by no means, that I bid you do:

a) *the next more easy — wondrous potency* fehlt F. 1.　　b) Q. 2. *either the devil.*
Q. v. 1611. *master.* Elze *usher.* Athenaeum.　　c) Edit. Elze. Del. *heaven.*　　d) Diese
Zeile fehlt Fol. 1.

　　1) *refrain* v. fr. *refréner*, lat. *frenare.*　　2) *overcome.* Die Globe-
Edit. setzt nur *either* und deutet das fehlende Verb durch Punkte an.
Elze schlägt *either usher* vor, aber der Vers klingt hart und der Gedanke
passt nicht in den Zusammenhang, da von den guten Wirkungen der
Uebung die Rede ist. Dyce VII. 232. liest: *either master*, was sich schon
eher hören lässt, da *the stamp of nature* unsere Sündhaftigkeit, also der
Teufel selbst ist, den die Gewöhnung an das Gute in uns bezwingt, oder
mit Hilfe der Gnade (*wondrous potency*) ganz vertreibt. Ich nehme an,
dass in Q. 2. *either* für *over* verdruckt, der Rest des Verbums *overcome*
ausgefallen war, und dass man in der Q. v. 1611 *master* wiederum nur
aus *either* conjicirt hat.　　3) Ich trage kein Bedenken, das Plural *s* bei
heavens, welches die Editionen auslassen, zu ergänzen, und so die gram-
matische Uebereinstimmung mit folgendem *their* herzustellen, da die Form
hath als giltige Pluralform kein Hinderniss ist. cf. Rich. II. 2. 251. *Wars
hath noth wasted it*, wo die Globe-Ed. unnöthigerweise *have* setzt. Noch
Skelton I. 250 schreibt: *Your clokes smelleth musty.* S. m. Shakfp.-Forsch.
I. p. 12 f. M. I. 323.　　4) Es fragt sich, wem gegenüber H. den Tod
des P. angemessen vertreten will. Dem zornerfüllten Laertes, V. 2. 243,
gegenüber schiebt er, nicht ohne eine gewisse Sophistik, die Schuld auf
seinen Wahnsinn; allerdings nothgedrungen, da er seine Verstellung nicht
eingestehen darf; andern gegenüber verantwortet sich der Prinz nicht,
und vor dem eigenen Gewissen kann H. doch seine That nicht rechtfertigen wollen, da er selbst gesteht: sie sei fast so schlimm als einen
König tödten u. s. w. Man muss annehmen, dass H. daran denkt, nach
der Vollstreckung der Rache an Claudius die Gründe des Unfalls zu
enthüllen.

Let the bloat*)[1] king tempt you again to bed;
Pinch wanton on your cheek; call you his mouse;[2]
And let him, for a pair of reechy[3] kisses,
185 Or paddling in your neck with his damn'd fingers,
Make you to[4] ravel all this matter out,
That I essentially am not in madness,
But mad in craft. 'T were good, you let him know;
For who, that 's but a queen, fair, sober, wise,
190 Would from a paddock, from a bat, a gib,
Such dear concernings hide? who would do so?
No, in despite of sense, and secrecy,
Unpeg the basket on the house's top,
Let the birds fly, and, like the famous ape,
195 To try conclusions, in the basket creep,
And break your own neck down.
    Queen. Be thou assur'd, if words be made of breath,
And breath of life, I have no life to breathe
What thou hast said to me.
200   *Ham.* I must to England; you know that.
    Queen.   Alack!
I had forgot: 't is so concluded on.
   Ham.   **b)** There 's[5] letters seal'd and my two school - fellows,
Whom I will trust, as I will adders fang'd,[6] —
They bear the mandate; they must sweep my way,
205 And marshal me to knavery.[7] Let it work;

a) F. 1. *blunt.*   b) *There 's letters — crafts directly meet* fehlt F. 1.

1) In *bloat*, gebläht, dessen Orthographie die Erklärer verwirrt hat,
erkennt man mit Leichtigkeit das Part. Perf. eines zu *blâvan*, Ne. *blow*,
gehörenden schwachen Verbs, vielleicht *blâvjan*, so dass *blowed* soviel wie
efflatus, turgidus, ist, was mit dem Verb *bloat*, räuchern, ags. *blôtan*, ahd.
pluozan, immolare, gar nichts gemein hat. cf. ahd. *plâen*, nhd. *blaehen*,
part. *blâte.*   2) *mouse*, wie *mus* bei den Römern Liebkosungswort.
S. Martial II. 29. 3.   3) *reek*, ags. *rêc, reác*, ist ursprünglich durchaus
nicht *smoke, fumus*, sondern *exhalatio, vapor; reechy* also hier im alten
Sinne zu fassen.   4) Das Verb *to make* nimmt sonst vorzugsweise den
reinen Inf. zu sich, doch ist nach M. III. p. 12. schon früh der Inf. mit
to im Gebrauch.   5) Wenn das Prädicatsverb dem Subj. vorangeht, was
häufig in Verbindung mit Ortsadverbien der Fall ist, tritt im Englischen
sehr oft der Sing. ein, wo naturgemäss der Pl. stehen müsste. Z. B. *There
is no moe such Caesars.* Cymb. 3. 1. 36. *There 's two crowns for thee, play.*
Marl. Jew of M. 4. 5. Der Gebrauch reicht bis ins Ags. M. II. p. 141. c.
Daher auch die F. im Beginne des 4ten Actes: *there 's matters* liest.
6) *fang*, der Hauzahn eines Ebers, hier also der Giftzahn; *fanged*, damit
versehen.   7) Hier ist natürlich nur die Schurkerei gemeint, die man
mit Hamlet vor hat, nämlich, ihn umzubringen. Del. missinterpretirt die
Stelle offenbar, wenn er sagt: „Sie zeigen ihm mit ihrem Vorgange, wie
e r es zu machen habe." H. kann in diesem Augenblicke noch keine
Ahnung von dem Ausgange seiner Sendung nach England haben, da er

For 't is the sport, to have the enginer
Hoist [1] with his own petar, and it shall go hard,
But I will delve one yard below their mines,
And blow them at [2] the moon. O! 't is most sweet,
When in one line two crafts directly meet. —   210
This man shall set me packing: [3]
I 'll lug the guts into the neighbour room. —
Mother, good night. — Indeed, this counsellor
Is now most still, most secret, and most grave,
Who was in life a foolish[a]) prating knave. [4]   215
Come, Sir, to draw toward an end with you.
Good night, mother.   [Exit Hamlet tugging in Polonius.[b])[5]

ACT IV.

SCENE I.

The Same.

Enter King, Queen, Rosencrantz, and Guildenstern.[c])

King. There 's matter [6] in these sighs: these profound heaves
You must translate; 't is fit we understand them.
Where is your son?

Queen. Bestow this place on us a little while. —[d])
               [Exeunt Rosencrantz and Guildenstern.
Ah, my good[e]) lord, what have I seen to-night!   5

a) Q. 2. f. *most foolish.*   b) So die F. 1. — Q. 2. *Exit.* Q. 1. *Exit Hamlet with the dead body.* Del. *Exeunt severally; Hamlet dragging in Polonius.*   c) So Q. 2. f.
d) F. 1. f. fehlt diese Zeile.   e) Q. 2. f. *Ah mine own lord.*

später selbst erst eine Fügung des Himmels darin erkennt, dass er seines Vaters Siegel bei sich trägt; aber er hat Vertrauen in seine Geisteskraft, um ihre Ränke zu nichte machen zu können.   1) *hoist,* Part. Perf. von *to hoise.*   2) *At* von der Bewegung gebraucht entspricht gr. πρός, und drückt das Hinanreichen, Hinanstreben aus. Daher steht es bei den Verben: werfen, zielen, schiessen, schlagen, reichen u. s. w. M. II. 384.   3) Dieser Mann wird bewirken, dass ich mich schleunigst entferne. Bei factitiven Verben wie *to set* ist dieser Gebrauch nicht selten: *Galvanism has set some corpses grinning.* Byron D. J. 1. 130. S. M. III. 67.   4) Ohne dass man annimmt, H. lege in seinem Verhalten zur Leiche des P. die Kaltblütigkeit des (atomistischen) Philosophen an den Tag, könnte man diese Aeusserungen nicht anders als roh nennen.   5) Offenbar verliess nur H. das Zimmer mit der Leiche des P., so dass die Königin allein zurückbleibt, und die Scene nicht verändert wird. Die Handlung geht auch ununterbrochen weiter.   6) Die Besorgniss des Königs an dieser Stelle macht die Worte des P. II. 2. 118 deutlich.

    King. What, Gertrude? How does Hamlet?

    Queen. Mad as the sea[a]) [1] and wind, when both contend
Which is the mightier. In his lawless fit,
Behind the arras hearing something stir,

10 [b]) He whips his rapier out, and cries, „A rat! a rat!"
And, in this[c]) brainish [2] apprehension, kills
The unseen good old man.

    King.   O heavy deed!
It had been so with us, had we been there.
His liberty is full of threats to all;

15 To you yourself, to us, to every one.
Alas! how shall this bloody deed be answer'd?
It will be laid to us, whose providence
Should have kept short, restrain'd, and out of haunt, [3]
This mad young man; but so much [4] was our love,

20 We would not understand what was most fit;
But, like the owner of a foul disease,
To keep it from divulging, let it feed
Even on the pith of life. Where is he gone?

    Queen. To draw apart the body he hath kill'd;

25 O'er whom his very madness, like some ore
Among a mineral [5] of metals base,
Shows itself pure: he weeps for what is done.

    King. [d]) O, Gertrude; come away.
The sun no sooner shall the mountains touch,

30 But we will ship him hence; and this vild deed
We must, with all our majesty [6] and skill,
Both countenance and excuse. — Ho! Guildenstern!

      Enter Rosencrantz and Guildenstern.

Friends both, go, join you with some further aid.
Hamlet in madness hath Polonius slain,

---

a) F. 1. *seas.*   b) Q. 2. f *Whips out his rapier, cries: „A rat, a rat!"*   c) F. 1. *his.*   d) Q. 2. f. *Gertrude, come away.*

1) Ein bei Sh. beliebtes Bild. Cf. Rich. II. I. 1. 18. *High stomach 'd are they both and full of ire, In rage deaf as the sea, hasty as fire.* 2) *brainish* heissköpfig. *apprehension* hier bloss Vermuthung. Die Stelle würde III. 3. 7. die Vertauschung von *brows* oder *lunacies* mit „*brains*" rechtfertigen.   3) Fern von Verkehr.   4) In einigen Fällen bewahrt *much* noch die Bedeutung des alten *micel, muchel, magnus,* μέγαλος. Z. B. *Alle the myche tresour.* Morte Arture bei Halliw. v. *miche.* M. III. 260.   5) *mineral* wie ital. *minerale,* die Stufe beim Bergbau. Man könnte denken: *like or,* wie Gold in einer Stufe von geringeren Metallen. S. Del.; allein, warum setzt der Dichter dann nicht *gold,* was doch stehen könnte? Es ist hier auf die alte Bedeutung des *ore,* gen. *oran* f. (?) zurückzugehn, näml. *metalli vena.* S. Ettm. p. 69, so dass also der Sinn ist: Wie eine Ader in einer Stufe geringerer Metalle.   6) Bringe zusammen: *majesty — countenance; skill — excuse.* S. Del.

And from his mother's closet hath he dragg'd him:　　35
Go, seek him out; speak fair, and bring the body
Into the chapel.　I pray you, haste in this.
　　　　　　　　　[Exeunt Rosencrantz and Guildenstern.
Come, Gertrude, we 'll call up our wisest friends;
And let them know, both what we mean to do,
And what 's untimely done: *by this, suspicion* ^a) [1] —　　40
Whose whisper o'er the world's diameter,
As level [2] as the cannon to his blank,
Transports his poison'd shot, — may miss our name,
And hit the woundless air.　O, come away!
My soul is full of discord, and dismay.　　　　　　[Exeunt.　45

SCENE II.

Another Room in the Same.

Enter Hamlet.

Ham.　Safely stowed.
Ros., *Guil.* [*Within*].　Hamlet! lord Hamlet!
Ham.　^b) What noise? who calls on Hamlet?　O! here
　　　　they come.

Enter Rosencrantz and Guildenstern.

Ros.　What have you done, my lord, with the dead body?　5
Ham.　Compounded [3] it with dust, whereto 't is kin.

---

　　a) F. 1. f. fehlt: *by this, suspicion — woundless air.* Q. 2. f. u. Gl.-Ed. fehlt:
by this, suspicion. Theob. *For, haply, slander.* Mason. Ed. Del. Dyce Elze *So, haply,
slander.* Malone: *So vierous slander.*　　b) Q. 2. *But soft! What noise.*

　　1) Die Lesart: *So, haply, slander* rührt von Theobald her, der *For haply
slander* schrieb, was Capell in *so h. s.* änderte. Ihm schliessen sich auch
Del., Dyce, Elze an.　Ich glaube indessen, dass Sh. geschrieben hat, wie
ich es in den Text aufgenommen: *by this, suspicion* etc., da sich die
Worte auch auf vorangehendes: *what we mean to do*, d. h. H. nach England zu schicken, beziehn.　Da des Königs Absicht ist, den Prinzen dort
tödten zu lassen, so ist Hamlets blutige That recht geeignet, des Königs
mörderischen Vorsatz gegen ihn zu bemänteln, und ihn am Tode des
Prinzen hinterher unschuldig erscheinen zu lassen.　Möglich dass die Worte
nach *done* bis *woundless air* vom König bei Seite gesprochen wurden.　In
der dritten Scene sagt Claudius ausdrücklich: *this deed must send thee
hence with fiery quickness.*　　2) Die Anwendung von *level* stimmt zu IV.
5. 151.　Der Ausdruck rechtfertigt die eigenthümliche Verwendung des
Wortes *diameter*. Die Erde ist hier als eine durch den sichtbaren Horizont
bestimmte Kreisfläche gedacht, so dass folgerichtig der Diameter ihre
Ausdehnung nach allen Richtungen bezeichnet, die das Flüstern des Ver-
dachts durchkreuzt.　　3) *Compound* (*compondre?*), v. lat. *componere*, wie
redound v. *redonder*, *abound* v. *abonder.* Afr. *o, u, ou* tritt im Engl. als
ou (mit dem *aï*-Laute) besonders vor ursprünglichem oder aus *m* ent-
standenem Nasal-*n* auf. S. M. I. 116.　Hier hat das Wort die Bedeutung

Ros. Tell us where 't is; that we may take it thence,
And bear it to the chapel.

Ham. Do not believe it.

10 *Ros.* Believe what?

Ham. That I can keep your counsel, and not mine own.
Besides, to be demanded of a sponge, [1] what replication should
be made by the son of a king?

15 *Ros.* Take you me for a sponge, my lord?

Ham. Ay, Sir; that soaks up [2] the king's countenance,
his rewards, his authorities. But such officers do the king
best service in the end: he keeps them, like an ape, [a]) [3] in the
corner of his jaw; first mouthed, to be last swallowed: when
21 he needs what you have gleaned, [4] it is but squeezing you,
and, sponge, you shall be dry again.

Ros. I understand you not, my lord.

25 *Ham.* I am glad of it; a knavish speech sleeps in a
foolish ear. [5]

Ros. My lord, you must tell us where the body is, and
go with us to the king.

Ham. The body is with the king, but the king is not
with the body. [6] The king is a thing —

a) Q. 2. f. *apple.*

wie sie etwa im it. *composto*, Mischung, liegt, während die Form *compose*
die Bedeutung des planmässigen Zusammensetzens behält. — Es klingt
fast, als habe H. die Unterredung zwischen dem König und den beiden
Cumpanen Sc. 3. behorcht, da er von ihrem Plane Kenntniss hat.
1) Der uuabhängige präpositionale Infin. tritt im affectvollen Ausrufe und
bisweilen, wenn auch seltner, in der Frage auf. *At my age to talk to me
of such stuff! — the man is an idiot.* Bulw. Rienzi 2. 1. Solche Infinitive
können sogar Objecte bei sich haben, z. B. *I to bear a childe that xal
bere alle mannys blyss* etc. Cov. Myst. p. 77. S. M. III. p. 50.
— Verba der Aeusserungen, wie reden, nennen, fragen, lehren u. s. w.
haben beim Pass. sehr häufig *of* für *by*. *When he was demanded of the
Pharisees.* (Luke 17, 20.) S. M. II. p. 235 u. 36. Dasselbe ist der Fall bei
den Verben der Affecte, wie gleich im Folgenden: *He 's loved of the
distracted multitude.*   2) *to soak up* erinnert an das später gebrauchte
to drink up Esule V. 1. 299. Aehnl. *draw up, eat up, gobble up, put up,
fill up, pick up, lock up* etc.   3) Die Lesart *like an ape* vertheidigt
auch Dyce VII. p. 233, doch ist die Abweichung der Q. 2. f. nicht unge-
reimt, wenn man Q. 1. vergleicht: *For he doth keep you as an ape doth
nuts, In the corner of his jaw.* Der Sinn ist dann: Der König, der die
Majestät nachäfft, hält euch wie Obst in seinen Backentaschen. Vielleicht
hat gestanden: *like as an ape doth apples.*   4) Wenn er braucht, was
ihr gestoppelt habt.   5) Jedenfalls ist das Sprichwort: *A wise speech
sleeps in a foolish ear.* Es findet hier wieder die ironische Umkehrung
einer gemeingiltigen Voraussetzung statt, wie oben II. 2. 243; zugleich
scheint H. anzudeuten, dass er ihre Unterredung mit dem König belauscht
(*knavish speech*) habe, und dass nur ein Thor den Inhalt einer solchen
Rede in seinem Ohr schlafen lassen könne.   6) Da H. die ideelle

Guil. A thing, my lord! 31
Ham. Of nothing:[1] bring me to him. Hide fox, and all after. [2] [Exeunt.

SCENE III.

Another Room in the Same.

Enter King, attended. a)[3]

King. I have sent so seek him, and to find the body.
How d a n g e r o u s is it, that this man goes loose!
Yet must not we put the strong law on him:
He 's lov'd of the distracted multitude,
Who like not in their judgment, but their eyes; 5
And where 't is so, the offender's scourge is weigh'd,
But never b) the offence. To bear all smoth and even,
This sudden sending him away must seem [4]
Deliberate pause: diseases, desperate grown,
, By desperate appliance are reliev'd, 10
Or not at all. —

Enter Rosencrantz.

How now? what hath befallen?
Ros. Where the dead body is bestow'd, my lord,
We cannot get from him.

a) Q. 2. f. Elze *Enter King and two or three.* F. 1. f. *Enter King.* Steevens, Collier, Dyce, Globe - Ed. *Enter King attended.* b) F. 1. *nearer.*

Wesenheit der Dinge stets von ihrer irdischen Erscheinung trennt, so antwortet er auf die Aeusserung: „Ihr müsst uns sagen, wo der Körper ist, und mit uns zum Könige gehn" ganz richtig, indem er *body* allgemein fasst: Der Körper ist beim Könige, d. h. er gehört zum Könige, aber der König, d. i. die majestas, gehört nicht zum Körper. H. hat auch hier wieder die Genugthuung, nicht verstanden und darum um so eher für wahnsinnig gehalten zu werden. 1) *a thing of nothing* scil., ein Mensch, nach Ps. 144, 4. S. Beaum. & Flet Hum. Lieut. IV. 6. (Nares.) *Shall then that thing that honours thee, How miserable a thing soever, And though a thing of nothing, thy thing ever* etc. 2) Die Worte beweisen deutlich, dass H. einen Sinn in dieselben legt, den seine Umgebung nicht listig genug ist, zu errathen. 3) Dass der König hier bewaffnete Begleiter habe, ist nach dem Vorgefallenen durchaus anzunehmen, auch deuten seine Worte *How dangerous* etc. darauf hin. Q. 2. drückt sich nicht so klar aus wie Steevens und Collier, die zuerst setzen *Enter King, attended.* Dieser Umstand aber ist wichtig, denn da auch Hamlet bewacht ist, wie sich aus v. 14 ergiebt, ist die Vollziehung des Rachewerks in diesem Augenblicke eine Unmöglichkeit. Diesen Umstand hätten die Kritiker beachten müssen, die dem Prinzen nach dem Schauspiel eine nicht zu rechtfertigende Unthätigkeit vorwerfen. 4) Es muss aussehen, als ob wir ihn absichtlich, d. h. zu seinem Heile, nur für einige Zeit entfernten. Man übersehe nicht, dass dieser Monolog durch den Ausdruck „*desperate*" bereits die Gefahr andeutet, die Hamlet von seinem Stiefvater droht.

King.   But where is he?
Ros. Without, my lord; **guarded**, to know your pleasure.
15 *King.* Bring him before us.
Ros. Ho, Guildenstern! bring in my lord. [1]

Enter Hamlet and Guildenstern.

King. Now, Hamlet, where 's Polonius?
Ham. At supper.
King. At supper! Where?
20 *Ham.* Not where he eats, but where he is eaten: a
certain convocation of politic [a]) worms are e'en at him.
Your worm is your only emperor for diet: we fat all crea·
tures else, to fat us, and we fat ourselves for maggots:
your fat king, and your lean beggar, is but variable service;
26 two dishes, but to one table: that 's the end.
King. Alas, alas! [b])
Ham. A man may fish with the worm that hath eat of
a king; and eat of the fish that hath fed of that worm.
31 *King.* What dost thou mean by this?
Ham. Nothing, but to show you how a king may go a
progress through the guts of a beggar. [2]
King. Where is Polonius?
35 *Ham.* In heaven: send thither to see; if your messenger
find him not there, seek him i' the other place yourself. But,
indeed, if you find him not within this month, you shall nose
him as you go up the stairs into the lobby.
40 *King.* Go seek him there.   [To some Attendants.
Ham. He will stay till you come.   [Exeunt Attendants.
King. Hamlet, this deed, [c]) for thine especial safety, —
Which we do tender, as we dearly grieve
For that which thou hast done, — must send thee hence
45 With fiery quickness; [d]) therefore, prepare thyself.
The bark is ready, and the wind at help,
The associates tend, and every thing is bent
For England. [3]

a) F. 1. f. *convocation of worms.*   b) F. 1. fehlt: *King. Alas, alas — hath fed
of that worm.*   c) Fol. 1. *this deed of thine, for thine* etc.   d) Q. 2. f. fehlt: *With
fiery quickness.*

1) Es zeigt sich deutlich, dass „Freund Guildenstern" den Wächter
Hamlets spielt, da Rosencrantz ihm zuruft: *Ho, G.! bring in my lord.*
2) Die Circulation der Atome durch die wechselnden Erscheinungen der
Naturdinge bildet ein wichtiges Object der atomistischen Naturbetrachtung,
wie H. sie hier mit dem freien Humor des Philosophen vorträgt. S. m.
Shakfp.-Forsch. I. p. 57. — Ein ähnlicher Gedanke findet sich V. 1. 224 f.
3) Man übersehe hier nicht, dass H. bereits die Absicht des Königs, ihn
nach England zu schicken, kennt, denn er sagt schon am Ende des dritten

Ham. For England?
King.   Ay, Hamlet.
Ham.   Good.
King. So is it, if thou knew'st our purposes.
Ham. I see a cherub[1] that sees them.[a]) — But, come; 50
for England! — Farewell, dear mother.
King. Thy loving father, Hamlet.
Ham. My mother: father and mother is man and wife,
man and wife is one flesh; and so, my mother. Come, for
England.   [Exit.
King. Follow him at foot; tempt him with speed aboard: 56
Delay it not, I 'll have him hence to-night.
Away, for every thing is seal'd and done,
That else leans on the affair: pray you, make haste.
                                [Exeunt R o s. and G u i l.
And, England,[2] if my love thou hold'st at aught,[3]   60
(As my great power thereof may give thee sense,
Since yet thy cicatrice looks raw and red
After the Danish sword, and thy free awe
Pays homage to us) thou may'st not coldly set
Our sovereign process, which imports at full,   65
By letters congruing[b]) to that effect,[4]

a) F. 1. *him.*   b) F. 1. f. *conjuring.*

Actes zu seiner Mutter: *I must to England, you know that*, ein Beweis,
dass er die Schritte des Königs fortwährend beobachtet; doch hat er am
Schluss der dritten Scène des dritten Actes noch keine Ahnung von dem
Plane, sonst würde er nicht äussern: *this physic but prolongs, thy
sickly days.* Er erfährt erst des Königs Absicht auf seinem Wege zur
Mutter, auf welchem ihn allerdings Pol. gesprochen haben kann, da dieser
der Königin ankündigt: *He will come straight.* Hamlets Rückfrage: *for
England?* ist also nicht so zu sprechen, als ob er überrascht wäre, sondern im Tone überlegener Ironie, wie auch das folgende *good.*   1) Kurz
vor seinem Ende sieht der Mensch nach der germanischen Vorstellung
seinen Engel oder Schutzgeist. So Nialssaga cap. 41. *Þû mant vera feigr
maðr, oc munt þû hafa sêð fylgja pîna, · Fies homo moribundus et genium
tuum visurus es.* Notker, bei Grimm M. 830 berichtet darüber: *et generalis omnium praesul, et specialis singulis mortalibus g e n i u s admovetur,
quem etiam praestitem, quod praesit g e r u n d i s o m n i b u s vocaverunt. Nam
et populi genio, quum generalis poscitur, supplicant, et unusquisque guber-
natori proprio dependit obsequium, ideoque g e n i u s dicitur, quoniam quum
quis hominum genitus fuerit, mox eidem copulatur. Hic tutelator fidissimus-
que germanus, animos omnium mentesque custodit; et q u o n i a m c o g i t a t i o-
n u m a r c a n a s u p e r a e a n n u n t i a t p o t e s t a t i, etiam angelus poterit
nuncupari.* S. Drake I. 334, wo das Vorhandensein desselben Mythus bei
den Engländern nachgewiesen wird.   2) *England* wie oben *Norway,
buried Denmark* etc., die Person des Fürsten bezeichnend.   3) *at aught,*
wie oben *to set at a pin's fee.* I. 4. 65. Eigenthümlich ist die Verwendung
des *to set* mit dem Adverb. *coldly* 64.   4) Ich ziehe *congruing to that*

The present death of Hamlet. Do it, England;
For like the hectic in my blood he rages,
And thou must cure me. Till I know 't is done,
70 Howe'er my haps, my joys will ne'er be gun. a) 1   [Exit.

SCENE IV.

A Plain in Denmark.

Enter Fortinbras, and Forces, marching.

For. Go, captain; from me greet the Danish king;
Tell him, that by his licence, Fortinbras
Craves b) 2 the conveyance of a promis'd march
Over his kingdom. You know the rendezvous.
5 If that 3 his majesty would aught with 4 us,
We shall express our duty in his eye; c)
And let him know so. 5

a) Q. 2. f. *will ne'er begin.* F. 1. f. *were ne'er begun.* Ebenso Del. Else. Edit.
b) F. 1. f. Del. Dyce. *Claims.* Elze, Gl. - Ed. *Craves.*   c) Del. *In his eye,*

effect der Qs. jener andern Lesart vor, weil a) der Accent für *cóngrue*
spricht: b) Weil der König, seine Ueberlegenheit England gegenüber
(*„soveréign process"*) in einer Weise bezeichnet, dass anzunehmen ist, in
den Briefen sei der Inhalt seiner Absichten nur als Wunsch oder höchstens als Befehl mit versteckter Drohung ausgedrückt gewesen. Bis zum
„Beschwören" des jüngst gedemüthigten England durfte sich der König
nicht herablassen, auch wenn ihm noch so viel an der Ermordung Hamlets lag.   1) Die Verwendung des einfachen Verbums *gin*, bei Chaucer
ginne, geht durch alle Sprachperioden, bis herab zu W. Scott. Nares sagt
darüber: *It is very common in all old writers, and is used through all
tenses, which can no longer be thought extraordinary now it is known to
have been the primitive form.* S. Koch I. §. 13. 4. M. III. p. 6 u. I. p. 347.
Demnach ist die Schwierigkeit, welche Walker Crit. Exam. etc. III. p. 268
u. Dyce VII. p. 233. in der Stelle finden, nicht vorhanden, sobald man
be von *gun* getrennt liest.   2) Beansprucht das Geleit eines ihm zuge-
sagten Durchzugs. Das Heer des Fremden musste die ihm vorgeschriebene
Route inne halten, weshalb die Begleitung dänischer Truppen nöthig war.
Die Q. 1. liest daher: *craves a free passe and conduct over his land.* In
to crave liegt durchaus keine übertriebene Unterwürfigkeit, da ags.
crafjan einfach „fordern" ist, und das Wort mit „*craven,* Feigling"
nichts gemein hat Da auch Q. 1. in Uebereinstimmung mit Q. 2. *craves*
liest, empfiehlt sich nur diese Lesart zur Aufnahme.   3) Der Gebrauch
von *if that* in fragenden und conditionalen Sätzen erstreckt sich bis ins
Halbs. *He shall Us gifenn heffness blisse, ziff pat we schulenn wurrpi ben.*
Orm. Ded. 247.   4) Den Gebrauch von *will* mit *with* erörtert M. II.
p. 415. Es handelt sich um einen freundlichen oder feindlichen Verkehr,
worin freilich die einseitige auf einen Gegenstand gerichtete Thätigkeit
oder Willensbestimmung öfter die Vorstellung einer Gemeinschaft auf-
kommen lässt, oder worin der mit *with* angeknüpfte Gegenstand an instru-
mentale Bedeutung streifen kann. cf. *What is thy wille, Lady, with me?*
Rich. C. d. L. 892.   5) Dies kann nur heissen: „und lasst ihn das

Cap.   I will do 't, my lord.

For.   Go softly [a]) on.   [Exeunt Fortinbras and Forces. [1]

    Enter Hamlet, Rosencrantz, Guildenstern, etc. [b])

Ham.   Good Sir, whose powers are these?

Cap. ·They are of Norway, Sir.   10

Ham.   How purpos'd, Sir, I pray you?

Cap.   Against some part of Poland.

Ham.   Who commands them, Sir?

Cap.   The nephew to old Norway, Fortinbras.

Ham.   Goes it against the main of Poland, Sir,   15
Or for some frontier?

Cap.   Truly to speak, and with no addition,
We go to gain a little patch of ground,
That hath in it no profit but the name.
To pay five ducats, five, [2] I would not farm it;   20
Nor will it yield to Norway, or the Pole,
A ranker rate, should it be sold in fee.

   Ham.   Why, then the Polack never will defend it.

   Cap.   Yes, 't is already. garrison'd.

[c]) Two thousand souls, and twenty thousand ducats,   25
Will not debate the question of this straw:
This is the imposthume of much wealth and peace,
That inward breaks, and shows no cause without
Why the man dies. [3]

   Ham.   I humbly thank you, Sir.

   Cap.   God be wi' you, Sir.   [Exit Captain. 30

---

   a) F. 1. f. *safely.*   b) *Enter Hamlet etc. — or be nothing worth* fehlt F. 1. u.
Q. 1.   c) Sämmtl. Ed. *Ham.*

wissen ", da *let* als Infin. zu *shall* gefasst, wie Delius die Stelle verstanden
wissen will, einen ganz unpassenden Sinn gäbe. Obiges *Go, captain* und
die Entgegnung *I will do't* deutet darauf hin, dass *let* Imperativ ist.
1) Der Rest der Scene fehlt in der Fol. und in der Q. 1., die mit den
Worten schliesst: *You know our Randevous, goe march away. exeunt all.*
Es beweist dies wieder die gemeinsame Abstammung der F. u. Q 1. von
einem, gewiss von Sh. selbst redigirten kürzern Bühnenmanuscript.
S. darüber auch Del. p. 118. Anm. 6.   2) Die Iteration des Zahlworts
five nach *ducats* ist eine aus dem Leben genommene Ausdrucksweise, die
keiner Aenderung bedarf, weshalb Dyce VII. 233. mit Recht den an sich
sinnreichen Einfall des Herrn John Jones, *fine* für *five*, ablehnt.   3) Die
Kritik hat bisher an dieser Stelle nichts zu erinnern gefunden, und doch
wird man zugeben, dass sie mit dem Inhalte der folgenden Rede Hamlets
im Widerspruch steht, wo in „der Ehre" der Impuls zum bevorstehenden
Kampfe gefunden wird, und keineswegs in dem „Geschwür von zu viel
Ruh und Wohlstand." Die Worte stehen nur dem philiströs räsonnirenden
Capitain an; denn der bis dahin sehr einsilbige Hamlet wird nur in Folge
der erhaltenen Auskunft nachdenklicher und spricht sich zuletzt im Monolog in einer ganz entgegengesetzten Weise aus.

    Ros.   Will 't please you go, my lord?
    Ham. I 'll be with you straight. Go a little before.
                 [Exeunt Rosencrantz and Guildenstern.
How all occasions do inform [1] against me,
And spur my dull revenge! What is a man,
If his chief good, and market of his time, [2]
35 Be but to sleep, and feed? a beast, no more.
Sure, he, that made us with such large discourse,
Looking before and after, gave us not
That capability and godlike reason
To fust in us unus'd. Now, whether it be
40 Bestial oblivion, or some craven scruple
Of thinking too precisely on the event, —
A thought, [3] which quarter'd, hath but one part wisdom,
And ever three parts coward, — I do not know
Why yet I live to say, „This thing 's to do;" [4]
45 Sith I have cause, and will, and strength, and means, [5]
To do 't. Examples, gross as earth, exhort me:
Witness this army, of such mass and charge,
Led by a delicate and tender prince,
Whose spirit, with divine ambition puff'd,
50 Makes mouths at the invisible event; [6]
Exposing what is mortal, and unsure,
To all that fortune, death, and danger, dare,

    1) *inform* ist der Gerichtssprache entlehnt: *to offer an accusation to a magistrate;* daher *against* s. Sam. Johnson E. D. v. *inform.* 3.   2) Was ihm seine ganze Lebenszeit einbringt.   3) Der Gedanke, dass höhere Geistesbildung eine bis nahe an Feigheit grenzende Neigung zum Zögern zur nothwendigen Folge habe, war bereits dem Alterthum geläufig. Wenigstens behauptet Lucian in seiner Zuschrift an den Philosophen Nigrinus: ὅτι ἡ ἀμαθία μὲν θρασεῖς, ὀκνηροὺς δὲ τὸ λελογισμένον ἀπεργάζεται, wobei er sich auf einen Ausspruch des Thucydides (II, 40) stützt, den Plin. Epist. lib. IV. 7. genauer anführt: Ἀμαθία μὲν θράσος, λογισμὸς δ'ὄκνον φέρει, was Solanus wiedergiebt mit *Imperitia audaces, segniores ad agendum ratio facit,* während Bourdelotius gradezu übersetzt: *Imperitia confidentiam, eruditio timorem creat.* Die Hamlettragödie ist eine eminent glückliche Lösung dieses uralten Erfahrungssatzes.   4) Wir erwarten: *this thing is to be done;* der Infin. des Activs läuft noch lange neben dem des Pass., der erst im Ae. gebräuchlich wird, her; selbst heutige Schriftsteller gebrauchen die active Form in Fällen, wo die schulgemässe Grammatik das Passiv vorschreibt. *There's nobody to kill, is there?* Dick. Pickw. 2, 20. So auch das vielbesprochene *you are to blame.* S. M. III. 85.   5) H. giebt an, dass er zur That Grund, Willen, Kraft und Mittel habe, und doch ist er bis jetzt nicht zur Ausführung gekommen, weil ihn äussere Umstände und Rücksichten stets zurückgehalten, ein Unfall sogar sein Thun vom ursprünglichen Ziele abgelenkt hat.   6) Der Erfolg ist es, was sich von dem reflectirenden Verstande nicht als sicher ermitteln lässt, deshalb nennt ihn H. unsichtbar.

Even for an egg-shell. Rightly to be great *) [1]
Is not to stir without great argument,
But greatly to find quarrel in a straw,   55
When honour 's at the stake. How stand I then,
That have a father kill'd, a mother stain'd,
Excitements of my reason, and my blood,
And let all sleep? while, to my shame, I see
The imminent death of twenty thousand men, [2]   60
That for a fantasy, and trick of fame,
Go to their graves like beds; fight for a plot
Wheron the numbers cannot try the cause;
Which is not tomb enough, and continent,
To hide the slain? — O! from this time forth,   65
My thoughts be bloody, or be nothing worth!   [Exit.

SCENE V.

Elsinore. A Room in the Castle.

Enter Queen, Horatio and a Gentleman. b) [3]

Queen. I will not speak with her.
Gent. c) She is importunate, [4] indeed, distract: [5]

a) Pope, Theob. Warb. *'Tis not to be great. Never to stir without great argument;*
b) F. 1. f. *Enter Queen and Horatio.*   c) Fols. *Hor.* ohne *Gent.*

1) Wahrhafte Grösse besteht darin, sich still zu verhalten, wenn
man nicht eine grosse Veranlassung zum Handeln hat, aber eine Veranlassung zum Streite schon in einem Strohhalm zu finden, sobald die
Ehre ins Spiel kommt.   2) Das Beispiel von 20,000 Kriegern regt H.
in ähnlicher Weise an, wie oben das des Schauspielers. Auch jetzt rafft
er sich wieder zum Entschluss einer That empor, die zunächst in der
schleunigen Beseitigung seiner perfiden Freunde, die ihn als Wächter
nach England begleiten, besteht, und ihn seinem eigentlichen Ziele wieder
einen Schritt näher führt, zumal, da die Fügung des Himmels ihn
begünstigt.   3) In dieser Scene lässt die F. nur die Königin und
Horatio, die Qs. dagegen ausser diesen noch einen Gentleman auftreten,
den auch die Globe-Ed. aufnimmt. Vielleicht übernahm nur der Schauspieler, der den Horatio gab, nach der Weisung des Bühnenmanuscripts
diese Rolle aus Rücksichten auf die Theaterkräfte. S. Dyce VII. p. 234,
der, wie Del., die ganze Rede zwischen Hor. und die Königin vertheilt.
Mir leuchtet indessen nur die Auffassung der Globe-Ed. ein, die die
Worte Z. 16 „*let her come in*" der Königin zutheilt, während die Qs.
und Elze sie noch von Horatio sprechen lassen. Ich nehme jedoch an,
dass auf die Aufforderung der Königin sich Hor. nicht allein, sondern mit
dem Gentleman entfernt, aber ohne ihn mit Oph. zurückkehrt. Der
Gentleman tritt erst nach Z. 97 wieder auf, um die Vorgänge vor dem
Schlosse und die Ankunft des Laertes zu verkündigen. Elze lässt die
Bühnenweisung fort und hat daher später nur *Enter Ophelia* wie die Qs.
4) *Importunate* wie lat. *importunus*, nach Sam. Johnson in diesem Sinne
auch von Smalridge, also nicht blos von Sh. gebraucht. Derartige Formen scheinen den ursprünglichen Participien der Deponentia nachgebildet,
wie I. 1. 83. *emulate*. Ital. *importunatamente* deutet auf ein früher ähnlich
gebrauchtes *importunato*.   5) Dieser Ausdruck erklärt die vorige etwas

Her mood will needs be pitied.

  Queen.   What would she have?

  Gent.[a]) She speaks much of her father; says, she hears,

5 There 's tricks i' the world; and hems, and beats her heart;
Spurns enviously at straws;[1] speaks things in doubt,
That carry but half sense: her speech is nothing,
Yet the unshaped use of it doth move
The hearers to collection; they yawn at it,

10 And botch[2] the words up fit to their own thoughts;
Which, as her winks, and nods, and gestures yield them,
Indeed would make one think, there might be thought,
Though nothing[3] sure, yet much unhappily.

  Hor.[b]) 'T were good she were spoken with, for she may strew

15 Dangerous conjectures in ill-breeding minds.

  Queen.[c]) Let her come in. [Exit Gentleman and Horatio.[d])
To my sick soul,[4] as sin's true nature is,
Each toy seems prologue to some great amiss.
So full of artless jealousy is guilt,

20 It spills itself in fearing to be spilt.

     Re-enter Horatio with Ophelia.[e])

  Oph. Where is the beauteous majesty of Denmark?
  Queen. How now, Ophelia?
  Oph. *How should I your true love know*   [Singing.
    From another one?

25   *By his cockle*[5] *hat and staff,*
    And his sandal shoon.[6]

---

a) Fs. *Hor.* b) In d. Fs. gehören *'T were good* bis *ill-breeding minds* noch zur vorhergehenden Rede des Hor. c) Q. 2. u. Elze geben diese Worte noch dem Hor. d) Collier, Delius, Dyce, Globe-Ed. *Exit Horatio.* Q. 2. f. Elze ohne Bühnenweisung. e) Del., Coll. *Reenter Horatio.* Q. 2. *Enter Ophelia.*

harte Beschuldigung, und wird durch die Betheuerung *indeed* noch als Entschuldigungsgrund des ungestümen Wesens hervorgehoben. S. oben III. 4. 202. und IV. 1. 1. 1) Dies sind Symptome, die zugleich bei O. auf geheime Vorwürfe gegen sich selbst schliessen lassen. S. m. Shakſp.-Forsch. p. 186. 2) *botch* ist neben vorangehendes *collection* zu halten. Die unzusammenhängende Rede Opheliens veranlasst die Hörer ihre Worte zusammenzureihen. Sie reissen den Mund auf, und flicken, was zu ihren Vermuthungen passt, zusammen, oder vielmehr: *up*, d. h. die Einzelheiten auf und über einander. 3) *nothing* ist Gegensatz zu folgendem *much*, so wie *sure* zu *unhappily*. Es möchte, wenn auch nichts Sicheres, doch Vieles in unheilvoller Weise gemuthmasst werden. 4) Die heilsamen Wirkungen von H's. Unterredung III. 4. zeigen sich jetzt an der Königin. Sie geht in sich und kommt zur Erkenntnis ihres sündigen und heilsbedürftigen Zustandes: So sehr ist die Schuld von nicht zu verbergendem Argwohn erfüllt, dass sie sich selbst an den Tag bringt, aus Besorgniss an den Tag zu kommen. 5) *cockle*, fr. *coquille*, lat. *cochlea*, gr. κόχλος, κογχύλιον. 6) Der Pl. *shoon* ist noch jetzt in Westmoreland, *sheoun*

Queen. Alas, sweet lady, what imports this song?
Oph. Say you? nay, pray you, mark.

> *He is dead and gone, lady,*   [Singing.
> *He is dead and gone;*   30
> *At his head a grass - green*[a]*) turf,*
> *At his heels a stone.*

O, ho!
Queen. Nay, but Ophelia, —
Oph.   Pray you, mark.

> *White his shroud as the mountain snow,*   [Singing. 35

Enter King.

Queen. Alas! look here, my lord.
Oph.   *Larded*[b]*)* [1] *with sweet flowers;* [2]
> *Which bewept to the ground*[c]*) did not go,* [d]*)* [3]
> *With true - love showers.*

King. How do you, pretty lady?   40

---

a) Elze nach M. C. *green grass turf.*   b) Q. 2. f. *larded all.*   c) F. 1. Q. 1.
Del., Elze, Dyce, Gl. - Ed. *grave.*   d) Q. 1. 2. f. F. 1. f. *did not go.* Edit. von Pope.
— Gl. - Ed. *did go.*

in Yorkshire üblich. W. Scott gebraucht *shoon*, so wie auch Byron in
Childe Harold. M. I. 219.   1) *Larded* kommt V. 2. 20, wo es ironisch
ist, nochmals vor.   2) Bei den rührenden und hochpoetischen Grab-
gebräuchen der älteren Zeit kamen nur duftende Blumen zur Verwendung. Drake, Shak. and his Times (1817) I. p. 244.   3) *did not go.*
Da man den Inhalt des ganzen Liedes nicht kennt, ist es offenbar
gewagt, *not* zu streichen, wie die Herausgeber seit Pope gethan, und wie
auch Dyce allzu hartnäckig will. Elze behält *not* bei, doch kann ich seinen
Motiven nicht beistimmen. Ist das Ganze, wie zu vermuthen, ein Volks-
lied, und steht die dritte Strophe mit den beiden andern im Zusammenhange,
so scheint der ritterliche Pilgrim (*he is dead and gone, lady*), den unglückliche Liebe (*true love*) in die Ferne getrieben, einsam in den Einöden des
Hochlandes gestorben zu sein, wo ihn Erde nicht deckt, sondern blos zu
seinen Häupten ein Rasenstück, zu seinen Füssen ein Stein liegt.
Ein wandernder Sänger bringt die Nachricht seines Todes, daher die
Anrede: *lady.* Sein Leichentuch ist der Schnee des Gebirges und Vöglein
bespicken es mit Blumen, wie in Vittoria Corombona: *Call for the robin
red - breast and the wren, Since o'er shady groves they hover, And with
leaves and flowers do cover The friendless bodies of unburied men.* In diesem Falle ist aber auch nur jenes „*ground*" der Q. 2. für „*grave*" der
Fs. u. Q. 1. richtig, und grade diese Abweichung unterstützt meine Vermuthung, dass wir eine alte Volksballade von dem oben angegebenen
Inhalt vor uns haben. Es handelt sich also um eine Jungfrau, die den
Geliebten hat ziehen lassen und bei der Nachricht seines Todes von
innigem Mitleid ergriffen ihre That bereut, im Munde der O. offenbar von
grosser Bedeutung, wenn wir uns ihres Verhaltens gegen H. erinnern.
Auf des Vaters Tod ist die Stelle wenigstens nicht ausschliesslich zu
beziehn, obwohl dieser in die getrübte Vorstellung der Unglücklichen mit
hineinspielt. Es ist daher ein entschieden ungerechtfertigter Einwurf
Rümelins, wenn er behauptet, die von O. gesungenen Lieder wären blos
leichtfertig und sinnlos.

Oph. ́ Well, God 'ield you!*) They say, the owl was a baker's daughter. [1]) Lord! we know what we are, but know not what we may be. God be at your table!

45   *King.* Conceit upon her father.

Oph. Pray you, let 's have no words of this; but when they ask you whet it means, say you this:

  To - morrow[b]) *is Saint Valentine's day,* [2]
    All in the morning betime,

a) Q. 2. f. *good dild.*   b) Elze nach Farmer *Good morrow.*

1) Deutsche und englische Sage berühren sich hier. Mannhardt berichtet vom Schwarzspecht, was hier von der Eule gilt. Als unser Herrgott mit Petrus auf der Erde wandelte, kamen sie zu einer Frau, welche sass und buk; sie hiess Gertrud, und trug eine grosse Haube auf dem Kopfe. Müde und hungrig von dem langen Wege, bat sie unser Herrgott um ein Stück Kuchen. Ja, das sollte er haben, sagte sie, und knetete es aus; aber da ward es so gross, dass es den ganzen Backtrog ausfüllte. Nein, das war allzugross, das konnte er nicht bekommen. Sie nahm nun ein kleineres Stück; aber auch diesmal ward es wieder so gross. „Ja, so kann ich euch nichts geben,“ sagte Gertrud, „es wird ja immer zu gross. Ihr müsst ohne Mundschmack wieder fortgehn.“ Da ereiferte sich der Herr Christus und sprach: „Weil du ein schlechtes Herz hast und mir nicht einmal ein Stückchen Brod gönnst, so sollst du dafür in einen Vogel verwandelt werden, und deine Nahrung zwischen Holz und Rinde suchen, und nicht öfter zu trinken sollst du haben, als wenn es regnet.“ Das norwegische Mährchen vom Gertrudsvogel findet sich auf den Kuckuk übertragen, und Douce berichtet von einer Legende ähnlichen Inhalts, die sich bis heut in Gloucestershire erhalten hat. Der Heiland bat einst eine Bäckerfrau um Brod. Die Bäckerfrau schob bereitwillig ein Stück Teig in den Ofen, um es für ihn zu backen. Ihre missgünstige Tochter fand es jedoch zu gross und nahm das meiste davon ab. Der Teig aber fing plötzlich an zu schwellen, und wuchs zu einer riesigen Grösse an, worüber die Tochter in laute Verwunderung ausbrach, und so eulenähnlich: *Heugh, heugh, heugh* rief, dass sie der Heiland wirklich in eine E u l e verwandelte. S. m. Shakfp.-Forsch. II. p. 30 u. 31. S. Drake I. 326.   2) Der St. Valentinstag weist zurück auf die altheidnische Religion der Germanen. Wali, der neue Frühling, tödtet den blinden Hödr (den Winter), weil dieser den lieblichen Gott Baldur, den Licht- und Sonnengott, mit dem Mistelzweige erschossen. Man erkennt leicht den auf den Wechsel der Jahreszeiten (die Germanen kennen deren nur drei) bezüglichen Mythus. Die Engländer sind die einzigen Germanen, bei denen sich eine Erinnerung an denselben in der Feier des St. Valentinstages (14. Februar, Lichtmesse) erhalten hat. Man glaubte, die Vögel paarten sich an dem Tage, und Jünglinge und Jungfrauen feierten ein Fest, bei welchem sie sich durch das Loos ihre Liebchen wählten. S. m. Shakfp.-Forsch. II. p. 134. — Die Emendation Farmer's: „*Good morrow*“ etc. ist gewiss richtig, wenn es gilt das V o l k s l i e d herzustellen; es fragt sich nur, ob der Dichter die Absicht haben konnte, die Verse desselben von O. correct recitiren zu lassen. Das Volk in seiner Einfalt ändert ja so oft seine Lieblingslieder in sinnloser Weise, dass wir uns nicht wundern dürfen, wenn der Dichter die Worte so in den Mund der Geisteskranken legt, wie er sie dem Volke abgelauscht. Wenn Elze daher erklärt, Farmer's Emendation spreche so sehr für sich selbst, dass nur

    And I a maid at your window, 50
      To be your Valentine:
    Then up he rose, and donn'd [1] his clothes,[2]
      And dupp'd the chamber door;
    Let in the maid, that out a maid
      Never departed more. 55

King. Pretty Ophelia!

Oph. Indeed, la![a]) without an oath, I'll make an end on 't:
    By Gis,[3] and by Saint Charity,
      Alack, and fie for shame!
    Young men will do 't, if they come to 't; 60
      By cock, they are to blame.
    Quoth she, before you tumbled me,
      You promis'd me to wed; he answers:[b])[4]
    So would I ha' done, by yonder sun,
    An thou hadst not come to my bed. 65

a) Q. 2. f. fehlt *la*.　　b) F. 1. f. Q. 1. fehlt *he answers*.

ihre Nichtaufnahme einer Vertheidigung bedürfe, so wäre hier zu entgegnen, dass wie O. überhaupt kein Bewusstsein der Situation hat, sie den Corruptelen des Liedes gegenüber noch viel weniger logischer Schlüsse und Distinctionen fähig ist. Es zeigt sich dies namentlich an den vielfachen Sprüngen und Auslassungen, denn die Strophen unter sich sind ebenfalls zusammenhangslos. Im 5. Act singt der Clown gleichfalls „blühenden" Unsinn, und doch ist er vollkommen bei Verstande. Der Herausgeber erinnert sich in seiner Jugend gehört zu haben: „Kleine Blumen, kleine Blätter, Streuen w i r mit leichter Hand; Guter Junge! Frühlingsgötter tändelt auf ein lustig Band!" Die Sänger beseligte der Rhythmus und die Melodie, es fiel ihnen nicht im Traume ein, dass die Worte Unsinn sein könnten. Man übersehe übrigens nicht, dass der I n h a l t d e s L i e d e s auf die Befürchtungen hindeutet, die Pol. und La. in O. in Beziehung auf H. wachgerufen. Es klingt wie eine in ihrem Gedächtniss zurückgebliebene W a r n u n g und hat, so aufgefasst, g a r n i c h t s L a s c i v e s, wenn man bedenkt, dass zu Sh's. Zeit derartige Gesänge dem Ohr junger Standesdamen principiell nicht fern gehalten wurden.　　1) Ueber die zusammengezogenen Formen *don, dout, dup* s. M. I. 368.　　2) Der Reim von *rose* und *clothes* ist im englischen Munde nicht auffallend. Beim Zubettgehen ruft sich das junge Volk zu: *Good night and sweet repose, All the beds and all the clothes.* (Du musst allein schlafen.) Koch I. p. 128 liest *klöz*.　　3) *Gis*, offenbar eine Entstellung für *Jesus* und *Cock* für *God.* Es mischt sich in diesen und ähnlichen Ausdrücken die Rohheit oft wunderlich mit der berechtigten Scheu vor dem Missbrauch des göttlichen Namens. S. M. I. 420. cf. *swounds, sblood, odd's bodekin* etc. 4) *he answers* stand als erläuternde Notiz jedenfalls im Volksliede und wurde naiver Weise, wie hier von Ophelia, mitgesprochen, so dass die Qs. es mit Recht in den Text aufnahmen. O. scheint Z. 69. dunkel zu verrathen, dass Jemand ihr den Rath gegeben, den Bruder von dem Vorgefallenen in Kenntniss zu setzen, so dass sich die Befürchtungen des Königs IV. 1. 40. als begründet erweisen. Claudius selbst führt die Zerrüttung O's. richtig auf den Tod des Vaters u n d die Trennung von Hamlet zurück, wenn er sagt: *first her father slain, next your son gone* v. 79 u. 80.

King. How long hath she been thus?[a])

Oph. I hope, all will be well. We must be patient: but
I cannot choose but weep, to think, they would[b]) lay him
i' the cold ground. My b r o t h e r s h a l l k n o w o f i t, and so I
thank you for your good counsel. Come, my coach! Good
72 night, ladies; good night, sweet ladies: good night, good
night.   [Exit.

King. Follow her close; give her good watch, I pray
you.   [Exit Horatio.
76 O! this is[1] the poison of deep grief; it springs
All from her father's death. And now, behold,[c])
O Gertrude, Gertrude!
When sorrows come, they come not single spies,
But in battalions. First, her father slain:
80 Next, your son gone, and he most violent author
Of his own just remove: the people muddied,[2]
Thick and unwholesome in their thoughts and whispers,
For good Polonius' death; and we have done but greenly,[3]
In hugger-mugger[4] to inter him: poor Ophelia,
85 Divided from herself,[5] and her fair judgment,
Without the which[6] we are pictures, or mere beasts.
Last,[7] and as much containing as all these,[8]
Her brother is in secret come from France,
Feeds on[9] his[d]) wonder, keeps himself in clouds,

a) F. 1. *this.*   b) F. 1. f. *they should.*   c) F. 1. f. fehlt *And now, behold.*
d) Q. 2. f. *on this.* F. 1. f. *Keeps on his.* M. C. Elze, Del. *Feeds on his.*

1) *O this is;* es ist leicht, das Metrum herzustellen, wenn man mit
Walker die contrahirte Form *this'* für *this is* nimmt (s. Dyce VII. 234),
oder einfach die Copula *is* auslässt, was nach den Regeln der englischen
Sprache zulässig ist. M. II. 45.   2) Dyce liest *mudded* für *muddied,*
doch scheint mir kein Grund für diese Aenderung vorzuliegen, da *people*
hier dem menschlichen Organismus verglichen, und die öffentliche Meinung
als das Blut aufgefasst wird, das denselben jetzt verdorben, schwerfällig
und gefahrdrohend, durchschleicht.   3) Man erinnere sich an I. 3. 101.
You speak like a green girl.   4) *hugger-mugger*, ähnlich wie unser
holter-polter. Ist Bedeutung im Worte, so wird man sich wohl Nares
anzuschliessen haben, der es von *hug* ableitet. Vielleicht ist der 2te Theil,
wie Ed. Mueller I. 524 vermuthet, auf schwed. *mjugg* zurückzuführen.
cf. dän. *i smug,* deutsch *schmuggeln.*   5) So fasst auch H. später den
Wahnsinn auf, indem er sich bei Laertes entschuldigt: *Is Hamlet from
himself be ta'kn away, — then Hamlet does it not.* V. 2. 245.   6) Jahr-
hunderte lang wird *the which* neben einfachem *which* gebraucht. Es ist das
ursprüngliche Relat. *þe* mit dem Fragewort *hvylc,* welches schliesslich
allein zur Verwendung kommt. Schon die Ags. liebten ähnliche Gemination: *Se Hengest, se þe væs lâðteóv and heretoga.* Beda 2. 5.   7) *last,*
wie unser: Zu guter Letzt.   8) *these* kommt dialectisch zwar bisweilen
als Singular vor, hier aber weist es als Plural auf Substantiva, d. h. die
aufgezählten Unglücksfälle, zurück. Koch II. 244.   9) Die Lesart rührt

And wants not buzzers to infect his ear   90
With pestilent speeches of his father's death;
Wherein necessity, of matter beggar'd,
Will nothing stick our person[a]) to arraign [1]
In ear and ear. [2] O, my dear Gertrude! this,
Like to a murdering piece, in many places   95
Gives me superfluous death.   [A noise within.
  Queen.   Alack! what noise is this?[b])
  King. Attend![c]) [3] Where are my Switzers? Let them
     guard the door. (Reenter Gentleman.)
What is the matter?
  Gent.   Save yourself, mylord;
The ocean, overpeering of his list,
Eats [4] not the flats with more impetuous haste,   100
Than young Laertes, in a riotous head, [5]
O'erbears your officers! The rabble [6] call him lord;[d])
And, as the world were now but to begin,
Antiquity forgot, custom not known,
The ratifiers and props of every wont, [7]   105

  a) F. 1. *persons.* b) Q. 2. f. fehlt diese Zeile. c) F. 1. f. fehlt *Attend!* Nach
v. 96 sämmtl. Ed. *Enter a Gentleman.* Globe - Ed. nach v. 97 *Enter another Gentleman.*
d) M. C. *King.*

von Johnson her. In die Worte kann man nur den Sinn legen: er fristet
sich mit seinem Staunen. Da indessen die Fs. für „*feeds*" aufweisen
„*keeps,*" so hat man Ursache die Stelle für verderbt zu halten. Vielleicht wäre für „*on*" „*in*" und für das zweite „*keeps*" „*wraps*" zu vermuthen, so dass die Stelle lautete: *keeps in his wonder, wraps himself in
clouds,* er beharrt bei seinem Staunen etc. Ich wage indessen die Aenderung nicht aufzunehmen. 1) *arraign* hat neben der Bedeutung „ordnen"
auch die „anklagen." Das Etymologische giebt Ed. Mueller. (mlt. *arratio-
nare.*) Ueber das unorganisch eingeschobene *g* belehrt Maetzner I. 176.
Koch I. p. 135. 2) *ear and ear.* Häufig ist die doppelte oder mehrfache Wiederholung desselben Wortes in copulativer Weise, wodurch
theils eine factische Wiederholung ausgedrückt, theils die rhetorische Verstärkung des hervorgehobenen Begriffs bezweckt wird; beides geht ineinan-
der über. *The knights come riding two and two.* S. M. III. 340. 3) Ich
nehme das *Attend* der Qs. mit Elze in den Text auf, weil ich überzeugt
bin, die Königin, von dem Lärm erschreckt, eile nach der Thür, um
sich von der Ursache selbst zu überzeugen. Der vorsichtige Claudius hält
sie aber zurück und ruft nach seinen Schweizern. Ich lasse deshalb mit
Globe- Edit. auch den *Gentleman* nach v. 97 eintreten. 4) *Eats.*
Cf. Hor. Carm. I, XXXI. 7. — *non rura, quae Liris quieta M o r d e t aqua
taciturnus amnis.* S. Dyce VII. p. 235. 5) *head* = *body, conflux, forces.*
Das „*in*" bedeutet „umringt von." 6) *rabble,* lat. *rabula.* S. Ed. Mueller
II. p. 228. 7) Die Lesart: *every w o r d,* wie allgemein überliefert
wird, ist entschieden verwerflich. Tyrwhitt vermuthet *work,* Johnson *weal,*
Warburton *ward,* Elze, der in seiner Hamlet - Ausgabe noch *word* liest,
schlug später im Athenaeum Nr. 2024. Aug. 11. 1866. vor: *worth.* Ich

They cry, „Choose we; Laertes shall be king!"
Caps, hands, and tongues, applaud [1] it to the clouds,
„Laertes shall be king, Laertes king!"
  Queen. How cheerfully on the false trail they cry!
110 O! this is counter, [2] you false Danish dogs.
  King. The doors are broke.   [Noise within.

   Enter L a e r t e s, armed; Danes following. [a])

 Laer. Where is this [3] king? — Sirs, stand you all without.
 Dan. No, let 's come in.
 Laer.   I pray you, give me leave.
 Dan. We will, we will. [They retire without the door.
115 *Laer.* I thank you: keep the door. — O thou vild [4] king,
Give me my father.
  Queen.   Calmly, good Laertes.
  Laer. That drop of blood that 's calm,[b]) proclaims me bastard,
Cries „cuckold" to my father; brands the „harlot"
Even here, between the chaste unsmirched brow
120 Of my true [5] mother.
  King.   What is the cause, Laertes,
That thy rebellion looks so giant-like? —
Let him go, Gertrude; do not fear [6] our person:
There 's such divinity doth hedge a king,
That treason can but peep to what it would,
125 Acts [7] little of [8] his will. — Tell me, Laertes,

a) St. R. *Enter Laertes with others.* b) F. 1. f. *that calm's.*

halte *wont* für das Richtige, und verstehe: Als ob alle Geschichte vergessen, das Gewohnheitsrecht, welches jeden Brauch stützt und legalisirt,
nicht vorhanden wäre. *Wont* und *custom* sind bei Sh. nicht „identisch,"
wie man sich aus III. 4. 161. f. überzeugen kann, wo *custom* und *habit*
als zwei getrennte Begriffe aufgefasst werden. *Wont* braucht übrigens der
Dichter schon I. 4. 6. 1) *applaud* — hier nach der ursprünglichen
Bedeutung: (*ovum ad terram applosum*) „zu den Wolken schmettern."
2) Ein Jagdhund spürt entgegen, *counter*, wenn er auf der Fährte eines
Wildes angelangt, nach der Seite zu sucht, von der das Wild gekommen
ist, so dass er sich also von demselben immer weiter entfernt. 3) In
verächtlichem Sinne entspricht *this* dem lat. *iste*, wie es überhaupt bei
lebhafter Vorstellung angewandt wird, wenn abwesende Gegenstände oder
Personen in Frage kommen. 4) Ueber *vild* s. II. 2. 111. Anm. 7.
5) *true* im alten Sinne für *honest.* cf. Love's L. L. IV. 3. 187. *A true
man or a thief that gallops thus?* — I. Henry IV. II. 2. 28. *A plague
upon it, when thieves cannot be true one to another.* III. 3. 82. *Now, as
I am a t r u e woman, holland of eight shillings an ell.* 6) Ueber *fear* s. I.
3. Anm. 7. 7) *Acts* verstehe: *that treason a c t s little* etc. *To act* steht
dem Verbum *to peep* gegenüber. 8) Ein von *of* begleitetes Nennwort
wird oft zum Ausdrucke des Motivs einer Thätigkeit. So Sh. Rich. II.
IV. 1. 177. *To do that office of thine own good will, Which tired majesty
did make thee offer.* S. M. II. p. 139.

Why thou art thus incens'd; — Let him go, Gertrude; —-
Speak, man.
    Laer. Where is my father?
    King.   Dead.
    Queen.   But not by him.
    King. Let him demand his fill.
    Laer. How came[1] he dead? I 'll not be juggled with.   130
To hell, allegiance! vows, to the blackest devil!
Conscience, and grace, to the profoundest pit!
I dare damnation. To this point I stand,
That both the worlds I give to negligence;
Let come what comes, only I 'll be reveng'd   135
Most throughly for my father.
    King.   Who shall stay you?
    Laer. My will,[2] not all the world:
And, for my means, I 'll husband them so well,
They shall go far with little.
    King.   Good Laertes,
If you desire to know the certainty   140
Of your dear father's death, is 't[a]) writ in your revenge,
That swoopstake[b])[3] you will draw —- both friend and foe,
Winner and loser?

    a) F. 1. f. *If writ.*   b) Del. *That, swoopstake, you will draw both friend and foe.*

    1) *came — became.* Cf. *How come you thus estranged?* Love's L. L.
V. 2. 213. Auch bei Neueren z. B. Bulw. Rienzi 5. 3. *I may have
dreamed, therefore, some forty thousand dreams; of which two came true.*
Der Gebrauch erklärt sich daraus, ·dass der Begriff werden im Engl.
überhaupt, durch Verba mit übertragener Bedeutung ausgedrückt
wird wie: *come, become, grow, wax, get, turn,* seitdem ags. *veorðan* aus
der Sprache schwand. cf. fr. *devenir.*   2) Der blosse Wille macht den
Menschen zum Titanen und reisst ihn über alle Rücksichten und berechtigten Schranken hinaus, wenn die zur Wuth gesteigerte Leidenschaft als
propellirende Kraft hinter ihm ist. In dieser Beziehung ist der Gegensatz
zu H. meisterhaft durchgeführt, da dieser in höchster Erregung stets nur
ausser sich geräth. Laertes (der ja *counter* jagt) ist im Begriff selbst mit
Verlust der Seligkeit seine Rache an Einem zu vollziehn, der am Tode
des Vaters gar nicht schuld ist; Hamlet bedenkt sich noch, obgleich ihm
handgreifliche Beweise zu Gebote stehn. S. m. Shakſp.-Forsch. I. p. 191 ff.
3) *swoopstake.* Man sagt *at one swoop*, auf einen Stoss, vom Raubvogel
der auf seine Beute schiesst. So Macb. IV. 3. 199. *Oh hell-kite! all-
what! all my pretty chickens, and their dam, At one fell swoop. —*
swoopstake ist gebildet wie *find-fault.* Die Verwirrung, über die Del.
sich beklagt, wird beseitigt, wenn man sich die freiere Behandlung des
doppelten Accus. im Englischen vergegenwärtigt, namentlich bei Verben
des Ausschliessens, Verbannens, Beraubens: *We banish you our territories;*
Rich. II. I. 3. 139. S. auch I. Henry IV. II. 4. 526. *He bars me the place
of a brother.* As You L. I. 1. 20. Nimmt man diese Erklärung nicht an,
bei der das Sachobject *swoopstake* als beinahe zu adverbialer Bedeutung

Lear. None but his enemies.
King.   Will you know them then?

145 *Laer.* To his good friends thus wide I 'll ope[1] my arms;
And, like the kind life-rendering pelican,[a])
Repast them with my blood.
King.   Why, now you speak
Like a good child, and a true gentleman.
That I am guiltless of your father's death,
150 And am most sensibly[b])[2] in grief for it,
It shall as level to your judgment pierce[c])
As day does to your eye.
Danes.[d]) [*Within.*] Let her come in.
Laer. How now! what noise is that?

Re-enter Ophelia dressed with flowers.[e])[3]

O heat, dry up my brains! tears seven times salt,
155 Burn out the sense and virtue of mine eye! —
By heaven, thy madness shall be paid by[f]) weight,
Till our scale turns the beam. O rose of May!
Dear maid, kind sister, sweet Ophelia! —
O heavens! is 't possible, a young maid's wits
160 Should be as mortal as an old[g]) man's life?
[h])Nature is fine in love;[4] and, where 't is fine,

a) F. 1. f. *politician.* b) F. 1. *sensible.* c) Q. 2. f. *'pear.* d) Q. 2. f. *Laert. Let her come in.* e) So Qs. u. Fols. — Pope, Theob., Warb. *Enter Ophelia, fantastically dressed with straws and flowers.* Q. 1. *Enter Ophelia as before.* Q. 1. hatte oben *Enter Ophelia playing on a lute, and her hair down, singing.* f) Q. 2. f. *with w.* g) Q. 2. f. *poor m.* h) *Nature is — thing it loves* fehlt Q. 2. f.

herabgesunken zu betrachten ist, dann wären die Accusative *both friend and foe* etc. als absolute zu fassen, wie in All's Well. II. 5. 39. *You have made shift to run into't: boots and spurs and all.* Also: dass du den Garaus machen willst sowohl mit etc. S. M. II. p. 217. 10.   1) *ope — für open.* S. I. 1. 37. Anm. 3.   2) Die Lesart *sensible* ist mit Elze sicher zu verwerfen, da *I am in grief for it* als ein Begriff (*grieved*) zu fassen ist, und *sensible* nicht in die Reihe der adjectivischen Adverbien gehört. cf. IV. 3. 42.   3) Wenn O.'s Wahnsinn nicht sofort an ihrer äusseren Erscheinung also durch phantastischen Blumenschmuck kenntlich wäre, könnte Laertes nicht im Augenblick ihres Auftretens diese schmerzlichen Aeusserungen thun. Delius, welcher vermuthet, dass O. nicht wirklich Blumen an die Anwesenden vertheile, sondern sich dies nur im Wahnsinn einbilde, übersieht, dass die Königin am Schluss des Actes sämmtliche Blumen aufzählt, mit denen die Unglückliche geschmückt gewesen sei. S. Elze p. 231. Ich glaube daher, dass die von Pope, Theobald, Warburton angenommene Bühnenweisung: *Enter Ophelia fantastically dressed with straws and flowers* nicht schlechthin zu verwerfen ist, glaube jedoch, dass sie in obiger Weise zu vereinfachen sei.   4) Man verstehe: Die Natur in der Liebe ist ja eben zart; so auch zeigte sich O.'s zärtliche Anhänglichkeit an den Vater. Wo aber diese zarte Natur zum Vorschein kommt, da schickt sie bei der Trennung irgend ein kostbares Zeichen ihrer selbst dem Gegenstande nach, auf den die Liebe gerichtet war. Opheliens Geist

It sends some precious instance of itself
After the thing it loves.
    Oph.   *They bore him barefac'd on the bier;*
            Hey non nonny, nonny, hey nonny: [a]) [1]   165
            And in [2] *his grave rain'd many a tear;* —
Fare you well, my dove!
    Laer. Hadst thou thy wits, and didst persuade [3] revenge,
It could not move thus.
    Oph. You must sing, [b]) *Down a-down, an you call him* 170
a-down-a. [4] O, how the wheel [5] becomes it! It is the false
steward, that stole his master's daughter.
    Laer. This nothing 's more than matter.
    Oph. There 's rosemary, [6] that 's for remembrance; pray 175
you, love, remember: and there is pansies, that 's for thoughts. [7]

    a) *Hey non* bis *hey nonny* fehlt Q. 2. f. F. 1. *on his grave.*   b) F. 1. f. *Oh, you must.*

irrt daher immer noch um das Grab des Vaters und dann wieder dem
fernen Geliebten nach.   1) Dass dieser lustige Refrain nicht in das
Trauerlied gehört, sondern von der Geisteskranken eingefügt wird,
beweist eine Stelle in Much Ado II. 3. 69 — 71. *Converting all your sounds
of woe Into Hey nonny, nonny.* Ich vermuthe, dass der Ausdruck, der
nach Nares nicht eine absolut decente Bedeutung gehabt haben soll, ursprünglich gewissen Spottliedern auf Klosterjungfrauen angehört. hat, wie
solche auch jetzt noch bei uns cursiren. *non, nonny,* wie *bon, bonny,* 185,
worauf es auch Much. Ad. II. 3. 69 — 71 reimt.   2) Für *into* ist *in* in
der älteren Sprache noch lange und auch jetzt noch bei einigen Verben
wie stellen, tauchen, fallen u. s. w. gebräuchlich. cf. Bulw. Rienzi: *They
fell in the pit, they themselves had digged.* Koch II. 341. M. II. 345.
3) *persuade revenge,* ohne Bezeichnung der Person aber der lat. Construction
analog mit dem Accus. der Sache, wie bei Caes. *hoc volunt persuadere.*
4) Das angehängte *a* scheint dem in nördlichen namentlich schottischen
Volksliedern häufig als Refrain begegnenden *o* zu entsprechen. S. W. T.
IV. 3. 132.   5) O, wie das Rad gut dazu passt! Dass Sh. das Rad als
Folterinstrument kennt, erwähnt S. Johnson, E. D. Da O. gleich darauf
von dem falschen Verwalter redet, der seines Herrn Tochter stahl, so
scheint mir die Erwähnung des Rades hier weit eher auf jene grausamen
mittelalterlichen Strafproceduren hinzuweisen, wie sie namentlich an Un-
freien bei schweren Verbrechen vollzogen wurden, als auf „*wheel*" im
Sinne von *refrain,* Spinnrad u. s. w. Der Gedanke an den Verwalter und
das Edelfräulein, das er entführt, war der Unglücklichen nahe gelegt
durch die Standesverschiedenheit, in welcher sie selbst zu H. stand,
und der sie ja auch ihr Unglück zuzuschreiben hat.   6) An vielen
Orten Deutschlands gilt ein Rosmarinstengel heut noch als Zeichen der
Trauer, und wird darum als Gedächtnisspflanze bei Leichenzügen getragen,
oder auf Gräber gelegt. S. Perger, Pflanzensagen p. 143.   7) Wie
gedankenreich die *Viola tricolor* gewesen sei, beweist die damit verknüpfte
Sage. Sie wuchs im Getreide, und weil die Leute so häufig das Blüm-
chen seines Duftes wegen aufsuchten und dabei viel Korn zertraten, that
ihm das leid, und es bat in seiner Demuth die heil. Dreifaltigkeit, ihm
doch den Duft zu nehmen. Perger p. 151 f.

Laer. A document in madness; thoughts and remembrance fitted.

180   *Oph.* There 's fennel[1] for you, and columbines;[2] — there 's rue for you; and here 's fennel for me:[3] we may call it herb of grace o'Sundays: — you may[a]) wear your rue[4] with a difference. — There 's a daisy:[5] I would give you some violets; but they withered all when my father died. — They say, he made a good end, —

    For bonny sweet Robin is all my joy, — [6]   [Sings.

  Laer. Thought and affliction, passion, hell itself, She turns to favour, and to prettiness.

190   *Oph.*   *And will he not come again?*   [Sings.
       And will he not come again?
        No, no, he is dead:
        Go to thy death-bed. [7]
      He never will come again.

a) F. 1. f. *O, you must wear.*

1) In Betreff des *foeniculum* heisst es in Lyly's Sappho: *Flatter, I mean, lie; little things catch light minds, and fancy is a worm, that feedeth first upon fennel.*   2) Die *Aquilegia vulgaris* wurde für das Zeichen der Undankbarkeit gehalten, wie in Chapman's All Fools: *What's that? A columbine? No; that thankless flower grows not in my garden.* Weiteres s. bei Nares s. v. v. *fennel* und *columbine.*   3) Dass Sh. in diese Sprache der Blumen einen tieferen Sinn legt, ist nicht zu bezweifeln, wiewohl natürlich das Zutreffende bei den einzelnen Personen u. Blumen wie blosses Spiel des Zufalls aussehen muss. Ich nehme an, dass O. den Rosmarin der Königin, die *pensées* dem Horatio, den Aglei dem König giebt, während sie mit dem Bruder noch den Fenchel theilt.   4) Die *ruta graveolens* ist das Sinnbild des Schmerzes und der Reue, das sie, wie ich vermuthe, dem Könige übergiebt, auf den die damit verknüpften Bemerkungen passen. Ueber den Ausdruck: *with a difference* s. Elze p. 233. Das Vertheilen der Blumen erinnert übrigens an das *Sheep-shearing-feast* in A Winter's Tale, wo ebenfalls Blumen mit allegorischen Bemerkungen auf die Empfänger vertheilt werden. Es scheint, dass O. in ihrem Irrsinn sich für die *Queen* des Festes hält.   5) *daisy day's-eye.* Die *Bellis perennis*, in alten Zeiten der Ostara geweiht, war Blumenorakel, und wird noch heut von Jungfrauen, die den künftigen Geliebten kennen wollen, befragt. Vielleicht behält sie das Maslieb für sich. Die *Viola odorata* war schon der Farbe wegen Symbol der Treue. Die Veilchen welkten als der Vater starb, da O. annehmen muss, dass Pol. treuloser Weise umgebracht sei.   6) Steevens führt aus Beaum. & Fletcher's Two Noble Kinsmen IV. 1. ein ähnliches Citat an: *I can sing the broom and Bonny Robin.*   7) Collier's M. C. bietet hier (nach Dyce VII. p. 235) *Gone to his death-bed* etc., was mit einer Art Parodie dieser Ballade in Eastward Ho (Dodsley's Old Plays IV. p. 223) übereinstimmt: *But now he is dead, And lain in his bed, And never will come again.* So auch Elze p. 233. — Ich halte die Lesart der Q. 2. für die richtige, weil hier der Rhythmus *His béard wăs ăs white as snów* mit dem der ersten Zeile in der vorangehenden Strophe *And will hĕ nŏt cóme agaín* genau übereinstimmt.

His beard was[a]*) as white as snow,* 195
 All flaxen was his poll;
  He is gone, he is gone,
  And we cast away moan:
 God ha' mercy on his soul![b])
And of all christian souls![1] I pray God.[c]) God be wi' you! 200
         [Exit Ophelia.

 Laer. Do you see this? O God![d])
 King. Laertes, I must commune[e])[2] with your grief,
Or you deny me right. Go but apart,
Make choice of whom your wisest friends you will,
And they shall hear and judge 'twixt you and me. 205
If by direct, or by collateral hand
They find us touch'd, we will our kingdom give,
Our crown, our life, and all that we call ours,
To you in satisfaction; but if not,
Be you content to lend your patience to us, 210
And we shall jointly labour with your soul
To give it due content.
 Laer.   Let this be so:
His means of death, his obscure funeral,[f])
No trophy, sword, nor hatchment,[3] o'er his bones,
No noble rite, nor formal ostentation, — 215
Cry to be heard, as 't were from heaven to earth,
That I must call 't in question.[g])
 King.   So you shall;
And, where the offence is, let the great axe fall.
I pray you, go with me.   [Exeunt.

SCENE VI.

Another Room in-the Same.

Enter Horatio, and a Servant.

 Hor. What[4] are they, that would speak with me?

a) So Q. 2. f. — F. 1. Q. 1. *His beard as white.* b) F. 1. *Gramercy on his s.*
c) Q. 2. fehlt *I pray God.* d) F. 1. *you Gods.* e) *common* F. 1. f) F. 1. f. *burial.*
So Del. g) F. 1. f. *That I must call in q.*

1) Eine übliche Formel, wenn man von Verstorbenen sprach. Nach
Steevens erzählt Berthelette, der Herausgeber von Gower's Confessio
Amantis 1554, dass Gower im St. Peterskloster in Westminster begraben
sei, und fügt hinzu: *On whose soules and all christen, Jesu have mercie.*
2) *commune* ist, wie Dyce beweist, dem Sinne nach identisch mit dem von
Boswell und Grant White vertheidigten *common* der Fol. Schon Steevens
hatte dieselbe Behauptung ausgesprochen. 3) Die von Laertes für den
Vater beanspruchten Ritualien kamen natürlich nur Personen höheren
Ranges zu. 4) Das fragende Fürwort *what*, ags. *hvät*, seiner Form

Serv. Sea-faring men,[1] Sir:[a]) they say, they have letters for you.

Hor. Let them come in. — [Exit Servant.
I do not know from what part of the world
5 I should be greeted, if not from lord Hamlet.

Enter Sailors.

1 Sail. God bless you, Sir.

Hor. Let him bless thee too.

1 Sail. He shall, Sir, an 't please him. There 's a letter for you, Sir: it comes[b]) from the ambassador that was bound for England, if your name be Horatio, as I am let[2] to know it is.

12 *Hor.* [*Reads*] „Horatio, when thou shalt have overlooked this, give these fellows some means to[3] the king: they have letters for him. Ere we were two days old at sea, a pirate of very warlike appointment gave us chace. Finding ourselves 17 too slow[4] of sail, we put on a compelled valour;[c]) in the grapple I boarded them: on the instant they got clear of our ship, so I alone became their prisoner. They have dealt with me, like thieves of mercy; but they knew what they did; 22 I am to do a good[d]) turn for them. Let the king have the letters I have sent; and repair thou to me with as much haste as thou wouldst fly death. I have words to speak in thine[e]) ear, will make thee dumb; yet are they much too light for the bore[5] of the matter. These good fellows will

a) *Sea-faring men, Sir* Q. 2. f.   b) Q. 2. f. *came.*   c) Q. 2. f. *and in.*   d) Q. 2. f. *do a turn.*   e) So Q. 2. f. F. 1. *your ear.*

nach neutral, ist in das Gebiet von *which, qualis*, eingedrungen und den verschiedenen Geschlechtern und Zahlformen gemeinsam zugetheilt. So King John V. 6. *What art thou? — Of the part of England.* Koch II. 251. 1) M. III. 241. *Sea-faring men* ist im Texte entschieden vorzuziehn, wenn auch die Bühnenweisung nachher *sailors* aufweist, da die Leute doch Piraten und nicht ehrliche Matrosen sind.   2) Aehnlich wie man sagte: *As I am given to understand.* Wenn übrigens unsere Lesart die richtige, und nicht etwa *left* zu lesen ist, so hätten wir hier den offenbar seltenen Fall, dass nach *let* der präpositionale Infin. erscheint, was dem entgegen ist, was M. III. 34 lehrt: Beim Passiv von lassen, machen steht ebenfalls der Inf. in Bezug auf das Subject des Passiv. Bei *let* trifft man indessen nur den reinen, wie bei *leave* den präpositionalen Infin. Bei *make* schwankt die Sprache. Andere Beispiele vermag. ich M. nicht entgegen zu halten.   3) Die Präpos. *to* steht sehr häufig in adnominalem Verhältniss. *His safe return to Rome.* Tit. Andr. I. 1. 221. S. M. III. p. 316.   4) *slow of.* Das Adjectiv hat hier privative Bedeutung wie *short, clear, empty, barren, bare, naked, void, devoid, destitute, bankrupt, scant*, weshalb die Präpos. *of* folgt. M. II. 229.   5) *bore* verstehn die Meisten als Kaliber, Bohrloch. Ich kann mich nicht entschliessen, das Wort für etwas anderes als ein Verbalsubst. von *to bear* zu halten, das

bring thee where I am. Rosencrantz and Guildenstern hold
their course for England: of them I have much to tell thee.
Farewell.

               He[a]) that thou knowest thine, Hamlet. 31
Come, I will give you way for these your letters;
And do 't the speedier, that you may direct me.
To him from whom you brought them.   [Exeunt.

SCENE VII.

Another Room in the Same.

Enter King and Laertes.

   King. Now must your conscience [1] my acquittance seal,
And you must put me in your heart for friend,
Sith you have heard, and with a knowing ear,
That he, which [2] hath your noble father slain,
Pursu'd my life.   5
   Laer.   It well appears: but tell me,
Why you proceeded [3] not against these feats,
So crimeful[b]) and so capital in nature,
As by your safety,[c]) wisdom, all things else,
You mainly were stirr'd up.
   King.   O! for two special reasons,
Which may to you, perhaps, seem much unsinew'd,   10
And[d]) yet to me they are strong. The queen, his mother,
Lives almost by his looks; and for myself,
(My virtue, or my plague, be it either which)
She 's so conjunctive[e]) to my life and soul,
That, as the star moves not but in his sphere,   15
I could not but by her. The other motive,
Why to a public count I might not go,
Is the great love the general gender bear him;
Who, dipping [4] all his faults in their affection,

---

   a) Q. 2. f. *So that*   b) Q. 2. f. *criminal.*   c) Q. 2. f. *safety, greatness, wisdom* etc.
d) Q. 2. f. Edit. *but.*   e) Q. 2. f. *She is so conclive.*

wie *bote* von *batan*, *mote* von *meet* gebildet it, und Tragfähigkeit bedeutet.
cf. ags. *bôra*, Träger, ahd. *bôr*, Korb.   1) Dein Gewissen muss meine
Rechtfertigung gut heissen.   2) Der Gebrauch von *which* wird erst im
neuesten Englisch auf Sachen beschränkt: cf. *This is he which received
seed by the way-side.* Matth. 13, 19. S. M. III. 519.   3) Der König
weiss recht wohl, dass H. ihm nach dem Leben getrachtet, und doch
darf er seiner eigenen Verbrechen wegen, die ans Licht kommen würden,
Nichts öffentlich gegen den Prinzen vornehmen. — Eine Verstärkung des
either durch *which*, wie sie nicht häufig vorzukommen scheint, da *which*
hier als Indefinitum, ags. *hvylc*, im Sinne von: irgend eins aufzufassen
ist. Koch II. 281. VIII.   4) Wenn der König behauptet, das Volk

20 Would, like the spring that turneth wood to stone,
Convert his gibes[a]) to graces; so that my arrows,
Too slightly timber'd for so loud a wind,
Would have reverted to my bow again,
And not where I had aim'd them.

25   *Laer.* And so have I a noble father lost,
A sister driven into desperate terms;
Whose worth,[b]) if praises may go back again,
Stood challenger on mount of all the age
For her perfections. But my revenge will come.

30   *King.* Break not your sleeps for that; you must not think,
That we are made of stuff so flat and dull,
That we can let our beard be shook with danger,
And think it pastime. You shortly shall hear more:
I loved your father, and we love ourself;

35 And that, I hope, will teach you to imagine, —

Enter a Servant.[c])

How now?[d]) what news?
    Serv.   Letters, my lord, from Hamlet.
This to your majesty: this to the queen.
    King. From Hamlet! who brought them?
    Serv. Sailors, my lord, they say; I saw them not:

40 They were given me by Claudio; he receiv'd them
Of him [1] that brought them.[e])[2]

a) Qs. Fs. Edit. *gyves.*   b) F. 1. f. *Who was.*   c) Globe-Edit. *Enter a Messenger.* d) Q. 2. f. fehlt *How now — from Hamlet.* — Die Ed. lassen *Enter a Messenger* nach *news* folgen und setzen vor *letters* v. 36 und *sailors* v. 39. *Mess.*   e) F. 1. fehlt diese Zeile.

tauche Hamlets Fehler in seine Zuneigung, d. h. es übersehe dieselben aus Liebe zu ihm, so scheint es mir, dass er auf die tollen Einfälle anspielt, die zum grössten Theil empfindliche Stichelreden gegen ihn selbst sind (*some abuse* 51). H. konnte als Prinz und Edelmann gar nicht in Fesseln gelegt werden, wohl aber war zu fürchten, dass er bei einer öffentlichen und gerichtlichen Verhandlung das Verbrechen des Claudius ans Licht ziehen möchte. Allerdings konnte der König dann die Auslassungen H.'s für Wahnsinn erklären, das Volk aber, welches den Prinzen liebte, würde sie trotzdem zu dessen Vortheil gedeutet haben. Dies ist der Grund, warum *gibes* sich mehr empfiehlt als *gyves.* S. auch Elze's Hamlet p. 234.   1) Die Vermuthung Walker's, dass hier „*Of them that brought them*" zu lesen sei, ist insofern richtig, als *him* hier Pluralis und im Munde des Dieners als Form westlicher Dialecte ganz angemessen ist. *Hir, 'em, hem, him,* sind oblique Pluralcasus, die namentlich das Alte. sehr bevorzugt. S. Maundev. p. 13. *Many of hem.* — Pierce Pl. p. 67. *hir neither.* M. I. p. 283 u. Koch I. 469.   2) Da derjenige, welcher die Briefe von den ersten Ueberbringern empfing, kein anderer als Horatio ist, und Hamlet in seinem Briefe diesem ausdrücklich den Auftrag giebt: *give these fellows some means to the king;* H. ihnen auch verspricht: *Come, I will give you way for these your letters,* so sollte man annehmen, der Ueberbringer sei einer von jenen Seeleuten. Indessen

King.　　　　　　Laertes, you shall hear them. —
Leave us.　　　　　　　　　　　　　　　　[Exit Servant.*a*)
[*Reads.*] „High and mighty, you shall know, I am set
naked on your kingdom. To-morrow shall I [1] beg leave to
see your kingly eyes; when I shall, first asking your pardon
thereunto, recount the occasions of my sudden and more
strange return. *b*)　　　　　　　　　　　　H a m l e t.“
What should this mean? Are all the rest come back?　　　50
Or is it some abuse, and *c*) no such thing?
　　Laer. Know you the hand?
　　King.　　　　　　　’T is Hamlet’s character. „Naked,“ - -
And, in a postscript here, he says, „alone:“
Can you advise me?
　　Laer. I ’m lost in it, my lord. But let him come:　　55
It warms the very sickness in my heart,
That I shall live and tell him to his teeth,
„Thus diddest [2] thou.“
　　King.　　　　　　If it be so, Laertes,
(As [3] how should it be so? how otherwise?)
Will you be ruled by me?　　　　　　　　　　60
　　Laer.　　　　　　Ay, my lord;
So *d*) [4] you will not o’er-rule me to a peace.
　　King. To thine own peace. If he be now return’d, —
As checking at *e*) his voyage, and that he means

　　a) Sämmtl. Edit. *Exit Messenger.*　　b) Q. 2. f. *my sudden return.*　　c) *Or no.*
F. 1.　　d) F. 1. *If so you ’ll.*　　e) Q. 2. f. *As the king at his v.* Druckf. Q. 4, 6 f.
As liking not. So auch Elze.

ist nicht anzunehmen, dass Claudius wildfremden Menschen Zutritt in seine
nächste Nähe gestatten würde; es scheint demnach, dass Horatio die See-
leute mit den Briefen schleunigst an den Hof geschickt habe, woselbst
ein Pförtner oder ähnlicher Beamter Namens Claudio diese Briefe in Em-
pfang genommen, und dann einem andern D i e n e r übergeben habe, der
sie in die Gemächer des Königs bringt. Der Ton, in welchem der Ueberbringer redet, ist zu vertraut, als dass seine Person dem Könige unbekannt sein sollte. Deshalb habe ich die' Bühnenweisung *Messenger* iu
Servant ändern zu müssen geglaubt. Horatio eilt unterdessen mit den
Piraten zu Hamlet, denn er hatte ihnen selbst gerathen, die Uebergabe der
Briefe zu beschleunigen. Sc. 6. v. 33.　　1) Adverbial gebrauchte Substantiva
am Anfange des Satzes bewirken Inversion. *The same day went Jesus
out of the house.* Matth. 13, 1. M. III. 543.　　2) Die Form *diddest*
kömmt im ält. Englisch, zumal bei Rob. of Gl. häufig vor. M. I. 368.
3) Pleonastisches *as* ist in der Sprache des gemeinen Mannes vor
how noch häufig. *And she says as how you should have thought of all
this long ago:* Und sie sagt gewissermassen du hättest schon längst daran
gedacht haben sollen.　　4) *If so* der F. ist nur eine pleonastische Verwendung beider conjunctionalen Partikeln. Indem der König zuletzt auch
noch das Schicksal oder den Zufall nachäfft, fällt er in seine eigene
Schlinge, nach dem Satze: *Our thoughts are ours, their ends none of our
own.* III. 2. 223.

No more to undertake it, — I will work him
65 To an exploit, now ripe in my device,
Under the which he shall not choose but fall;
And for his death no wind [1] of blame shall breathe,
But even his mother shall uncharge the practice,
And call it, accident.
    [a]) *Laer.*   My lord, I will be rul'd;
70 The rather, [2] if you could devise it so,
That I might be the organ.
    King.   It falls right.
You have been talk'd of since your travel much,
And that in Hamlet's hearing, for a quality
Wherein, they say, you shine: your sum of parts [3]
75 Did not together pluck such envy from him,
As did that one; and that, in my regard,
Of the unworthiest siege. [4]
    Laer.   What part it that, my lord?
    King. A very riband in the cap of youth,
Yet needful too; for youth no less becomes
80 The light and careless livery that it wears,
Than settled age his sables, and his weeds, [5]
Importing health and graveness. — [6] Two months since, [b])
Here was a gentleman of Normandy, —
I have seen myself, and serv'd against, the French,
85 And they can[c]) [7] well on horseback; but this gallant
Had witchcraft in 't; he grew unto [d]) his seat;
And to such wondrous doing brought his horse,
As he had been incorps'd and demi-natur'd
With the brave beast: so far he topp'd[e]) [8] my thought,
90 That I, in forgery of shapes and tricks,
Come short of what he did.

a) *Laer. My lord* bis *health and graveness* 69—82 fehlt F. 1. f.   b) F. 1. f.
Some two months hence.   c) F. 1. f. *ran.*   d) F. 1. f. *into.*   e) F. 1. f. *pass'd.*

1) *wind of blame*, wie er schon oben sagt: *By this. suspicion (so haply
slander) may miss our name.* IV. 1. 40.   2) *eo citius vel libentius.* —
Das Wort ist ags. *hräð, hraðor, hraðost*, was nach Ettmüller 499 sich
bisweilen mit *raed, paratus*, mischt. Später nur noch im Compar. gebraucht.
M. II. 240.   3) *sum of parts*, die Gesammtheit der Rollen, die ihr spielt.
4) *siege* spielt auf die eigenthümliche Einrichtung germanischer Gastmähler
an, wo die vornehmeren Personen über dem Salzfasse, dem Wirthe näher,
die geringeren weiter entfernt sassen.   5) *weeds*, ahd. *gewaete.*
6) v. 82 war in der Fol. 1. *some* vor *two months since* nöthig geworden,
um mit v. 69 den Quinar herzustellen.   7) In dem Sinne von verstehn
kommt *to can* noch bei W. Scott vor. Ivan. 33. *I can well of woodcraft.*
Koch II. 22. M. I. 369.   8) *he topp'd* = *he passed*, wie oben *whose
judgment cried in the top of mine.* II. 2. 459.

Laer.   A Norman, was 't?
King.   A Norman.
Laer.   Upon my life, Lamord.ª)
King.   The very same.
Laer.   I know him well: he is the brooch, indeed,
And gem of all theᵇ) nation.   95
  King.   He made confession of you;
And gave you such a masterly report,
For art and exercise in your defence,
And for your rapier most especially,
That he cried out, 't would be a sight indeed,   100
If one could match you:ᶜ) the scrimers[1] of their nation,
He swore, had neither motion, guard, nor eye,
If you oppos'd them. Sir, this report of his
Did Hamlet so envenom with his envy,
That he could nothing do, but wish and beg   105
Your sudden coming o'er, to play with him.
Now, out of this, —
  Laer.   Whatᵈ) out of this, my lord?
  King.   Laertes, was your father dear to you?
Or are you like the painting of a sorrow,
A face without a heart?   110
  Laer.   Why ask you this?
  King.   Not that I think you did not love your father,
But that I know love is begun by time,
And that I see, in passages of proof,[2]
Time qualifies[3] the spark and fire of it,
There lives within the very flame of love   115
A kind of wick, or snuff, that will abate it.
And nothing is at a like goodness still;
For goodness, growing to a plurisy,ᵉ)[4]
Dies in his own too-much. That[5] we would do,

   a) F. 1. f. *Lamound.*   b) F. 1. f. *Of all our.*   c) F. 1. f. fehlt *The scrimers —
oppos'd them.*   d) F. 1. f. *Why.*   e) *There lives within — quick o' the ulcer,* 115—
124, fehlt F. 1. f.   f) Elze: *pleurisy.*

   1) *scrimers* ist nicht mit Nothwendigkeit auf altfr. *escrimeur* zurückzuführen, sondern kann mit diesem direct vom ags. *scrimbre, pugil, gladiator,*
Ettm. p. 695, abstammen. — *guard,* Deckung.   2) *passages of proof*
scheint sich auf Hamlet's Verhalten zu beziehen, den der König stets
im Stillen beobachtet hat.   3) Der Gedanke erinnert ein wenig an die
Rede des Königs im kleinen Schauspiele: *This world is not for aye; nor
't is not strange That even our loves should with our fortunes change.*
4) Man hat *pleurisy* corrigirt, als ob Sh. die *pleuresis,* Rippenfell-Ent-
zündung meinte, während er unter *plurisy,* wie Nares deutlich nachweist,
mit seinen übrigen Zeitgenossen in Uebereinstimmung Vollblütigkeit, v. lat.
plus, versteht.   5) Die Vertauschung von *that* und *what* ist nicht sehr
gewöhnlich. *We speak that we know.* Joh. 3, 11. Koch II. §. 361.

120 We should do when we would; for this „would“ changes,
And hath abatements and delays as many,
As there are tongues, are hands, are accidents; [1]
And then this „should“ is like a spendthrift sigh,
That hurts by easing. [2] But, to the quick o' the ulcer:
125 Hamlet comes back: what would you undertake,
To show yourself in deed [a]) your father's son
More than in words?
   Laer.   To cut his throat i' the church. [3]
   King. No place, indeed, should murder sanctuarize;
   Laer. [b]) Revenge should have no bounds. [4]
   King.   But, good Laertes,
130 Will you do this, keep close within your chamber.
Hamlet, return'd, shall know you are come home:
We 'll put on those shall praise your excellence,
And set a double varnish on the fame
The Frenchman gave you; bring you, in fine, together,
135 And wager on your heads: he, being remiss,
Most generous, and free from all contriving,
Will not peruse the foils; so that with ease,
Or with a little shuffling, [5] you may choose
A sword unbated, [6] and in a pass of practice, [7]
140 Requite him for your father.
   Laer.   I will do 't;
And, for that purpose, I 'll anoint my sword.
I bought an unction of a mountebank,
So mortal, that, [c]) but dip [8] a knife in it,

a) So Q. 2. f. F. 1. f. *To show yourself your fathers son indeed.* b) Sämmtl.
Ed. theilen die Worte dem König zu. c) F. 1. f. *So mortal, I but dipt.*

1) Auf dem Satze: *That we would do, we should do, when we
would;* beruht der eigentliche Grundgedanke des Drama's. 2) Der
König deutet hier an, dass es ihm an richtiger Lebensbeobachtung nicht
fehlt; dass er gar wohl weiss, wie der Mensch aus der geraden Bahn
seiner Pflicht geworfen werden kann, wenn er, moralisch gesprochen, bei
sich selbst auf Borg lebt. Trotz dieser Klugheit aber ist er blind für
sich selbst; er ahnt nämlich nicht, dass das von uns wieder unabhängige
Schicksal auch seine Plane durchkreuzen kann. 3) Laertes, der nur
Blut will, hat nicht die Bedenken, die Hamlet hatte, als er den
König betend fand. 4) Weil der Gedanke: *Revenge should have no
bounds* mit dem heuchlerischen Gerede des Königs in keinem Zusammenhange steht, habe ich die Worte als rasche Replik dem Laertes in den
Mund gelegt. 5) *shuffle = to act tumultuously and frandulently.* Sam.
Johnson. 6) *unbated*, vom ags. *bâtan*, die Lockspeise am Fischhaken
befestigen, so dass dessen Spitze nicht zu merken ist; hier also: scharf,
ohne Abstumpfung oder Verhüllung an der Spitze. 7) *pass of practice*,
Gen. Qualit. 8). Taucht nur ein Messer hinein. — Unabhängiger Impe-
rativsatz mit conditionaler Färbung; liest man *dipt* mit der Fol., so
erhalten wir einen absoluten Participialsatz. S. M. III. 464.

Where it draws blood no cataplasm so rare,
Collected from all simples that have virtue   145
Under the moon, can save the thing from death,
That is but scratch'd withal:[1] I 'll touch my point
With this contagion, that, if I gall him slightly,
It may be death.
      King.   Let 's further think of this;
Weigh, what convenience, both of time and means,   150
May fit us to our shape. If this should fail,
And that our drift look through our bad performance,
'T were better not assay'd: therefore, this project
Should have a back, or second, that might hold,
If this should blast in proof. Soft! — let me see: —   155
We 'll make a solemn wager on your cunnings, — *)[2]
I ha 't:
When in your motion you are hot and dry,
(As[3] make your bouts more violent to that end)
And that he calls for drink, I 'll have prepar'd[b]) him   160
A chalice for the nonce;[4] whereon[5] but sipping,
If he by chance escape your venom'd stuck,
Our purpose may hold there. [c])But stay! what noise?

Enter Queen.

[d])How now, sweet queen?
    Queen. One woe doth tread upon another's heel,
So fast they follow. — Your sister 's drown'd, Laertes.   165
    Laer. Drown'd! — O, where?
    Queen. There is a willow grows ascaunt the[e])[6] brook,

a) F. 1. *commings.*   b) Q. 6. f. *preferr'd.*   c) F. 1. f. fehlt: *But stay! what noise?*   d) Q. 2. f. fehlt: *How now, sweet queen?*   e) F. 1. f. *aslant a br.*

1) *withal* wird als postpositive Partikel in mehrfacher Beziehung statt *with* zum Substantivbegriff gesetzt. Cf. Macb. II. 1. 15. *This diamond he greets your wife withal.* Es ist dem fr. *a tot*, *a toz* zu vergleichen, jedoch keineswegs daraus entstanden. M. I. 406. II. 421.   2) *cunnings* zu obigem: *they can well on horseback* v. 85.   3) Pleonastisches *as* mit Imperativ-Sätzen findet sich häufig bei Chaucer. Cf. *As go we seene the paleis of Creseide.* (Tr & Cr. 5,522.) M. III 505.   4) *nonce.* Die Entstehung des Ausdrucks lässt Lagamon errathen; v. 21506. *to pan âne icoren*, zu dem Einen. Das adverbiale *âne* tritt dann häufig in die Genitivform *ânes* über. *Brutus wolde comen to pan ânes:* nur dazu. In der Aussprache wird der einfache Consonant zu dem nächstvorhergehenden Vocale gezogen, und *pan ânes* wird *pa nânes, pe nones.* S. Koch II. p. 309. Maetzner über vorangestelltes *n* I. p. 172.   5) *whereon =* *and thereon.* Die relat. Anknüpfung löst sich einfach auf: *And if he, but sipping thereon, by chance escape.*   6) Der Unterschied zwischen *aslant* und *ascaunt* ist der Bedeutung nach unwesentlich; ersteres von *slant*, oblique, letzteres von an. *â skâ*, oblique. S. Koch II. 386. 11. *the brook* ist wohl besser, weil ein bekannter Bach in der Umgebung gemeint sein muss.

Laer. A document in madness; thoughts and remembrance fitted.

180   *Oph.* There 's fennel [1] for you, and columbines; [2] — there 's rue for you; and here 's fennel for me: [3] we may call it herb of grace o'Sundays: — you may *) wear your rue [4] with a difference. — There 's a daisy: [5] I. would give you some violets; but they withered all when my father died. — They say, he made a good end, —

    For bonny sweet Robin is all my joy, — [6]   [Sings.

Laer. Thought and affliction, passion, hell itself, She turns to favour, and to prettiness.

190   *Oph.*   *And will he not come again?*   [Sings.
      And will he not come again?
       No, no, he is dead:
       Go to thy death-bed. [7]
      He never will come again.

a) F. 1. f. *O, you must wear.*

1) In Betreff des *foeniculum* heisst es in Lyly's Sappho: *Flatter, I mean, lie; little things catch light minds, and fancy is a worm, that feedeth first upon fennel.* 2) Die *Aquilegia vulgaris* wurde für das Zeichen der Undankbarkeit gehalten, wie in Chapman's All Fools: *What's that? A columbine? No; that thankless flower grows not in my garden.* Weiteres s. bei Nares s. v. v. *fennel* und *columbine.* 3) Dass Sh. in diese Sprache der Blumen einen tieferen Sinn legt, ist nicht zu bezweifeln, wiewohl natürlich das Zutreffende bei den einzelnen Personen u. Blumen wie blosses Spiel des Zufalls aussehen muss. Ich nehme an, dass O. den Rosmarin der Königin, die *pensées* dem Horatio, den Aglei dem König giebt, während sie mit dem Bruder noch den Fenchel theilt. 4) Die *ruta graveolens* ist das Sinnbild des Schmerzes und der Reue, das sie, wie ich vermuthe, dem Könige übergiebt, auf den die damit verknüpften Bemerkungen passen. Ueber den Ausdruck: *with a difference* s. Elze p. 233. Das Vertheilen der Blumen erinnert übrigens an das *Sheep-shearing-feast* in A Winter's Tale, wo ebenfalls Blumen mit allegorischen Bemerkungen auf die Empfänger vertheilt werden. Es scheint, dass O. in ihrem Irrsinn sich für die *Queen* des Festes hält. 5) *daisy day's-eye.* Die *Bellis perennis*, in alten Zeiten der Ostara geweiht, war Blumenorakel, und wird noch heut von Jungfrauen, die den künftigen Geliebten kennen wollen, befragt. Vielleicht behält sie das Maslieb für sich. Die *Viola odorata* war schon der Farbe wegen Symbol der Treue. Die Veilchen welkten als der Vater starb, da O. annehmen muss, dass Pol. treuloser Weise umgebracht sei. 6) Steevens führt aus Beaum. & Fletcher's Two Noble Kinsmen IV. 1. ein ähnliches Citat an: *I can sing the broom and Bonny Robin.* 7) Collier's M. C. bietet hier (nach Dyce VII. p. 235) *Gone to his death-bed* etc., was mit einer Art Parodie dieser Ballade in Eastward Ho (Dodsley's Old Plays IV. p. 223) übereinstimmt: *But now he is dead, And lain in his bed, And never will come again.* So auch Elze p. 233. — Ich halte die Lesart der Q. 2. für die richtige, weil hier der Rhythmus *His béard wăs ăs white as snów* mit dem der ersten Zeile in der vorangehenden Strophe *And will hĕ nŏt cóme agaín* genau übereinstimmt.

His beard was*) as white as snow,   195
All flaxen was his poll;
He is gone, he is gone,
And we cast away moan:
God ha' mercy on his soul!ᵇ)
And of all christian souls![1] I pray God.ᶜ) God be wi' you!   200
                                          [Exit Ophelia.
   Laer. Do you see this? O God!ᵈ)
   King. Laertes, I must commune*ᵉ*)[2] with your grief,
Or you deny me right. Go but apart,
Make choice of whom your wisest friends you will,
And they shall hear and judge 'twixt you and me.   205
If by direct, or by collateral hand
They find us touch'd, we will our kingdom give,
Our crown, our life, and all that we call ours,
To you in satisfaction; but if not,
Be you content to lend your patience to us,   210
And we shall jointly labour with your soul
To give it due content.
   Laer.   Let this be so:
His means of death, his obscure funeral,ᶠ)
No trophy, sword, nor hatchment,[3] o'er his bones,
No noble rite, nor formal ostentation, —   215
Cry to be heard, as 't were from heaven to earth,
That I must call 't in question.ᵍ)
   King.   So you shall;
And, where the offence is, let the great axe fall.
I pray you, go with me.   [Exeunt.

SCENE VI.

Another Room in the Same.

Enter Horatio, and a Servant.

   Hor. What[4] are they, that would speak with me?

a) So Q. 2. f. — F. 1. Q. 1. *His beard as white.*   b) F. 1. *Gramercy on his s.*
c) Q. 2. fehlt *I pray God.*   d) F. 1. *you Gods.*   e) common F. 1.   f) F. 1. f. *burial.*
So Del.   g) F. 1. f. *That I must call in q.*

1) Eine übliche Formel, wenn man von Verstorbenen sprach. Nach
Steevens erzählt Berthelette, der Herausgeber von Gower's Confessio
Amantis 1554, dass Gower im St. Peterskloster in Westminster begraben
sei, und fügt hinzu: *On whose soules and all christen, Jesu have mercie.*
2) *commune* ist, wie Dyce beweist, dem Sinne nach identisch mit dem von
Boswell und Grant White vertheidigten *common* der Fol. Schon Steevens
hatte dieselbe Behauptung ausgesprochen.   3) Die von Laertes für den
Vater beanspruchten Ritualien kamen natürlich nur Personen höheren
Ranges zu.   4) Das fragende Fürwort *what*, ags. *hvät*, seiner Form

1 Clo. It must be *se offendendo;*[a])[1] it cannot be else. For here lies the point: if I drown myself wittingly, it argues an act, and an act hath three branches; it is, to act,[b]) to do, and to perform;[2] argal,[c]) she drowned herself wittingly.

2 Clo. Nay, but hear you, goodman delver.

16 *1 Clo.* Give me leave. Here lies the water; good: here stands the man; good: if the man go to this water, and drown himself, it is, will he, nill[3] he, he goes; mark you that: but if the water come to him, and drown him, he drowns not himself: argal, he that is not guilty of his own death shortens not his own life.

23 *2 Clo.* But is this law?

1 Clo. Ay, marry, is 't; crowner's quest-law.

2 Clo. Will you ha' the truth on 't? If this had non been a gentlewoman, she should have been buried out of christian burial.

29 *1 Clo.* Why, there[4] thou say'st; and the more pity, that great folk shall have countenance[5] in this world to drown or hang themselves, more than their even-christian.[6] Come, my spade. There is no ancient gentlemen but

a) Q. 2. f. *so offended.* b) F. 1. *an act.* c) Q. 1. *ergo.* Q. 2. *or all.* F. 1. f. *argal.*

1) Die Komik liegt nicht nur in der verkehrten Einmischung römischer Rechtsausdrücke, sondern auch in der Folgerung. Wer bei der Selbstvertheidigung das Leben verlor, erhielt noch christliches Begräbniss. Ophelia erhält christliches Begräbniss, folglich muss sie sich zu ihrer Selbstvertheidigung ertränkt haben. Der einfache Verstand der beiden Leute müht sich ab ihre Rechtsüberzeugung mit der Entscheidung des Todtenbeschauers, der, wie sie·selbst hernach finden, auf den Rang der Todten Rücksicht genommen, in Einklang zu bringen.   2) Die dreigliedrige Form dieser Tautologie ist uralter germanischer Rechtsgebrauch, und findet sich nach Grimm R. A. p. 22 auch im Altfr. Elze macht auf die dreigliedrigen Tautologien aufmerksam, die sich in der History of Hamlet und in Scott's Guy Mannering finden. Eine Parallele zu unserer Stelle findet sich in den bei Grimm p. 24 citirten *egeris, feceris, gesserisve. or all* der Qs. würde sein: oder in Summa. Das *argal* der F. ist eine Corruption von *ergo*, wie aus Q. 1. hervorgeht, wo sich das latein. Wort richtig gedruckt findet.   3) Die ursprüngliche Negationspartikel im Ags. *ne*, goth. *ni*, altn. *ne*, wurde im Ae. vielfach mit einem folgenden Verb verschmolzen, wie .*habban, villan, vitan, vesan*, indem der anlautende Consonant abfiel, also: *nave, have not; nill, will not; niste, wiste not; nam, nis, nas, nere*, für *am not, is not, was not, were not.* Hier und dort findet sich die einfache Negation *ne* noch bei Dichtern erhalten, wie z. B. bei Spencer und selbst bei Lord Byron. Koch II. p. 492. M. I. 397. III. 123. cf. *never, ne ever; nought, ne ought.*   4) Da! Du sagst es, d. h. du triffst das Richtige.   5) *countenance = support*, Ermuthigung. 6) Composita mit *even*, ags. *ëfen*, ahd. *ëban (ëpan)*, nld. *even*, altn. *iafn;* dän. *jevn*, schwed. *jemn*, goth. *ibns*, ziehen sich durch sämmtliche germ. Sprachen. Cf. Ebenbild, ebenbürtig etc.

gardeners, ditchers, and gravemakers; they hold up[1] Adam's   34
profession.

   2 Clo. Was he a gentleman?

   1 Clo. He was the first that ever bore arms.

   2 Clo. [a])Why, he had none.

   1 Clo. What, art[2] a heathen? How dost thou under-   40
stand the Scripture? The Scripture says, Adam digged: could
he dig without arms? I 'll put another question to thee: if
thou answerest me not to the purpose, confess thyself —

   2 Clo. Go to.   45

   1 Clo. What is he, that builds stronger than either the
mason, the shipwright, or the carpenter?

   2 Clo. The gallows-maker; for that frame[b]) outlives a
thousand tenants.

   1 Clo. I like thy wit well, in good faith: the gallows does   51
well; but how does it well? it does well to those that do ill:
now, thou dost ill to say the gallows is built stronger than
the church: argal, the gallows may do well to thee. To 't
again; come.

   2 Clo. Who builds stronger than a mason, a shipwright,
or a carpenter?

   1 Clo. Ay, tell me that, and unyoke.[3]

   2 Clo. Marry, now I can tell.   60

   1 Clo. To 't.

   2 Clo. Mass, I cannot tell.

        Enter H a m l e t and H o r a t i o, at a distance.

   1 Clo. Cudgel thy brains no more about it, for your dull
ass will not mend his pace with beating; and, when you are
asked this question next, say, a grave-maker: the houses
that he makes, last till doomsday. Go, get thee to, Yaughan;[c])[4] fetch me a stoop of liquor.   [Exit 2 Clown.

        1 Clown digs, and sings.

     In youth, when I did love, did love,

      Methought it was very sweet,   70

---

   a) *Why he had — dig without arms* fehlt Q. 2. f.   b) Q. 2. f. *for that outlives.*
c) Q. 2. f. *Get thee in,* ohne den Namen. F. 1. f. *to* Youghan.

   1) *hold up* == *to support by influence or contrivance.* S. Johnson E. D.
hold. 35.   2) Abwerfung des Fürworts *thou* beruht auf altem Brauche
und ist wegen der erhaltenen Flexionsform wenigstens unzweideutig. Temp.
I. 2. 106. *Dost hear?* wo Globe-Ed. unnöthig *dost thou hear* überliefert.
Cf. *how dost, what art, hast been, wilt write, shalt have.* M. II. 29. —
3) Spann' dich aus.   4) *Go, get thee to, Yaughan.* Häufig wird *to* bei
Verben der Bewegung gebraucht, z. B. Z. 45. So auch Temp. V. 1. 298.
Go to, away! Henry V. V. 1. 48. u. Rich. II. V. 5. 9ε. *fall to.* S. M.
III. 98.

> *To contract, O! the time, for all my behove,*
>   *O, methought, there was nothing meet.* ^a) [1]

Ham. Hath this fellow no feeling of his business, that he sings at grave-making?

75 *Hor.* Custom hath made it in him a property of easiness.

Ham. 'T is e'en so: the hand of little employment hath the daintier sense.

> *1 Clo.*   *But age, with his stealing steps*
> 80   *Hath claw'd me in his clutch,*
>   *And hath shipped me intill the land,*
>   *As if I had never been such.*

                        [Throws up a scull.

Ham. That scull had a tongue in it, and could sing once: how the knave jowls it to the ground, as if it were Cain's jaw-bone, that did the first murder! This might be the pate of a politician, which this ass now o'er-reaches,^b) [2] one that would circumvent God, might it not?

Hor. It might, my lord.

90 *Ham.* Or of a courtier, which could say, „Good-morrow, sweet lord! How dost thou, good lord?" This might be my lord such-a-one, that praised my lord such-a-one's horse, when he meant to beg it, might it not?

95 *Hor.* Ay, my lord.

Ham. Why, e'en so, and now my lady Worm's; [3]) chapless, and knocked about the mazzard with a sexton's spade. Here 's fine revolution, an we had the trick to see 't. Did

---

a) Q. 2. *O methought there a was nothing a meet.*   b) F. 1. f. *o'erojffices* ohne *now.*

1) Vergleicht man das vom Todtengräber gesungene Lied mit dem in Percy's Reliques 47 überlieferten Texte, so fällt zunächst der geänderte Rhythmus auf: *I loth that I did love In youth that I thougt swete, As time requires for my behove Me thinkes they are not mete.* Offenbar ist im Volksmunde das Lied der Melodie eines andern mit vier Hebungen in der ersten Zeile angepasst worden, so dass man die Flickwörter um der rhythmischen Bewegung willen einschob. Ich bringe übrigens, nachdem ich *for ah! my behove* in *for all my behove* geändert, folgenden Sinn in das Ganze: In der Jugend, als ich noch liebte, ja liebte, dünkte mich, es wäre recht lieblich die Zeit, ja die Zeit zu kürzen als meine ganze Beschäftigung; oh, mich dünkte, es gab Nichts dem Gleiches (*meet* im Sinne von *even*). Aber das Alter mit schleichendem Schritt hat gepackt mich in seine Faust, hat mich aufgenommen ins Schiff (*to ship* zu Schiffe bringen) nach jenem Lande (*the* in der alten demonstrativen Bedeutung) als wäre ich nie ein solcher (scil. lustiger Bursche) gewesen. Eine Hacke und ein Spaten, ja Spaten, drum auch ein Leichentuch und o, eine Grube von Lehm ziemt sich zu bereiten für solch einen Gast (scil. der nun alt geworden).   2) *overreaches,* überholt. *o'erojffices* ist zu gesucht.   3) *my lady Worm's* — scil. *property.*

these bones cost no more the breeding, but to play at loggats[1]
with them? mine ache to think on 't.   101
    1 Clo.   A pick-axe, and a spade, a spade,   [Sings.
          For [2] and a shrouding sheet:
          O! a pit of clay for to be made
          For such a guest is meet.
                [Throws up another scull.
    Ham. There 's another: why may not that be the scull 106
of a lawyer? Where be his quiddities [3] now, his quillities,[a])
his cases, his tenures, and his tricks? why does he suffer
this mad[b]) [4] knave now to knock him about the sconce with
a dirty shovel, and will not tell him of his action of battery? [5]
Humph! This fellow might be in 's time a great buyer [6] of 112
land, with his statutes, his recognizances, his fines, his double
vouchers, [7] his recoveries: is this the fine of his fines, and
the recovery of his recoveries, [8] to have his fine pate full of
fine dirt? will his[c]) vouchers vouch him no more of his pur-
chases, and double ones too,[d]) than the length and breadth 118
of a pair of indentures? [9] The very conveyances [10] of his

<hr>

a) Q. 2. f. *Quiddities now, his quillities* etc. F. 1. f. *quiddits now, his quillets.*
b) F. 1. f. *rude.*   c) Q. 2. f. *will vouchers.*   d) Q. 2. f. *doubles, than.*

1) *loggat*, ein Spiel mit Holzblöcken, bei welchem nach einem Ziele
geworfen wurde.   2) *for and* scheint dem *and eke* bei Chaucer zu entsprechen und erscheint nach Dyce VII. 238 mehrfach in andern Dichtungen.
3) *quiddities* von *quidditas*, ein bekannter logischer Schulausdruck der
Scholastiker, abgeleitet von *quid, essentia.* Das dazu gehörige *quillities,*
ist, wie es scheint, von einem barbarischen *quilitas* oder *quialitas* gebildet.
Die Lesart der F. 5. *quiddits* und *quillets* ist nicht verständlich.   4) Es
ist offenbar viel ironischer den Todtengräber einen t o l l e n Kerl zu nennen,
weil er den gestrengen Herrn Justizrath mit einem Spaten über den
Schädel haut, als einen u n g e h o b e l t e n.   5) *Action of battery* ist normännischer Rechtsausdruck für Realinjurie. Die Bemerkungen über den
lawyer erinnern an den Sergeant of the Lawe bei Chaucer: *In termes hadde
he cas and domes alle That fro the time of King William were falle. —
And every statute coude he plaine by the rote* (auswendig).   6) Auch
dieser Zug stimmt zu Chaucer's Rechtsgelehrten: *So great a pourchasour
was nowher non. All was fee simple to him in effect, His purchasing
might not ben in suspect.*   7) *voucher*, normännischer Rechtsausdruck für
Zeuge oder Eideshelfer; *double*, weil zur Rechtsgiltigkeit wenigstens zwei
Zeugen nöthig sind. Das Wort ist offenbar entstanden aus *folgarius* bei
Ducange; niederl. *volgers.* S. Grimm R. A. p. 859. 863.   8) *recovery*,
recuperatio und *fine* sind nach Ritson Rechtsfictionen, nach denen ein After-
lehn in ein einfaches Lehn verwandelt wurde.   9) *a pair of indentures*,
von *to indent*, comp. aus lat. *in* und *dens.* Um die Zusammengehörigkeit
der Copieen eines Contractes beweisen zu können, nahm man zwei (daher
a pair) auf einander genau passende Pergamentblätter, legte sie auf einander, und schnitt an beliebigen Stellen Zacken oder Zähne ein, so dass die
Zusammengehörigkeit auch nach vielen Jahren noch an der Congruenz der
Zähne zu erweisen war.   10) *conveyance*, gerichtliche Uebertragung des
Eigenthums, und die Documente darüber.

No more to undertake it, — I will work him
65 To an exploit, now ripe in my device,
Under the which he shall not choose but fall;
And for his death no wind [1] of blame shall breathe,
But even his mother shall uncharge the practice,
And call it, accident.
      *) *Laer.*   . My lord, I will be rul'd;
70 The rather, [2] if you could devise it so,
That I might be the organ.
      King.   It falls right.
You have been talk'd of since your travel much,
And that in Hamlet's hearing, for a quality
Wherein, they say, you shine: your sum of parts [3]
75 Did not together pluck such envy from him,
As did that one; and that, in my regard,
Of the unworthiest siege. [4]
      Laer.   What part it that, my lord?
      King. A very riband in the cap of youth,
Yet needful too; for youth no less becomes
80 The light and careless livery that it wears,
Than settled age his sables. and his weeds, [5]
Importing health and graveness. — [6] Two months since, b)
Here was a gentleman of Normandy, --
I have seen myself, and serv'd against, the French,
85 And they can c) [7] well on horseback; but this gallant
Had witchcraft in 't; he grew unto d) his seat;
And to such wondrous doing brought his horse,
As he had been incorps'd and demi-natur'd
With the brave beast: so far he topp'd e) [8] my thought,
90 That I, in forgery of shapes and tricks,
Come short of what he did.

a) *Laer. My lord* bis *health and graveness* 69 — 82 fehlt F. 1. f.   b) F. 1. f.
Some two months hence.   c) F. 1. f. *ran.*   d) F. 1. f. *into.*   e) F. 1. f. *pass'd.*

1) *wind of blame*, wie er schon oben sagt: *By this, suspicion (so haply
slander) may miss our name.* IV. 1. 40.   2) *eo citius vel libentius.* —
Das Wort ist ags. *hräð*, *hraðor*, *hraðost*, was nach Ettmüller 499 sich
bisweilen mit *raed, paratus*, mischt. Später nur noch im Compar. gebraucht.
M. II. 240.   3) *sum of parts*, die Gesammtheit der Rollen, die ihr spielt.
4) *siege* spielt auf die eigenthümliche Einrichtung germanischer Gastmähler
an, wo die vornehmeren Personen über dem Salzfasse, dem Wirthe näher,
die geringeren weiter entfernt sassen.   5) *weeds*, ahd. *gewaete.*
6) v. 82 war in der Fol. 1. *some* vor *two months since* nöthig geworden,
um mit v. 69 den Quinar herzustellen.   7) In dem Sinne von verstehn
kommt *to can* noch bei W. Scott vor. Ivan. 33. *I can well of woodcraft.*
Koch II. 22. M. I. 369.   8) *he topp'd = he passed*, wie oben *whose
judgment cried in the top of mine.* II. 2. 459.

Laer.   A Norman, was 't?
King.   A Norman.
Laer.   Upon my life, Lamord. *)
King.   The very same.
Laer.   I know him well: he is the brooch, indeed,
And gem of all the *) nation.   95
King.   He made confession of you;
And gave you such a masterly report,
For art and exercise in your defence,
And for your rapier most especially,
That he cried out, 't would be a sight indeed,   100
If one could match you: *) the scrimers [1] of their nation,
He swore, had neither motion, guard, nor eye,
If you oppos'd them. Sir, this report of his
Did Hamlet so envenom with his envy,
That he could nothing do, but wish and beg   105
Your sudden coming o'er, to play with him.
Now, out of this, —
Laer.   What *) out of this, my lord?
King.   Laertes, was your father dear to you?
Or are you like the painting of a sorrow,
A face without a heart?   110
Laer.   Why ask you this?
King. Not that I think you did not love your father,
But that I know love is begun by time,
And that I see, in passages of proof, [2]
Time qualifies [3] the spark and fire of it,
There lives within the very flame of love   115
A kind of wick, or snuff, that will abate it.
And nothing is at a like goodness still;
For goodness, growing to a plurisy, *) [4]
Dies in his own too-much. That [5] we would do,

a) F. 1. f. *Lamound.*   b) F. 1. f. *Of all our.*   c) F. 1. f. fehlt *The scrimers —
oppos'd them.*   d) F. 1. f. *Why.*   e) *There lives within — quick o' the ulcer,* 115—
124, fehlt F. 1. f.   f) Elze: *pleurisy.*

1) *scrimers* ist nicht mit Nothwendigkeit auf altfr. *escrimeur* zurückzuführen, sondern kann mit diesem direct vom ags. *scrimbre, pugil, gladiator,*
Ettm. p. 695, abstammen. — *guard,* Deckung.   2) *passages of proof*
scheint sich auf Hamlet's Verhalten zu beziehen, den der König stets
im Stillen beobachtet hat.   3) Der Gedanke erinnert ein wenig an die
Rede des Königs im kleinen Schauspiele: *This world is not for aye; nor
't is not strange That even our loves should with our fortunes change.*
4) Man hat *pleurisy* corrigirt, als ob Sh. die *pleuresis,* Rippenfell-Ent-
zündung meinte, während er unter *plurisy,* wie Nares deutlich nachweist,
mit seinen übrigen Zeitgenossen in Uebereinstimmung Vollblütigkeit, v. lat.
plus, versteht.   5) Die Vertauschung von *that* und *what* ist nicht sehr
gewöhnlich. *We speak that we know.* Joh. 3, 11. Koch II. §. 361.

120 We should do when we would; for this „would" changes,
And hath abatements and delays as many,
As there are tongues, are hands, are accidents; [1]
And then this „should" is like a spendthrift sigh,
That hurts by easing. [2] But, to the quick o' the ulcer:
125 Hamlet comes back: what would you undertake,
To show yourself in deed [a]) your father's son
More than in words?
    Laer.   To cut his throat i' the church. [3]
    King. No place, indeed, should murder sanctuarize;
    Laer. [b]) Revenge should have no bounds. [4]
    King.   But, good Laertes,
130 Will you do this, keep close within your chamber.
Hamlet, return'd, shall know you are come home:
We 'll put on those shall praise your excellence,
And set a double varnish on the fame
The Frenchman gave you; bring you, in fine, together,
135 And wager on your heads: he, being remiss,
Most generous, and free from all contriving,
Will not peruse the foils; so that with ease,
Or with a little shuffling, [5] you may choose
A sword unbated, [6] and in a pass of practice, [7]
140 Requite him for your father.
    Laer.   I will do 't;
And, for that purpose, I 'll anoint my sword.
I bought an unction of a mountebank,
So mortal, that, [c]) but dip [8] a knife in it,

a) So Q. 2. f. F. 1. f. *To show yourself your fathers son indeed.* b) Sämmtl.
Ed. theilen die Worte dem König zu. c) F. 1. f. *So mortal, I but dipt.*

1) Auf dem Satze: *That we would do, we should do, when we
would;* beruht der eigentliche Grundgedanke des Drama's. 2) Der
König deutet hier an, dass es ihm an richtiger Lebensbeobachtung nicht
fehlt; dass er gar wohl weiss, wie der Mensch aus der geraden Bahn
seiner Pflicht geworfen werden kann, wenn er, moralisch gesprochen, bei
sich selbst auf Borg lebt. Trotz dieser Klugheit aber ist er blind für
sich selbst; er ahnt nämlich nicht, dass das von uns wieder unabhängige
Schicksal auch seine Plane durchkreuzen kann. 3) Laertes, der nur
Blut will, hat nicht die Bedenken, die Hamlet hatte, als er den
König betend fand. 4) Weil der Gedanke: *Revenge should have no
bounds* mit dem heuchlerischen Gerede des Königs in keinem Zusammenhange steht, habe ich die Worte als rasche Replik dem Laertes in den
Mund gelegt. 5) *shuffle = to act tumultuously and frandulently.* Sam.
Johnson. 6) *unbated*, vom ags. *bâtan*, die Lockspeise am Fischhaken
befestigen, so dass dessen Spitze nicht zu merken ist; hier also: scharf,
ohne Abstumpfung oder Verhüllung an der Spitze. 7) *pass of practice*,
Gen. Qualit. 8). Taucht nur ein Messer hinein. — Unabhängiger Impe-
rativsatz mit conditionaler Färbung; liest man *dipt* mit der Fol., so
erhalten wir einen absoluten Participialsatz. S. M. III. 464.

Where it draws blood no cataplasm so rare,
Collected from all simples that have virtue   145
Under the moon, can save the thing from death,
That is but scratch'd withal:[1] I 'll touch my point
With this contagion, that, if I gall him slightly,
It may be death.
   King.   Let 's further think of this;
Weigh, what convenience, both of time and means,   150
May fit us to our shape. If this should fail,
And that our drift look through our bad performance,
'T were better not assay'd: therefore, this project
Should have a back, or second, that might hold,
If this should blast in proof. Soft! — let me see: —   155
We 'll make a solemn wager on your cunnings, — *)[2]
I ha 't:
When in your motion you are hot and dry,
(As[3] make your bouts more violent to that end)
And that he calls for drink, I 'll have prepar'd[b]) him   160
A chalice for the nonce;[4] whereon[5] but sipping,
If he by chance escape your venom'd stuck,
Our purpose may hold there. c)But stay! what noise?

Enter Queen.

d)How now, sweet queen?
  Queen. One woe doth tread upon another's heel,
So fast they follow. — Your sister 's drown'd, Laertes.   165
  Laer. Drown'd! — O, where?
  Queen. There is a willow grows ascaunt the e)[6] brook,

a) F. 1. *commings.* b) Q. 6. f. *preferr'd.* c) F. 1. f. fehlt: *But stay! what*
noise? d) Q. 2. f. fehlt: *How now, sweet queen?* e) F. 1. f. *aslant a br.*

 1) *withal* wird als postpositive Partikel in mehrfacher Beziehung
statt *with* zum Substantivbegriff gesetzt. Cf. Macb. II. 1. 15. *This diamond*
he greets your wife withal. Es ist dem fr. *a tot, a toz* zu vergleichen,
jedoch keineswegs daraus entstanden. M. I. 406. II. 421. 2) *cunnings*
zu obigem: *they can well on horseback* v. 85. 3) Pleonastisches *as*
mit Imperativ-Sätzen findet sich häufig bei Chaucer. Cf. *As go we*
seene the paleis of Creseide. (Tr & Cr. 5,522.) M. III 505. 4) *nonce.*
Die Entstehung des Ausdrucks lässt Lagamon errathen; v. 21506.
to pan âne icoren, zu dem Einen. Das adverbiale *âne* tritt dann häufig
in die Genitivform *ânes* über. *Brutus wolde comen to pan ânes:* nur dazu.
In der Aussprache wird der einfache Consonant zu dem nächstvorhergehenden Vocale gezogen, und *pan ânes* wird *pa nânes, pe nones.* S. Koch
II. p. 309. Maetzner über vorangestelltes *n* I. p. 172. 5) *whereon* =
and thereon. Die relat. Anknüpfung löst sich einfach auf: *And if he, but*
sipping thereon, by chance escape. 6) Der Unterschied zwischen *aslant*
und *ascaunt* ist der Bedeutung nach unwesentlich; ersteres von *slant, obli-*
que, letzteres von an. *â skâ, oblique.* S. Koch II. 386. 11. *the brook* ist
wohl besser, weil ein bekannter Bach in der Umgebung gemeint sein muss.

255 Yet here she is allow'd her virgin crants,ᵃ)[1]
Her maiden strewments, and the bringing home
Of bell and burial.
　　　Laer.　Must there no more be done?
　　　Priest.　　　　　　　　　　No more be done.
We should profane the service of the dead,
260 To sing a requiem,ᵇ) and such rest to her,
As to peace - parted souls.
　　　Laer.　　　　　　　Lay her i' the earth;
And from her fair and unpolluted flesh,[2]
May violets spring! — I tell thee, churlish priest,
A ministering angel shall my sister be,
265 When thou liest howling.
　　　Ham.　　　　　　　What! the fair Ophelia?
　　　Queen.　Sweets to the sweet:[3] farewell.　[Scattering flowers.
I hop'd thou shouldst have been my Hamlet's wife:
I thought thy bride - bed to have deck'd, sweet maid,
And notᶜ) have strew'd thy grave.
　　　Laer.　　　　　　　　　O! treble woeᵈ)
270 Fall ten times treble on that cursed head,
Whose wicked deed thy most ingenious sense
Depriv'd thee of! — Hold off the earth a while,
Till I have caught her once more in mine arms.
　　　　　　　　　　　　　　　[Leaping into the grave.
Now pile your dust upon the quick and dead,
275 Till of this flat a mountain you have made,

　　a) F. 1. f. *rites.*　　b) F. 1. *to sing a sage requiem.*　　c) Fol. 1. *And not to have.*
d) F. 1. *terrible woer.*

scheinen beim Begräbniss des Selbstmörders, der sich ertränkte, characteristisch zu sein. War das Wasser ein Brunnen, so grub man nach deutschem Brauch ihn ausserhalb des Hofes auf einem Berg oder an einem Wege ein, und setzte ihm drei Steine, den einen aufs Haupt, den andern auf den Leib, den dritten auf die Füsse. Auch hier ist Anklang an die Dreizahl vorhanden.　　　1) *crants;* bis auf die Verwendung der tenuis geschrieben wie dän. *crands,* ein dem Altn. ebenfalls angehöriges Wort, das in Deutschland nur eingebürgert scheint. Johnson erklärt: *The garlands carried before the bier of a maiden, and hung over her grave.* — Das Wort scheint englisch; vielleicht ist es mit ags. *cranc, textura,* verwandt; *strewments* ist keine Erklärung zu *crants,* da Blumen noch jetzt bei Begräbnissen gestreut werden. Dass der Dichter von alter Gewohnheit redet, geht aus der Rede des Priesters hervor; vielleicht kannte Sh. aber auch die Etymologie von Rosencrantz.　　　2) Ein feiner Wink des Dichters, dass er das Verhältniss zwischen O. u. H. als keusch und sittlich rein aufgefasst wissen will.　　　3) Dass nur duftende Blumen bei Bestattungen verwendet wurden, ist zu IV. 5. 37. bemerkt worden; auch bei Vermählungen übte man den Brauch des Blumenstreuens. — *Of bell and burial* 256. Gen. d. Eigenschaft.

To o'er-top old Pelion, or the skyish head
Of blue Olympus.
　　　Ham. [*Advancing.*] What [1] is he, whose grief
Bears such an emphasis? whose phrase of sorrow
Conjures the wandering stars, and makes them stand, .
Like wonder-wounded hearers? this is I,　　　　　　　280
Hamlet the Dane.　　　　　　　　　　[Leaping into the grave.
　　　Laer.　　　The devil take thy soul!　[Grappling with him.
　　　Ham.　Thou pray'st not well.
I pr'ithee, take thy fingers from my throat;
For [a]) though I am not splenetive and rash,
Yet have I dangerous in me something, [b])　　　　　　285
Which let thy wisdom [c]) fear.　Hold off thy hand! [d])
　　　King.　Pluck them asunder.
　　　Queen.　　　　　　　　Hamlet! Hamlet!
　　　All.　Gentlemen, — [e])
　　　Hor.　　　　　Good my lord, be quiet.
　　　　[The Attendants part them, and they come out of the grave.
　　　Ham.　Why, I will fight with him upon this theme,
Until my eyelids will no longer wag.　　　　　　290
　　　Queen.　O my son! what theme?
　　　Ham.　I lov'd Ophelia: forty thousand [2] brothers
Could not, with all their quantity of love,
Make up my sum. — What wilt thou do for her? [3]
　　　King.　O! he is mad, Laertes.　　　　　　295
　　　Queen.　For love of God, forbear him.

a) Fol. I. *Sir, though.*　　　b) F. 1. f. *Yet have I something in me dangerous.*
c) Q. 2. f. *wisdom.* F. 1. f. *wiseness.*　　d) F. 1. f. *Away.*　　e) F. 1. *Gent. Good my
lord, be quiet.*

　　1) Das auf Personen angewendete *what* ist bereits IV. 6. 1. besprochen.
cf. I. 1. 46.　　　　2) Ueber diese dem Gebrauch nach dem gr. $\mu\acute{v}\varrho\iota\iota$
($\mu\nu\varrho\acute{\iota}o\varsigma$), lat. *sexcenti* entsprechende Zahl s. Elze p. 246. Bulw. Rienzi
5. 3. *I may have dreamed therefore some forty thousand dreams!* Dyce,
Gloss. s. v. *forty.*　　　3) Die Frage H.'s erinnert an die Gelübde, die man
im german. Alterthum zu Ehren Verstorbener that. Nach Helgaquida
pflegte man am Julabend Bragi's Becher zu leeren, und dabei auf Frey's
Sühneber Gelübde abzulegen, indem man sich einer kühnen, im Laufe
des eben beginnenden Jahres zu vollbringenden That vermass, was man
strengja heit nannte. Beim Erbmahl geschah Aehnliches zum An-
denken an die Verstorbenen; in andern Fällen trank man den Anwesenden zu Ehren, und auch dieses hiess: Minnetrank (*potus memoriae*). Derartige Gelübde müssen also nach unserer Stelle noch zu Sh.'s Zeit
gethan worden sein. Dem nord. *heit* entspricht übrigens ags. *behât, votum;*
dem Verb. *heita*, ags. *behâtan, hâtjan, vovere.* Eigen ist daher die Form
hight bei Chaucer C. T. 6606 *Whan they ben comen to the court, this
knight Said, he had hold his day as he had hight.* u. 8372 mit *swear*
zusammen: *Show now your patience in your werking, That ye me hight
and swore in youre village, The day that maked was our marriage.*

Ham. 'Swounds! show me what thou 'lt do:
Woul't weep? woul't fight? woul't fast?ª) woul't tear thyself?
Woul't drink up Esule?ᵇ)¹ eat a crocodile?
300 I 'll do 't. — Dost thou come here to whine?
To outface me with leaping in her grave?
Be buried quick with her, and so will I:
And, if thou prate of mountains, let them throw
Millions of acres on us, till our ground,
305 Singeing his pate against the burning zone,
Make Ossa like a wart! Nay, an thou 'lt mouth,
I 'll rant as well as thou.
      *Queen.*ᶜ)   ·   This is mere madness:
And thus a while the fit will work on him;
Anon, as patient as the female dove,
310 When that her golden ² coupletᵈ) are ³ disclos'd,
His silence will sit drooping.
      Ham.   Hear you, Sir:
What is the reason that you use me thus?
I lov'd you ever: but it is no matter;
Let Hercules himself do what he may,
315 The cat will mew, and dog will have his day. ⁴   [Exit.
      King. I pray you, good Horatio, wait upon him. —
                                    [Exit Horatio.
Strengthen your patience in our last night's speech;
                                    [To Laertes.

a) F. 1. f. fehlt *would fast.*   b) F. 1. f. *Woo't drink up Esile.* Q. 2. f. *Esill.*
Hammer *Nile.* Elze *Nilus.* Theob. Warburton *eisel.* And. Edit. *Yssel.*   c) F. 1. f.
Q 1. *King.*   d) Q. 2. f. *couplets.*

1) Das Wort *Esule* (vielleicht auch *Esyle* und *Esile* geschrieben) ist
vielfach missdeutet worden. Es bezeichnet jene giftige Euphorbienart,
Euphorbia Esula, Eselswolfsmilch, deren Saft bei den Alten und in der
mittelalterlichen Medicin als Vomitiv angewendet wurde. Franz. ist das
Wort *Esule*, span. ital. *Esula.* Auch die Krokodilarten galten (nach Nares
s. v. Alligator) in gewissem Sinne für giftig. Bekannt ist, auf welch
wunderliche Gelübde die Ueberspanntheit des Mittelalters oft gerieth.
Ueber *drink up* s. IV. 2. 16. Anm. 2. und vergl. *make up* v. 294.
M. übersieht diese Verwendung von *up.*   2) Die sichere Naturbetrachtung ist ähnlich wie bei Homer einer der glänzendsten Züge an
Shakſpere. Die Jungen der Haustaube, deren sich gewöhnlich nur zwei
im Neste befinden, sind, wenn sie dem Ei entschlüpfen, mit einem hoch-
gelben Flaum bedeckt.   3) Verwendung des Plur. bei Collectivbegriffen.
4) Da seine Aufgabe noch nicht gelöst ist, ist H. gezwungen, seine Wahn-
sinnsrolle von Neuem aufzunehmen; er ist zum Rachewerke nach Helsingoer zurückgekehrt. Der Sinn dieser scheinbar dunklen Worte bezieht
sich auf Laertes, den König und den Prinzen selbst: Mag die herculische
Kraft des Laertes thun, was sie im Stande ist, und die im Finstern
schleichende Katze miauen, an den treuen Hund wird endlich auch die
Reihe kommen. Der letzte Ausdruck erinnert an das bekannte englische
Sprüchwort: *Every dog will have his day, so shall I.*

We 'll put the matter to the present push. —
Good Gertrude, set some watch over your son.
This grave shall have a living monument: 320
An hour of quiet shortly*) shall we see;
Till then, in patience our proceeding be.   [Exeunt.

SCENE II.

A Hall in the Castle.

Enter Hamlet and Horatio.

Ham. [1] So much for this, Sir: now shall you see b) the other.
You do remember all the circumstance?
   Hor. Remember it, my lord!
   Ham. Sir, in my heart there was a kind of fighting,
That would not let me sleep: methought, I lay   5
Worse than the mutines in the bilboes. [2] Rashly, —
And prais'd be rashness, [3] for it c) let us know,
Our indiscretion sometimes serves us well,
When our deep plots do pall; d) and that should learn e) [4] us,

a) Q. 2. *thirty.* Q. 3. f. *thereby.* So Elze.   b) Q. 2. f. *Now shall you see.*
c) Del. Elze. Qs. Fs. *Rashly, — And prais'd be rashness for it, — let us know.*
d) Elze *deep plots do fail.* Del. *dear plots do pall.* F. 1. *dear.* Q. 2. f. *deep.* Q. 2.
u. F. 1. *pall.* spät. Qs. *fall.* Pope *fail.*   e) Fol. 1. f. *teach.*

   1) Es ist auffallend, dass H., der doch in der vorigen Scene schon
mit Hor. zusammen war, jetzt erst dazu kommt, ihm seine Erlebnisse
auf dem Schiffe mitzutheilen. Es scheint, dass er die Erzählung vorher
begonnnen hat, und dass dann nur seine Aufmerksamkeit durch das Grab
und die Vorgänge an demselben abgelenkt worden ist. Wohl zu beachten
ist aber, wie auch der Zwischenfall nicht vermag, seine Aufmerksamkeit
von seiner Aufgabe abzulenken. In hohem Grade befremdend ist dann
der Ton, in welchem H. in dieser Scene zu Hor. spricht, den er zwei
Mal in den ersten vier Zeilen und auch später noch mit *Sir* anredet, ohne
das vertrauliche *thou* zu gebrauchen. Im ganzen Dialog wendet der Dichter
sehr häufig die Auslassung des Personalpronomens an (s. V. 1. 40. Anm.
S. v. 14. 15.) und bedient sich häufiger als sonst der Participial- und
Infinitivsätze, so dass ich vermuthe, die Stelle bis v. 55. rührt nicht von
Sh. her.   2) Von dem Compositum *bil-boes* erklärt Ed. Mueller den
zweiten Theil aus niederl. *boeye = handyser, voetyser,* doch ist der erste
Theil immer noch nicht erklärt. Die Ableitung des Ausdrucks von der
span. Stadt Bilboa ist wunderlich, da sich nicht denken lässt, dass zu
Fussfesseln besonders guter Stahl von Nöthen war, weshalb sie wohl nur
auf den Begriff „Schwert“ zu beschränken sein wird.   3) Ich halte
die von Tyrwhitt vorgeschlagene Fassung für die richtige, doch
lasse ich *let* für *lets* stehen, da das Verb offenbar als Präteritum
(Ae. *lette*) zu fassen ist, weil H. von einer Thatsache spricht, die
geschehen ist. Demnach ist *Rashly* zu folgendem *up from my cabin*
zu ziehn, und der lange Zwischensatz, ähnlich jener Stelle I. 4. 30, als
aus der zur Meditation geneigten Stimmung H.'s zu erklären. Es unterscheidet sich äusserlich meine Auffassung nur durch die Interpunction von
der Ueberlieferung der Qs.   4) Ich habe den Ausdruck aufgenommen,

10 There 's a divinity that shapes our ends,
  Rough - hew them how we will —
      Hor.   That is most certain.
      Ham.   Up from my cabin,
  My sea - gown [1] scarf'd about me, in the dark
  Grop'd I to find out them; had my desire;
15 Finger'd their packet; and, in fine, withdrew
  To mine own room again: making so bold,
  My fears forgetting manners, to unseal [a])
  Their grand commission; where I found, Horatio,
  A [b]) royal knavery! an exact command, —
20 Larded with many [2] several sorts of reasons,
  Importing Denmark's health, and England's too,
  With, ho! such bugs [3] and goblins in my life, —
  That on the supervise, no leisure bated, [4]
  No, not to stay [5] the grinding of the axe,
25 My head should be struck off.
      Hor.   Is 't possible?
      Ham.   Here 's the commission: read it a more leisure.
  But wilt thou hear now [c]) how I did proceed?
      Hor.   I beseech you.

a) Q. 2. f. Elze. *unfold.*   b) *O, royal. knavery!* F. 1. f.   c) F. 1. f. *me.*

weil er bei Sh. im Sinne von *teach* noch sonst verwendet wird. So Oth. I.
3. 183. *My life and education both do learn me How to respect you.*
1) *a mariner's short - sleaved gown.* Sam. Johns.   2) Wie hier *many
several* steht, so sagte man auch *each several, every several; a hundred several times, two several ways.* Solche Ausdrücke wie *certain, sun-
dry, different, divers, several,* sind entweder als pleonastisch zu betrachten,
oder sie sollen die Sonderung hervorheben. S. M. III. 277. f.   3) *bug*
für *larva, terriculamentum, Popanz.* Kelt. *bwg,* vielleicht slav. *bog, deus,*
dän. *puck,* nach Nares: Kobold (*goblin,* κόβαλος). Hamlet meint: Die
Gefahren, welche den Staaten Dänemark und England erwüchsen, wenn er
am Leben bliebe, seien wie Teufel und Gespenster in dem Schreiben aus-
gemalt gewesen.   4) Das absolute Particip des Perf. sowohl transitiver
wie intransitiver Verba ist gleich dem Präs. ein nicht seltenes Mittel der
Satzverkürzung geworden. Im Wesentlichen wird dadurch ein Temporalsatz vertreten, welcher die seinem Subjecte zugeschriebene Handlung als
vollendet in der Sphäre des Satzverbs darstellt, wobei die logischen
Beziehungen zur Haupthandlung verschiedener Art sein können. Cf. *Six
frozen winters spent, Return with welcome home from banish ment.* Rich. II.
1. 3. 211. S. auch unten v. 47 u. 53.   5) Unabhängig steht der präpositionale Infin., wenn er sich an keinen Satz oder kein Satzglied anschliesst. Er kann als elliptisch betrachtet werden, da er in der That
einer Ergänzung bedarf, welche verschwiegen, wenn auch aus dem Zusammenhange leicht zu errathen ist. S. IV. 2. 12. *To be demanded of
a sponge,* und die zahlreichen Beispiele bei M. III. 50. Aus der Stelle geht
hervor, dass H. annimmt, die beiden Schulfreunde wissen um den eigentlichen Zweck ihrer Reise nach England.

Ham. Being thus benetted round with villains,[a]) —
Or[b])[1] I could make a prologue to my brains,　　　　　30
They had begun the play. — I sat me[2] down,
Devis'd a new commission; wrote it fair.
I once did hold it, as our statists[3] do,
A baseness to write fair, and labour'd much
How[4] to forget that learning; but, Sir, now　　　　　35
It did me yeoman's[5] service. Wilt thou know
The effect of what I wrote?
　　Hor.　　　　　　　　　Ay, good, my lord.
　　Ham. An earnest conjuration from the king, —
As England was his faithful tributary,
As love between them like[c]) the palm might flourish,　　　　　40
As peace should still her wheaten garland wear,
And stand a comate[d]) 'tween their amities,
And many such like as's[6] of great charge, —
That on the „view and know"[e])[7] of these contents,
Without debatement further, more or less,　　　　　45
He should the bearers put to sudden death,
Not shriving-time allow'd.
　　Hor.　　　　　　　　　How was this seal'd?
　　Ham. Why, even in that was heaven ordinant.[f])
I had my father's signet in my purse,
Which was the model[8] of that Danish seal;　　　　　50

a) Einige Edit. *villanies.*　　　b) F. 1. f. *Ere.*　　　c) F. 1. f. *as the palm should.*
d) Qs. Fs. *comma.* Elze zuerst *comate* (im Athenaeum).　　　e) Q. 2. f. *view and knowing
of.*　　f) F. 1. f. *ordinate.*

1) *or* steht noch häufig für *ere* z. B. bei W. Scott. *Ther will be
broken heads amang us or it's late.* R. Roy 30. Und Gen. 45,48. *I shal se
hym, or I dye.* (Me.) Koch. II. 437.　　·2) Einige intrans. Verba nehmen
ursprünglich einen reflexiven Dativ zu sich. Sie haben dann die einfache
Pronominalform behalten, und verwandeln diese selten in die vollere mit
self. Cf. *stand thee close; stand thee by; sit thee by our side.* So Byr.
Siege etc. 19. *He sate him down at a pillar's base.* Bulw. Rienzi 1. 1. *He
sat him down on a little bark.* M. II. 65.　　3) *statist* auch von Molière für
homme d'état gebraucht u. aus dem ital. *statista* gebildet.　　4) *how to forget*
drückt einen indirect fragenden Satz auf verkürzte Weise durch den präpositionalen Infinitiv aus, eine Form, die namentlich der jüngern Sprache
geläufig ist. M. III. 48.　　5) Es leistete mir den Dienst eines Amtmanns
oder Soldschreibers scil. den ich nicht bei mir hatte. *Yeoman* ist nämlich
nicht nur allgemein *a servant of middling rank*, sondern *a bailif.* Cf. Chaucer
C. T. 6962.　*De per dieux quod this yeman, leve brother, Thou art a bailif
and I am another.*　　6) *such like as's* — Vergleiche eine ähnliche Substantivirung von „ *by*" II. 2. 296. Die Aenderung *cómate* rührt von Elze
her und ist jedenfalls ein glücklicher Gedanke zu nennen.　　7) *know and
view* ist wie unser: „kund und zu wissen" als ein Begriff zu fassen.
8) *model*, das auf lat. *modulus* zurückzuführende Wort verwendet Sh. nach
dem Vorgange der roman. Sprachen etwa im Sinne von *exemplar.* Cf. Sp.
modelo, Beispiel, *exemplum.*

Folded the writ up in form of the other;
Subscrib'd it; gave 't the impression; plac'd it safely,
The changeling [1] never known. Now, the next day
Was our sea-fight, and what to this was sequent a)
55 Thou know'st already.
    Hor. So Guildenstern and Rosencrantz go to 't. [2]
    Ham. Why, man, they did make love to this employment: b) [3]
They are not near my conscience: their defeat c)
Does by their own insinuation grow.
60 'T is dangerous, when the baser nature comes
Between the pass and fell incensed points
Of mighty opposites.
    Hor.   Why, what a king is this!
    Ham. Does it not think [4] thee stand me now upon d) —
He that hath kill'd my king, and whor'd my mother,
65 Popp'd in between the election and my hopes,
Thrown out his angle for my proper life,
And with such cozenage — is 't not perfect conscience,
To quit e) him with this arm? and is 't not to be damn'd,
To let this canker of our nature come
70 In further evil?
    Hor. It must be shortly known to him from England,
What is the issue of the business there.
    Ham. It will be short: the interim is mine;
And a man's life no more than to say, one.
75 But I am very sorry, good Horatio,
That to Laertes I forgot myself,
For by the image of my cause, I see [5]

    a) F. 1. f. *sement.*   b) Q. 2. f. fehlt *Why, man — employment.*   c) F. 1. f. *debate.*   d) So Q. 2. f. — Fol. 1. f. *thinkst thee.* Dyce *thinks't.*   e) Q. 2. f. fehlt: *To quit him with this arm — who comes here?*

    1) Wechselbalg, *changeling*, nannte man Kinder, die von Feen und Elfen an die Stelle geraubter gelegt wurden. S. m. Shakſp.-Forsch. p. 48. 2) *go to 't* euphemistisch für *go to death*, gehn drauf.   3) Eine Andeutung des Dichters, um das Verfahren Hamlets zu rechtfertigen; er will sagen: sie drängten sich dazu, an mir zu Verräthern und Schurken zu werden. Ohne diese Andeutung wäre Hamlet's Verfahren durchaus verwerflich.   4) *Does it not think thee stand*, wo wir *to stand* erwarten. Eine Reihe von Verben, welche sinnliche oder geistige Wahrnehmung bezeichnen, wie *see, behold, view, espy, mark, watch, hear, feel, find, know, perceive, discern, observe* und einige andere verwandte Verbalbegriffe, haben meist noch den reinen Infinitiv bei sich, obwohl auch der präpositionale Infin. eingedrungen ist. So Jew of M. 4. 4. *I never knew a man take his death so patiently.* S. M. III. p. 13. Die Veränderungen in *thinks't, think'st* u. s. w. rühren wohl von Uebersehung dieses Sprachgebrauchs her.   5) Man übersehe nicht, dass der Dichter das Verhalten des Laertes gewissermassen als die Kehrseite zu dem des Prinzen betrachtet wissen will.

The portraiture of his: I 'll court his favours:
But, sure, the bravery of his grief did put me
Into a towering passion.   80
    Hor.   Peace! who comes here?

               Enter O s r i c k. a)

    Osr. Your lordship is right welcome back to Denmark. [1]
    Ham. I humbly thank you, Sir. — Dost know this
water-fly? [2]
    Hor. No, my good lord.
    Ham. Thy state is the more gracious, for 't is a vice to 86
know him. He hath much land, and fertile: [3] let a beast be
lord of beasts, and his crib shall stand at the king's mess:
't is a chough; but, as I say, b) spacious in the possession
of dirt.
    Osr. Sweet lord, if your lordship c) were at leisure, I 91
should impart a thing to you from his majesty.
    Ham. I will receive it, Sir, with all diligence of spirit.
Your bonnet to his right use; 't is for the head.
    Osr. I thank your lordship, 't is very hot.
    Ham. No, believe me, 't is very cold, the wind is
northerly.
    Osr. It is indifferent cold, my lord, indeed.   100
    Ham. But yet, methinks, it is very sultry and hot, or
my complexion — d) [4]
    Osr. Exceedingly, my lord; it is very sultry, — as 't
were, — I cannot tell how. [5] — e) my lord, his majesty bade

a) Q. 2. f. *Enter a Courtier.* Q. 1. *Enter a Braggart Gentleman.* b) F. 1. f. *as
I saw.*   c) F. 1. f. *your friendship,*   d) F. 1. f. *for my complexion.*   e) F. 1. f.
But, mylord.

    1) Schon der Gruss Osrick's zeigt deutlich den scharf ausgeprägten
Gegensatz zwischen der höfischen Form und der Wirklichkeit.   2) *water-
fly = libellula.*   3) Das Adjectiv erscheint als Apposition, wo es nicht
in unmittelbarer Vereinigung mit einem Substantivbegriff erscheint, sondern
durch die Abtrennung von demselben den Character einer prädicativen
Ergänzung durchscheinen lässt. Cf. *Those who have read any romance or
poetry, ancient or modern, must have been informed, that love hath wings.*
Field. J. And. I. 11. M. III. 332. Das *and* reiht hier *fertile* in erläutern-
der Weise an das Vorhergehende, wozu auch sonst noch „ *that,*“ seltner
this gefügt wird. Z. B. *I heard a humming, and that a strange one too.*
Temp. I. 1. Cf. M. III. 342.   4) *for my complexion* würde H.'s
Aeusserung nur bedingungsweis hinstellen, also dem Witze, den er sich
mit Osrick erlaubt, die Spitze abbrechen. Schon das *methinks* hätte Del.
aufmerksam machen müssen, dass die Lesart der Fol. weniger gut ist.
5) Rümelin hat es Sh. zum Vorwurf gemacht, dass er den Osrick hier
in ähnlicher Weise aufziehen lässt, wie den Polonius III. 2. 390—400.
Indessen ist der Dichter doch wohl in Schutz zu nehmen, wenn er in
drolligen Episoden dieser Art den e i n h e i t l i c h e n Character des Hofes

me signify to you, that he has laid a great wager on your
head. Sir, this is the matter, —

108   *Ham.* I beseech you, remember —
                    [Hamlet moves him to put on his hat.[a])
   Osr. Nay, good mylord,[b]) for mine ease, in good faith.
Sir, here is newly[c]) come to court, Laertes; believe me, an
absolute [1] gentleman, full of most excellent differences, [2] of
very soft society, [3] and great showing: indeed, to speak
feelingly [4] of him, he is the card or calendar of gentry, for
you shall find in him the continent of what part a gentleman
would see. [5]

117   *Ham.* Sir, his definement suffers no perdition in you;
though, I know, to divide him inventorially, [6] would dizzy
the arithmetic of memory, and yet but row[d]) neither, in respect
of his quick sail. But, in the verity of extolment, I take
him to be a soul of great article; and his infusion [7] of such

a) Spätere Bühnenweisung.   b) F. 1. f. *Nay, in good faith*, etc.   c) F. 1. f.
fehlt *Sir, here is newly — approve me. Well, Sir.* 141.   d) Q. 2. *yaw.* Q. ff. *raw*
(für *row?*) Elze *And yet but yaw.*

darstellt, und uns nicht nur im jungen Osrick den Anfang des einstigen
Polonius entgegenhält, sondern auch in einem neuen Bilde den Abstand
zwischen der hohlen Etikette, der eleganten Unwahrheit und der
gehaltvollen Gesinnung, der ethischen Reife eines Horatio und Hamlet
anschaulich macht.   1) Das adjectivische Particip ist hier im Sinne des
lat. *summus, perfectus*, gebraucht, wie es bei den Lateinern, namentlich bei
Cicero, häufig ist; z. B. *philosophus perfectus atque absolutus.*   2) Die
Ausleger suchen mit Unrecht den Witz in einer Verwechslung der
Begriffe *excellent* und *different*, indem sie bemerken O. habe sagen wollen:
different excellences; im Gegentheil ist *difference* im euphuistischen Gebrauch
zu dem Begriff „Auszeichnung“ gekommen. Schon oben sagt Oph. *you
may wear your rue with a difference* IV. 5. 83. Der Ephuismus folgt hier
dem Vorgange der roman. Sprachen, die auf sein Entstehen überhaupt
von wesentlichem Einflusse sind.   3) *society = sociality*, von sanftem
Umgangston u. vornehmen Aeusseren.   4) Gewissermassen: handgreiflich,
also: augenfällig, oder stilistisch: um ein sinnliches Bild von ihm zu
gebrauchen.   5) Das Ganze eines jeglichen Theiles, den ein Cavalier nur
zu sehen wünscht.   6) Ihn wie ein Inventarium in seinen einzelnen
Bestandtheilen zu verzeichnen, würde die Rechenkunst des Gedächtnisses
verwirren. Das folgende Bild ist der Schifffahrt entnommen, der Sinn:
Mit seinen vortrefflichen Eigenschaften gleicht Laertes einem Schiff, das
vor dem Winde mit vollen Segeln geht; um nun seine Vorzüge inven-
tariumsmässig zu beschreiben, würde das Gedächtniss selbst mit Hilfe der
Arithmetik diesen Schnellsegler nicht einholen können, sondern nur rudern,
während er segelt. Heut zu Tage würde es heissen: *and yet but sail
neither in respect of his full steam. raw* der spätern Qs. ist gar kein
Wort, sondern offenbar nur Druckfehler für *row*. Liest man *yaw*, so muss
stehen: *and yet not yaw neither*, und doch würden beide nicht schwanken,
wenn man sein schnelles Segeln in Betracht zieht.   7) *Infusion* ist dem
Italienischen entlehnt, wo es die Mittheilung übernatürlicher
Gaben bedeutet. Ebenso ist im Folg. *concernancy* dem Ital. *concernenza*
angeglichen.

dearth and rareness, as, to make true diction of him, his 123
semblable is his mirror; and who else would trace him, his ·
umbrage, nothing more.

Osr. Your lordship speaks most infallibly of him.

Ham. The concernancy, Sir? why do we wrap the gentleman in our more rawer breath?

Osr. Sir? 130

Hor. Is 't not possible to understand in a mother ᵃ) [1]
tongue? You will do 't, Sir, really.

Ham. What imports [2] the nomination of this gentleman?

Osr. Of Laertes? 135

Hor. His purse is empty already; all his golden words
are spent.

Ham. Of him, Sir.

Osr. I know, you are not ignorant —

Ham. I would, you did, Sir; yet, in faith, if you did, 140
it would no much approve me. [3] — Well, Sir.

Osr. You are not ignorant of what excellence Laertes is —ᵇ)

Ham. I dare not confess that,ᶜ) lest I should compare 145
with him in excellence; but, to know a man well, were to
know himself.

Osr. I mean, Sir, for his weapon; but in the imputation
laid on him by them, in his meed he 's unfellowed.

Ham. What 's his weapon? 151

Osr. Rapier and dagger.   ✦

Ham. That 's [4] two of his weapons: but, well.

Osr. The king, Sir, hath wagered with him six Barbary
horses: against the which he has imponed,ᵈ) [5] as I take it,

a) Qs. Fs. Ed. *in another.* b) F. 1. *in his weapon. Ham. What's his weapon?* 145—
150 fehlt. c) F. 1. f. fehlt: *I dare not — in his meed he's unfellowed.* d) F. 1. f. *imponed.*

1) Hor. meint: ist es nicht möglich seine eigne Muttersprache zu
verstehn? da O. in diesem Jargon geboren und erzogen ist. Die Lesart
in another tongue führt zu sehr matten Auslegungen. Auf die von mir
angenommene Lesart führt schon Malone, der denselben Druckfehler in
einer Quartausgabe von Bacon's Advancement of Learning (1605) p. 60
nachweist, wo es heisst: *the art of grammar whereof the use in another
tongue is small, in a foreigne tongue more"* etc. Bacon giebt dann selbst
im Druckfehler - Verzeichniss an, dass *a mother* für *another* zu lesen sei.
2) *import* — it. *importare*, bedeuten. *nomination*, die Nennung, ganz wie
ital. *nominazione.* Koch I. §. 2. Einl. p. 6. berichtet, dass schon Thomas
Wilson (System of Rhetoric 1553) die allgemeine Sucht rügt, ausländische
Wörter zu gebrauchen, besonders an solchen, die gereist sind, oder die
sich den Schein der Bildung und Gelehrsamkeit geben wollen, so dass
sie, obgleich sie ihre Muttersprache sprechen, schwerlich von ihren
Müttern verstanden werden würden. 3) *approve == your knowing me not
to be ignorant would not much advance my reputation.* — *meed* == ags.
mêd, merces, praemium; hier: in seinem Verdienste. 4) *that is two* —
Zahlbegriffe als Einheiten gefasst. S. V. 1. 183. 5) Einige Aus-

six French rapiers and poniards,[1] with their assigns, as girdle,
hangers, and so. Three of the carriages,[2] in faith, are very
dear to[3] fancy, very responsive[4] to the hilts, most delicate
carriages, and of very liberal conceit.

161　　*Ham.* What call you the carriages?

　　Hor.[a]) I knew, you must be edified by the margent[5] ere
you had done.

　　Osr. The carriages, Sir, are the hangers.

165　　*Ham.* The phrase would be more german to the matter,
if we could carry a cannon by our sides: I would, it might
be hangers till then. But, on: six Barbary horses against six
French swords, their assigns, and three liberal[6]-conceited
carriages; that 's the French bet[b]) against the Danish. Why

171 is this imponed, as you call it?[c])

　　Osr. The king, Sir, hath laid, Sir, that in a dozen[7]
passes between yourself and him, he shall not exceed you

a) F. 1. f. fehlt *Hor. I knew — you had done.*　b) F. 1. *but.*　c) Q. 2. f. *Why,
is this all you call it.*

leger behalten mit den Qs. *impawned* bei; *impone* ist aber wie ital.
imporre == anlegen, setzen bei Spiel und Wetten. *Impawn* würde ja H.
als üblichen englischen Ausdruck sofort verstehn, *impone* aber ist ihm,
wie er im Folgenden zeigt, etwas ganz Neues: *Why is this imponed as
you call it?* Deshalb glaube ich von der Lesart der Q. 2. abweichen zu
müssen.　　　1) Kampfwetten sind urgermanischer Brauch. Schon Thor
wettet mit Hrungnir und Thrymr. So Thorsteins Wette mit dem Berserker
Moldi in der Svarfdoelasaga, bei Dietrich Altn. Leseb. p. 296. 16. —
*3 mörkum silfrs skal sik af holmi leysa så er sårr verdr eðr ûvîgr. Þorsteinn
segir: Þô par liggi 6 merkr, heldr enn 3, på pikki mer pví betr, sem ek
tekr meira.* Mit 3 Mark Silber soll sich vom Kampfplatz lösen, der
welcher verwundet oder kampfunfähig wird. Thorstein sagt: Wenn dann
lieber 6 Mark gesetzt würden als 3, so dünkte es mich um so besser,
als ich mehr davontrüge.　　　2) *carriage,* mlat. *carochium,* it. *carozza,*
altfr. *caroche* zu lat. *carrus,* ist zunächst ein Fuhrwerk, u. engl. *carriage*
eine Lafette; von späterem *to carry* abgeleitet ist der Ausdruck allerdings
eine wunderliche euphuistische Erfindung.　　　3) *dear to fancy,* köstlich
sich vorzustellen. Bei einer Anzahl von Adjectiven wie leicht, schwer,
wichtig, nothwendig, schön, angenehm, unangenehm, neu u. a., bei denen
eine Thätigkeit hinzuzufügen ist, rücksichtlich deren, oder für welche die
Eigenschaft statt hat, wird der Inf. des Activ mit *to* in der Bedeutung
des lat. Supinum auf — *u,* welches zum Theil mit dem von *ad* begleiteten
Gerundium wechseln kann, gebraucht. Die abstract gefasste Thätigkeit
hat ihr Subject nicht an dem Gegenstande, welchem das Adj. angehört.
Cf. *For wonderful indeed are all his works, Pleasant to know.* Milt. P. L.
3,702. M. III. 41.　　　4) *responsive to the hilth* im Sinne von *suiting to;*
wie Haml. 165. *more german to the matter* — der Sache angemessener.
So ist auch *delicate* == *beautiful, pleasing to the eye* dem gewählteren
Englisch verblieben. S. Sam. Johns. E. D. s. v. *delicate.*　　　5) *margent*
für *margin.* Unter den Zahnlauten tritt *t* leicht an einen Endconsonanten.
cf. *parchemin, parchment.* M. I. 177.　　　6) *liberal,* dem lat. *liberalis* entsprechend, also: cavaliermässig. Wir würden sagen: von standesgemässer
Conception.　　　7) Unter *a dozen* wird hier nicht grade die Zwölfzahl,

three hits: he hath laid on twelve for nine; and that would come to immediate trial, if your lordship would vouchsafe the answer.

Ham. How, if I answer no?

Osr. I mean, my lord, the opposition of your person in trial.

Ham. Sir, I will walk here in the hall: if it please his 180 majesty, it is the breathing time of day with me, let the foils be brought; the gentleman willing, and the king hold his purpose, I will win for him, if I can; if not, I will gain nothing but my shame, and the odd hits.

Osr. Shall I re-deliver you e'en so?[a]   186

Ham. To this effect, Sir; after what flourish[1] your nature will.

Osr. I commend my duty to your lordship.   [Exit.

Ham. Yours, yours. — He does well to commend it 190 himself; there are no tongues else for 's turn.[b]

Hor. This lapwing runs away with the shell on his head.

Ham. He did comply[c] [2] with his dug before he sucked 195

a) Q. 2. f. *Shall I deliver you so?*   b) F. 1. f. *for 's tongue.*   c) Q. 2. f. *He did so, sir, with his dug.*

sondern wie oben II. 2. 566 *some dozen or sixteen*, eine unbestimmte Anzahl verstanden. Die Unbestimmtheit wird aber dadurch limitirt, dass als Norm das Verhältniss von 12 : 9 angenommen wird, über das sie nicht hinausgehen dürfen, also 21 Gänge im Ganzen. Es kann also aufsteigen von H. 3 : L. 0; H 4 : L. 1. H. 5 : L. 2. H. 6 : L. 3. H. 7 : L. 4. H. 8 : L. 5. H. 9 : L. 6. H. 10 : L. 7. H. 11 : L. 8. H. 12 : L. 9, d. h. nach dem dritten Stosse, den H. empfangen, muss er dem Laertes einen beibringen, sonst ist die Wette verloren. Sodann vor dem 5ten den 2ten, vor dem 6ten den 3ten, vor dem 7ten den 4ten etc.; es darf aber nie bis zu H. 12 : L. 8. kommen, weil dann für H., der 4 Stösse mehr erhalten hätte, die Wette schliesslich doch verloren wäre. Die 12 Stösse darf also H. nicht hinter einander erhalten, sondern er muss in der Zeit, wo er sie erhält, seinem Gegner mindestens 9 beigebracht haben, daher kann es sehr wohl bei 9 Gängen bleiben, wenn nämlich H. das Glück hat, seinem Gegner 9 Stösse hintereinander beizubringen; sie müssen aber bis zu 21 Gängen gehen, wenn Laertes wirklich ein so vorzüglicher Fechter ist, dass er dem Prinzen immer um 3 Stösse überlegen bleibt. Dieser überzähligen Stösse würden beim Verlust der Wette immer nur 4 sein, nämlich H. 12 : L. 8. H. 10 : L. 6. H. 8 : L. 4. H. 6 : L. 2. H. 4 : L. 0, die der Prinz neben der Schmach des Verlustes davontrüge. Dass meine Erklärung die richtige ist, beweisen die Worte des Königs V. 2. 279. *If Hamlet give the first or second hit, or quit in answer of the third exchange* — wenn H. seinem Gegner den 1ten oder 2ten Stoss ertheilt, oder nach dem dritten Gange noch das Glück hat den Laertes zu treffen. — Die Ausleger haben bei der Erläuterung dieser Wette vielfach geirrt.   1) *flourish, flosculus*, Floskel, d. h. also: nach welch poetischem Bilde, oder nach welcher Redefigur Ihr Lust habt.   2) *comply*, dem ital. *complire* entsprechend: Complimente machen, im Engl. mit *with*, wie im Ital. mit *con* gebräuchlich.

it. Thus has he (and many more of the same breed, ª) [1] that, I
know, the drossy [2] age dotes on) only got the tune of the time,
and outward ᵇ) habit of encounter, a kind of yesty [3] collection, ᶜ)
which carries them through and through [4] the most profound ᵈ)
and winnowed [5] opinions; and do but blow them to their trial,
the bubbles [6] are out.

Enter a Lord. ᵉ)

203   *Lord.* My lord, his majesty commended him to [7] you by
young Osrick, who brings back to him, that you attend him
in the hall: he sends to know, if your pleasure hold to play
with Laertes, or that you will take longer time.

   Ham. I am constant to my purposes; they follow the
king's pleasure: [8] if his fitness speaks, mine is ready; now,
or whensoever, provided I be so able as now.

   a) F. 1. f. *mine more of the same bevy.*   b) Q. 2. f. *and out of an habit.*   c) Q. 2. f.
misty.   d) Q. 2. f. *profane and trennowed.*   F. 1. f. Edit. Del. Elze *fond and winnowed.*
e) F. 1. f. fehlt *Enter Lord* bis *Exit Lord.*

   1) *bevy* der F. wird von Erklärern auf ital. *beva* zurückgeführt, was
ich nicht nachzuweisen vermag.   *Breed* der Qs. ist viel verständlicher.
2) *drossy age*, eine Bezeichnung die H.'s Verhalten zum Leben characterisirt.   3) *yesty collection* wird durch *bubbles* in der folgenden Zeile
erklärt; Luftblasen, die bei der Gährung entstehen, sind Getreidehülsen
nicht unähnlich.   Die Erklärung bei Del.: „sie kommen sicher durch die
thörichtsten wie durch die gesichtetsten Ansichten der Menschen hindurch,"
leidet daran, dass hier eine Verbindung der entgegengesetzten Begriffe:
fond und *winnowed* durch *and* stilistisch unmöglich ist, weil *most* beide
umfasst und zu einem Begriff vereinigt.   Am meisten hätte noch Warburton's und Tollets Lesart *fanned* für sich, denn *to fan* ist zu Sh.'s Zeit =
to separate as by winnowing (s. Sam. Johnson E. D.), so dass man etwa
übersetzen könnte: gewurfelt und gesichtet. Gegen diese Tautologie spricht
aber das Bild, das uns offenbar vorhält: Leute wie Osrick kommen mit
ihrem thörichten Modegeschwätz in Folge ihrer luftigen Wesenheit durch
die gediegensten Meinungen in der Unterhaltung hindurch, d. h. wie einzelne Getreidehülsen in einem tiefen und gut gewurfelten Weizenhaufen
mit unterlaufen können, fängt man aber an zu blasen, um ihre Schwere
zu versuchen, so fliegen die Hülsen hinaus, d. h. durch die Luke, vor
welcher das Getreide gewurfelt wird.   4) Die durchdringende Thätigkeit dieser Präposition wird bisweilen durch die Verdoppelung derselben
energischer ausgedrückt; auch in der neuesten Poesie. So Tennys. p. 5.
She looking thro' and thro' me. Die Verdoppelung ist alter Gebrauch;
adverbial reicht sie bis ins Halbs. *pa fleh Henges purh and purh.* Lagam.
II. 264. M. II. 323.   5) *winnow*, ags. *vindvjan*, v. *vind, ventilare;* goth.
vinpjan, lat. *vannare*, durch Wind „sichten."   6) *bubbles* sind nicht
nur Luftblasen, sondern auch: *anything which wants solidity and firmness,*
wie also etwa die Hafer- oder Weizenhülse mit ihrer blasenförmigen
Gestalt.   7) Verben der Bewegung haben mit wenigen Ausnahmen den
Infin. mit *to* bei sich, welcher vorzugsweise die Tendenz der Thätigkeit
bezeichnet. Cf. *This English nation, will it get to know the meaning of
its strange new Today?* Carlyle, Past a. Pres. 1. 2. S. M. III. 36. β.
8) Die Antwort, die H. dem Lord giebt, scheint einen beabsichtigten
Doppelsinn zu enthalten: ich bin meinem Vorhaben treu, nämlich zu

Lord. The king, and queen, and all are coming down. 212
Ham. In happy time.
Lord. The queen desires you to use some gentle enter-
tainment to Laertes, before you fall to play.
Ham. She well instructs me. [Exit Lord. 218
Hor. You will lose this wager,[a]) my lord.
Ham. I do not think so: since he went into France, I
have been in continual practice; I shall win at the odds.[1]
Thou wouldst not think, how ill all 's here about my heart;
but it is no matter.
Hor. Nay, good my lord, —
Ham. It is but foolery; but it is such a kind of gain- 225
giving,[2] as would, perhaps, trouble a woman.
Hor. If your mind dislike any thing, obey it: I will
forestall their repair hither, and say, you are not fit.
Ham. Not a whit, we defy augury: there is a special 230
providence in the fall of a sparrow. If it be now, 't is not
to come; if it be not to come, it will be now; if it be not
now, yet it will come: the readiness is all. Since no man
of aught he leaves, knows,[b]) what is 't to leave betimes?[3]
Let be.[c])

Enter King, Queen, L a e r t e s, Lords, O s r i c k, and Attendants
with foils, etc.[d])

King. Come, Hamlet, come, and take this hand from me. 236
[The King puts the hand of L a e r t e s into that of H a m l e t.
Ham. Give me your pardon, Sir: I 've done you wrong;
But pardon 't, as you are a gentleman.

a) Q. 2. f. fehlt *this wager.* b) F. 1. f. *Since no man has aught of what he
leaves.* c) F. 1. f. fehlt *Let be.* d) Bühnenweisung v. Späteren Q. 2. f. *A table
prepared, trumpets, drums and officers with cushions, King, Queen and all the state,
foils, daggers and Laertes.* F. 1. f. zu *table: flagons of wine on it.* zu *foils* noch
gauntlets.

fechten und meinen Vater am König zu rächen; deshalb fügt er hinzu:
they follow the kings pleasure, wie er sich ja oben III. 3. 90. bereits das
Wort gegeben hatte, den König bei seinen unreinen Freuden zu tödten.
Daher auch 210. *if his fitness speaks, mine is ready* — ist die Gelegenheit
günstig, so bin ich bereit. Unmittelbar nach diesen Worten wird der
Prinz einsilbig und Todesahnungen dämmern in ihm auf. 1) Auch der
Ausdruck: *I shall win at the odds* — ich werde gewinnen durch das, was
ich mehr bekomme, ist eine tragische Zweideutigkeit, die durch die Worte:
how ill all's here about my heart eine Art Bestätigung erhält. 2) *gain-
giving,* die Ahnung, dass Handeln und Untergang für ihn zusammenfallen
könnten; daher auch die von Laertes erbetene Verzeihung, sobald der
König mit dem Hofe eintritt. Compos. mit *gain* führt M. I. 84. 490. an.
3) Verstehe: Da kein Mensch von irgend etwas, das er verlässt, Kenntniss
hat. Ein philosophischer in die Naturbetrachtung H's. stimmender Gedanke, der durchaus nicht mit der kurz vorher ausgesprochenen religiösen
Ueberzeugung im Widerspruch steht. Ueber *of* bei Verben des Denkens,
Urtheilens, Wissens, Vermuthens s. M. II. p. 245.

This presence knows,
240 And you must needs have heard, how I am punish'd
With sore distraction. What I have done,
That might your nature, honour, and exception, [1]
Roughly awake, I here proclaim was madness.
Was 't Hamlet wrong'd Laertes? Never, Hamlet:
245 If Hamlet from himself be ta'en away,
And, when he 's not himself, does wrong Laertes,
Then Hamlet does it not; Hamlet denies it.
Who does it then? His madness. [2] If 't be so,
Hamlet is of the faction that is wrong'd;
250 His madness is poor Hamlet's enemy.
Sir, in this audience, [a])
Let my disclaiming from a purpos'd evil
Free me so far in your most generous thoughts,
That I have shot mine arrow o'er the house,
255 And hurt my brother. [b])
    Laer.   I am satisfied in nature, [3]
Whose motive, in this case, should stir me most
To my revenge: but in my terms of honour,
I stand aloof, and will no reconcilement,

a) Q. 2. f. fehlt *Sir in this audience.*   b) F. 1. f. *mother.*

1) *exception* ist unter dem Einflusse des Italienischen, wo *eccezione*, Widerspruch, Ablehnung, Einwand bedeutet, in den Begriff Empfindlichkeit, Reizbarkeit übergegangen.   2) Diese Erklärung H's. hat insofern etwas Auffallendes, als er sich doch bewusst sein muss, dass sein Wahnsinn nur fingirt, zur Entschuldigung des Todtschlags an Pol. moralisch nicht entfernt ausreichend ist. Aber die Situation ist viel zu ernst, als dass er hier nur ein leeres Spiel mit Worten treiben, den doppelt gekränkten Laertes hintergehen sollte. Es ist unmöglich die Stelle anders zu verstehen, als dass man die Aufregung, das Aussersichsein, in das er sich III. 3. 406 versetzt, und das ihn noch beim Eintritt ins Zimmer der Mutter beherrscht (Sc. 4.) als Veranlassung zu dem in gewissem Sinne doch unvorsichtigen Stosse durch die Tapete betrachtet. Jenen ekstatischen Zustand deuten auch die wilden Rufe: Mutter, Mutter, Mutter, die .nur die Fol. und zum Theil Q. 1. aufweist, hinlänglich an. Diese Auffassung widerlegt, wenn sie die richtige ist, jene scheinbar berechtigte Behauptung englischer Kritiker, Hamlet sei vom Dichter in gewissen Momenten als von wirklichem Wahnsinn befallen dargestellt worden, und giebt ausserdem eine ausreichende Erklärung für die Worte Hamlets III. 4. 176. *I will bestow him, and will answer well the death I gave him.* Dazu kommt, dass H. ja um keinen Preis verrathen darf, wie eigentlich das unglückselige Versehen entstanden ist, da dies sein Vorhaben für immer vereiteln würde, obwohl er immer noch genug andeutet, wenn er sagt: *I have shot mine arrow o'er the house, and hurt my brother.* 254 u. 55.   3) *nature*, in meinem natürlichen Gefühl als Mensch und Sohn im Gegensatz zu *honour*, d. h. seiner Stellung als Edling., die ihn nach germanischen Begriffen zur Blutrache auch gegen den besten Freund verpflichtet haben würde.

Till by some elder masters, of known honour,
I have a voice and precedent of peace,   260
To keep my name ungor'd.*) But till that time,
I do receive your offer'd love like love,
And will not wrong it.
    Ham.   I embrace it freely;
And will this brother's wager frankly play. —
Give us the foils;[b]) [1]   265
    Laer.   Come; one for me.
    Ham. I 'll be your foil, Laertes: in mine ignorance,
Your skill shall, like a star i' the darkest night,
Stick fiery off indeed.
    Laer.   You mock me, Sir.
    Ham. No, by this hand.
    King. Give them the foils, young Osrick. — Cousin[2] Hamlet, 270
You know the wager?
    Ham.   Very well, my lord;
Your grace hath laid the odds [3] o' the weaker side.
    King. I do not fear it: I have seen you both;
But since he is better'd, we have therefore odds.
    Laer. This is too heavy; let me see another.   275
    Ham. This likes me well. These foils have all a length?
                              [They prepare to play.
    Osr. Ay, my good lord.
    King. Set me the stoops [4] of wine upon that table. —
If Hamlet give the first or second hit,
Or quit in answer of the third exchange,   280
Let all the battlements their ordnance fire;
The king shall drink to Hamlet's better breath:

a) F. 1. f. *ungorg'd.*   b) F. 1. *Give us the foils; come on.*

1) *come on* ist wohl aus dem folgenden *come; one for me* entstanden.
2) *cousin* enstanden aus lat. *consobrinus*, ist höfischer Ausdruck für Ver-
wandter im Allgemeinen.   3) *odds* bedeutet hier das Mehr des Preises,
welches in den 6 Berberhengsten gegen 6 französ. Rapiere liegt. Es ist
deutlich, dass H. in dem Missverhältniss eine Tücke des Königs ahnt, in
der Noblesse seines Herzen aber dem Laertes keine Falschheit (V. 1. 246,
a very noble youth) am wenigsten eine meuchlerische Gesinnung zutraut.
Der König hält daher auch die beruhigende Erklärung für nothwendig:
Ich fürchte meine Wette nicht zu verlieren; ich habe euch ja beide
gesehen; da er aber im Fechten weiter ist, haben wir dir *odds*, d. h. die
drei Stösse vorausgegeben.   4) Unter *stoop*, ags. *stoppa*, *steáp*, an
staup, neuhochd. *stüpchen*, versteht man einen Becher, bei Ettm. *poculum
majus.* S. Ed. Müller II. 408. Der Sache nach entspricht der Ausdruck dem an. *rôs*, s. Act. I. 2. 127 und 4. 8. *Tell me, thou sovereigne
skinker, how to take the German's upsy-freeze, the Danish rowsa, the
Switzer's stoop of Rhenish.* Nares 682.

And in the cup an union a) [1] shall he throw,
Richer than that which four successive kings
285 In Denmark's crown have worn.   Give me the cups;
And let the kettle [2] to the trumpet speak,
The trumpet to the cannoneer without,
The cannons to the heavens, the heavens to earth,
„Now the king drinks to Hamlet!" — Come, begin; —
290 And you, the judges, bear a wary eye.
    Ham.   Come on, Sir.
    Laer.   Come, my lord. b)   [They play.
    Ham.   One.
    Laer.   No.
    Ham.   Judgment.
    Osr.   A hit, a very palpable hit.
    Laer.   Well: — again.
    King.   Stay; give me drink. Hamlet, this pearl is thine;
Here 's to thy health. — Give him the cup.
           [Trumpets sound; and cannon shot off within. c)
295   *Ham.*   I 'll play this bout first: set it by awhile. d) [3]
Come. — Another hit; what say you?   [They play.
    Laer.   e) A touch, a touch, I do confess.
    King.   Our son shall win,
    Queen.   He 's fat, [4] and scant [5] of breath. —
Here, Hamlet, take my napkin, f) rub thy brows:
300 The queen carouses [6] to thy fortune, Hamlet.
    Ham.   Good Madam!
    King.   Gertrude, do not drink.
    Queen.   I will, my lord: I pray you, pardon me.

---

a) Q. 2. f. *unice.* Q. 3. *onixe.*   b) F. 1. *Come on, Sir.*   c) Moderne Bühnenweisung.   d) F. 1. f. *set by a while.*   e) *A touch, a touch* fehlt Q. 2.   f) F. 1. f. *Here 's a napkin.*

1) Das Auflösen einer kostbaren Perle im Wein ist wohl nur Nachahmung des bekannten Vorgangs am Hofe der Cleopatra.   2) Vergl. I. 5. 10 — 11.   3) Dass H. aus dem Becher nicht trinkt, den ihm der König kredenzt, beweist deutlich, dass er Argwohn gegen ihn hegt; dadurch aber wird es nur möglich, dass die Mutter von dem Gifte geniesst.   4) *He is fat* — Einige Ausleger bezweifeln die Richtigkeit des Ausdrucks und wollen *hot* lesen; andere meinen gar der Ausdruck characterisire die körperliche Beschaffenheit des Hamletdarstellers Burbage. Ich halte die Stelle für unverderbt; wenigstens lehrt König Jacob in der Dämonologie in Betreff der Melancholiker: *plerique fuerunt pingues et corpulenti.* S. m. Shakfp.-Forsch. I. p. 46.   5) *scant of,* s. oben *slow of* IV. 7. 17.   6) *carouse* — bechern, hier zutrinken. In dem Worte mag wohl *rôs, rowsa, rouse,* Becher enthalten, das ganze ein Compos. sein, dessen ersten Theil vielleicht das Verb *chêrjan,* umwenden, ganz umkehren, bildet. Sollte damit das deutsche „Kehraus" zusammenhängen, d. h. der Tanz, welcher den Ball beschloss?

King.　It is the poison'd cup! it is too late.　　　　[Aside.
Ham.　I dare [1] not drink yet, Madam; by and by.
Queen.　Come, let me wipe thy face.　　　　　　　305
Laer.　My lord, I 'll hit him now.
King.　　　　　　　　　　　I do not think it.
Laer.　And yet it is almost against my conscience.　[Aside.
Ham.　Come, for the third, Laertes. You [a]) but dally:
I pray you, pass with your best violence.
I am afeard, [b]) you make a wanton of me.　　　　　310
Laer.　Say you so? come on.　　　　　　[They play.
Osr.　Nothing, neither way.
Laer.　Have at you now. [2]
　　　　[L a e r t e s wounds H a m l e t; then, in scuffling they change
　　　　　　　rapiers, and H a m l e t wounds L a e r t e s. [c])
King.　　　　　　　Part them! they are incens'd.
Ham.　Nay, come again.　　　　　　　[The Queen falls.
Osr.　　　　　　　Look to the queen there, ho!
Hor.　They bleed on both sides. — How is it, my lord? 315
Osr.　How is 't, Laertes?
Laer.　Why, as a woodcock to [3] mine own springe. Osrick,
I am justly kill'd with mine own [d]) treachery.
Ham.　How does the queen?
King.　　　　　　　She swoonds [e]) [4] to see [5] them bleed.
Queen.　No, no; the drink, the drink, — O my dear Hamlet! — 320
The drink, the drink: I am poison'd.　　　　　[Dies.
Ham.　O villainy! — Ho! let the door be lock'd:
Treachery! seek it out.　　　　　　　　[L a e r t e s falls.
Laer.　It is here, Hamlet. Hamlet, thou art slain;
No medicine in the world can do thee good;　　　325
In thee there is not half an hour of life; [f])

---

a) Q. 2. f *you do but dally.*　　b) Q. 2. f. *I am sure.*　　c) Die Bühnenweisung
rührt von Rowe her. Q. A. *They catch one anothers Rapiers, and both are wounded,
Leartes falles downe. the Queene falles downe and dies.* F. 1. f. *In scuffling they change
rapiers.*　　d) F. 1. f. fehlt *own.*　　e) Qs. u. Fs. verdruckt *sounds.*　　f) Q. 2. f. *not
half an hour's life.*

1) *I dare not* — Auch diese Worte enthalten einen Sinn, der das
Misstrauen II.'s andeutet.　　　2) Dieser elliptische Ausdruck ist in der
älteren Sprache besonders Personen aus den untern Ständen in den Mund
gelegt. *Have at thy tabard (taberda, Gewand).* Town. Myst. p. 149. M. II.
p. 387.　　3) *to* für *into*, ergänze: *fallen to mine own springe.*　　4) *swoonds
= swoons*, ags. *aswunan, animo deficere.* Das bedeutungslose *d* (*t*) fügt
sich, wie früher gezeigt wurde, mehrfach auslautendem *n* an. Cf. *fond,*
an. *fâna, fatue se gerere.* ae. *fon; lend* zu *lenen;* ebenso *tirant, ancient,*
compound, expound (ponere) etc. S. M. I. p. 178. Koch I. p. 125.　　5) *to see.*
Oft steht der präpos. Infin. in loserer Anreihung, wo eine c a u s a l e
Bestimmung ihre Stelle haben würde. Rich. II. I. 3. 304. *My hair doth
stand on end to hear her curses.*

The treacherous instrument is in thy hand,
Unbated, and envenom'd. The foul practice
Hath turn'd itself on me: lo! here I lie,
330 Never to rise again. Thy mother 's poison'd;
I can no more. The king, the king 's to blame.
    Ham. The point envenom'd too!
Then, venom, to thy work!   [Stabs the King.
    All. Treason! treason!
335   *King.* O! yet defend me, friends, I am but hurt.
    Ham. Here, thou incestuous, murderous, damned Dane,
Drink off this potion: — is thy union here?ᵃ) [1]
Follow my mother.   [King dies.
    Laer.   He is justly serv'd;
It is a poison [2] temper'd by himself. —
340 Exchange forgiveness with me, noble Hamlet;
Mine and my father's death come not upon thee,
Nor thine on me!   [Dies.
    Ham. Heaven make thee free of it! I follow thee.
I am dead, Horatio. — Wretched queen, adieu! —
345 You that look pale and tremble at this chance,
That are but mutes or audience to this act,
Had I but time, (as this fell sergeant, death,
Is strict in his arrest) O! I could tell you, —
But let it be. [3] — Horatio, I am dead;
350 Thou liv'st: report me and my cause arightᵇ)
To the unsatisfied.
    Hor.   Never believe it: [4]
I am more an antique Roman [5] than a Dane:

a) Q. 2. f. *the onixe.*   b) F. 1. *my causes right.*

1) Offenbar weist H. hier auf die sterbende Mutter, indem er *union*
in dem abstracten Sinne, also „Gespons" nimmt, da er fortfährt: *follow
my mother.* Die Ausdrücke im vorhergehenden Verse: *incestuous, murderous, damned,* verrathen den Umstehenden immer noch nicht das Vergehen
der Mutter, und können zum Theil auf das eben Geschehene bezogen
werden.   2) Die Vermuthung Malone's, H. zwinge den König (v. 337)
den Rest des Giftes zu trinken, erhält durch die Worte des Laertes 338
— 339 eine Art Bestätigung, obwohl man nicht begreift, wie der Prinz
dazu komme, an dem bereits tödtlich Verwundeten noch diese Todesstrafe
zu vollstrecken. Die Worte des Königs selbst v. 335: *O, yet defend me,
friends, I am but hurt,* veranlassen ihn aller Wahrscheinlichkeit nach
zu dieser That; an der die Umstehenden, weil sie starr vor Entsetzen
sind, ihn nicht hindern können.   3) *I could tell you — but let it
be* — stimmt zu Act I. 2. 159. I. 5. 123. II. 2. 595 u. 614. IV. 2. 11.
u. V. 2. 369.   4) *never believe it* bezieht sich auf H.'s Aeusserung:
thou liv'st.   5) Hor. deutet hier die Characterfestigkeit an, die ihm das
Studium der humanistischen Wissenschaften und der Philosophie verliehen,
die ihn lehrt, dass die Furcht vor dem Tode eine Absurdität sei.

Here 's yet some liquor left.
    Ham.   As thou 'rt a man,
Give me the cup: let go; by heaven I 'll have it. —
O God, Horatio! ^a) what a wounded name,   355
Things standing thus unknown, shall live behind me?^b)
If thou didst ever hold me in thy heart,
Absent thee from felicity awhile,
And in this harsh world draw thy breath in pain,
To tell my story. —   [March afar off, and shot within.^c) 360
          What warlike noise is this?
    Osr. Young Fortinbras, with conquest come from Poland,
To the ambassadors of England gives
This warlike volley.
    Ham.   O! I die, Horatio;
The potent poison quite o'er-awes^d)¹ my spirit:
I cannot live to hear the news from England;   365
But I do prophesy the election lights
On Fortinbras: he has my dying voice;
So tell him, with the occurrents, more and less,
Which have solicited² — The rest is silence.^e)³   [Dies.
    Hor. Now cracks a noble heart.⁴ — Good night, sweet prince; 370
And flights of angels sing thee to thy rest!
Why does the drum come hither?   [March within.

    a) F. 1. f. *O good Horatio.*   b) Q. 2. f. *shall I leave behind me.*   c) Q. 2. fehlt
and shot within. F. 1. f. *shout within.* Edit. *shot.*   d) Q. 2. u. F. 1. *o'ercrows.* Q. 4.
5. 6. *o'ergrows.* e) F. 1. f. setzt: *Oh, oh, oh, oh.*

    1) Das Unpoetische des Ausdrucks *overcrows* liegt darin, dass es mit
dem Subjecte *poison* zwei verschiedene Sinne in Anspruch nimmt, also gar
kein einheitliches Bild giebt. Ich bin überzeugt, dass der Dichter weder
overcrows noch *overgrows*, sondern einfach *overawes* geschrieben hat, was
den einzig angemessenen Sinn giebt und leicht zu *overcrows* verdruckt
werden konnte.   2) *which have solicited* — wenn der Sterbende ausreden
könnte und d ü r f t e, würde er schliessen: *which have solicited i. e. sum-
moned your friend to these m o r e s t r a n g e proceedings.*   3) Vischer macht
die Bemerkung, dass H. durch das ganze Stück hindurch zu wenig s a g e,
wie Andere behaupten, dass er zu wenig t h u e. Aber dieser Heroismus
des Schweigens ist ein Zug seiner Characterstärke, sie ist der eigentliche
Triumph seiner kritikvollen Pietät. Hor., der diesen Zug kennt, will den
Freund damit beruhigen, dass er sich selbst zu tödten bereit ist, weil
dann keine Seele athmet, die um das Vergehen der Königin weiss. Aber
der Prinz sieht wohl ein, dass jetzt, wo alle Betheiligten hin sind, das
fernere Verschweigen des Geschehenen seine eigne Ehre gefährden müsse,
und so bittet er schliesslich selbst den Freund, der Welt Ausleger seines
Todes zu werden. Die Kritik hat wohl Horatio's Aufgabe übernommen,
aber leider nicht überall mit Gerechtigkeit gegen den s c h w e i g e n d m i t
d e m S c h i c k s a l r i n g e n d e n H e l d e n durchgeführt.   4) *noble heart.*
Dieser Ausdruck hätte jene Kritiker belehren sollen, die in falscher Beurtheilung der Motive, die H. zu seinem Verhalten zwingen, diesem Schwäche,
Feigheit, krankhafte Gesinnung und Lebensanschauung u. s. w. zur Last legen.

Enter Fortinbras; the English Ambassadors, and Others.

Fort. Where is this sight?

Hor.   What is it ye would see?
If aught of woe, or wonder, cease your search.

375   *Fort.* This quarry [1] cries on havock. — O proud death!
What feast is toward in thine eternal cell,
That thou so many princes at a shot
So bloodily hast struck?

1 Amb.   The sight is dismal,
And our affairs from England come too late:

380 The ears are senseless that should give us hearing,
To tell him his commandment is fulfill'd,
That Rosencrantz and Guildenstern are dead.
Where should [2] we have our thanks?

Hor.   Not from his mouth, [3]
Had it the ability of life to thank you:

385 He never gave commandment for their death.
But since, so jump upon this bloody question,
You from the Polack wars, and you from England,
Are here arriv'd, give order that these bodies
High on a stage be placed to the view;

390 And let me speak to the yet unknowing world,
How these things came about: so shall [4] you hear
Of carnal, bloody, and unnatural acts,
Of accidental judgments, casual slaughters,
Of deaths put on by cunning, and for no cause, [a]) [5]

395 And, in this upshot, purposes mistook
Fall'n on the inventors' heads: all this can I
Truly deliver.

a) Q. 2. f. *for no.* F. 1. f. *forc'd.* So Del. Elze. Globe - Ed.

1) *quarry* ist wohl nichts weiter als fr. *carrée*, d. h. das beim Treibjagen gebildete Viereck, der Kessel, in dem schliesslich das Wild in grosser Menge erlegt wird. So berichtet Holinshed (Nares p. 639): *The VII of Auguste was made a general huntyng, with a toyle raysed, of four or five miles in length, so that many a deere that day was brought to the quarry.* Davon übertrug sich der Ausdruck leicht auf das erlegte Wild selbst.   2) *should* ist alte Pluralform der ersten Pers. des Präsens; *shullen, shuln, shul* und noch bei Rob. of Gl. *shullep.* S. M. 370. Koch I. §. 68.   3) Der König würde euch für das, was ihr ihm aus England berichtet, nämlich dass Rosencrantz und Guildenstern hingerichtet sind, nicht danken, wenn er am Leben wäre.   4) *so shall you* — Diese Inversion wird durch *so* sehr häufig veranlasst.   5) Hier ist offenbar die Lesart der Qs. die einzig richtige, denn die Worte: *carnal, bloody and unnatural* beziehen sich auf den Incest und Brudermord, *accidental judgments* auf den Tod des Polonius und der Königin, *deaths put on by cunning* auf Rosencrantz und seinen Gefährten, *deaths for no cause* auf Hamlet und Ophelia, *purposes fall'n on the inventor's heads* auf Laertes und den König.

Fort.   Let us haste to hear it,
And call the noblest to the audience.
For me, with sorrow I embrace my fortune:
I have some rights of memory in this kingdom,   400
Which now[a]) to claim my vantage doth invite me.
Hor. Of that I shall have also cause to speak,
And from his mouth whose voice will draw on more:[b])
But let this same be presently perform'd,
Even while men's minds are wild, lest more mischance,   405
On plots and errors, happen.
Fort.   Let four captains
Bear Hamlet, like a soldier, to the stage;
For he was likely, had he been put on,
To have prov'd 'most royally: and for his passage,
The soldiers' music, and the rites of war,   410
Speak loudly for him.
Take up the bodies[c]).[1] — Such a sight as this
Becomes the field, but here shows much amiss.
Go, bid the soldiers shoot.
        [d]) [Exeunt, marching; after which, a peal of ordnance is shot off.]

a) F. 1. f. *are.*   b) Q. 2. f. *draw no more.*   c) F. 1. f. *body.*   d) Q. 2. nur
Exeunt.

1) Dass es *bodies* heissen muss, beweisen die Worte: *Such a sight
as this becomes the field* (dem Schlachtfelde), was doch von dem einen
Körper des Hamlet nicht gesagt werden kann.